Gütersloher Verlagshaus. Dem Leben vertrauen

Andrea Bieler
Hans-Martin Gutmann

Rechtfertigung der »Überflüssigen«

Die Aufgabe der Predigt heute

Gütersloher Verlagshaus

Bibliografische Information der Deutschen Nationalbibliothek

Die Deutsche Nationalbibliothek verzeichnet diese Publikation in der Deutschen Nationalbibliografie; detaillierte bibliografische Daten sind im Internet über http://dnb.d-nb.de abrufbar.

1. Auflage
Copyright © 2008 by Gütersloher Verlagshaus, Gütersloh,
in der Verlagsgruppe Random House GmbH, München

Dieses Werk einschließlich aller seiner Teile ist urheberrechtlich geschützt. Jede Verwertung außerhalb der engen Grenzen des Urheberrechtsgesetzes ist ohne Zustimmung des Verlages unzulässig und strafbar. Das gilt insbesondere für Vervielfältigungen, Übersetzungen, Mikroverfilmungen und die Einspeicherung und Verarbeitung in elektronischen Systemen.

Umschlaggestaltung: Init GmbH, Bielefeld
Umschlagfoto: plainpicture/K. Stuke
Satz: SatzWeise, Föhren
Druck und Einband: Těšínská tiskárna, a.s., Český Těšín
Printed in Czech Republic
ISBN 978-3-579-08031-4

www.gtvh.de

Inhalt

Vorwort 9

1 **Die Rechtfertigung der »Überflüssigen« verkündigen – Was ist das?** 11

1.1 Zu Beginn: Ein Stimmengewirr 11
1.2 Rechtfertigung: Elementarisierung eines protestantischen Zentralbegriffs im homiletischen Interesse 16
1.3 Die »Überflüssigen«: Armutskontexte 25
    1.3.1 Wer sind die »Überflüssigen«? 25
    1.3.2 Armut als Lebenslage 30
    1.3.3 Erst kommt das Fressen 34
    Zum Beispiel: Eine Predigt in der Christ Ambassadors Ministries International Church of God e. V. in Hamburg 35
    1.3.4 Die Gemeinde als Lebensort und die Grenzen der Ökonomisierung 38
    Zum Beispiel: Das Christliche Zentrum Berlin e. V. 47
    1.3.5 Der subjektive Umgang mit Erwerbslosigkeit: Spuren kultureller und religiöser Interpretation 50
1.4 Der lebensweltliche Bezug: Rechtfertigungspredigt im Kontext von Armutserfahrungen 56
1.5 Die homiletische Perspektive: Das Verwobensein von Inhalt und Form 59

2 **Rechtfertigung als Beziehungsgestalt** 67

2.1 Die Selbstmitteilung Gottes 68
2.2 Predigen als Bewegung im Raum der Gnade 74
    2.2.1 Von Verkrümmungserfahrungen erzählen 75
    2.2.2 Und von Glückserfahrungen 88

        2.2.3 Homiletische Imaginationen: Antizipative und
              unterbrechende Rede   94
        2.2.4 Aufmerksamkeit für die Spur der Anderen:
              Den Gerechtfertigten ins Gesicht sehen 101
        Zum Beispiel: Karfreitag im Tenderloin:
        »Stick us with a needle of reality« 104
        2.2.5 Liturgische Resonanz: Fürbitte halten, Dank sagen und
              klagen 107
  2.3 Die Spannung zwischen Unterscheidung und Reziprozität:
      Subjektsein Gottes und menschliche Subjektivität 112
  2.4 Die Leiblichkeit der Rechtfertigungspredigt 118
  2.5 Die Ökonomie des Glaubens als eine Ökonomie der Intimität . 122

3   **Rechtfertigung predigen im Resonanzraum der Heiligen
    Schrift** 137

  3.1 Die Bibel als Basis der Predigt 138
        3.1.1 Eine biographische Notiz 139
        3.1.2 Der gemeinsame Horizont: Biblische Erzählung und
              Lebensgeschichte 141
        3.1.3 Das Leben ist ein Geschenk 144
  3.2 Über den garstig breiten Graben springen 151
        3.2.1 Hermeneutische Theologie 151
        3.2.2 Eine gestalt-homiletische Annäherung 153
        3.2.3 Einübung in responsorische Rezeptivität 155
        Zum Beispiel: Eine Fastenpredigt 167
        3.2.4 Im Resonanzraum 172
        3.2.5 Er war hungrig 177

4   **Die Predigt, die rechtfertigt: Verleiblichung des Wortes
    als performatives Ereignis** . . . .
                                                                           185
  4.1 Verleiblichung des Wortes im Symbol 185
  4.2 Verleiblichung des Wortes und das Ich auf der Kanzel 191

4.3 Von der Wirkmacht des Wortes in Luthers Invokavitpredigten: Abkehr von der gewaltförmigen Kommunikation hin zum Klangraum des Wortes 205

4.4 Verleiblichung des Wortes in energetischer Hinsicht 213

4.5 Verleiblichung im Sprechakt 218

4.6 Verleiblichung als Inszenierung und Performativität 222

Zum Beispiel: Die Romario de Terra 230

Literatur 239

Register 252

Vorwort

Es gehört wohl zur Kunst des Predigens, überraschende, manchmal verschüttete Verknüpfungen zu entdecken, in denen die lebensweltlichen Erfahrungstexte, die Gestalten gelebter Religion und die Erzählfäden der Heiligen Schrift so miteinander verwoben werden, dass das Evangelium einen konkreten, leib-haftigen Ausdruck gewinnen kann. Diesem Ansinnen sind wir in unserer Arbeit verpflichtet.

Wir versuchen als Lehrende der Praktischen Theologie an der Universität Hamburg und an der Pacific School of Religion in Berkeley, Kalifornien die ästhetischen, phänomenologischen und theologischen Fragestellungen, die uns umtreiben, aus ihrer individualistischen Engführung zu befreien und sie auch auf drängende gesellschaftliche Konflikte und auf die Kirche als Leib Christi zu beziehen. Dementsprechend spüren wir den Korrespondenzen zwischen ökonomischen Prozessen und Leiberfahrungen, Raum-Resonanzen und Erwerbslosigkeit, dem Propheten Jona und der Predigt von der Rechtfertigung der »Überflüssigen« nach. Die Armutsthematik ist in ihrer Komplexität ein vorrangiges Thema für uns. Deshalb verorten wir die nun folgenden homiletischen Erwägungen an den Rändern der Wirtschaftsgesellschaft.

Wir möchten verschiedenen Personen und Institutionen danken, die zum Gedeihen dieses Projektes beigetragen haben: Die Pacific School of Religion hat Andrea Bieler ein Forschungsfreisemester gewährt, das ihr die Möglichkeit gab, gemeinsam in Deutschland mit Hans-Martin Gutmann an dem Manuskript zu arbeiten. Die Kolleginnen und Kollegen, aber auch die Studierenden am Fachbereich Evangelische Theologie an der Universität Hamburg haben trotz immer neuer Schübe von »Hochschulreform« und »Bologna-Prozess« eine Atmosphäre des gemeinsam geteilten Arbeitszusammenhanges bewahrt, in der für Hans-Martin Gutmann kreatives Arbeiten möglich bleibt.

Wir bedanken uns bei Pastor Ossai Okeke und Frau Christina Okeke, bei Pfarrerin Glenda Hope und Father River Sims sowie Professor Hans van der Geest, die uns ihre bisher unveröffentlichten Reflexionen, Predigten und liturgischen Texte zur Verfügung gestellt haben. Wo wir bei diesen »Beispielen« über den deutschsprachigen Raum ebenso hinausgehen wie über die Grenzen lutherischer Kirchlichkeit, ist dies dem Gesicht unseres Themas geschuldet und für unser eigenes Nachdenken eine produktive Herausforderung.

Wir danken dem Gütersloher Verlag für die Aufnahme dieses Bandes ins Verlagsprogramm. Diedrich Steen hat uns wieder einmal auf vorzügliche Weise betreut. Wir bedanken uns auch bei Frau Scheifele, die unsere Kommunikation und vieles andere mehr koordiniert hat. Unser herzlicher Dank geht auch an Frau Sharma, die uns bei der Abfassung des Manuskriptes hilfreiche Dienste geleistet hat, und an Till Karnstädt für die Erstellung des Registers.

Rudolf Bohren hatte 1971 seine berühmte Predigtlehre mit einem geradezu ekstatischen Ausruf eingeleitet: »Vier Dinge tue ich leidenschaftlich gern: das Aquarellmalen, das Skilaufen, das Bäumefällen und das Predigen.« (Predigtlehre, 1971, 17). In unserem Falle würden in dieser Liste andere Begeisterungen eine Rolle spielen. Das Predigen würde allerdings genauso vorkommen wie in diesem Ausruf; aber auch: gemeinsam ein Buch über das Predigen schreiben. Es gibt fast nichts, das uns in den vergangenen Monaten so viel Spaß bereitet hätte. Gemeinsam ein Buch schreiben, ohne sich gegeneinander profilieren zu wollen, sondern die Gedanken und Texte solange hin- und herschicken, bis wir beide einverstanden (und bisweilen auch über die Gedanken der jeweils anderen erstaunt, verstört, immer wieder auch begeistert waren): das ist ein beglückendes kreatives Unternehmen. Wir wünschen uns, dass unsere Leserinnen und Leser ähnlich viel Spaß und Einsicht gewinnen.

Berkeley und Hamburg im Sommer 2007
Andrea Bieler und Hans-Martin Gutmann

1 Die Rechtfertigung der »Überflüssigen« verkündigen – Was ist das?

1.1 Zu Beginn: Ein Stimmengewirr

»Das einzig Wahrhaftige an diesem Gottesdienst war die Alkoholfahne meines Nachbarn«, schnauft eine Freundin barsch nach dem Gottesdienstbesuch in einer nordhessischen Kleinstadt. »Ich weiß nicht, was die Predigt des Pfarrers mit meinem Alltagsleben zu tun haben soll. Seitdem ich erwerbslos bin, kann ich dieses abstrakte Gerede, dass Gottes Liebe uns allen gilt, nur noch schwer hören. Wenn ich um mich blicke und daran denke, was im Leben der in den Kirchbänken um mich versammelten Menschen so los ist, frage ich mich, ob das, was in diesem Gottesdienst geschieht, wirklich etwas mit unserem Alltag zu tun hat.«

* * *

»Ich kann es eigentlich nicht mehr ertragen, auch im Gottesdienst noch die grauen Statistiken zur Entwicklung der Erwerbslosigkeit in unserer Region herunterzunudeln«, stöhnt die Pfarrerin aus West Oakland in Kalifornien. »Ich will auch nicht mehr in jeder Predigt von den be- und erdrückenden Alltagsgeschichten erzählen, die die Menschen in meiner Gemeinde erleben. Das würde mir wie eine schlechte Verdoppelung der Alltagserfahrung vorkommen. Die gesamte Woche über bin ich damit beschäftigt, wie sich Menschen mit dem Elend der Langzeiterwerbslosigkeit auseinandersetzen, mit den Abgründen des Alltags, die sich auftun, wenn die Erwerbsarbeit nicht mehr zum sinnstiftenden Zentrum des Lebens gehört. Wenn das Geld so knapp wird, dass die allein erziehende Mutter, die neben meinem Pfarrhaus wohnt, am 25. eines jeden Monats weiß, dass das Geld in der Haushaltskasse eigentlich aufgebraucht sein wird. Ich finde, der Gottesdienst soll Unterbrechung des Alltags sein, die Liturgie soll die Schönheit Gottes zum Leuchten bringen, die FROHE Botschaft soll eine Gestalt gewinnen. Gerade für diese Menschen, die so viel Grau um sich herum sehen, soll im Gottesdienst ein Vorgeschmack auf das himmlische Gastmahl vermittelt werden, durch das gemeinsame Essen, die Musik, das Licht, das durch die Kirchfenster gebrochen wird und herein scheint, aber auch in der Stille und im Verschwingen der alten Wörter der Heiligen Schrift im heiligen Raum.«

* * *

Die Theologiestudentin verlässt den Universitätsgottesdienst und ist deprimiert. In ihrem Kopf pocht es. Von der rechten Seite der Stirn strömt ein stechender Kopfschmerz aus. Langsam verkrampft alles in ihr. Sie fühlt sich wie gelähmt. Heute hat der Professor wieder einmal die frohe Botschaft von der Rechtfertigung der Gottlosen verkündet. Dass uns Gottes Gnade als freies Geschenk entgegenkommt, das wir nicht verdient haben und trotzdem erhalten. Ein Geschenk, das unsere Existenz von Grund auf erschüttert und in ein neues Licht eintaucht. Bis der Professor zu diesem Punkt in seiner Predigt kam, dauerte es eine Weile. Ausschweifend hatte er von dem Begehren nach Selbsterlösung gesprochen, dem Versuch der Menschen, aus eigener Kraft ein gutes und gerechtes Leben zu gestalten, sich für eine bessere Welt einzusetzen und in dieser Praxis Gott zu begegnen. Er hatte von gottloser Werkegerechtigkeit gesprochen, von der Unwürdigkeit des Menschen und von der Unfähigkeit, zum eigenen Heil etwas beitragen zu können.

Sie denkt an die Zeit zurück, in denen sie magersüchtig war und sich fast zu Tode gehungert hatte. Die Worte »unwürdig« und »unfähig« hatten in jenen Jahren immer einen großen Platz eingenommen. Ja, und sie hatte tatsächlich so etwas wie Selbsterlösung angestrebt. Sie versuchte über Jahre, sich von den Körperstimmen zu befreien, die ihr einredeten, sie sei unwürdig – unförmig – unfähig. Dass sie unwürdig war, ihr Leben zu leben, hat sie eigentlich schon immer gewusst. Was war nun die befreiende Botschaft? Was bedeutete die Rede von der Rechtfertigung und von der Gnade in ihrem Lebenszusammenhang?

* * *

Der Philosoph Christoph Türcke polemisiert in seinem Buch *Kassensturz* über die pervertierte Form einer Gnadentheologie, die im Hinblick auf das eingeklagte Recht auf Arbeit das Faktum verdrängt, dass zu den kapitalistischen Rationalisierungsprozessen die Zerstörung von Arbeitsplätzen dazu gehört: »In der kapitalistischen Arbeitsgesellschaft findet eine denkwürdige Verkehrung statt. Der Fluch der Arbeit realisiert sich als Segen, die Freistellung von der Arbeit realisiert sich als Fluch, und der Mechanismus, der diese Verwirrung stiftet und darin doch so klar und unerbittlich begnadet und verwirft wie ein calvinistischer Gott, ist nicht ein bloßes Denkprodukt, sondern produzierte Realität, die jeder zu spüren bekommt. In ihrer Gottähnlichkeit wie in ihrer Kraft zu Konfusion und Verblendung vereinigt sie die beiden zentralen Prädikate auf sich, die die Theologie einst dem Widersacher Gottes zugedacht hatte, und es ergibt sich der erstaunliche Sachverhalt, daß der Teufel, von dem während der christlichen Gesellschaftsepoche nur der Begriff existierte, sich in der nachchristlichen auf originelle Weise inkarniert. Und ausgerechnet während das geschieht, geben die offiziellen Vertreter der Theologie immer häufiger die Parole aus, an den Teufel müsse man, aufgeklärt wie man heute sei, nicht mehr glauben. Im Geist dieses neuen Unglaubens sind auch die jüngsten kirchlichen Verlautbarungen über Arbeit und Arbeitslosigkeit verfaßt. <u>Der Teufel kommt in ihnen nicht vor – wohl aber das Recht auf Arbeit. Wer es fordert ist schon dem diabolischen Schein aufgesessen, mit dem das Kapitalverhältnis die Arbeit umgibt.</u> Sie wird als Segen, als Gnade anerkannt – und soll zugleich ein Recht werden, während es doch zum kleinen Einmaleins der Theologie gehört, daß auf ein Recht jeder Anspruch hat, auf Gnade niemand. Das Kapital, das nicht davon abläßt, nach seinen Fähigkeiten und nach seinen Bedürfnissen Lohnarbeit zu kaufen oder liegenzulassen, muß den Menschenrechtlern daher selbst Nachhilfeunterricht erteilen und klarstellen, daß Gnade nie Recht werden kann, aber stets von Verwerfung begleitet ist: Arbeitslosigkeit ist kein Betriebsunfall, sondern gehört zu den laufenden Betriebskosten; keine Krise oder Rationalisierung ohne Entlassungen, und kein Kapitalprozeß ohne Krise und Rationalisierung.

    Das wissen alle Machthaber ebenso wie alle kirchlichen Würdeträger. Wenn letztere daher auf eine Solidargemeinschaft von Arbeitenden und Arbeitslosen dringen und die Gleichwertigkeit beider proklamieren, <u>so fordern sie nicht eine solidarische Gesellschaft, sondern die Bereitschaft, die ökonomische Verwerfung als alternative Gnade zu akzeptieren und sich so von dem schrecklichen Los zu befreien, mit seinem Los hadern zu müssen.</u> Der Gott, von dem man sich da mit und ohne Arbeit gleichermaßen angenommen wissen soll, ist zwar als der biblische gemeint, aber er sieht der Macht, die tatsächlich Arbeit austeilt und vorenthält, verteufelt ähnlich. An den Fluch, den er einst über die Arbeit verhängt hat, kann er sich nicht mehr so recht erinnern; sie ist sein gnädiges Geschenk. Und mit der vita kontemplativa als einem Fingerzeig für ein heute realisierbares Jenseits von Arbeit hat er nichts im Sinn; das ist Kirchengeschichte. Gegen die gesellschaftliche Konfusion, die Fluch als Segen erscheinen läßt und Segen als Fluch realisiert, hat er hingegen nichts einzuwenden, er bereichert sie vielmehr durch die Einladung, den Fluch als alternativen Segen anzunehmen – ohne ihn dadurch zu bagatellisieren, versteht sich. Wen wundert es, wenn sich für die moderne Theologie der Teufel erübrigt? Er ist von ihrem Gott nicht mehr zu unterscheiden.

Nicht die Preisgabe der Idee des Teufels ist aufklärerisch, sondern die geistige Durchdringung des diabolischen Charakters, den das gesellschaftliche Ganze angenommen hat.«[1]

* * *

Die mexikanische Befreiungstheologin Elsa Tamez reflektiert in ihrem Buch *Gegen die Verurteilung zum Tod* über die Bedeutung der Rechtfertigungslehre aus der Perspektive der gesellschaftlich Ausgeschlossenen und fragt nach ihrer handlungsorientierenden Dimension: »Daß Menschen zu Nullen herabgewürdigt, ja zum physischen Verhungern verdammt werden, das sind Fragen, mit denen uns die Ausgeschlossenen bedrängen. Wir spüren, daß da auch die alte Lehre von der Rechtfertigung des Menschen fragwürdig geworden ist. Zum Tode werden Menschen verurteilt, weil das herrschende Wirtschaftssystem sie vor die Tür setzt; und zu Nullen werden sie entwertet, weil ihre Würde als menschliche Person nichts mehr gilt.

Indem wir die Rechtfertigung durch den Glauben aus dieser Perspektive betrachten, behaupten wir, Rechtfertigung habe es damit zu tun, daß alle Menschen konkret leben können. Die Offenbarung der Gerechtigkeit Gottes und deren Aktualisierung in der Rechtfertigung verkünden und erwirken die frohe Botschaft, daß alle Menschen ein Recht haben zu leben. Das in der Rechtfertigung geschenkte Leben ist eine unveräußerliche Gabe: und es ist eine unveräußerliche Gabe, weil es – in Jesus Christus – der Solidarität Gottes mit den Ausgeschlossenen entspringt. Es geht um ein Leben in Würde; es geht darum, dass die Menschen Träger ihrer Geschichte sein können. Gott rechtfertigt den Menschen (erklärt ihn für gerecht und macht ihn gerecht), damit er die ungerechte Welt, in der er nun einmal zu leben hat, verändert, weil sie ihn ständig ausschließt, entmenschlicht und sogar umbringt.«[2]

1. Christoph Türcke, Kassensturz. Zur Lage der Theologie, Frankfurt a. M. 1992, 114 ff.
2. Elsa Tamez, Gegen die Verurteilung zum Tod: Paulus oder die Rechtfertigung durch den Glauben aus der Perspektive der Unterdrückten und Ausgeschlossenen, Luzern 1998, 3.

* * *

Mit diesen dissonanten Stimmen im Ohr: der barschen Anfrage der Kirchgängerin in einer nordhessischen Kleinstadt, der Sehnsucht der Pfarrerin aus West Oakland nach der Schönheit Gottes und der Unterbrechung des Alltags durch den Gottesdienst, den Erinnerungen der magersüchtigen Theologiestudentin, die von der Rechtfertigungsbotschaft des Professors Kopfschmerzen bekommt und in der das Gefühl der Unwürdigkeit in ihrem Körper lebendig ist, mit der scharfen Polemik des Philosophen der einer zynischen impliziten Gnadentheologie nachspürt, die die kapitalistische Ökonomie hervorbringt, sowie mit der Frage der mexikanischen Theologin Elsa Tamez, was die Rechtfertigung der Gottlosen für die Ausgeschlossenen bedeutet – mit all diesen Stimmen im Ohr beginnen wir dieses Buch.

1.2 Rechtfertigung: Elementarisierung eines protestantischen Zentralbegriffs im homiletischen Interesse

Diese Stimmen leiten uns auf unserer Spurensuche nach einer Homiletik, in der die Predigt von der Rechtfertigung der Gottlosen, insbesondere für die Menschen eine Gestalt gewinnen soll, die im Hinblick auf ihre Arbeitskraft überflüssig gemacht werden. Wir führen hier den vielleicht provozierenden Begriff der »Überflüssigen« ein, um auf die Härte von ökonomischen Rationalisierungsprozessen verweisen zu können, die Menschen, »frei setzen«, wie es euphemistisch heißt. In der Arbeitsgesellschaft finden sie keinen Ort mehr, sie werden überflüssig gemacht. Oder sie *erscheinen* als Überflüssige, z.B. im Falle mexikanischer Migranten und Migrantinnen in den USA, die durch ihre Arbeitskraft in der Landwirtschaft und im Dienstleistungsbereich gesellschaftlich notwendige Arbeit tun, die aber als so genannte Illegale in vielen politischen Debatten zu Überflüssigen abgestempelt werden, die das Land »überschwemmen«. Der Begriff korrespondiert aber auch mit der theologischen Rede vom Überfluss im Hinblick auf die überfließende Gnade Gottes. Den Verbindungen zwischen beiden Realitäten soll im Folgenden nachgespürt werden. Im Zentrum unseres Projektes steht die Frage, wie die Predigt von der Rechtfertigung der Gottlosen in Zeiten wachsender Armut und struktureller Erwerbslosigkeit sowie angesichts der Lebenserfahrungen der »working poor« in unseren Predigten und Liturgien eine lebendige und lebensförderliche Gestalt gewinnen kann. Wir fragen damit nach den lebensweltlichen Gestalten der Rechtfertigungspredigt, die aus der Perspektive evangelischer Theologie mitten hinein in das Zentrum der protestantischen Predigttheologie und -praxis führen.

Unsere Homiletik ist leiborientiert: Wir wollen eine Perspektive entfalten, in der die Rede von der Gerechtigkeit Gottes inmitten der komplexen Körper- und Leiberfahrungen überflüssig gemachter Menschen verortet wird. Leiborientierung bezieht sich auf soziale und ökonomische Bedingungen, die das Wohlsein menschlicher Körper betreffen; sie bezieht sich aber auch auf die Leibgestalt des Wortes, das uns mitten hinein zieht in die Gottesbegegnung; sie verweist auf die Leibgestalt von Resonanzen der Rechtfertigungspredigt, die im Raum der Liturgie einen Ausdruck finden können.

Eine leiborientierte Homiletik ist an der performativen Dimension interessiert: Es geht um die Predigt, in der Rechtfertigung geschieht.

Wir beginnen mit einigen elementarisierenden Überlegungen im homiletischen Interesse.

Für Martin Luther war die große reformatorische Entdeckung von der Gerechtigkeit Gottes keineswegs nur eine intellektuelle Einsicht in ein neu zu interpretierendes Theologoumenon, sondern ein zutiefst erschütterndes Erlebnis, das eine radikale Umwälzung seines Lebens- und Körpergefühls zur Folge hatte. Er beschreibt diese Umwälzung als eine Transformationserfahrung von der Angst zur Freude, von der Knechtschaft in die Freiheit, von der Verzweiflung in die Gewissheit, vom Hass in den Lobpreis. Es ist für den weiteren homiletischen Zusammenhang, in dem wir die Rechtfertigungspredigt als performative, wirklichkeitsschaffende Rede einführen, in der das Geschenk der Gnade verkörpert wird, hilfreich wahrzunehmen, wie intensiv Luther hier seinen theologischen Entdeckungsprozess mit bestimmten Gefühlslagen in Zusammenhang bringt. Luther notiert im Rückblick auf seine reformatorische Entdeckung, dass er den zentralen Begriff in Römer 1,17 von der Gerechtigkeit Gottes gelernt hatte zu hassen. Er hatte ihn als philosophischen Begriff im aristotelischen Sinne kennengelernt. Aristoteles entwickelte im 5. Buch seiner Nikomachischen Ethik den Gedanken, dass Gottes Gerechtigkeit sich darin erweise, dass Gott die Sünder und die Ungerechten strafe. Diese Vorstellung prägte auch Luthers Lebensgefühl: Er lebte mit einem ruhelosem Gewissen, mit einem wirren und wilden Gewissen.[3] Als Sünder konnte er sich nicht darauf verlassen, dass er durch sein eigenes Tun mit Gott versöhnt werden könne. Diese Unruhe war begleitet von einem Murren, von einer Empörung, mit der er sich an der Theodizeefrage fest biss: Waren nicht aufgrund der Erbsünde alle auf ewig verlorene Sünder? Und wenn dem so sei, wie konnte Gott den Menschen dann zur Rechenschaft ziehen? Mit »glühend heißem Durst« versuchte er zu verstehen, was Paulus in Römer 1,17 sagen wollte:

»Bis ich, dank Gottes Erbarmen, unablässig Tag und Nacht darüber nachdenkend, auf den Zusammenhang der Worte aufmerksam wurde, nämlich: ›Gottes Gerechtigkeit wird darin offenbart, wie geschrieben steht: Der Gerechte lebt aus Glauben.‹ Da begann ich, die Gerechtigkeit Gottes zu verstehen als die, durch die als durch Gottes Geschenk der Gerechte lebt, nämlich aus Glauben, und daß dies der Sinn sei: Durch das Evangelium

---

3. Vgl. Wilfried Härle, Menschsein in Beziehungen. Studien zur Rechtfertigungslehre und Anthropologie, Tübingen 2005, 7.

werde Gottes Gerechtigkeit offenbart, nämlich die passive, durch die uns der barmherzige Gott gerecht macht durch den Glauben, wie geschrieben ist: ›Der Gerechte lebt aus Glauben.‹ Da hatte ich das Empfinden, ich sei geradezu von neuem geboren und durch geöffnete Tore in das Paradies selbst eingetreten. Da zeigte mir sofort die ganze Schrift ein anderes Gesicht. Ich durchlief dann die Schrift nach dem Gedächtnis und sammelte entsprechende Vorkommen auch bei anderen Vokabeln: z.B. Werk Gottes, das heißt: was Gott in uns wirkt; Kraft Gottes, durch die er uns kräftig macht, Weisheit Gottes, durch die er uns weise macht, Stärke Gottes, Heil Gottes, Herrlichkeit Gottes. Wie sehr ich vorher die Vokabel ›Gerechtigkeit Gottes‹ gehaßt hatte, so pries ich sie nun mit entsprechend großer Liebe als das mir süßeste Wort. So ist mir diese Paulus-Stelle wahrhaftig das Tor zum Paradies gewesen.«[4]

Im Zentrum von Luthers Erkenntnis steht der Zugang zur *passiven* Gerechtigkeit Gottes, durch die, wie er sagt, uns der barmherzige Gott gerecht *macht* durch den Glauben. Der Begriff der passiven Gerechtigkeit wird dabei sowohl auf Gott als auch auf den Menschen bezogen: Sie beschreibt das Wirken Gottes und zugleich die Wirkung beim Menschen. Wilfried Härle resümiert im Anschluss an seine Auslegung des eben zitierten Abschnittes: »Luther versteht die Gerechtigkeit Gottes zugleich als das Wirken Gottes, *durch das* er den Menschen heil werden lässt, und als dasjenige, *was* Gott dabei am Menschen und im Menschen wirkt.«[5] Im Hinblick auf Gott verweist der Begriff der Gerechtigkeit Gottes auf Gottes Barmherzigkeit, im Hinblick auf den Menschen wird er auf den Glauben bezogen. Härle argumentiert, dass Luther Gerechtigkeit in der beschriebenen zweifachen Weise verwenden kann, weil er ihn im Sinne der alttestamentlichen Vorstellung von *sedaquah* interpretiert, was am besten mit Gemeinschaftstreue oder gemeinschaftsgemäßem Verhalten oder als das dem gemeinschaftlichen Lebenszusammenhang dienende Verhalten übersetzt werden kann: »*Die reformatorische Entdeckung Luthers besteht in der Erkenntnis, dass die ›Gerechtigkeit Gottes‹ die Gemeinschaftstreue ist, durch die Gott den Menschen gerecht, und d.h. gemeinschaftstreu macht, indem er in ihm Glauben hervorruft.* Es kommt hinzu, dass das Glauben hervorrufende (also die ›Gerechtigkeit‹ des Menschen schaffende) Wirken Gottes durch Jesus Christus ge-

---

4. Die lateinische Originalversion dieses Textes findet sich in WA 54, 185, 23-37. Wir benutzen hier die Übersetzung der von Karin Bornkamm und Gerhard Ebeling herausgegebenen Ausgabe: Martin Luther – Ausgewählte Schriften, Bd. 1, Frankfurt a.M. 1982, 22-23.
5. Härle, Menschsein, 10.

schieht. Deswegen und insofern ereignet sich die Rechtfertigung des Menschen vor Gott sola gratia, sola fide, solo Christo.«[6] *Sedaquah* oder dann im Griechischen *dikaiosyne* verweisen also auf ein Beziehungsgefüge, das dynamischen, prozesshaften Charakter hat – und darin mehr als nur punktuelles Ereignis ist. Es geht ein umfassendes Verständnis einer von Gott gewirkten Wohlordnung, die universale Bedeutung hat. Noch einmal Härle: »Dass diese Wohlordnung umfassend ist, heißt, dass sie sowohl in der Beziehung zu Gott wie in der Beziehung zwischen den Geschöpfen, in sozialer wie in kosmischer Dimension, im geschichtlichen Längsschnitt wie im gegenwärtigen Querschnitt gilt oder erstrebt wird.«[7]

Unglücklicherweise verfehlt unser alltagssprachlicher Gebrauch des Wortes Rechtfertigung die eben skizzierte Weite und Tiefe. Sich rechtfertigen bedeutet heutzutage normalerweise, dass jemand den Nachweis erbringt, im Hinblick auf eine strittige Angelegenheit im Recht zu sein.[8] Dies steht dem eben entfalteten Verständnis von Gerechtigkeit nun diametral entgegen. Wenn der Begriff Rechtfertigung im Weiteren benutzt wird, sollen die Konnotationen, die im Sprachfeld von *sedaquah* mitschwingen, kontinuierlich erschlossen werden. Begriffe wie Gemeinschaftstreue sollen dementsprechend mitgedacht werden.

Im alltagssprachlichen Gebrauch schwingt auch der *forensische* Interpretationsrahmen der Rechtfertigungslehre mit. Rechtfertigen im Sinne von anerkennen, dass jemand im Recht ist, verweist zunächst auf den Bereich des Sozialen und damit auf die Tatsache, dass die Herstellung von Subjektivität maßgeblich in interaktiven Prozessen geschieht: wie wir uns sehen, hat maßgeblich damit zu tun, inwiefern wir von anderen soziale Anerkennung erhalten. Daneben verweist der alltagssprachliche Gebrauch auch auf die Sphäre des Rechts, in der sowohl Geltungsansprüche im Hinblick auf strittige Objekte als auch die von Individuen verübten Straftaten verhandelt werden.[9]

---

6. Ebd., 11.
7. Ebd., 13.
8. Zum alltagssprachlichen sowie zum philosophischen Gebrauch siehe auch Michael Moxter, Rechtfertigung und Anerkennung. Zur kulturellen Bedeutung der Unterscheidung zwischen Person und Werk. In: Hans Martin Dober und Dagmar Mensink (Hgg.), Die Lehre von der Rechtfertigung des Gottlosen im kulturellen Kontext der Gegenwart. Beiträge im Horizont des christlich-jüdischen Gesprächs, Stuttgart 2002, 22-26 sowie Eberhard Jüngel, Das Evangelium von der Rechtfertigung des Gottlosen als Zentrum des christlichen Glaubens, Tübingen, 4. verbesserte Aufl., 2004, 4-6.
9. Moxter, Rechtfertigung, 23 f.

Der forensische Gebrauch spielt in der Interpretationsgeschichte der Rechtfertigungslehre eine wichtige Rolle. In ihr wird das Bild des sündigen, ganz und gar ungerechten Menschen als Angeklagten gezeichnet. Dieser steht vor dem Richtergott, der ihn allein aus Gnade um Christi Willen gerecht spricht.[10] Obwohl die reformatorische Entdeckung von der *passiven* Gerechtigkeit alle Regeln eines ordentlichen Gerichtsverfahrens auf den Kopf stellt, bemühen die Reformatoren immer wieder die forensischen Metaphern. Dieses Paradox mag in Bezug auf Luther in seiner eigenen lebensgeschichtlich zu situierenden, abgründigen Auseinandersetzung mit dem Bild des himmlischen Richtergottes stehen, das ihn umtrieb und ruhelos machte. Für eine weitere Deutung der Gerechtigkeit Gottes als göttlicher Gemeinschaftstreue erscheint die forensische Metaphorik, wenn sie exklusiv gebraucht wird, als einengend. In ähnlicher Weise argumentiert Frank M. Lütze in seiner Arbeit über sprachpragmatische Probleme der Rechtfertigungspredigt, wenn er unterstreicht, dass die forensischen Kategorien den relationalen Charakter des Rechtfertigungsgeschehens nur am Rande zur Sprache bringen können.[11] Das Bild des Richters beschreibt nur unzulänglich, wie Gott sich in diesem Geschehen verausgabt und hingibt, eben ganz anders als ein distanzierter Richter, der Unbefangenheit verkörpern muss. Auch wird in der forensischen Metaphorik die schöpferische Qualität des Rechtfertigungsprozesses kaum berührt: »Ein Freispruch schafft zunächst eine rechtliche Tatsache und muss den Freigesprochenen weder im Kern betreffen noch ihn verändern. Hingegen gehört es zum Wesen der Liebe, den Anderen als Person in den Blick zu nehmen – und ihn in schöpferischer Weise anzureden: ›Gottes Liebe findet das Liebenswerte nicht vor, sondern schafft es sich. Denn die Sünder sind schön, weil sie geliebt werden; nicht aber werden sie geliebt, weil sie schön sind.«[12]

Darüber hinaus verweist Lütze darauf, dass es im Prozess der Rechtfertigung gerade nicht um einzelne Gesetzesübertretungen geht, sondern um eine grundsätzliche Verfehlung der Gottesbeziehung von Seiten der Men-

---

10. Die hier vorgetragenen kritischen Anfragen richten sich gegen den *exklusiven* Gebrauch des forensischen Interpretationsrahmens. Dass die Vorstellung vom Gericht Gottes im Hinblick auf die Frage nach der Gerechtigkeit Gottes und in eschatologischer Perspektive für die Hoffnung auf Heilung der Effekte menschlicher Destruktion notwendig ist, wird hier ausdrücklich vorausgesetzt.
11. Vgl. Frank M. Lütze, Absicht und Wirkung der Predigt. Eine Untersuchung zur homiletischen Pragmatik, Leipzig 2006, 45-50.
12. Ebd., 47.

schen: »Die verfehlte Gottesbeziehung *braucht* – horrible dictu! – nicht bestraft zu werden, weil sie die Strafe schon in sich trägt.«[13]

Das Bild des Freispruchs ist nicht besonders hilfreich, um sich der heilstiftenden Erneuerung der Beziehung zwischen Gott und Mensch im Christusgeschehen, wie sie im Rechtfertigungsgeschehen Gestalt gewinnt, anzunähern. Nach Abschluss eines Gerichtsverfahrens wird der Richter oder die Richterin normalerweise kein Interesse an der Erneuerung und Vertiefung der Beziehung zu den zuvor Angeklagten zu haben. Im Hinblick auf die Verkörperung der Gnade durch die Gerechtigkeit Gottes geht es aber gerade um die Herstellung genuiner Beziehung und um die Überwindung tödlicher Beziehungslosigkeit.

Die kritischen Erwägungen zum exklusiven Gebrauch forensischer Metaphorik im Hinblick auf das Rechtfertigungsgeschehen lassen uns zu dem weiteren Schluss kommen, dass es sowohl für die theologische Reflexion als auch für die Predigtpraxis von zentraler Bedeutung ist, eine Bandbreite von Metaphern einzuführen, die Gottes heilwirkendes Handeln beschreiben. Luther macht in dem eingangs zitierten Bericht von seiner reformatorischen Entdeckung in Anlehnung an 1. Korinther 1,30 selbst deutlich, dass eine Vielfalt von Begriffen und Bildern angemessen sind, um sich Gottes heilschaffendes Wirken anzunähern; wie etwa Weisheit, Gerechtigkeit, Heiligung und Erlösung. So kann er von der Kraft, der Weisheit, der Stärke, dem Heil und der Herrlichkeit Gottes sprechen.[14]

Wir halten also fest, dass für Luthers Rechtfertigungsverständnis eine exegetische Erkenntnis bestimmend geworden ist, dass nämlich mit der Gottesgerechtigkeit, die nach Paulus im Evangelium offenbart wird (Römer 1,17), nicht gerechtes Handeln der Menschen im Sinne eines gesetzeskonformen Verhaltens gemeint sei, sondern eine geschenkte Gerechtigkeit, in der Gott sich dem Sünder unverdient und ohne Voraussetzung auf Seiten des Menschen schenkt.

Hatte dies nicht auf ihre Weise auch die Lehre der Hochscholastik des Mittelalters gesagt, nach der Gott den Menschen seine Rechtfertigungsgnade im Sinne eines »habitus«, also einer bleibenden Persönlichkeitsprägung gibt? Aber Luthers Verständnis unterscheidet sich doch zentral von dem, was beispielsweise von Thomas von Aquin vertreten wurde. Luther versteht Rechtfertigung nämlich nicht als einen Heilungsprozess, der zwar ganz aus der Ini-

---

13. Ebd., 48.
14. Der Begriff der Erlösung ist beispielsweise im Kleinen Katechismus von zentraler Bedeutung.

tiative der göttlichen Gnade hervorgeht, aber das Resultat hervorbringt, dass ein gerecht gemachter Mensch im Endgericht faktisch auch gerecht gesprochen werden kann. Sondern Luther versteht die Rechtfertigungsgnade als Gottes Geschenk, das dem sündigen Menschen vor aller Veränderung seines Lebens zuvorkommt, ja als Gerechtigkeit, die ihm in einem paradoxen Gegensatz zu seiner Wirklichkeit zugesprochen wird. Gott spricht nicht den durch seine Gnade gerecht gewordenen Menschen, sondern wirklich den »Gottlosen« gerecht (Römer 4,5). Der Mensch, der in sich und aus sich selber ein Sünder ist und bleibt, wird zum Gerechten, weil Gott ihm Gerechtigkeit zuspricht *(simul iustus et peccator)*. Das Subjekt dieser Gabe der Gottesgerechtigkeit ist Jesus Christus. Dass die Gerechtigkeit dem sündigen Menschen zugesprochen wird, beinhaltet, dass Gott ihn mit Christus zusammenspricht, dass Christus die Sünde des Menschen auf sich nimmt und seine eigene Gerechtigkeit für ihn einsetzt. Rechtfertigung ist Zusage der Gerechtigkeit, die Christus zueigen ist und mit der Christus selbst sich dem Sünder zuspricht. Deshalb ist für Luther das Wort des gepredigten Evangeliums, durch das der Mensch diesen Zuspruch erfährt, der eigentliche Träger der Heilsvermittlung, das eigentliche Sakrament. Es geschieht im Medium des gepredigten Wortes, dass Gott die Menschen gerecht macht.[15]

Diesem Wort entspricht der Glaube, in dem der Mensch *ohne* Abwägung alles dessen, was er über sein eigenes Leben sagen und urteilen kann, sich auf diese Zusage unbedingt verlässt, genauso, wie sie ihm bedingungslos zuteil wird. Es geht im Glauben keinesfalls darum, eine psychische Orientierung auszuagieren, sondern darum, dass sich der Mensch als ganze Person, als Leib, Geist und Seele beschenken lässt und auf diese Weise neu wird.

Dies heißt nicht, dass Luther die Erklärung des Sünders zum Gerechten als eine bloße Umetikettierung, als ein bloßes Urteil »als ob« verstehen würde, durch das der Mensch unverändert der bleibt, der er ist. Sondern er sieht in dem gerecht sprechenden Wort das Machtwort des Schöpfers und Erlösers, der das verwirklicht, was er zuspricht. So sehr Gott gerecht spricht, so sehr wird er seine Gerechtigkeit auch zur Wirklichkeit bringen. Deshalb ist die Sünde, die in Gottes Urteil ihre Kraft über den Menschen schon verloren hat, eine Macht, die auch in ihrer Wirklichkeit überwunden werden wird.

Dieses Geschehen fängt schon an, so gewiss Christus durch seinen Geist im Glauben wirksam gegenwärtig wird. Die Sünde ist zwar noch präsent, aber ihre Herrschaft über den Menschen ist gebrochen, der Geist wirkt hier

---

15. Vgl. z.B. WA 5, 144, 20f. Vgl. Wilfried Joest, Dogmatik Bd. 2. Der Weg Gottes mit den Menschen. Göttingen 1986, 439ff.

entgegen der Macht der Sünde den Anfang neuen Lebens. Darum bleibt auch der Glaube, der in Hinsicht auf das eigene Heil rein passiv ist, nämlich nur bloßes Empfangen sein kann, in Richtung auf den Nächsten in der Welt keinesfalls passiv. Glauben heißt, in den Bereich der Lebensmacht Christi hineingeraten. Deshalb gehen aus dem Glauben spontan Werke der Liebe hervor. Luther kann sagen, dass wahrer Glaube gar nicht sein kann ohne solche Liebesorientierung in der Lebenspraxis.

Der Unterschied dieser evangelischen Grunderkenntnis Martin Luthers gegenüber der scholastischen Gnadenlehre liegt nicht darin, dass die Scholastik die Rechtfertigungsgnade als »effektiv« gerecht machend verstand, während sie Luther als bloß »forensische« Gerechterklärung verstanden hätte. Luther hat vielmehr nachdrücklich von der Wirksamkeit der Christusgnade im Leben und Tun der Glaubenden gesprochen. Allerdings wandte er sich entschieden dagegen, dieses neue Leben als ein Vermögen anzusprechen, als einen »Habitus«, der zu einer Eigenschaft, einer Qualität im Menschen würde. Vielmehr besteht Luther darauf, dass die Gerechtigkeit, auch als Gottes Geschenk, gegenüber dem menschlichen Vermögen eine fremde Gerechtigkeit bleibt, nämlich die *aliena iustitia Christi*. Christus bleibt Subjekt dieser Gerechtigkeit, durch die der Mensch gerecht gesprochen und zu einem neuen Menschen wird.

Gottes Gerechtigkeit verströmt sich in der überfließenden Gnade. Die Gnade Gottes und die Rechtfertigung der »Überflüssigen« gehören auf verschiedene Weisen zueinander: Gnade ist Überfluss, ist freies und grenzenloses Geschenk Gottes. Die Gnade Gottes ist nicht kalkulierbar, nicht ausrechenbar, ist per definitionem menschlichem Messen und Berechnen entzogen, sprengt alle Pläne, Vorstellungen, Reflexionsmöglichkeiten. Die Gnade Gottes ist ein Geschenk, das dem ganzen Menschen gilt – und deshalb suchen wir den Bezug auf die leibliche Perspektive, weil sich diese Gabe nicht allein dem Wissen oder der Selbstreflexion des Individuums im Sinne von kognitiven Operationen mitteilt, sondern dem ganzen Menschen als Körper, Seele und Leib.

Und die zweite Dimension: Die Gnade Gottes gilt den »Überflüssigen«, weil die frohe Botschaft nach den Evangelien allen Menschen und zuerst den Armen gilt. In der globalisierten Wirtschaftsgesellschaft sind die Armen die in ihrem quantitativen Umfang explodierenden Menschengruppen, die in ungesicherten Arbeitsverhältnissen und mit sehr geringer Entlohnung trotz ihrer Arbeit nicht genug zum Leben haben (die »working poor«); es sind Menschen, die aufgrund ihres Migrationshintergrundes von den »normalen« Möglichkeiten von Erwerbstätigkeit, Bildung und Ausbildung abgeschnitten sind; aber auch die wachsenden sozialen Gruppen, denen unausgesprochen oder ausgesprochen immer wieder neu mitgeteilt wird, dass sie auf dem »ersten« Arbeitsmarkt ebenso wenig gebraucht werden wie als zahlungskräftige Konsumenten oder als Menschen, die am kulturellen und politischen Leben teilhaben, und zwar als Subjekte und nicht nur als Be-Handelte und Ge-Handelte ihres Lebens.

Auch Elsa Tamez plädiert dafür, die Rechtfertigungslehre und -predigt im Kontext von Armutserfahrungen zu konkretisieren und nicht einfach abstrakt zu sprechen: »Menschen haben ein Gesicht und einen bestimmten gesellschaftlichen Ort, eine bestimmte Hautfarbe und ein bestimmtes Geschlecht. Rechtfertigung geht durch soziale Befindlichkeit. Heute verbietet sich uns, es mit dem bekannten universalen Diskurs bewandt sein zu lassen, ohne die Besonderheiten der Lage in Betracht zu ziehen, aus der heraus er vorgetragen wird. Sollten wir jedoch lieber die Finger von den Lebensbedingungen lassen, in denen die verschiedenen Menschen historisch leben, nähmen wir dem Diskurs seine Kraft und versperrten uns den Blick für die Wirklichkeit, in der sich die Dynamik des Evangeliums manifestiert – jenes Evangeliums, von dem Paulus spricht und dessen er sich nicht schämt (vgl. Röm 1,16).«[16]

Armut hat viele Gesichter. Bevor wir einige Stimmen in ihrer Subjektivität laut werden lassen, beginnen wir mit der Skizze einiger struktureller Entwicklungsmomente. Zuvor sei jedoch auf unseren eigenen sozialen Ort hingewiesen: Ein wichtiger Aspekt der Situation der Auspolarisierung von Armut und Reichtum in Deutschland und den USA ist, dass wir über all diese Dinge nicht angemessen reden können, ohne die eigene Situation wahrzunehmen. Wir gehören als Lehrende zu den Reichen im Lande, wir haben ein Mehrfaches an Mitteln zur Verfügung gegenüber einer Familie, die Sozialhilfe bezieht, und auch immer noch erheblich mehr als eine normale Arbeitnehmerfamilie.

Gegenüber den Sozialwissenschaften und den – zugegebenermaßen unter gegenwärtigen Bedingungen gegenüber der Dominanz betriebswirtschaftlicher Perspektiven immer stärker entmächtigten – Volkswirtschaften sprechen wir in diesem Buche aus der Perspektive der Praktischen Theologie, die über Aufgabe und Gestalt von Predigt und Gottesdienst in den beschriebenen Bedingungen reflektiert. Und wir sprechen als Pastor und Pastorin, die in Deutschland und den USA versuchen, sich für das Phänomen der Armut zu sensibilisieren.

---

16. Tamez, Gegen die Verurteilung, 48.

1.3 Die »Überflüssigen«: Armutskontexte

1.3.1 Wer sind die »Überflüssigen«?

Armut ist ein weltweites Problem. Aber sehen wir nur auf die Situation in Deutschland, so sprechen auch hier die Daten für sich. Am deutlichsten ist die Entwicklung der monatlichen Nettoeinkommen der privaten Haushalte. Zwischen 1993 und 2004 hat sich das Nettovermögen des reichsten Viertels in Westdeutschland um knapp 28 % erhöht. Im ärmsten Viertel zeigt sich im selben Zeitraum ein dramatischer Rückgang von 50 %. In Ostdeutschland hat das Einkommen im reichsten Viertel um fast 86 % zugenommen, allerdings auf niedrigeren Niveau als im Westen; während das Einkommen im ärmsten Viertel um knapp 21 % abnahm. Der aktuelle Datenreport des statistischen Bundesamtes bescheinigt diesem Trend ein stabil hohes Niveau.[17]

Die Auspolarisierung von arm und reich in der bundesdeutschen Gesellschaft radikalisiert sich seit 2002. War in der ersten Amtszeit der rot-grünen Regierung die Statistik im Hinblick auf Erwerbslosigkeit und den Empfang von Sozialhilfe leicht rückläufig, so steigen die Zahlen seit 2002 drastisch. Seit 2000 ist die Zahl derjenigen, die Sozialhilfe empfangen von 2,68 auf über 2,8 Mio. angestiegen. Zugleich nimmt der Reichtum radikal zu: »Wer hat, dem wird gegeben. Und zwar reichlich. In den vergangenen zehn Jahren ist das zusätzliche Geldvermögen vor allem jenen zugeflossen, die schon eine Menge hatten, die Ungleichheit der Verteilung hat deutlich zugenommen [...]. Die bessere Methode (als die Messung von individuellem Durchschnittsverdienst), um Entwicklungen in der Verteilung darzustellen, bleibt der Vergleich der Haushaltseinkommen. Dabei zeigt sich, dass 2002 ein Wendejahr war. Bis 2001 lag der Anteil des ärmsten Fünftels der Bevölkerung am gesamten Einkommen knapp unter 10 Prozent, 2002 sackte der Anteil auf 9,3 Prozent ab. Gleichzeitig erreichte der Anteil des reichsten Fünftels an allen Einkommen eine Höchstmarke von 36,4 Pro-

---

17. Wilhelm Heitmeyer und Sandra Hüpping, Auf dem Weg in eine inhumane Gesellschaft. In: Die ZEIT vom 21./22. Oktober 2006, 13.

zent«[18], wobei in dieser Gruppe auf immer weniger Haushalte immer größere Vermögen und Einkommen entfallen. Die rigiden Regeln von Hartz IV verschärfen die Situation radikal. Sie zwingen z. B. einen 50-jährigen mittelständischen Arbeitnehmer, der ein Leben lang erwerbstätig war und in die Arbeitslosenversicherung eingezahlt hat, seine Mietwohnung zu verlassen, wenn sie über 50m^2 für Single-Haushalte und über 60m^2 für zwei Personen groß ist. Sie zwingen ihn, Wohneigentum bei über 130m^2 für eine Familie zu verkaufen, angespartes Vermögen aufzulösen, einen grundlegenden Überlassungsvertrag zu unterzeichnen und sich in die Abhängigkeit von so genannten »Fallmanagern« zu übergeben (deren Fairness und Kompetenz weder gesichert noch kontrollierbar sind) – wenn sie denn die Unterstützungs-Regelsätze von (als Singles) 345 Euro (in Westdeutschland) oder 331 Euro (in Ostdeutschland) bekommen wollen. Und dies angesichts einer Arbeitsmarktsituation, bei der 2004 für über 4 Millionen erwerbslose Menschen wenige hunderttausend offene Stellen offeriert werden.[19] Aktuell sind – angesichts der Wirkungen eines lang erwarteten Wirtschaftsaufschwungs in Teilsektoren der Ökonomie – die Erwerbslosenzahlen leicht rückläufig. Die scharfen und nicht lösbaren Debatten um einen Mindestlohn und die Erhöhung der Hartz-IV-Regelsätze zeigt zugleich, dass das Armutsproblem in Deutschland durch den Wirtschaftsaufschwung nichts an seiner Brisanz verliert; vielmehr tritt jetzt noch deutlicher ins öffentliche Bewusstsein, dass die Früchte des Aufschwungs ungleich verteilt werden.

Im letzten Jahr wuchs in Deutschland die Wirtschaft um 2,7%, doch im Portmonee der Beschäftigten kam davon kaum etwas an. Stattdessen lagen die nominalen Lohnzuwächse sogar noch unter der Inflationsrate. Mitten im Boom haben diese Menschen real an Einkommen verloren. »Das gab es bisher nicht in Deutschland und das ist selbst in der neoliberalen Theorie nicht vorgesehen.«[20] Die Abnahme der Erwerbslosigkeit, die unter den Bedingungen des Wirtschaftswachstums mittlerweile dauerhaft unter 4 Millionen liegt, ist vor allen Dingen durch ein Anwachsen von Niedriglohnarbeit bestimmt. Damit wird das Problem der »working poor« auch in Deutschland zu einem Gesicht von Armut, das das Leben immer größerer Menschengruppen bestimmt – und zugleich als Kehrseite dieses Gesichts eine bedrückende Realität von Kinderarmut. »Die Rechnung ist deprimie-

18. DIE ZEIT vom 12. August 2004, 19.
19. Alle Informationen aus: ebd., 20 f.
20. Ulrike Herrmann, Sein und Haben. Die deutsche Wirtschaft boomt, doch die große Mehrheit der Bevölkerung profitiert nicht mehr von ihren Wachstumsgewinnen. In: taz vom 3. Mai 2007, 11.

rend: selbst eine allein erziehende Kellnerin, die 7,50 € brutto die Stunde verdient und in Vollzeit ackert, schafft es nicht, von Hartz IV herunterzukommen, wenn sie zwei Kinder hat. Ihr Verdienst ist zu gering, um nicht aufstockendes Arbeitslosengeld II beantragen zu müssen. Ihre Sprösslinge landen in der Statistik der ›Kinderarmut‹.«[21] Ganze Berufsgruppen gehören zu den niedrig Verdienenden, in denen die Familien, Erwachsene wie Kinder, von Armut betroffen sind: Floristinnen, Friseurinnen, Mitarbeitende in der Landwirtschaft. Der Präsident des Kinderschutzbundes, Heinz Hillgers, teilt mit, dass in Deutschland gegenwärtig 2,6 Millionen Kinder und Jugendliche arm seien. Dazu rechnet er alle Empfänger/innen nach Hartz IV unter 18 Jahren, auch Kinder von Asylbewerbern und erwerbsunfähigen Eltern.[22] Nimmt man die Lebensrealität der »working poor« hinzu, muss diese Zahl noch erheblich höher angesetzt werden. Um politische Handlungsmöglichkeiten wird in der Regierungskoalition der großen Koalition erheblich gestritten; der Versuch, einen Mindestlohn durchzusetzen, hat gegenwärtig nur geringe Realisierungschancen. Armut zeigt sich für Menschen, die in Deutschland gegenwärtig von Arbeitslosengeld II oder von niedrigen Löhnen leben müssen und deren Unterhalt auch für das Lebensnotwendige teilweise durch Leistungen aus Hartz IV aufgestockt werden muss, in Ausgrenzung von Partizipationsmöglichkeiten, und zwar in vielfältiger Weise. Urlaubsreisen, ein Zeitungsabo, Kino- oder Restaurantbesuche sind nicht drin.

Die Auspolarisierung zwischen arm und reich hat sich seit der zweiten Amtszeit Schröder in der Bundesrepublik zugespitzt und ist unter der großen Koalition keineswegs zurückgenommen worden. Es ist zugleich eine Entwicklung, die sich seit Jahrzehnten in Deutschland verstärkt – entsprechend, wenn auch in abgemilderter Form, der weltweiten Polarisierung zwischen arm und reich in einer globalisierten Ökonomie.[23]

Bereits vor einem Jahrzehnt war deutlich erkennbar, dass vor allem Kin-

---

21. Barbara Dribbusch, Wenn Kellnern nicht für die Familie langt. In: taz vom 28. August 2007.
22. Ebd.
23. Nicht nur die messbaren Daten, sondern auch die Erwartungen der Menschen haben sich gegenüber früheren Jahrzehnten dramatisch verändert. Die Angst vor sozialem Abstieg ist mittlerweile in der Mitte der Gesellschaft angekommen, und parallel zu den massenhaften sozialen Verwerfungen und Verunsicherungen über die Möglichkeiten eigener lebensgeschichtlicher Perspektiven nimmt die Bedrohung der demokratischen Kultur in Deutschland zu. Dies führt zu einer Explosion rechtsradikaler Gewalt.

der und Jugendliche zu den Opfern von Armut gehören.[24] Als Hauptursachen dieser Entwicklung nennt Klaus Hurrelmann die Arbeitslosigkeit der Eltern. »Hält der Trend an, wird ein Großteil der jungen Generation aus der Wohlfahrtsgesellschaft ausgeschlossen.«[25] Im Jahr 2006 hat sich diese Entwicklung dramatisch zugespitzt. Dabei gilt: »Armutsrisiken von Kindern und Jugendlichen sind hochgradig durch die sozialen Merkmale der Herkunftsfamilien differenziert. Haushaltsspezifisch betrachtet ist das Armutsrisiko bei den Kindern am größten, die in Alleinerziehenden-Haushalten leben. Über ein Drittel aller Kinder in diesen Haushalten leben in extremer Armut. Bei Familien mit mehr als zwei Kindern unter 17 Jahren ist es rund ein Fünftel. Kinder in Paarhaushalten mit ein bis zwei Kindern sind dagegen ›nur‹ zu etwa sechs Prozent von extremer Armut betroffen. Obwohl diese haushaltsspezifischen Differenzen bereits enorm sind, vermitteln sie ein verkürztes Bild. So zeigen sich innerhalb eines jeden Haushaltstyps extreme klassenspezifische Differenzen. Familien der höheren sozialen Klassen – in denen 46 Prozent aller Kinder leben – haben ein sehr geringes Armutsrisiko. Ist der Haushaltsvorstand dagegen einfacher Arbeiter, findet sich jedes sechste in kleineren und annähernd jedes zweite Kind in größeren Familien in extremer Armut. Auch bei den Alleinerziehenden zeigt sich eine klare Klassendifferenzierung, wobei etwa zwei Drittel aller armen Kinder in Alleinerziehenden-Haushalten eine Arbeiterin als Mutter haben.

Insgesamt leben 56 Prozent aller armen Kinder in einfachen Arbeiterhaushalten und weitere 24 Prozent in Facharbeiterhaushalten. Es sind also vor allem die Kinder aus der Arbeiterklasse, die ein erhöhtes Armutsrisiko tragen und die auch die große Mehrheit unter den armen Kindern in Deutschland stellen. Das gilt nochmals verstärkt für die eingewanderten Arbeiterfamilien. Arbeiterfamilien mit Migrationshintergrund stellen die größte Armutsgruppe in Deutschland dar. Allein ein Viertel aller armen Kinder leben in diesen Haushalten.

Armut ist damit eingebettet in die klassen- und migrationsspezifische

---

24. Zeitungsmeldung in der taz vom 22. September 1997: 40 % aller Sozialhilfeempfänger sind Kinder. Immer mehr Kinder und Jugendliche in Deutschland leben in Armut. Nach Angaben des Bielefelder Jugend- und Sozialforschers Klaus Hurrelmann leben inzwischen fast 1,2 Millionen Jugendliche unter 18 Jahren von Sozialhilfe. Bereits 1997 sind 40 % der 2,8 Millionen, die Sozialhilfe empfangen, Heranwachsende. Kinder stellten für ihre Eltern ein Armutsrisiko dar, weil die finanziellen Aufwendungen nur zu etwa 60 % von Kindergeld und Steuervorteilen aufgefangen wurden, vgl. die tageszeitung (taz) vom 22. September 1997.
25. Ebd.

Strukturierung sozialer Ungleichheiten. Die Rede von der ›Infantilisierung‹ der Armut ist insofern einseitig, als sie nur auf den Aspekt der Polarisierung zwischen Haushaltsformen mit und ohne Kinder(n) abhebt und die sozialstrukturellen und ethnischen Polarisierungen ausblendet. Kinderarmut steht im Schnittfeld mehrfacher gesellschaftlicher Spaltungsprozesse: zwischen kinderreichen und kinderlosen Lebensformen, zwischen Arbeiterklassen und höheren sozialen Klassen, zwischen Einheimischen und Zugewanderten.«[26]

In dieser längerfristig wirksamen Entwicklung lassen sich einige Konstanten ausmachen. Beispielsweise: Zu Zeiten der Massenarbeitslosigkeit sind es vor allen Dingen Frauen, die von Erwerbslosigkeit, insbesondere von länger andauernder Erwerbslosigkeit betroffen sind. Armut hat ein Geschlecht.[27]

Gerade im Alterssegment der über 60jährigen zeigt sich: Armut ist weiblich. Bei den Männern tragen die stark am Erwerbseinkommen orientierten Renten insgesamt zu einem Lebensstandard bei, der oberhalb der Sozialhilfe liegt. Die jetzt über 70jährigen Frauen dagegen haben im Regelfall noch eine traditionelle weibliche Biographie aufzuweisen, in der es große Beschäftigungslücken aus Gründen der Kindererziehung gibt, und die auf die Witwenrente im Fall des Todes des Lebenspartners angewiesen sind. Frauen im hohen Alter haben im Regelfall erst ihre Männer gepflegt und sind nun, sofern keine familiäre Hilfe – im Regelfall wieder die Töchter bzw. Schwiegertöchter – zur Hilfe bereit und in der Lage sind, auf Fremdhilfe etwa in stationären Einrichtungen angewiesen.[28]

Die soziale Situation in Deutschland ist seit der Wende dadurch gekennzeichnet, dass auf der einen Seite Armut zunimmt, auf der anderen Seite aber auch Reichtum in ungeheurem Ausmaße. Die soziale Polarisierung in den USA und in Deutschland, die seit den 70er Jahren bereits deut-

---

26. Olaf Groh-Samberg und Matthias Grundmann, Soziale Ungleichheit im Kindes- und Jugendalter. Bundeszentrale für politische Bildung. In: APuZ 26 (2006).
27. Mit Beginn der Gesamtstaatlichkeit Deutschlands, mit Beginn der 90er Jahre sind 4,2 Millionen Personen von Sozialhilfe abhängig gewesen; und von diesen Sozialhilfeabhängigen sind 54,5 % Frauen und 45,5 % Männer gewesen. In Gesamtdeutschland sind Frauen stärker von Sozialhilfeabhängigkeit betroffen als Männer. Diese und die folgenden Angaben sind der Studie von Ernst-Ulrich Huster entnommen. Vgl. ders., Neuer Reichtum und alte Armut, Düsseldorf 1993, 29f. Vgl. zur ungleichen Verteilung der Betreuungsarbeit in den Familien beispielsweise: Hans Bertram, Familien leben. Neue Wege zur flexiblen Gestaltung von Lebenszeit, Arbeitszeit und Familienzeit. Gütersloh 1997.
28. Vgl. ebd., 35f.

lich zunimmt, wächst seitdem weitgehend unabhängig von wirtschaftlichen Zyklen und der Gestalt von Regierungen. Auf der Seite der Armen wird zugleich das Leben effektiv teurer: Je niedriger nämlich das verfügbare Haushaltseinkommen ist, umso stärker ist der Verbrauch auf die Befriedigung des unumgänglichen Grundbedarfs konzentriert wie beispielsweise Wohnen, Essen, Energieverbrauch usw. Mit steigendem Haushaltseinkommen wird ein gehobener Konsum möglich, insbesondere entstehen größere Freiräume in den Bereichen Haushaltsführung, Verkehr und Nachrichtenübermittlung, Bildung und Unterhaltung und persönlicher Ausstattung. Reiche Haushalte haben die Möglichkeit, langlebige hochwertige Gebrauchsgüter anzuschaffen, zudem nimmt hier die Sparquote zu.

Nicht nur die Armut wächst, sondern auch der Reichtum. Die Ungleichverteilung von Armut und Reichtum wird größer. Die soziale Polarisierung nimmt zu.

1.3.2 Armut als Lebenslage

Zu bedenken ist in diesem Zusammenhang vor allen Dingen auch, dass Armut nicht nur ein materielles Phänomen ist, nicht nur ein Phänomen, das sich in Lebensgefühlen wie Angst und Verunsicherung zeigt. Armut bedeutet vor allen Dingen auch einen Verlust an Partizipationsmöglichkeiten und Kontakten.

Zum Verständnis von Armut reichen die berechenbaren, zählbaren Faktoren keinesfalls aus.[29] Es geht darum, dass die Menschen als Subjekte ihrer Lebensbedingungen in den Blick kommen, und damit um die Frage: Welchen Zugang haben Menschen zu den politischen und kulturellen Lebensmöglichkeiten ihrer gesellschaftlichen Umwelt? Hier wird in der jüngeren Debatte über Armut erfolgreich mit dem Begriff »Lebenslage« gearbeitet.

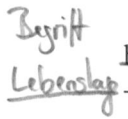

Der Begriff der Lebenslage ist insgesamt durch folgende Dimensionen bestimmt:

— er ist multidimensional und beinhaltet ökonomische, nichtökonomische und immaterielle Dimensionen (z. B. Einkommensniveau, Wohnqualität, Gesundheit, Wohlbefinden)

---

29. Wolfgang Glatzer und Werner Hübinger, Lebenslagen und Armut. In: Diether Döring u. a. (Hgg.), Armut im Wohlstand, Frankfurt a. M. 1990, 31 ff.

– das Haushaltseinkommen ist ein zentrales Merkmal der Lebenslage, weil es Zugang zur Befriedigung zahlreicher anderer Bedürfnisse gewährt;
– charakteristisch für den Begriff ist im Vergleich zu ähnlichen Termini die Betonung der Handlungsspielräume und ihrer lebenslagenspezifischen Grenzen.

Zur Lebenslage gehören demzufolge:
– der Versorgungs- und Einkommensspielraum: Er bezieht sich auf den Umfang der Versorgung mit Gütern und Diensten;
– der Kontakt- und Kooperationsspielraum: Er betrifft Möglichkeiten der Kommunikation und Interaktion;
– der Lern- und Erfahrungsspielraum: Er steckt die Möglichkeiten der Entfaltung und Realisierung von Interessen ab, die durch Sozialisation, schulische und berufliche Bildung, Erfahrungen in der Arbeitswelt und das Ausmaß sozialer und räumlicher Mobilität bestimmt werden;
– der Muße- und Regenerationsspielraum: Er beinhaltet die Möglichkeiten des Ausgleiches psychisch-physischer Belastungen, die durch Arbeits-, Wohn- und Umweltbedingungen bestimmt sind;
– und schließlich: der Disposition- und Partizipationsspielraum: er beschreibt das Ausmaß der Teilnahme, der Mitbestimmung und Mitentscheidung in verschiedenen Lebenslagen.[30]

Nimmt man diesen Begriff von Armut im Kontext von Lebenslagen ernst, dann lässt sich erkennen, wie die Frage beantwortet werden muss, was ein Leben in Armut für die betroffenen Menschen bedeutet: Ein Leben in Subalternität, in Ausgrenzung von wichtigen politischen und kulturellen Partizipationsmöglichkeiten, in der beständigen Erfahrung eigener Wertlosigkeit und Unwichtigkeit. Armut beginnt also nicht erst da, wo Menschen effektiv verhungern oder ohne Obdach sind – obwohl man wahrnehmen muss, dass immer mehr Menschen von dieser Lebenslage betroffen sind; Armut zwingt Menschen vielmehr dazu, weit unter dem Niveau ihrer Lebensmöglichkeiten zu existieren.

Zahlen und Daten sind wenig anschaulich. Der Bochumer Soziologe Ernst-Ulrich Huster nennt in seinem bereits vor einem Jahrzehnt erschienenen Buch *Neuer Reichtum und alte Armut* einige Alltagsbeispiele.[31]

»Eine gute Adresse zum Einkaufen in einer Stadt. Distinguierte Kund-

---

30. Vgl. ebd., 34 ff.
31. Vgl. Huster, Neuer Reichtum, 9 ff.

schaft geht zielstrebig, nicht hastig an den Schaufensterauslagen vorbei. Ein kurzer Blick, ein Hindeuten mit der Hand, kurzes Kopfnicken oder Verneinung [...] Dieses Bild wird gestört. Da sitzt bettelnd ein Mann in dieser Einkaufsstraße, links von ihm stehen zwei Plastiktüten, sein gesamtes Hab und Gut: ›Bin arbeitslos, habe keine Wohnung‹, steht mit krakeliger Schrift auf einem kleinen Pappdeckel. Etwas weiter ein junger Stricher, der nach Kundschaft am Bahnhof Ausschau hält. Verdienst für den nächsten Joint? Ein sauber angezogener, entschlossen dreinblickender, breitschultriger Mann tritt auf. Klären der Situation: Der Penner soll verschwinden: ›Wenn ich Dich hier noch einmal sehe ...‹ Der Strichjunge weiß, dass es ein ungleicher Kampf wäre, den er mit diesem Mann vom privaten Sicherheitsdienst, den Geschäftsleute der Straße eingerichtet haben, aufnehmen müsste. Er weicht.

Szenenwechsel: Autobahn in Deutschland. Schon von Ferne kann man eine dunkelgraue Rauchfahne ausmachen. Ein Lada mit polnischen Nationalitätenkennzeichen kriecht – gemessen am westdeutschen Standard – über die Autobahn. Er will den LKW, der noch etwas langsamer am Berge fährt, überholen. Von weit hinten blinkt es, ein PKW mit eingebauter Vorfahrt prescht heran und will freie Fahrt. Der Lada-Fahrer überblickt die Situation nicht, bleibt links auf der Autobahn, der Schnelle muss abbremsen. Licht- und Tonhupe inklusive. Mit Blicken, die die Berechtigung der Existenz des ›Störenfrieds‹ schlicht in Frage stellen, zieht der Drängler und Raser schließlich an dem qualmenden Schleicher vorbei. Stärke setzt sich durch, sie lebt davon, Schwächere wegzudrängen.

Szenenwechsel: Eine Wohnsiedlung in einer deutschen Gemeinde. Behagliche Wohnhäuser mit penibel gepflegten Gärten und Hecken. Hier ist man unter sich, hier geschieht alles so, wie man es will. Schließlich hat man doch dafür auch hart gearbeitet. Nun soll ein Haus, das den Eigentümer gewechselt hat, ein privates Pflegeheim werden. Man hat natürlich nichts gegen alte Menschen, schließlich weiß man ja nicht, was noch auf einen selber zukommt. Aber hier? Abends und nachts das Stöhnen der Alten, dann die Besucher mit ihren Pkws und schließlich: Wie oft kommt der Leichenwagen! Eigentum ist vor dem Grundgesetz geschützt. Also auch das Eigentum dieser Hausbesitzer. Ein Hausbesitzer stellt tagsüber den Benzin-Rasenmäher hinter die Hecke, an die Stelle, wo die Alten gerne sitzen. ›Lärm wird störend oft empfunden ...‹, also muss es doch möglich sein, die Alten zu vertreiben. Man droht mit dem Rechtsanwalt. Aber offensichtlich beschränkt man sich auch nicht darauf: Autos von Beschäftigten und Besuchern des Altersheims sind an der Seite verkratzt.

Die »Überflüssigen«: Armutskontexte 33

Szenenwechsel: In Frankfurt/Main werden Alleinstehende Wohnungslose nachts während des Schlafs mit einem Hammer erschlagen. Menschliches Leben wird wegen ›Asozialität‹ wieder zur freien Disposition gestellt. Die Täter sind im Regelfall nicht die Ladenbesitzer, nicht die feine Kundschaft, nicht die Häuslebesitzer usw., Täter sind oftmals die selbst von Deplatzierung bedrohten, die Angst haben, jene würden ihnen noch das Letzte nehmen. Aggressivität gegen Asylsuchende und Ausländer: jene, die erfahren, wie sich ihre soziale Stellung innerhalb des stetig zunehmenden gesellschaftlichen Reichtums immer mehr verschlechtert, klammern sich an die ›Ordnung‹ dieser Gesellschaft, verteidigen sie mit Brachialgewalt.«[32]

Von einer Zunahme an Lebensunsicherheit und drohender Erwerbslosigkeit sind heute auch Menschengruppen betroffen, die in den Anfangsjahren der Bundesrepublik Deutschland noch einen sicheren sozialen Aufstieg erwarten konnten. Auch akademische Berufe sind nicht ausgespart, wenn gegenwärtig in den Massenmedien von der »Generation Praktikum« gesprochen wird. Studierende beispielsweise leben in einer Situation, die zumindest tendenziell durch Knappheit bestimmt ist, immer weniger erhalten BAföG, immer mehr müssen während der Semesterferien und auch teilweise während des Semesters arbeiten, um neben dem Studium den Lebensunterhalt zu sichern, und jetzt kommen auch noch die Studiengebühren auf sie zu. Viele interpretieren dies als eine zeitlich begrenzte Phase, die irgendwie durchgestanden werden muss auf dem Weg zu einem dauerhaft gesicherten Einkommen. Viele Studierende sind aber auch von dem Lebensgefühl, der Sorge, der Angst bestimmt, dass aufgrund der unsicheren wirtschaftlichen Aussichten und der hohen Arbeitslosigkeit auch in den akademischen Berufen Armut und Abhängigkeit zu einer dauernden Lebensperspektive werden können.

---

32. Die von Huster beschriebenen Szenen aus den 90er Jahren weisen auf eine Lebenssituation, die sich im neuen Jahrzehnt, insbesondere nach Einführung des »Arbeitslosengeldes II«, signifikant ausgeweitet hat. In der sozialwissenschaftlichen Diskussion, aber auch in den Feuilletons wird in diesem Zusammenhang von der Entstehung eines »Prekariats« gesprochen, einer schnell wachsenden Armutsbevölkerung, die aus den sozialen Netzen, aber auch aus den Produktions- Konsum- und Partizipationsmöglichkeiten in unserer Gesellschaft dauerhaft ausgeschlossen wird.

1.3.3 Erst kommt das Fressen ...

Eines möchten wir ganz deutlich machen: Wir sprechen hier von Armut und Reichtum als ökonomische nicht als moralische Kategorien. Arme sind nicht per se gute oder bessere Menschen. Dies wird in eindrücklicher Weise beispielsweise in Bunuels Film *Viridiana* vorgeführt.[33] Da wird in einer Szene gezeigt, wie die Armen und die Krüppel ein Schloss in Besitz nehmen, als die Herrschaft gerade nicht anwesend ist. Sie veranstalten ein großes Gelage, und in einer Kameraeinstellung gruppieren sie sich am Bankett in einer Weise, die an die Abendmahlsdarstellung von Leonardo da Vinci erinnert. Wie schön: Die Armen feiern, laut und fröhlich das Abendmahl, könnte man meinen. Bisher fast eine religiöse Idylle. Ginge die Szene nicht weiter, wäre der Film vermutlich zum Dauerbrenner in Fortbildungsseminaren für kirchliche Sozialarbeiter geworden. Aber sie geht weiter. Die Figuren fressen und saufen ohne Grenzen, und das Gelage wird zum wüsten Spektakel. Eine brutale Schlägerei entwickelt sich, es geschieht eine Vergewaltigung. Die Armen sind keine besseren Menschen. Es gibt Verhältnisse, in denen Menschen nicht nur ihrer Lebensmöglichkeiten, sondern auch ihrer Lebensperspektive, ihrer Moral beraubt werden. Bertolt Brecht hat gesagt: »Erst kommt das Fressen, dann kommt die Moral.«[34] Und nur wenige, denen das Fressen verweigert wird, haben *stattdessen* Moral. Der Versuch, die Armen zu besseren Menschen zu erklären, würde dem Unrecht noch eine Lüge aufsetzen. Gegen eine Romantisierung der Armen als die moralisch besseren Menschen verwehrt sich auch Elsa Tamez. Sie insistiert, dass eine kontextualisierte Form der Rechtfertigungslehre, die Wahrnehmung des relationalen Charakters der Sünde, die niemanden unbeschadet lässt, schärfen kann: »Damit kein Zweifel aufkommt: wir behaupten nicht, die Armen seien keine ›Sünder‹. Die Praxis lehrt vielmehr, daß, wer sich gerechtfertigt fühlt, sich nicht nur als Sünder versteht, sondern sich darüber hinaus auch verantwortlich weiß für die Beziehungsstruktur der Sünde.«[35] Es geht nicht um Romantisierung, sondern um eine möglichst unverstellte Wahrnehmung von Lebensbedingungen. Wie kann den »Überflüssigen« die Verhei-

---

33. Wir verdanken diesen Hinweis Jürgen Ebach, Biblisch-ethische Überlegungen zur Armut. In: Ders., ... und behutsam mitgehen mit deinem Gott, Bochum 1995, 215.
34. Der Ausspruch stammt aus Bertold Brecht, Ballade über die Frage: Wovon lebt der Mensch? In: ders., Die Dreigroschenoper, Frankfurt a. M., 40. Aufl., 1968.
35. Tamez, Gegen die Verurteilung, 48.

ßung der Rechtfertigung zugesagt werden, ohne dass die diese Lebenssituation verharmlost, aber auch ohne dass sie romantisiert oder idealisiert wird?

Zum Beispiel: Eine Predigt in der Christ Ambassadors Ministries International Church of God e. V. in Hamburg

In Hamburg, aber auch in anderen Metropolen in Deutschland und Europa, entstehen immer mehr Gemeinden, denen vor allen Dingen Männer, Frauen und Kinder zugehören, die einen Migrationshintergrund haben und oft in besonderer Weise von Ausgrenzungen aus dem ersten Arbeitsmarkt, aus politischen und kulturellen Partizipationsmöglichkeiten betroffen sind.[36] Wir möchten eine dieser Gemeinden in Hamburg vorstellen und eine Predigt exemplarisch wiedergeben, die uns Pastor Ossai Okeke zur Verfügung gestellt hat. Frau Christina Okeke, die Ehefrau des Gemeindepastors, beschreibt die Gemeindesituation: »Die charismatische Pfingstgemeinde Gemeinde Christ Ambassadors Ministries International – Church of God e. V. wurde von einem nigerianischen Pastor und seiner deutschen Frau ins Leben gerufen. Der interkulturelle Gedanke ist Grundlage der Gemeindearbeit. Der überwiegende Teil der Mitglieder kommt aus unterschiedlichen afrikanischen Ländern – Südafrika, Kenia, Tansania, Kamerun, Ghana, Nigeria und weitere Nationen, wobei die ethnische Zugehörigkeit in den Ländern selbst ebenfalls stark variiert. Dies ist eine Besonderheit im Vergleich zu anderen so genannten ›afrikanischen‹ Gemeinden, die zumeist monokulturell sind. Die Anzahl der deutschstämmigen Gemeindemitglieder steigt seit der Gründung der Kirche im Jahr 2000.

So vielfältig wie die Herkunft der Gemeindemitglieder ist, so unterschiedlich sind die Lebenssituationen. Von Doktorinnen bis zu Lagerarbei-

---

36. Die sozial, kulturell und religiös plurale Lebenssituation in Deutschland wird von der akademischen Praktischen Theologie erst zögerlich als Kontext der Predigt des Evangeliums wahrgenommen. Eine unseres Erachtens sehr gute Einführung in die Problemstellung eröffnet: Albrecht Grözinger, Toleranz und Leidenschaft. Über das Predigen in einer pluralistischen Gesellschaft, Gütersloh 2004. Die Missionsakademie in Hamburg bietet seit einigen Jahren in Zusammenarbeit mit dem Fachbereich evangelische Theologie eine theologische Fortbildung für afrikanische Pastor/innen und Gemeindeleiter/innen in Hamburg, aber auch in anderen Städten an: African Theological Training in Germany (ATTIG), an dem auch Hans-Martin Gutmann mitarbeitet. In diesem Zusammenhang ist auch ein Kontakt zu afrikanischen Gemeinden in Hamburg und zu Pastor Okeke entstanden.

tern, von kinderlosen bis kinderreichen, von etablierten bis geduldeten Frauen, Männern und Kindern reicht die Bandbreite an Schicksalen.

Die sozial prekären Lebenssituationen einiger Mitglieder sind geprägt von folgenden Aspekten:

- Viele haben ihre Ehepartnerinnen und Ehepartner, ihre Kinder, Eltern und Geschwister in der Heimat zurückgelassen. Aufgrund des oftmals sehr schwierigen Aufenthaltsstatus sind die Familien teilweise jahrelang voneinander getrennt ohne die Möglichkeit, sich auch nur besuchsweise zu sehen.

- Diejenigen, die als Kernfamilie gemeinsam in Deutschland leben sind oft der Belastung ausgesetzt, für zwei Herkunftsfamilien (die des Mannes und die der Frau) in Afrika finanzielle Unterstützung bereithalten zu wollen. Dieses ist besonders schwer, wenn man die für deutsche Verhältnisse fehlenden beruflichen Qualifikationen, mangelnde Sprachkenntnisse und dementsprechende Arbeitsverhältnisse im Niedriglohnsektor mit berücksichtigt.

- Viele der Männer und Frauen leben in extrem beengten Verhältnissen, teilen sich Wohnungen miteinander.

- Einige Männer, Frauen mit Kindern nehmen Wege von bis zu 50 km pro Strecke auf sich und kommen wöchentlich aus Niedersachsen und Schleswig-Holstein zu den Gottesdiensten, um Gott zu loben und ein Stück Heimat zu erfahren. Die soziale Komponente des Gemeindelebens, und insbesondere das Hilfesystem der Kirche sind ein nicht zu unterschätzender Aspekt.

In Fällen von Eheproblemen, Übersetzung von offiziellen Schreiben, Gängen zur Ausländerbehörde, Arbeitsplatzsuche, Erziehungsfragen und vielem mehr werden der Pastor und seine Frau zu Rate gezogen.

Aufgabe des Pastors unserer Gemeinde ist es, ein angemessenes Maß an realistischen Einschätzungen und Hilfestellungen zu bieten und gleichzeitig Hoffnung durch das lebendige Wort Gottes zu geben. Dieses kann nur dann angenommen werden, wenn es vom Prediger selbst geglaubt und gelebt wird.

Unsere Gemeinde predigt nicht den materiellen Wohlstand allein – dieser ist eines von vielen Themen. Was die Kernbotschaft der folgenden beispielhaften Predigt angeht, steht ein menschenwürdiges Leben ohne Angst und Not im Vordergrund. Christ Ambassadors Ministries International möchte seine Gemeindemitglieder ermutigen, nicht die Bilder anderer zu internalisieren und in diesem Sinne versklavt zu sein, sondern die eigenen

Wünsche und Ziele zu verfolgen um ein selbstbestimmtes und würdevolles Leben zu haben.«

Pastor Ossai Okeke spricht in dieser Gemeinde in einer Predigt über die Geschichte vom verlorenen Sohn, in der er sich mit dem Thema der Armut theologisch auseinandersetzt, über die falsche Spiritualisierung des Armutsthemas:

> »Ihr habt wahrscheinlich auch schon oft gehört, dass Reichtum nur im Hinblick auf euer spirituelles Leben eine Rolle spielen soll. Ja, ihr habt vielleicht sogar gehört, dass Gott will, dass ihr arm seid, damit ihr euch nicht gegen ihn versündigt. Gehört ihr auch zu den Christinnen und Christen, die glauben, ihr Leben dürfte nicht aufblühen, ihr dürftet euch in wirtschaftlicher Hinsicht nicht entwickeln?
> Vielleicht fällt es euch schwer, etwas anderes zu glauben. Wenn dem so ist, solltet ihr versuchen, euch für andere Vorstellungen zu öffnen [...]. Wie vielen Menschen wurde gelehrt, die Erde sei eine flache Scheibe, bevor Christopher Columbus uns eines Besseren belehrte? Wendet eure Augen einen Augenblick lang von eurer gegenwärtigen Lebenssituation, die von Armut, von Mangel und von Wünschen bestimmt ist und konzentriert euch auf das Wort Gottes.
> ER ist die göttliche Quelle der Gaben! Gott will, dass ihr aufblühen könnt in allen Bereichen eures Lebens. Vielleicht habt ihr schon viele Predigten gehört, in denen etwas anderes gesagt wird. Aber öffnet euer Herz für das Wort Gottes, damit euer Geist erneuert werden kann. Dann werdet ihr sehen, dass Gott euch Ehre und Größe zugedacht hat. Ich habe auch diesen ganzen Müll gelernt: dass man Gott besser dienen kann, wenn man arm ist, dass wir als Glaubende so wie Christus leiden müssen, wenn wir in den Himmel kommen wollen. Ich habe viel gebetet und die Bibel studiert. Jetzt habe ich verstanden, dass Gott mich nicht auserwählt hat, um in Armut zu leben. Nein, er hat mich in seinem Ebenbild geschaffen, dass ich lebe und Macht ausübe und reich bin, so wie ER, dass ich IHN als Botschafter hier auf Erden repräsentiere. Ich weiß, dass ich nicht vollkommen bin, aber ich weiß, dass es Gottes Absicht für mich ist, nicht in Armut zu leben.
> Seid gewiss, Gott hat weder meinen noch euren Namen auf ein Schicksal in Armut festgelegt. Mit der Armut müsst ihr euch jeden Tag auseinandersetzen. Gott hat euch nicht auserwählt, arm zu sein. Es ist eine Verschwendung seines Reichtums, dass es nicht genug für jede und jeden von uns zum Leben gibt, obwohl er der allmächtige Gott ist, der Schöpfer des Himmels und der Erde. Die Differenz zwischen Armut und Wohlstand ist das Wissen. An jedem einzelnen Tag hast du die Möglichkeit, die Geschichte deines Lebens neu zu schreiben. Tauche tief ein in Gottes Wort und werde des Weges aus der Armut gewahr. Die körperliche Erlösung geschieht in der göttlichen Gesundheit, die Jesus Christus für uns durch die Gewalt hindurch bereithält, die ER erleiden musste. [...]
> Das ist die gute Botschaft, die die Armen, die Kranken und die Leidenden dieser

Welt hören sollen. Sie sollen hören, wie sie die Armut hinter sich lassen können, um in Gottes Reichtum zu partizipieren. Sie sollen die frohe Botschaft hören, dass Gott will, dass sie aufblühen, dass sie geheilt und befreit werden in allen Bereichen ihres Lebens. Gott hat sie in seinem Bild geschaffen. Sagt diese Botschaft weiter, an die Menschen, die ihr trefft, dass sie der Macht des Wortes Gottes gewahr werden können. (Übersetzung A. B.)«[37]

1.3.4 Die Gemeinde als Lebensort und die Grenzen der Ökonomisierung

Betrachten wir den deutschsprachigen praktisch theologischen Diskurs der letzten Jahre, so fällt auf, dass von protestantischer Seite dem Armutsthema oder der Bedeutung der Erwerbslosigkeit im religiösen Deutungshorizont nur wenig Aufmerksamkeit geschenkt wurde.[38] Es gibt jedoch einige erfreuliche Ausnahmen im Hinblick auf den beschriebenen Trend.[39]

---

37. Pastor Ossai Okeke, The Message to the Poor, unveröffentlichte Predigt, die der Autor uns freundlicherweise zur Verfügung gestellt hat.
38. In den achtziger Jahren schien insbesondere die Bezugnahme auf die Arbeitswelt von größerer Bedeutung für die Praktische Theologie zu sein: vgl. z.B. für die Homiletik: Helmut Barié, Predigt und Arbeitswelt. Analyse und praktische Anregungen, Stuttgart 1989; Horst Albrecht, Arbeiter und Symbol, München 1982, sowie: Michael Schibilsky, Alltagswelt und Sonntagskirche. Sozialethisch orientierte Gemeindearbeit im Industriegebiet, München 1983. Für die nordamerikanische homiletische Diskussion siehe z.B. André Resner (Hg.), Just Preaching: Prophetic Voices for Economic Justice, St. Louis 2003; Marvin Andrew Mickle, Where have all the Prophets Gone? Reclaiming Prophetic Preaching in America, Cleveland 2006.
39. Siehe z.B. die Arbeit von Kristina Augst, Religion in der Lebenswelt junger Frauen aus sozialen Unterschichten, Stuttgart 2000. In dieser Arbeit untersucht Kristina Augst die Lebensdeutungsmuster junger Frauen nach dem Hauptschulabschluss. Sie fragt, wie Wirklichkeit von den Frauen wahrgenommen und interpretiert wird und wie hier implizite Anknüpfungspunkte für religiöse Deutung identifiziert werden können. Sibylle Tobler stellt ein Beratungsmodell vor, das die Bewältigung von Arbeitslosigkeit unterstützt, dies., Arbeitslose beraten unter Perspektiven der Hoffnung. Lösungsorientierte Kurzberatung in beruflichen Übergangsprozessen, Stuttgart 2004. Darüber hinaus soll die Dissertation von Susanna Kempin genannt werden, die sich mit dem Thema der Erwerbslosigkeit befasst und auf die wir im Folgenden weiter Bezug nehmen, vgl. dies., Leben ohne Arbeit? Wege der Bewältigung im pastoralpsychologischen und theologischen Deutungshorizont, Münster 2001.
Für die britische Diskussion vgl. Malcolm Brown und Peter Sedgwick, Putting Theology to Work: A Theological Symposium on Unemployment and the Future of Work,

Auf katholischer Seite hingegen können die Arbeiten von Norbert Mette und Heinrich Steinkamp genannt werden, die versuchen, Impulse der kritischen Handlungswissenschaft und der gegenwärtigen Fokussierung auf phänomenologische Fragestellungen im Hinblick auf die Armutsproblematik miteinander ins Gespräch zu bringen.⁴⁰ Norbert Mette spricht in einer neueren Veröffentlichung von der not-wendigen Aufgabe und Präsenz einer »samaritanischen Kirche«, die in ihrem Leben zwei Perspektiven miteinander verbindet: Linderung individueller Not und Bedrängnis (als diakonische Perspektive) und Analyse der Ursachen von Not und Bedrängnis in ihrem größeren Kontext. Und hier ist von Gemeinden vor Ort, aber auch von Initiativgruppen eine parteiliche, mit den Bedrängten solidarische Perspektive gefordert. »So sehr es darum zu tun ist, Leiden, wo es begegnet, zu lindern, muss auch geprüft werden, was getan werden kann, um wenigstens vermeidbares Leid tatsächlich zu verhindern [...]. In der Regel sind es Gruppen innerhalb der Gemeinde, von denen ein solches solidarisches und gesellschaftskritisches Engagement in der Praxis und in der Bewusstseinsbildung seinen Ausgang nimmt.«⁴¹

Die weitgehende Ausblendung dieser Fragestellung in der Selbstpositionierung und Weltwahrnehmung der evangelischen Kirchen wird auch eklatant sichtbar in der Studie zur Kirchenmitgliedschaft *Kirche in der Vielfalt der Lebensbezüge*.⁴²

Wer sich dort über soziale Stratifizierung von Gemeinden in Deutschland informieren möchte, wird zur Armutsperspektive nicht viel finden. Die soziologischen Wahrnehmungsmuster, die hier herangezogen werden, konzentrieren sich auf Mitgliedschaftypologien mit dem Referenzpunkt Nähe bzw. Distanz zur Kirche, auf lebensstilspezifische Untersuchungen sowie auf die Analyse von Weltsichten. Wie Frömmigkeits- und Lebensstile

---

London 1998. In der nordamerikanischen praktisch-theologischen Diskussion wird das Armutsthema nur am Rande aufgegriffen, vgl. z. B. Pamela Couture, Seeing Children, seeing God: A Practical Theology of Children and Poverty, Nashville 2000, dies., Blessed are the Poor? Women's Poverty, Family Policy and Practical Theology, Washington 1991.

40. Vgl. Norbert Mette und Hermann Steinkamp (Hgg.), Anstiftung zur Solidarität. Praktische Beispiele der Sozialpastoral, Mainz 1997.
41. Norbert Mette, Anstiftung zur Solidarität – zur not-wendenden Aufgabe der christlichen Gemeinde heute. In: ders., Praktisch-theologische Erkundungen, Bd. 2, Berlin 2007, 325-336, hier: 334.
42. Vgl. Wolfgang Huber, Johannes Friedrich und Peter Steinacker (Hgg.), Kirche in der Vielfalt der Lebensbezüge. Die vierte EKD-Erhebung über Kirchenmitgliedschaft, Gütersloh 2006.

sowie Weltsichten mit sozialen Lebenslagen in Zusammenhang stehen, wird nicht erforscht. So entsteht der Eindruck, dass ökonomischen Konflikten, der Verarbeitung erwerbsbiographischer Unsicherheiten sowie der Wahrnehmung von Lebenslagen, die mit Armutserfahrungen in Zusammenhang stehen, keine besondere Bedeutung zugeschrieben werden.[43] Wir gehen dagegen davon aus, dass diese Phänomene sowohl im Leben der Gemeindeglieder als auch im Leben der Menschen am Rand oder jenseits des kirchlichen Lebens von zentraler Bedeutung für die Beschreibung subjektiver Sinnfindungsprozesse und der damit verbundenen Bezugnahme auf gemeindliches Leben sind. Diametral entgegengesetzt zu dieser unterbestimmten Perspektive sind die Erwartungshaltungen, die Kirchenmitglieder an die Kirche formulieren.

Wenn wir darüber nachdenken wollen, was es bedeutet, die Rechtfertigung der »Überflüssigen« zu predigen, müssen wir uns die weiteren kirchlichen und gemeindlichen Kontexte vor Augen führen, schließlich predigen wir nicht im luftleeren Raum. <u>Die homiletische Perspektive muss um die kybernetische Fragestellung erweitert werden, in der die Debatte um die Zukunft von Kirchen und Gemeinden vor dem Hintergrund schrumpfender ökonomischer Ressourcen diskutiert wird.</u>

Eine heute wirksame Veränderung des Kirchen- und Gemeindebildes bringt vor allem die marktorientierte Ökonomisierung der evangelischen Kirche mit sich, die ihren Ausgangspunkt in einem sich verschärfenden Knappheits- und Konkurrenzdruck in *diakonischen Arbeitsbereichen* genommen hat: die Kirche als Firma bzw. als Unternehmen; und die *Gemeinde als Filiale*. In vielen Landeskirchen ist ein Prozess im Gang, Gemeinden und Kirchenkreise zu größeren Einheiten zu *fusionieren*, um »Synergieeffekte« und Kosteneinsparungen zu erzielen, in Gemeinden und kirchlichen Einrichtungen Leitbildprozesse zu eröffnen und durch Evaluation- und Controlling, aber auch durch »Mitarbeitergespräche« wirkungsvoller zu machen, um, wie es der Chef der Beratungsfirma McKinsey & Co, Peter Barrenstein, formulierte, die Modernisierung und wirtschaftliche Effizienz

---

43. Im Abschnitt *Die sozialkulturelle Verortung der Kirchenmitglieder* lässt sich eine kurze Einlassung zur ökonomischen Integration finden: »Von den Mitgliedern mit hoher Kirchenbindung und hoher Religiosität sind 23,1 % stark integriert, im Mitgliedschaftstypus mit der größten Distanz sind es 48,6 %. Die religiösen Mitglieder mit starker Distanz zur Kirche (Typ 2) sind mit 36,2 % ökonomisch stärker integriert, als dies für den umgekehrten Fall, den dritten Typ, mit 23,9 % gilt.« Ebd., 157.

der Kirchen im Dreiklang von »Unternehmen, Kunde, Produkt« voranzubringen.⁴⁴

In dieser Lage zeigt sich die Weisheit der Reformatoren der evangelischen Kirche, dass sie das, was die Kirche zur Kirche macht, nicht an das Gelingen ihrer alltäglichen Lebensvollzüge gebunden haben. Kirche ist da, wo die Verheißung des Evangeliums laut wird und Glauben findet und wo sich die Freunde und Freundinnen Jesu in der Feier des Sakraments in der Intimität Seines Leibes mit ihm vereinigen. Kirche muss nicht dort sein, wo eine erfolgreiche Organisationsentwicklung gelingt, wo Wachstum gegen den Trend ermöglicht wird und eine zahlungskräftige Kundschaft mit den Angeboten zufrieden ist. Sondern Kirche ist dort, wo alle, die ihr Herz an Jesus Christus verloren haben, ihre Zugehörigkeit zur Gemeinschaft der Heiligen leben und feiern, Menschen aus allen Kontinenten, unabhängig von ihrer sozialen Lage und ihrem Bildungsstand, Männer und Frauen, Menschen jeden Alters, Lebende und Tote. Nach reformatorischer Einsicht sind weder Tradition noch politische Macht noch Geld bestimmend für das, was Kirche ist. Sondern entscheidend ist, dass Menschen zusammen das Evangelium hören und im Glauben annehmen können, dass Gott mir, einem jeden und einer jeden, ohne mein Verdienst, allein um Jesu Christi willen seine Gerechtigkeit gibt und meine Sünde annimmt. Landläufige Vorstellungen und Realitäten von Macht und Herrschaft sind in dieser Gemeinschaft gebrochen: alle, die aus der Taufe gekrochen sind, die ihr Leben von diesem Geschenk Gottes bestimmen lassen, sind bereits Priesterinnen und Priester. Damit wird im Sinne der Reformatoren die theologische Legitimität kirchlicher Hierarchie grundlegend bestritten.

Zugleich bieten die reformatorischen Entdeckungen zwar eine grundlegende Orientierung für die Frage nach dem Lebensvollzug der Kirche, aber keine eindeutige Beantwortung der Frage nach ihrer sozialen Gestalt an. Wir finden bei den Reformatoren dazu wichtige Überlegungen, beispielsweise den Gedanken eines »Priestertums aller Glaubenden«; sie haben sich jedoch gegen die faktische Angleichung an das soziale und politische Umfeld nicht durchsetzen können. Für den Bereich der lutherischen Reformation sind es die monarchisch verfassten und rational verwalteten Territorialstaaten, für die reformierte Reformation die städtisch-bürgerlichen Strukturen, die sich in der internen Organisationsgestalt der Kirche abbil-

---

44. Vgl. Elisabeth Gräb-Schmidt, »Die Kirche ist kein Unternehmen!« Die Rede vom ›Unternehmen Kirche‹ in ekklesiologischer Sicht. In: Joachim Fetzer u. a. (Hgg.), Kirche in der Marktgesellschaft, Gütersloh 1999, 65.

den. Für Jahrhunderte bleibt das Modell »Kirche als Behörde« handlungsleitend – trotz immer neuer Aufbrüche (wie z. B. im Pietismus), die an die »Faszination des Anfangs« erinnern wollen.

Gegenwärtig spielt in zahllosen Debatten von Gemeindekirchenvorständen, in Kirchenkreisen und Landeskirchenämtern die ökonomische Frage eine schlechthin zentrale Rolle. Dabei geht es oft nicht nur um nachvollziehbare und notwendigerweise zu lösende Probleme, sondern um ein grundlegendes Lebensgefühl: nicht nur sprachlich hat die Rede von Qualitätssicherung, von Leitbildern, Agandasetting, Themenmanagement, Kundenorientierung usw. einen höheren Stellenwert als biblische und reformatorisch-theologische Erinnerungen an die Gemeinschaft der Heiligen. Wir gehen dagegen davon aus, dass das Primat der Ökonomisierungsdebatte gebrochen werden muss, wenn die Gemeinde für die vor Ort lebenden Menschen lebendig, attraktiv und befreiend wirksam werden soll. Es geht uns nicht um eine Rückkehr zu überkommenen Gemeindetypen wie der Vorstellung von Kirche als Behörde, und »Gemeinde« ist auch nicht einfach dasselbe wie »Parochie«. Ortsgemeinden können ebenso wie über gemeindliche kirchliche Dienste als »kirchliche Orte« angesehen werden. Sie haben alle ein gottesdienstliches Zentrum, aber je nach dem Zusammenhang ein eigenständiges Gesicht und können sich in ihren wesentlichen Aufgaben wechselseitig ergänzen.[45] Beispielsweise werden Gemeinden – stärker als andere gesellschaftliche Orte – als Raum wahrgenommen, in dem die Zivilgesellschaft Gestalt gewinnen kann, z. B. im Engagement von *Initiativgruppen* (z. B. im Engagement für Migrantinnen und für Globalisierungsopfer, Kirchenasyl, Aids-Gemeinden, Friedensgruppen, »Sozialpastoral«).[46] Und auch wo besonders engagierte und profilierte Gruppierungen nicht zu Hause sind, wird die »*Gemeinde als Normalfall*«[47] wahrnehmbar, als Gemeinschaft des Erzählens, Feierns und auch der Geselligkeit, die faktisch stärker als andere gesellschaftliche Orte von solchen Menschen als Lebensort in Anspruch genommen wird, die an den Leistungs- und Konkurrenzbedingungen der spätkapitalistischen Gesellschaft scheitern: Gemeinden als exempla-

---

45. Vgl. Uta Pohl-Patalong, Ortsgemeinde und übergemeindliche Arbeit im Konflikt. Eine Analyse der Argumentationen und ein alternatives Modell, Göttingen 2003.
46. Vgl. Mette und Steinkamp, Anstiftung; Mette, Praktisch-Theologische Erkundungen.
47. Vgl. Peter Cornehl und Wolfgang Grünberg, »Plädoyer für den Normalfall« – Chancen der Ortsgemeinde. Überlegungen im Anschluß an Ernst Lange. In: Sönke Abeldt und Walter Bauer (Hgg.), »… was es bedeutet, verletzbarer Mensch zu sein«. Erziehungswissenschaft im Gespräch mit Theologie, Philosophie und Gesellschaftstheorie. Helmut Peukert zum 65. Geburtstag, Mainz 2000, 119-134.

rische Orte der Bewahrung lebensweltlicher Beziehungen. Die zentrale Frage ist: Wie kann den zerstörerischen Folgen einer – mittlerweile konkurrenzlos gewordenen – »totalen« freien Marktwirtschaft begegnet werden – in innenpolitischer Perspektive mit Blick auf Massenarbeitslosigkeit; Umweltzerstörung; Preisgabe von liberalen Selbstverständlichkeiten und in globaler Perspektive in Bezug auf Hunger und Armut –, und zwar ohne den damit verbundenen Überforderungen durch Vereinfachungen zu begegnen, die selbst wieder problematische Folgen haben können?

Wir sehen eine solche Tendenz zu Vereinfachungen an verschiedenen Orten und verschiedenen Zusammenhängen: dabei kann es um den Versuch gehen, das »Proprium« der Kirche dadurch zu bewahren, dass brisante Aufgabenfelder gerade im Bereich des Politischen aus dem »Eigentlichen« verbannt werden oder umgekehrt gerade zu solchen Problemen hochstilisiert werden, an denen sich wie in einer Bekenntnisfrage das Kirchesein entscheidet. Hilflosigkeit kann sich in blinder Betriebsamkeit ebenso zeigen wie im Rückzug aus belastenden und problematischen Wahrnehmungs- und Handlungsfeldern. Es gibt aber auch viele Gemeinden und kirchliche Orte, in denen auch unter den Bedingungen finanzieller Knappheit ein Lebensgefühl lebendig ist, in dem die Lebensoffenheit, die Kompetenz und das Engagement der Menschen vor Ort wert geschätzt werden, Solidarität eingeübt wird und zugleich für die Entfaltung individueller Lebensstile Raum gelassen wird. Immer noch liegt ein wesentlicher Reichtum der evangelischen Kirche in organisatorischer Hinsicht darin, dass Gemeinden flächendeckend in dörflichen und städtischen Lebenswelten präsent sind. Auch wo gegenwärtig versucht wird, durch Regionalisierung und durch Fusionierungen mehrerer Gemeinden Einsparungen und verbesserte Kooperationsmöglichkeiten zu erreichen, muss aus unserer Sicht darauf geachtet werden, dass die Lebenswelten vor Ort eine überschaubare Größe, die Chance für kommunikative Vernetzungen, für Verantwortungsübernahme und zwischenmenschliche Beziehungen lassen. Sonst verlieren Gemeinden ihre Attraktivität, hier mitzuleben und mitzuarbeiten.

Die Gemeinde wird ihre sozialen und individuellen Aufgaben nur erfüllen können, wenn sie zugleich ein spiritueller Ort ist. Es kommt nicht darauf an, immer Neues zu erfinden, sondern den Reichtum der Formen zu achten und mit immer neuem Leben zu füllen. Fulbert Steffensky spricht vom »alltäglichen Charme des Glaubens[48]. Die Erzähl- und Feiergemeinschaft des Lebensortes Gemeinde hat die seit Jahrhunderten überkom-

---

48. Fulbert Steffensky, Der alltägliche Charme des Glaubens, Würzburg 2002.

menen *Formen* der gottesdienstlichen Liturgie und die fremde Sprache des Gebetes dringend nötig. »Ich brauche nicht nur ich zu sein, wenn ich bete, wenn ich singe oder wenn ich meinen Glauben formuliere. Man betet sich mit den Versuchen des eigenen Glaubens in die Worte der Geschwister und in die Gesten der Toten [...]. Das bedeutet Kirche: mehr sein können als einsames Subjekt; mehr glauben können, als man glaubt.«[49]

Die Gemeinde ist Erzähl- und Feiergemeinschaft, ein Raum für die Erfahrung von Gemeinschaft ohne Verwerfung nach außen; ein Raum, in dem die Suche nach Deutlichkeit in der Inhaltlichkeit und nach Formen des Eigenen (in der Weise des Weiter-Erzählens und Weiter-Feierns der biblischen Erzählung, aber auch in der politischen Positionierung) zugleich mit Wahrnehmung und mit Respekt gegenüber dem Fremden verbunden werden kann. Die Gemeinde ist zugleich Raum für die Gestaltung von Spiritualität als »Empowerment« für Lebensgewissheit – und damit für die Wahrnehmung von »Macht«, die von ökonomischen und politischen Interessen und von hierarchischen Strukturen gelöst werden und als »Lebensmut« angenommen und mitgeteilt werden kann.

Dabei werden lebendige Gemeinden in ihrer Aktivität und Konzentration sich nicht nur binnenkirchlich ausrichten. Die lebensweltlichen Gesichter der Dörfer und Städte sind Teil der eigenen Identität.[50] Sich mit den ambivalenten gesellschaftlichen und vor allem ökonomischen Entwicklungen auseinanderzusetzen, sollte zum täglichen Brot gehören. Die Prozesse, die in Stadtquartieren und auch in ländlichen Gegenden zu einem galoppierenden Zerfall sozialer Bindekräfte führen, sind in vieler Hinsicht destruktiv, aber keinesfalls einlinig wirksam. In den Nischen solcher Entwicklungen werden Alternativen und gegenläufige Tendenzen immer wieder sichtbar. In der Stadtsoziologie beispielsweise wird die Entwicklung eines Stadtquartiers nicht nur unter gesellschaftlicher »Großperspektive« wahrgenommen (z. B. die Präsenz bzw. das Fehlen institutioneller Angebote oder die tendenzielle Verarmung, Gentrifizierung, sowie Pleiten und Auszug von Geschäften in einem Stadtviertel), sondern es wird auch auf Interaktionsräume geachtet, die dem *»sozialen«* bzw. *»symbolischen Kapital«* eines Stadtviertels bzw. einer dörflichen Lebenswelt zuzurechnen sind.[51]

---

49. Ebd., 98.
50. Vgl. die Arbeiten von Wolfgang Grünberg, insbesondere ders., Die Sprache der Stadt. Skizzen zur Großstadtkirche, Leipzig 2004.
51. Vgl. z. B. Ingrid Breckner und Andrea Kirchmair (Hgg.), Innovative Handlungsansät-

Das kann eine Pommesbude sein, wo sich Jugendliche auch über nationale Zugehörigkeiten hinweg treffen; ein Zeitungskiosk, wo die Leute zu einem Schwätzchen stehen bleiben, oder auch eine pensionierte Lehrerin, die ihre Zeit dafür einsetzt, vereinsamte Menschen in ihrer Straße zu besuchen. Von einem bestimmten Punkt an wird die Existenz und Ausbreitung von sozialem Kapital in einem Quartier oder einer ländlichen Siedlung ein wirksames Gegengewicht gegen zerstörerische Entwicklungen vor Ort bilden, die immer auch das Risiko von Gewaltkrisen beinhalten (z. B. Auseinandersetzungen zwischen Jugendbanden, Attraktivität rechtsradikaler Orientierungen und Gewaltbereitschaft z. B. in einer ostdeutschen Plattensiedlung). Hier können Kirchengemeinden zu einem wichtig Ort werden und sind es vielfach auch.

Noch immer existieren christliche Kirchengemeinden in fast jedem Stadtviertel und in jedem Dorf. Sie können unter bestimmten Bedingungen zu Interaktionsräumen werden, die das soziale Kapital einer solchen Lebenswelt bestärken. Viel hängt von der Atmosphäre in einer Gemeinde ab, ob diese potentielle Lebendigkeit und Lebenszugewandtheit auch tatsächlich realisiert wird. Gemeinden existieren immer in dem *Ineinander* von Organisation, Milieu und »Gemeinschaft der Heiligen«. Ihre geistliche Präsenz und ihre Wirksamkeit als »energetisches Netzwerk«[52] wird sich in dem Maße auch für ihre soziale Lebensumwelt realisieren, wie *innerhalb* (und nicht jenseits) ihrer Lebensvollzüge als Organisation und Milieu Menschen leben und Interaktionsräume eröffnet werden, die sich durch Wertschätzung gegenüber den Menschen und Wachheit gegenüber den Bedrohungen vor Ort auszeichnen.

Dass Menschen hierzu bereit und in der Lage sind, wird von vielem abhängen, aber in jedem Falle von einer immer wieder gelingenden Antwort auf diese Fragen: Findet sich in einer Gemeinde ein spirituelles Zentrum: der auch im Alltag offene Raum einer Kirche?[53] Findet sich das Angebot eines lebendigen Gottesdienstes, in dem das Eingeständnis von Schwäche, Versagen und Schuld und die Öffnung gegenüber der Vergebung der Sünden und der Verheißung neuen Lebens in der Begegnung mit der

---

ze im Wohnbereich – Informationen über Projekte, Träger und Initiativen, Dortmund 1995.
52. Vgl. Manfred Josuttis, Seelsorge im energetischen Netzwerk der Ortsgemeinde. In: ders. u. a. (Hgg.), Auf dem Weg zu einer seelsorgerlichen Kirche. Theologische Bausteine, Göttingen 2000, 117-126; sowie ders., Seelsorge in der Gemeinde. In: PTh 90 (2001), 400-408.
53. Vgl. Wolfgang Grünberg, Die Sprache.

Präsenz des dreieinigen Gottes ebenso einen Ort finden wie die Ermutigung, das »Empowerment« durch den Segen, mit dem Gott die Menschen durch ihren Alltag begleiten und sie zur Realisierung der Lebensprobleme vor Ort ermächtigen will? Trauen Pfarrerinnen und Pfarrer den Aktiven in ihrer Gemeinde selbsttätige Arbeit z. B. in der Alltagsseelsorge zu und sind sie bereit und in der Lage, effektiv Kompetenzen anderer zu realisieren und Macht abzugeben? Und: Gibt es im Lebenszusammenhang der Gemeinde Kristallisationspunkte – Menschen, die sich Zeit für ein Gespräch nehmen? Gibt es vor Ort (mit klaren Grenzen, aber dennoch) offene, »besuchbare« Haushalte; Menschen mit Lust an Kommunikation und Engagement, mit Mut zur Konfliktfähigkeit und der Fähigkeit zu wertschätzender Sachlichkeit?

Unter gesellschaftlichen Großbedingungen, in denen immer mehr Menschen aus der Erwerbsarbeit »freigesetzt« werden, wird es vor Ort auch immer mehr Menschen geben, die in jedem Falle eines haben: Zeit. Für viele wird es willkommen sein, der Geschichte eigener Entwertung und dem Schwund sozialer Einbindung nach dem Verlust des Arbeitsplatzes einen Aufbruch in neue Interaktionsfelder und begrenzte Verantwortungsübernahme entgegenzusetzen – wenn denn Menschen da sind, die sie wahrnehmen, ansprechen und ihnen dies zutrauen. Auch hier liegt eine immer stärker notwendige Aufgabe derer, die in der Leitung einer Gemeinde tätig sind.

Faktisch ist der Gemeindealltag heute nicht denkbar, ohne dass Arbeit delegiert wird und dass Ehrenamtliche ganze Arbeitsbereiche verantwortlich und selbsttätig übernehmen – oft ohne Bezahlung und jenseits klar geregelter Macht-Verteilungsprozesse. Es sind zahlreiche Arbeitszusammenhänge, die vom Engagement der nicht hauptamtlichen Gemeindemitglieder leben. Der Besuchsdienst zu hohen Geburtstagen und überhaupt die Arbeit mit alten Menschen, die Verwaltung des Friedhofes, die Gestaltung des Gemeindeblattes, die Leitung und die Teilnahme am Chor, die Arbeit mit Jugendlichen, die Organisation und Aufsicht über Bau- und Reparaturvorhaben – all dies und vieles mehr wird in der Regel von Menschen gemacht, die aus eigenem Antrieb und mit hohem Einsatz an Zeit die Gemeinde lebendig erhalten.

Gemeinden können aus unserer Sicht als ein exemplarisches Lebensfeld wahrgenommen werden, in dem Wertschätzung, Kooperation und vor allen Dingen auch ein klarer und begrenzter Umgang mit Macht eingeübt werden können. Oft genug liegen gerade hier Probleme und Konflikte, die die Lebensgewissheit der Betroffenen untergraben können. Umso nötiger ist es,

Die »Überflüssigen«: Armutskontexte 47

hier klar zu sein. Wir sehen darin eine zentrale Aufgabe der Pfarrerinnen und Pfarrer als Zentralpositionen im Kommunikationsgeflecht vor Ort. Der Umgang mit Macht ist vor allem auch ein zentrales *spirituelles* Problem: Menschen in diesen Rollen brauchen eine spirituelle Lebens- und Übungspraxis, um eigene Machtwünsche von der Macht Gottes unterscheiden zu können. Nur so werden sie die heilsame Macht Gottes an andere weitergeben können, ohne sie zu beherrschen. Es besteht ein entscheidender Unterschied zwischen Ermutigung und Ermächtigung von anderen, die eigenen Lebenszusammenhänge und Lebensgeschichten Wert zu schätzen, sich im krummen Gang wie in den eigenen Stärken lieb zu haben und für andere öffnen zu können, und der machtvollen Beherrschung von Kommunikations -und Arbeitszusammenhängen. Pfarrerinnen und Pfarrer werden allein deshalb eine besondere Rolle in diesem Netzwerk vor Ort haben, weil sie theologisch ausgebildet sind und dieses Wissen sowohl in orientierender wie in kritischer Weise in der Gemeinde und auch in übergemeindlichen Arbeitszusammenhängen einbringen werden. Zudem haben viele Kolleginnen und Kollegen psychologische und soziologische Zusatzausbildungen. All dies wird nur dann nicht zu einer Verzerrung der Machtstrukturen im gemeindlichen Alltag führen, wenn der Machtcharakter dieser Kompetenzen wahrgenommen und so genutzt wird, dass sie zur Bekräftigung und Ermutigung, zur Ausbildung und zur Vermittlung von Lebensgewissheit bei den Menschen beitragen können, die hier leben und arbeiten. Es geht um die Wahrnehmung von Macht, aber auch um das Abgeben-Können von Macht. Nicht nur im wertschätzenden Kommunikationsstil, sondern auch real sollen die Menschen, die sich ehrenamtlich in der Gemeinde engagieren, aus dem Lebensgefühl handeln können, dass ihnen etwas zugetraut wird und ihnen auch die Handlungsmöglichkeiten gelassen werden, die für ihr jeweiliges Arbeitsfeld nötig sind.

Zum Beispiel: Das Christliche Zentrum Berlin e. V.

Im Folgenden wollen wir ein Beispiel geben, wie die Gemeinde als Lebensort verstanden werden kann, in der die Rechtfertigung der »Überflüssigen« in der Verbindung von diakonischer Arbeit und Gottesdienst eine konkrete Gestalt annehmen kann. Dieses Beispiel verdeutlicht die Chancen, die hier für die Gemeindeerneuerung liegen können. Wir greifen dabei auf einen Bericht von Waldemar Sidorow über einen Prozess der Gemeindebildung von Obdachlosen im Raum einer freikirchlichen Gemeinde in Berlin, dem »Christlichen Zentrum Berlin e. V.« (CZB) zurück:[54]

»Im Ostergottesdienst am 26.03.1989 ordinierte die Gemeinde einen hauptamtlichen Evangelisten. Es war die erste interne Ordination eines Pastors – und geschah, um den ›*Dienst an den Armen* und Obdachlosen als besondere Priorität des Evangeliums wahrnehmen‹ zu können [...]. Durch seine Anstellung sollte die ›Verantwortung des CZB für die Armen‹ in der Stadt konkrete Gestalt gewinnen. Diese Verantwortung für die Armen in der Stadt wurde der Gemeinde im Jahre 1985 durch eine Prophetie einer in den charismatischen Kreisen geschätzten Prophetin zugesprochen.

Lange Zeit war nicht klar, wie diese Verantwortung wahrzunehmen sei, bis man ›entdeckte‹, dass die Armen bereits seit geraumer Zeit in der Gemeinde, in Gestalt einer Gruppe von inzwischen 40 Obdachlosen, präsent waren. Sie kamen regelmäßig zu dem wöchentlichen ›Gebetsfrühstück‹ der Mitarbeiter im Ausländermissionsteam. Dieses Mitarbeiterteam traf sich seit Jahren wöchentlich, jeden Donnerstag, zum Frühstück und Gebet. Eines Tages kam eine obdachlose Frau in die Gruppe, weil sie die Tür unverschlossen fand. In der Woche danach waren es bereits zwei Obdachlose. Innerhalb weniger Wochen waren es 40 Obdachlose, die am Frühstück und am Gebet des Mitarbeiterteams teilnahmen.

Es blieb nicht bei der Teilnahme der Obdachlosen am spirituellen Leben des Mitarbeiterteams. Die Mitarbeiter reagierten spontan auf die materiellen Nöte ihrer Besucher und sorgten für Kleider- und Lebensmittelspenden aus der Gemeinde. Doch sie spürten, dass es irgendwie noch weiter gehen müsste. Die Mitarbeiter verlegten ihre Gebetszeit auf einen anderen Tag, und der ursprüngliche Termin wurde zu einem Treffen der Obdachlosen. Die übliche Gebetszeit zu Anfang wurde beibehalten, aber verkürzt, es wurde mehr gesungen und das Frühstück bekam ein stärkeres Gewicht. So entstand eine Struktur, die durch die Bedürfnisse der Zielgruppe geprägt wurde. Kleider- und Lebensmittelspenden, einfache Beratung und manchmal die Begleitung zu behördlichen Ämtern wurde zu einem regelmäßigen Angebot.

An diese Vorarbeit konnte der neu berufene Pastor im Frühjahr 1989 anknüpfen. Als erstes begann er damit, einen eigenen Mitarbeiterkreis aufzubauen. Mitten in der Aufbauphase, am 9. November 1989, fiel die Berliner Mauer, und die junge Freikirche wurde von den Ereignissen vor neue Herausforderungen gestellt. Der an die Berliner Mauer grenzende West-Berliner Stadtteil Kreuzberg gehörte plötzlich wieder zum Zentrum der zusammenwachsenden Stadt. Obwohl die Gemeinde auf Grund ihrer Entstehungsgeschichte im sozialen Brennpunkt Kreuzberg selbst kaum verwurzelt war – nur sehr wenige der mehrere hundert Mitglieder zählenden Gemeinde wohnen im Stadtteil – fällte die Gemeindeleitung einen Entschluss zur stärkeren Präsenz vor Ort, um sich

---

54. Waldemar Sidorow, Gemeinden geben Raum für andere am Beispiel von Aids-Betroffenen in Hamburg und Obdachlosen in Berlin, Schenefeld 2005.

den Herausforderungen der zunehmenden Armut zu stellen. Unfangreiche Umbauten in den Seitenschiffen und auf der Empore wurden in Angriff genommen, um in der Garnisonskirche Sozialräume, Küche, Kleiderkammer, Beratungsräume, eine Buchhandlung und Kinderräume einzurichten. Das ursprüngliche Treffen, das mit 40 Obdachlosen begann, wurde nun zu einem wöchentlichen Obdachlosen-Gottesdienst umgewandelt. An den Gottesdienst schloss sich das Frühstück an. Beratung, Seelsorge, Ausgabe von Lebensmitteln und Kleidern sowie medizinische Notversorgung durch das mobile Team des Diakonischen Werkes, das mit einem Bus nach dem Gottesdienst bereitstand, ergänzten das Angebot. Der Gottesdienstbesuch stieg innerhalb eines kurzen Zeitraumes auf über 150 Besucher.

Die Anforderungen an die Mitarbeiter überstiegen ihre Kräfte. Sehr schnell mussten weitere geeignete Mitarbeiter gefunden werden. Diese kamen aus der eigenen und aus anderen Gemeinden hinzu, so dass sich ein ökumenisches Team von ca. 30-40 Mitarbeitern bilden konnte. Die Besucherzahlen stiegen weiter an. Obdachlose aus dem gesamten Stadtgebiet kamen Donnerstag für Donnerstag zum Gottesdienst. Alles, was durch den Gottesdienst und ihn herum an Angeboten ermöglicht und wahrgenommen werden konnte, wurde so für eine Gruppe der Obdachlosen in der Stadt mit der Zeit für einen Vormittag zu einem Teil ihres Lebens. Bereits um 7 Uhr kam das Vorbereitungsteam um den Donnerstagvormittag mit dem Gottesdienst um 9 Uhr, das anschließende Frühstück und die Ausgabe von Lebensmitteln und Kleidern, vorzubereiten. Der Obdachlosen-Gottesdienst wurde vom Pastor gemeinsam mit dem Team gestaltet. Wie in charismatischen Gottesdiensten üblich, hatte der Gesang, der gemeinsame Lobpreis, großen Raum, ebenso das Gebet. Die Verkündigung, in Predigt und Zeugnis, war geprägt von einer starken Konzentration auf die biblischen Verheißungen an die Armen und Schwachen. Die Perspektive der Hoffnung war nur zum Teil auf unmittelbare Gegenwart ausgerichtet. Es dominierte die erwartete Zukunft.

Der Himmel wurde den Obdachlosen als zukünftiges Domizil in vielen Predigten bildreich vor Augen gestellt. Für viele Obdachlose wurde der Donnerstagvormittag zu ›ihrem‹ spirituellen Treffpunkt. Im Laufe der Jahre wurden viele Gottesdienste, Weihnachts- und Osterfeste miteinander gefeiert. Gemeinsam teilte man Freude und Leid. Obdachlose, die verstarben, wurden von ›ihrem‹ Obdachlosen-Pastor beerdigt. Paare, die sich trauen lassen wollten, wurden von ihm getraut und es wurden Hochzeiten gefeiert. Obdachlose kamen zum Glauben und wurden getauft. Alles, was für die Obdachlosen-Gemeinde wichtig und zu regeln war, wurde an diesen Vormittagen angesprochen […].«[55]

---

55. Ebd., 17, 52-55.

1.3.5 Der subjektive Umgang mit Erwerbslosigkeit: Spuren kultureller und religiöser Interpretation

Im Anschluss an die Skizzierung der Gemeinde als Lebensort, in der die Rechtfertigung der »Überflüssigen« gepredigt wird, soll es im Folgenden um die subjektive Perspektive derjenigen gehen, die zu den »Überflüssigen« gerechnet werden. Susanna Kempin diskutiert in ihrer wichtigen Studie *Leben ohne Arbeit?* die Frage, wie Menschen, die von Erwerbslosigkeit betroffen sind, die Tatsache bewältigen, dass Erwerbsarbeit nicht mehr als sinnstiftendes Zentrum ihres Lebens angesehen werden kann, in dem sich soziale und persönliche Identität ausbildet. Darüber hinaus interessiert sie, wie erlebte erwerbsbiographische Unsicherheit bewältigt wird. Hierbei geht es um das Problem, dass es zunehmend schwieriger wird, eine langfristige Lebensplanung im Hinblick auf die angestrebte Erwerbsarbeit zu entwickeln.[56] Kempin verortet ihre empirische Untersuchung vor dem Hintergrund von zwei großen gesellschaftskulturellen Wenden: dem Ende der Arbeitsgesellschaft und der Auflösung der Normalbiographie. Die These vom Ende der Arbeitsgesellschaft geht von der Tatsache aus, dass die immensen Produktivitätssteigerungen durch den Einsatz neuer Technologien in der zweiten Hälfte des letzten Jahrhunderts im großen Stil zur Vernichtung von Arbeitsplätzen geführt haben. Erwerbslosigkeit, so wird prognostiziert, wird ein konstanter, struktureller Faktor gesellschaftlichen Lebens sein. Daran werden auch die Transformationsprozesse in den Bereichen der industriellen Produktion, des Dienstleistungssektors und der Informationstechnologien nichts ändern. Mit dem Ende der Arbeitsgesellschaft, die von dem Glauben geprägt war, dass Vollbeschäftigung möglich sei, löst sich auch das Konzept der gelebten normalen Erwerbsbiographie auf. Noch vor einer Generation wurde von der klassischen Dreiteilung des Lebenslaufes gesprochen, die in der Vorbereitungsphase, der aktiven Phase der Vollbeschäftigung und in der Ruhestandsphase bestand. Dieses Konstrukt der Normalbiographie war vermutlich insbesondere für viele Frauen schon immer eine Fiktion. Die eigene Biographie auf diese Weise um die antizipierte Erwerbsarbeit als konstantem Faktor im Lebenslauf herum anzuordnen und zu interpretieren, ist heutzutage für die Mehrheit der Bevölkerung nicht mehr möglich. Die Einzelnen müssen in dieser Situation das Dilemma bewältigen, dass das gesellschaftlich-kulturelle Wertesystem im Hinblick auf die

---

56. Vgl. Kempin, Leben, XIII.

sinnstiftende Funktion der Erwerbsarbeit für das persönliche Leben und für die damit verbundene soziale Anerkennung weiterhin hochgradig wirksam ist, während zugleich das Ende der Arbeitsgesellschaft konkret Gestalt annimmt.

Susanna Kempin identifiziert in ihrer empirischen Arbeit zwei große Themengruppen: Zum einen das Erleben von Erwerbslosigkeit als *Stigma*, zum anderen geht es um die Interpretation der Erwerbslosigkeit als *Transitorium*. In der ersten Gruppe finden sich zumeist Menschen, die nach dem Zweiten Weltkrieg das so genannte Wirtschaftswunder miterlebt haben. Sie haben oftmals die Illusion vom endlosen wirtschaftlichen Wachstum internalisiert sowie das Ideal der Normalbiographie, das immerwährende Kontinuität und Kontrollierbarkeit der lebensgeschichtlich relevanten Ereignisse verspricht. Die Konfrontation mit Erwerbslosigkeit wird entsprechend als Bruch, als Schock oder tiefe Krise erlebt; der Stellenwert der Arbeit wird im eigenen Leben als Halt und Mitte sowie als eigentlicher Lebenssinn beschrieben.[57]

Die eigene Biographie wird von einigen der Befragten als kontinuierlicher Aufstieg bis zur Krise beschrieben.[58] Wenn keine kontinuierliche Berufsbiographie vorlag, wird die eigene Lebensgeschichte in schmerzvoller Weise am Ideal gemessen: Kempin zitiert aus einem Interview mit Jürgen: »So, und jetzt bin ich natürlich dabei, mich zu bewerben, nur hab ich noch keinen Arbeitsplatz. Und je länger das wieder dauert, je größer ist die Gefahr, jetzt wieder abzudriften und dann reißt da irgendwie wieder etwas ab, auch so in dem ganzen Lebenslauf. Dann ist da wieder so 'ne Lücke, die klafft so wie 'ne Wunde, ne. Und das dann auch wieder zu begründen: ja, warum waren Sie denn wieder solange arbeitslos und was haben Sie denn in der Zeit gemacht? Das ist auch ein weiteres Problem, sich immer rechtfertigen zu müssen, was hat man gemacht.«[59]

Jürgen bietet ein eindrückliches Bild an: Die Diskontinuität im Lebenslauf, die die Erwerbslosigkeit hervorruft, wird als klaffende Wunde beschrieben, sie steht für ein zutiefst verletztes Selbst.

Die Erwerbslosigkeit wird von vielen als vergeudete Zeit beschrieben: »Man labert nur so rum«, sagt Herr Wagner.[60] Begleitet wird der Alltag oftmals von Lustlosigkeit und massiven Schlafstörungen: »Wie gesagt. Ich

---

57. Vgl. ebd., 48.
58. Vgl. ebd., 42.
59. Ebd., 68 f.
60. Ebd., 42.

wach' oft nachts auf … es ist 'ne Qual (ihm kommen die Tränen). Um es mal ganz klar zu sagen. Das geht so weit, dass man solche Magenbeschwerden hat, mit Erbrechen und so weiter. Ist gut. Das geht 'ne Stunde so und dann. Aber es ist teilweise so schlimm, dass man es gar nicht aushalten kann. Und jetzt, um dem aus dem Wege zu gehen, ziehe ich mich manchmal um vier oder drei an und geh' raus, geh in die Felder rein.«[61]

Auch Herr Wagner beschreibt in eindrücklicher Weise das Zerbrechen der Ich-Identität. Ohne Arbeit gibt es keine Möglichkeit, unbeschadet zu leben: »Denn irgendwas muss man machen, sonst geht man, glaube ich, kaputt, ganz und gar kaputt. Also mir graut. …«[62] Giannas grundlegende Sicht, dass ihr Leben illegitim sei, wird durch den Bezug auf die Erwerbslosigkeit verschärft: »Wer ist man schon ohne Arbeit? […] Man ist nichts.«[63]

Kempin resümiert über die Gruppe, die Erwerbslosigkeit als Stigma erlebt: »Allen ist gemeinsam, dass sie die Differenz zwischen Realität und Ideal sehr bewegt und Quelle subjektiven Leidens ist, unterschiedlich sind nur jeweils die Bezugspunkte, zu denen sie die Differenz erleben. Die Situation der Arbeitslosigkeit setzt alle […] unter einen enormen inneren Rechtfertigungsdruck. Innerhalb des Horizontes der Erwerbstätigkeit bzw. des Arbeitsmarktes bricht bei ihnen die grundsätzliche Legitimität ihrer Existenz auf. Ihr inneres Erleben schwankt zwischen lähmender Depression und angestrengten Versuchen, eine Arbeit zu finden.«[64]

Im Hinblick auf religiöse Deutungsmuster analysiert Kempin für die Gruppe, die Erwerbslosigkeit als Stigma interpretiert, dass die extrem hohe Gewichtung von Arbeit für die Ich-Identität quasi eine religiöse Dimension hat. Wenn Religion definiert wird als das, woran man sein Herz hängt oder dass, wovon man sich als schlechthinnig abhängig erlebt, kann festgestellt werden, dass Arbeit zur Religion wird. Die Arbeit wird zur symbolischen Repräsentanz, aus der Anerkennung, Legitimität oder auch Zuspruch gewonnen werden muss.

Gianna, eine junge italienische Frau, die eigentlich meint, Gott sei nur ein Produkt der menschlichen Bedürfnisse, versucht in einer ihrer tiefen Krisen sich noch einmal der römisch katholischen Kirche zuzuwenden: »Also ich hab' es versucht, nachdem ich die Kinder verloren hatte und nach-

---

61. Ebd., 56.
62. Ebd., 57.
63. Ebd., 97.
64. Ebd., 106.

dem ich meine Mutter verloren hatte, hab' ich gesagt, also ich versuch' zu glauben. Aber es gelingt mir wirklich nicht. Ich hab versucht, zu einem Priester Kontakt aufzunehmen, aber ich konnte mit ihm auch nicht frei reden. Ich hatte immer das Gefühl, ich muss mich so geben, wie er erwartet, dass ich bin. Und ich konnte das nicht (schmerzerfülltes Stöhnen).«[65]

In einem anderen Fall antwortet der Interviewpartner auf die Frage nach seinem Gottesverständnis auf etwas formal abstrakte Weise mit der Vorstellung von der Vorsehung, nach der Gott das Schicksal der Menschen lenke. Diese Vorstellung wird dann aber sofort auch wieder angezweifelt, da die Berufswelt ihn gelehrt hatte, in diesen Fragen realistisch zu sein.

Zur zweiten Gruppe, die Erwerbslosigkeit als *Transitorium* in ihrem Leben begreift, gehören Menschen, die auf keine kontinuierliche Berufsbiographie zurückblicken können. Hier war die eben beschriebene Differenz zwischen Ideal und Wirklichkeit im Hinblick auf die persönliche Identitätsbeschreibung kein besonders krisenbehaftetes Thema. Kempin resümiert: »Sie können auf psychische, soziale und biographische Ressourcen zurückgreifen, diese weiterentwickeln und hilfreich zur Bewältigung biographischer Unsicherheit einsetzen.«[66]

Die zweite Gruppe, die Erwerbslosigkeit als *Transitorium* erlebt, hat schon längst akzeptiert, dass die großen gesellschaftskulturellen Veränderungen keine Sicherheit im Hinblick auf die eigene berufliche Laufbahn bieten. Diese Menschen haben in gewisser Weise die Rahmenbedingungen dynamischer Armut akzeptiert, die nur einen partiellen Zugang zum Arbeitsmarkt ermöglichen. Der Soziologe Ulrich Beck spricht in diesem Zusammenhang von Drahtseilbiographien: »Alle versuchen in ständiger Absturzgefahr mit mehr oder weniger artistischem Selbstbewusstsein und Geschick das eigene Leben zu meistern – wenige mit viel Glück, viele mit wenig Glück. Eine Gesellschaft, in der Drahtseilbiographien verbindlich werden, ist dadurch gekennzeichnet, dass hohe Anpassung, lockende Artistik und *Angst* alle in ihren Bann schlagen und in ihm halten – und viele stürzen ab.«[67]

Susanna Kempin lässt in einem Interview Mark von den verschiedenen Stationen in seiner Berufsbiographie erzählen. Mark hat viele Anläufe gemacht, den richtigen Beruf für sich zu finden. Er hatte eine abgebrochene

---

65. Ebd., 98.
66. Ebd., 169.
67. Ulrich Beck, Die uneindeutige Sozialstruktur. Was heißt Armut, was heißt Reichtum in der Selbstkultur? In: ders. und Peter Sopp, Individualisierung und Integration. Neue Konfliktlinien und neuer Integrationsmodus?, Opladen 1997, 192.

Lehre als Gas-Wasser-Installateur hinter sich, jobbte in verschiedenen Betrieben, bis er dann eine Lehre als Betriebsschlosser machte. In diesem Beruf fand er jedoch keine Arbeit. Während dieser Zeit der Erwerbslosigkeit holte er das Abitur auf dem Abendgymnasium nach und schloss dann ein Anglistikstudium an. Mark fand auch als Anglist keine Arbeit und jobbt nun seit drei Jahren wieder unregelmäßig.[68]

Mark findet mit dem aus der Sozialwissenschaft inzwischen in die Alltagswelt ausgewanderten Begriff der *Patchwork-Identität* einen Schlüssel zur Interpretation seiner eigenen Erwerbsbiographie: »Also, ich empfind's nicht so als tragisch. ... Also ich kann leben mit diesem ganzen Patchwork-Kram. Natürlich nicht, wenn ich daran denke, was diese ganzen Patchwork-Leute machen, wenn sie fünfundsechzig oder siebzig sind, wovon genau die Rente bezahlt wird. Das ist noch etwas anderes. Aber sonst komm ich da ganz gut mit klar.«[69]

Mark macht hier deutlich, dass es keineswegs seine Erwerbsbiographie ist, die für ihn problematisch ist, sondern es sind eher die materiellen Sorgen im Hinblick auf das Alter, die ihn umtreiben. Für ihn finden verschiedene Umorientierungen in seinem Wertesystem statt. Einer zwischenzeitlichen Orientierung an den Maßgaben der kapitalistischen Wirtschaft folgt eine Prioritätensetzung hinsichtlich des Privatlebens. Die Fähigkeit, mit Umbruchsituationen kreativ umzugehen, wird zum implizit religiösen Thema, es erschließt für ihn einen Sinnhorizont, vor dem er seinen holprigen Lebensweg in einem positiven Licht sehen kann.

Anne, die schon immer eher einen nüchtern pragmatischen Zugang zur Bedeutung der Erwerbsarbeit hatte, ist in der Lage, die gewonnene freie Zeit während ihrer Erwerbslosigkeit auf kreative Weise zu gestalten. Sie ist eine der wenigen, die einen expliziten Bezug zum Glaubensthema artikuliert. Sie formuliert ihren Glauben in sehr persönlicher Weise und gibt ihm durch ihre Mitarbeit in einer Kirchengemeinde zugleich eine soziale Gestalt. Für sie hat der Kirchgang eine kritische, unterbrechende Funktion im Hinblick auf den Alltag. Anne drückt ihr Gottvertrauen im Hinblick auf die Erwerbslosigkeit folgendermaßen aus: »... wenn der liebe Gott meint, das ist der Posten, dann krieg ich ihn. Wenn nicht, dann nicht. So einfach ist das für mich gewesen. Und ich habe auch nicht einmal darüber nachgedacht. Überhaupt nicht. (...) Es ist in Ordnung gewesen, so diese Zeit, wo keine Arbeit

---

68. Vgl. Kempin, Leben, 108.
69. Ebd., 117.

da ist. Oder ich nicht meinen Job kriege, nicht als ..., sondern der für mich bestimmt ist.«[70]

Kempin macht in ihrer Studie deutlich, dass es keinesfalls nur ein einziges Muster gibt, mit denen Menschen mit erwerbsbiographischen Krisen umgehen. Eine Vielzahl an Antworten, Strategien und Praxen werden entworfen, um mit der gegebenen Herausforderung umzugehen. Für den Prediger und die Predigerin ist es deshalb von zentraler Bedeutung zu begreifen, welche Sinnhorizonte von den Hörenden selbst kreiert werden, wenn sie sich in Lebenssituationen vorfinden, in denen sie auf einmal zu den »Überflüssigen« gezählt werden. Um in der Lage zu sein, sich der Vielgestaltigkeit dieser Sinnhorizonte annähern zu können, müssen Räume im Gemeindeleben erschlossen werden, in denen Menschen über ihre Erfahrungen mit Armut und Erwerbslosigkeit sprechen können. Dies kann im seelsorglichen Zweiergespräch ebenso passieren wie in verschiedenen Gruppenkonstellationen.

70. Ebd., 164.

1.4 Der lebensweltliche Bezug: Rechtfertigungspredigt im Kontext von Armutserfahrungen

Die Predigt des Evangeliums von der Rechtfertigung der Gottlosen, die nach reformatorischer Einsicht im Zentrum des Wortes Gottes steht, muss unter den gegenwärtigen Bedingungen der Wirtschaftsgesellschaft auch und vor allem diese Menschen vor Augen haben, muss sie treffen, sie ansprechen, aber vor allen Dingen auch: sie selber als Subjekte ihres Lebens, Sprechens, Partizipierens ernst nehmen. Nämlich vor allem die Menschen, die an den Rändern der Wirtschaftsgesellschaft leben und denen gegenüber das Versprechen der liberalen demokratischen Kultur faktisch immer neu gebrochen wird: gleiche Chancen mit allen anderen zu teilen. Die Mitteilung der Gnade des Gottes, der im Überfluss schenkt, heißt heute vor allem: Mitteilung dieses Geschenkes an die »Überflüssigen«, an die, die nach offiziellen Maßstäben nichts zählen, nichts leisten und nichts bringen.

Predigt des Evangeliums ist Mitteilung der Gnade Gottes auf eine Weise, dass Menschen in ihrer ganzen Existenz angesprochen, angestoßen, eingehüllt sind: in ihrem Inneren wie ihrem Äußeren, in ihrer Möglichkeit des Selbst- und Weltverständnisses genauso wie ihrer Sinnlichkeit und Körperlichkeit, in ihrem Für-Sich-Sein genauso wie in ihrem Sein für Andere und mit Anderen. Unsere zentrale Frage ist: Wie kann die Predigt des Evangeliums von der Rechtfertigung der »Überflüssigen« wirklich das werden, was sie ist? Wie kann dieses Versprechen so eingelöst werden, dass es nicht zu einem leeren Versprechen wird? Wie kann der Sprechakt während eines Gottesdienstes, in dem in freier Rede ausgelegt und zugesagt wird, was im Predigttext bereits laut geworden ist, zu einem solch überschäumenden und umfassenden Geschehen beitragen, in dem Gott selbst sich den Menschen mitteilt? Welches sind die liturgischen Formen, in denen das Evangelium von der Rechtfertigung der »Überflüssigen« Gestalt gewinnt? Dies ist der Fragehorizont, in dem die folgenden Überlegungen entwickelt werden. Es ist viel erreicht und gewonnen, wenn die Fragen auf eine Weise gestellt werden, dass sie handhabbar werden – und nicht zu einem unglücklichen Bewusstsein beitragen, das angesichts der faktischen Situation unserer Kirchen und unserer Gottesdienste sich immer wieder einstellt: als nicht zu übersehendes Missverhältnis zwischen der Fülle, dem Reichtum, dem Überschüssigen und Überfließenden der Gnade Gottes, die wir als Predigende mitzuteilen haben, und der Schüchternheit und Spärlichkeit, der Leblosigkeit und Lieblosigkeit der tatsächlich sich ereignenden Predigt. Es ist vermutlich nicht schwer, immer wieder dieses Missverhältnis zu erleben.

Dass es eine hohe Kunst ist, die Predigt von der Rechtfertigung der Gottlosen bzw. der »Überflüssigen« lebensgeschichtlich relevant zu gestalten, das hat schon Martin Luther gewusst. So klagt er: »Und habts für ein gewiß Zeichen: wenn man vom Artikel der Rechtfertigung predigt; so schläft das Volk und hustet; wenn man aber anfähet, Historien und Exempel zu sagen, da reckts beide Ohren auf, ist still und höret fleißig zu.«[71]

Im Historien- und Exempel-Sagen liegt wohl eine Möglichkeit, die Rechtfertigungspredigt lebensgeschichtlich relevant zu gestalten. Eine Dimension, die für die Gestaltung dieser Historien und Exempel bedeutungsvoll ist, ist die Sensibilisierung für die subjektiven Sinnhorizonte, die die Hörenden kreieren. Neben dem konkreten Wissen um die Artikulation von Sinndeutungen, die die Hörenden mitbringen, ist es sinnvoll, darüber zu reflektieren, worin die Stolpersteine und Barrieren für eine lebensgeschichtlich relevante Rechtfertigungspredigt liegen.[72]

Im Hinblick auf die Stimmen, die in Susanna Kempins Studie interpretiert werden, scheint ein großer Stolperstein darin zu bestehen, dass die vom Paradigma der Arbeitsgesellschaft geprägten Werte, die für die Stabilisierung der Ich-Identität relevant sind, dem Gedanken der passiven Gerechtigkeit diametral entgegenstehen. Hier wird die Ich-Identität an die eigene Arbeitskraft und Kreativität geknüpft: sie verschafft sowohl persönliche Genugtuung als auch soziale Anerkennung. Im Hinblick auf die passive Gerechtigkeit geht es hingegen um ein Verständnis von Ich-Konstitution, das sich nicht aus der menschlichen Eigenleistung, sondern im Akt des Beschenktwerdens ereignet.[73]

Die Schwächen, die dieses Konzept hinsichtlich der gesellschaftskulturellen Entwicklungen in sich birgt, werden dann zum eigenen Versagen deklariert. Anerkennung ist also bei vielen Menschen beinahe exklusiv durch Arbeit vermittelt. Die Vergötzung der Arbeit erschwert den Zugang zu einem Lebens- und Weltverständnis, in dem die Externität des Lebens, die

---

71. WA Tr 2 Nr. 2408 b.
72. Dieser Frage wird neben dem nun Folgenden auch in Kapitel 2 weitere Aufmerksamkeit geschenkt.
73. Vgl. hierzu Hans-Martin Gutmann, Ich bin's nicht. Die Praktische Theologie vor der Frage nach dem Subjekt des Glaubens, Neukirchen-Vluyn u. a. 1999; sowie ders., Über Liebe und Herrschaft. Luthers Verständnis von Intimität und Autorität im Kontext des Zivilisationsprozesses, Göttingen 1991, 109 ff.

sich aus dem In-Christus-Sein ergibt, emphatisch artikuliert werden kann.[74] Die Vergötzung der Arbeit verschließt auch in allgemein anthropologischer und schöpfungstheologischer Hinsicht einen Zugang zum Gegebensein der Gaben, die uns geschenkt werden, damit wir leben können.

Im Gottesdienst muss es entsprechend darum gehen, den Aspekten der Externität des Lebens, dem Gegebensein der Gaben und der überfließenden Gnade im Horizont der Erfahrungen von Armut und Erwerbslosigkeit eine liturgische Gestalt zu geben, sie in unseren Predigten zu artikulieren und in der Feier des heiligen Mahles zu zelebrieren.

Für diejenigen, die sich dem Trip der Vergötzung der Arbeitswelt nicht hingeben, verstärkt sich der Druck zum selbsttätigen Entwerfen der eigenen Ich-Identität in den verschiedenen Drahtseilakten des Lebens. Auch hier sind die Stimmen, die auf Gegebensein der Gaben und auf das Geschenk der Gnade in Freiheit antworten können, marginalisiert.

Die Frage nach dem gnädigen Gott scheint in den beschriebenen Phänomenen in vielen Fällen in den Bereich der zwischenmenschlichen Interaktion verschoben zu werden. Nicht die Frage nach dem gnädigen Gott, sondern nach der klaffenden Wunde in der eigenen Berufsbiographie, dem Gefühl illegitim zu sein oder der Angst vor der Armut im Alter werden zu inneren Stimmen, die die Einzelnen tyrannisieren.

Für die Predigtvorbereitung ist es von zentraler Bedeutung, die Frage zu stellen, worin die jeweiligen lebensweltlichen Barrieren konkret bestehen, die die Predigt von der Rechtfertigung der »Überflüssigen« irrelevant, schal oder zynisch werden lassen. Zugleich müssen wir fragen, wo wir das Potenzial entdecken können, das Hilfestellungen zur Plausibilisierung oder besser gesagt, zum vertrauenden Hören ermöglichen.

---

74. Vgl. hierzu genauer Kapitel 2.2.4.

1.5 Die homiletische Perspektive: Das Verwobensein von Inhalt und Form

Wenn wir unsere homiletischen Überlegungen zur Rechtfertigungspredigt an den Rändern der Wirtschaftsgesellschaft verorten, verweisen wir darauf, dass die homiletische Frage: Was sollen wir predigen? sofort aufs engste mit der Frage: Wie sollen wir predigen? verbunden ist. Die Frage nach Inhalt und Form kann nicht in einem Nacheinander – also zuerst der Inhalt, dann die formale Gestaltung – beantwortet werden. Ebenso wenig ist es hilfreich, den Bezug von Inhalt und Form in einem Explicatio-Applicatio-Modell zu verorten.

Die Homiletik als Kunst-Lehre vom Predigen hat traditionell zwischen *prinzipieller, materialer und formaler* Homiletik unterschieden.[75] Nach der klassischen Aufteilung gehören zur *prinzipiellen Homiletik* beispielsweise Fragen wie diese: Wie ist über das Verhältnis von christlichem Glauben und Sprache nachzudenken, wo doch die Predigt ein Sprachgeschehen ist? Dabei muss beachtet werden, dass das Verständnis von »Wort« im theologischen Sinn, also als »Wort Gottes« verstanden, sich immer nur zum Teil mit dem deckt, was menschliche Sprache und sprachliche Kommunikation meinen – obwohl beides aufeinander bezogen ist.[76]

Im Hinblick auf die traditionelle Formulierung einer prinzipiellen Homiletik zeigt sich bereits hier ein zentrales Problem. Die Prinzipien der Pre-

---

75. Vgl. dazu als klassisches Beispiel aus der gegenwärtigen Debatte: Hans Martin Müller, Homiletik. Eine evangelische Predigtlehre, Berlin u. a. 1996.
76. Eine klassische Definition dieses Verhältnisses zwischen göttlichem und menschlichem Sprechen stammt beispielsweise vom Zürcher Reformator *Heinrich Bullinger*, dortselbst Nachfolger von Zwingli: »praedicatio verbi divini est verbum divinum«. Karl Barth hat Bullingers Formel in Analogie zur christologischen Zwei-Naturenlehre umformuliert, mit der Unterscheidung allerdings, dass die Identität zwischen göttlichem und menschlichem Wort nicht permanent gegeben, sondern kraft göttlicher Verheißung je und je Ereignis ist. Barth modifiziert damit die in der frühen Phase der »dialektischen Theologie« behauptete Unmöglichkeit, als Mensch von Gott zu reden, und legt das jetzt gewonnene Gefälle zwischen Gotteswort und Menschenwort in der Kirchlichen Dogmatik in der Lehre von der »dreifachen Gestalt« des Wortes Gottes aus: nämlich als unumkehrbares Gefälle von Jesus Christus als dem einen Wort Gottes, der Heiligen Schrift als ihn bezeugendes und der Predigt als hier und jetzt ihn zusagendes Wort Gottes. Vgl. Kartl Barth, Homiletik, 30.

digt selbst sind nicht überzeitlich gültig, weil theologisches Nachdenken genauso wie die Predigt des Evangeliums ihre Gestalt, Kraft und Bedeutung immer in spezifischen historisch-gesellschaftlichen Kontexten gewinnt. Wenn aber die Situation und der Kontext in das Verständnis der »Prinzipien« selber eingehen, so können nicht zunächst abstrakt-metahistorische Prinzipien formuliert werden, die erst in einem zweiten Schritt auf ihre *Folgen* für Kontexte und Situationen hin befragt werden können. Sondern das Achthaben auf die Situation – und das meint die Lebenslage der Hörerinnen und Hörer ebenso wie den historischen und gesellschaftlichen Kontext, in dem sie leben – soll in das Nachdenken über die Predigt des Evangeliums eingehen, und zwar bereits im Ansatz und von Anbeginn.

Unter *materialer* Homiletik ist traditionell folgendes gemeint: Die Predigtlehre muss über die Feststellung des prinzipiellen Gehalts einer Predigt hinaus Kunstregeln aufstellen, um zum konkreten Inhalt einer Kanzelrede vorstoßen zu können. Genau dies ist die Aufgabe, die in der traditionellen materialen Homiletik angegangen wird. Erst hier wird traditionell über das Verhältnis von Text, Zuhörenden und Situation nachgedacht: Können sich die Hörenden im Bibeltext selbst wiederfinden? Oder trennt ein »garstig breiter Graben« den überlieferten Text von der gegenwärtigen Situation? Theologinnen und Theologen ist von ihrem Studium und ihrer Ausbildung her in der Regel geläufig, wie ein Text der Bibel historisch-kritisch auszulegen ist. Damit ist die Frage nach der homiletischen Auslegung aber noch keineswegs beantwortet. Während die historisch-kritische Exegese erforscht, aus welchen Teilen und Elementen, in welcher Situation, angesichts welcher Perspektiven von Tradenten und Redakteuren ein Text entstanden und überliefert worden ist, fragt die homiletischen Auslegung danach, was er *hier und jetzt* sagt. Zum Feld der materialen Homiletik gehören auch Fragen wie diese: Ist der Predigttext, über den die Predigt zu halten ist, durch die Perikopenordnung vorgegeben, oder wird er für einen bestimmten Anlass ausgewählt? Wie ist das Verhältnis von Textexegese und thematischer Konzentration in einer Predigt (»Themenpredigt«) zu denken? Soll über größere Texteinheiten gepredigt werden, bisweilen auch in fortlaufender Lesung ganzer biblischer Bücher, oder kann es für bestimmte Anlässe eine »Spruchpredigt« geben, in der ein einzelner Vers den Anstoß gibt, die Situation, die Gefühle und Perspektiven von Betroffenen (z. B. bei einer Goldenen Hochzeit oder einer Konfirmation) zu thematisieren?

Eine weitere Frage, die traditionell in der materialen Homiletik gestellt wird: Sind der Prediger oder die Predigerin in ihren eigenen Gestimmtheit, ihrer Situationswahrnehmung und ihrer theologischen Lerngeschichte ein Risiko für die Predigt des Evangeliums, oder ist das »Ich auf der Kanzel« überhaupt erst Basis und Grund der Möglichkeit, dass eine gute Predigt entstehen kann? Sollen Predigten eher lehren, appellieren oder erzählen, erklären oder aufbauen und trösten? Und wann und angesichts welcher Situation ist welche Wahl zu treffen? Wie entsteht ein Predigteinfall, der in der Ausarbeitung und im Aufbau einer Predigt zu einer guten Gestalt finden kann?

Unter dem Stichwort der *formalen* Homiletik wird traditionell beispielsweise das Verhältnis der gottesdienstlichen Predigt zur allgemeinen Rhetorik diskutiert; so das Verhältnis der Predigt zu den Redegattungen der klassischen Rhetorik:
- genus iudicale oder docendi für die Gerichtsrede, in der Klarheit über einen Sachverhalt hergestellt werden soll;
- genus deliberativum oder movendi für die Volksversammlung, mit der eine politische Entscheidung herbeigeführt werden soll;
- genus demonstrativum oder delectandi für die Feierrede; diese Rede drückt Trauer, Hoffnung, Freude, Erhebung oder eine andere Gefühlslage aus, ist also in jedem Falle auf Gefühle bezogen.

Die Predigt ist eine Rede; diese Einsicht, die Gert Otto seit den sechziger Jahren wieder in das Bewusstsein des Nachdenkens über christliche Predigt gerufen hat[77], ist Teil des Nachdenkens über die Predigt seit frühester Zeit. Die Predigt muss (anders als die Zungenrede) verstehbar und der menschlichen Einsicht zugänglich sein, sie muss auf Inhalt und Zielsetzung überprüfbar sein. Wie jede öffentliche Rede, so steht auch die Predigt in einem Beziehungsgeflecht von Redenden, Hörenden und thematisiertem Gegenstand. Zugleich ist die Predigt durch ihre besondere Situation von anderen Redegattungen unterschieden: die formale Homiletik muss der Tatsache Rechnung tragen, dass der Ort der Predigt der christliche Gottesdienst ist, dass die Predigt im Raum eines Gottesdienstes erfolgt und in diesem Raum auf ihre kommunikativen Möglichkeiten und Grenzen befragt, aber auch gestaltet werden muss.

Die eben skizzierte Unterscheidung zwischen prinzipieller, formaler und materialer Homiletik ist problematisch geworden. Aufgrund unterschiedlicher theoretischer Ansätze aber vor allem auch aufgrund von praktischen Erfahrungen ist der unauflösliche Zusammenhang zwischen den

---

77. Gert Otto, Predigt als Rede. Über die Wechselwirkungen von Homiletik und Rhetorik, Stuttgart 1976.

Fragen nach dem »Was« und dem »Wie«, zwischen dem Inhalt und der Methode der Predigt zum Common Sense der Predigtarbeit geworden.

Einige exemplarische Gesprächsbeiträge aus der akademischen Debatte zur Predigtlehre, in denen in jüngerer Zeit von unterschiedlichen theoretischen Zugängen her der unauflösbare Zusammenhang von »was« und »wie«, »Gegenstand/Inhalt« und »Methode« der Predigtarbeit deutlich gemacht worden ist, sollen im Folgenden skizziert werden.

Manfred Josuttis verortet die Fragen nach dem Zusammenhang von Inhalt und Form in der Predigtarbeit u. a. im kreativen Prozess der Predigtvorbereitung. Wie kann ein Prediger oder eine Predigerin die Stadien eines solchen Prozesses – Vorbereitung, Inkubation (»mit etwas schwanger gehen«), Illumination (Durchbruch zu einem Predigteinfall) und Ausarbeitung wahrnehmen, um zu einer guten Predigtgestalt zu gelangen?[78] Wie kann das Geheimnis Gottes so weitergeben werden, dass es nicht verraten wird?[79] Wie können Predigerinnen und Prediger die Erzählungen der Bibel mit den individuellen Lebensgeschichten (und auch den gesellschaftlichen Alltagsmythen) so in Kontakt bringen, dass ein heilsamer Lebensfluss in Gang gesetzt wird: so dass zerstörerische, das Personzentrum des Menschen besetzende Mächte abfließen können und die heilsame Lebensmacht Gottes herbeigerufen werden und Herzen und Sinne der Menschen erfüllen kann?[80] In diesem Prozess macht es nur wenig Sinn, zwischen den Fragen nach dem »Was« und dem »Wie« eindeutig zu unterscheiden. Beides ist ein Ineinander, ein wechselseitiges Hin- und Her, ein fließender Prozess, in dem sich beide Seiten mit gleicher Intensität beeinflussen. Die Fragen nach dem »Was« und dem »Wie« sind zwar weiterhin unterscheidbar, hängen aber aufs Intensivste miteinander zusammen.

Was Josuttis für die Seite der Predigt*produktion* beschrieben hat, hat Gerhard Marcel Martin in seiner Marburger Antrittsvorlesung, einem ebenfalls sehr wirksam, ja berühmt gewordenen Text, für die Seite der Predigt*rezeption* beschrieben: Predigt als »offenes Kunstwerk«.[81] *Gerhard Marcel Martin* sieht, was die Produktionsseite einer Predigt angeht, eine Analogie der Predigt-

---

78. Vgl. Manfred Josuttis, Über den Predigteinfall. In: ders., Rhetorik und Theologie in der Predigtarbeit. Homiletische Studien, München 1985, 70-86.
79. Vgl. Manfred Josuttis, Offene Geheimnisse. Ein homiletischer Essay. In: ders., Offene Geheimnisse. Predigten, Gütersloh 1999, 7-15.
80. Vgl. Manfred Josuttis, Die Predigt des Evangeliums nach Luther. In: ders., Gesetz und Evangelium in der Predigtarbeit. Homiletische Studien, Bd. 2, Gütersloh 1995, 42-65.
81. Vgl. Gerhard Marcel Martin, Predigt als ›offenes Kunstwerk‹. In: EvTh 44 (1984), 46-58.

arbeit zu *ästhetischem* Handeln. Individuelles Handeln führt nicht schon durch den richtigen Gebrauch der überindividuellen Regeln zur Entstehung von Kunst – und auch nicht zu einer Predigt. Anders als z. B. im Rechtswesen gibt es in der *Predigt des Evangeliums* keine eindeutige Ableitbarkeit zwischen »Regel« und gelungenem Sprechakt. Im *evangelischen* Verständnis wird der Mensch *nicht* durch die Summe der Bedingungen, unter denen er lebt, zum neuen Menschen, auch nicht durch die gelungene Anpassung an rechtliche Normen oder moralische Standards, sondern durch die Predigt des Evangeliums. Und: Was die Predigt sagt, entscheiden die Hörenden mit in der Weise, wie sie in ihrem Lebenszusammenhang bedeutsam und wirksam wird.

Wilfried Engemann versteht Predigen im Sinne von Zeichen setzen.[82] Schon Martin hat seine Überlegungen auf den Semiotiker Umberto Eco bezogen; diese Perspektive wird jetzt von Engemann noch einmal vertieft. Er schreibt: »Semiotik« ist der Name für die Lehre von den Zeichen. Ihr zentraler Satz könnte heißen: Menschen verstehen etwas beziehungsweise verständigen sich ausschließlich durch Zeichen. »Zu einem Zeichen *kommt* es also dann, wenn etwas ›als signifikant‹ wahrgenommen wird, das heißt, wenn einem Ausdruck eine Bedeutung beigemessen«[83] wird und umgekehrt, wenn eine sprachliche oder gestische (und so weiter) Gestalt mit einem Inhalt verbunden wird. Unter Zeichen soll also verstanden werden: die im jeweiligen Akt des Erkennens bzw. Kommunizierens hergestellte Verbindung eines bestimmten Ausdrucks mit einer bestimmten Bedeutung. Was heißt das für die Predigt? Vom Prediger zu erwarten, dass er Zeichen setzt, heißt dann: eine Predigt zu erwarten, durch die ich mehr wahrnehmen kann, als das, was ich ohnehin schon weiß – und auch mehr als das, was im Manuskript steht. Der Versuch einer Predigerin, in ihrer Predigt selber schon alles zu sagen, wird das Wichtigste im Predigtgeschehen verfehlen: nämlich so zu sprechen, dass die Zuhörerinnen es ergänzen können. Predigende sollen die Ergänzungsbedürftigkeit ihrer Kanzelrede eben nicht als Dilemma empfinden, sondern sie sollen gerade dies akzeptieren. Von der Zeichenlehre her wird also eine Predigt, der nichts mehr hinzuzufügen ist, prinzipiell infrage gestellt. Die Predigt ist nicht ein Werk, das am Schreibtisch abgeschlossen werden kann, sondern das einer Fortsetzung bedarf, um vollendet zu werden beziehungsweise um zu wirken. Mit anderen Worten, die Predigt soll die Hörenden dazu herausfordern und befähigen, *ihren*

---

82. Wilfried Engemann, Predigen und Zeichen setzen. In: Uta Pohl-Patalong und Frank Muchlinsky (Hgg.), Predigen im Plural. Hamburg 2001, 7-24.
83. Ebd., 8.

64 Die Rechtfertigung der »Überflüssigen« verkündigen – Was ist das?

Part zu übernehmen. Die Hörenden sollen mit der Predigt *etwas anfangen* können.

Martin Nicol entwickelt die Konzeption einer »dramaturgischen Homiletik«[84]: Die Predigtrede soll zum »Ereignis« werden und als »Bewegung« rhetorisch inszeniert werden. Predigt ist selber Bewegung, ist bewegte und bewegende Rede, die die Zuhörenden in ihre Bewegung einbezieht. Martin Nicol plädiert für die Aufnahme ästhetischer Arbeitsweisen z. B. aus dem Kinofilm und dem Theater oder den Reflexionen des Feuilletons der Süddeutschen Zeitung in den Prozess einer »dramaturgischen Homiletik«. Er entwickelt sein Konzept von Predigtarbeit im Gespräch mit der modernen US-amerikanischen Homiletik: »Wenn ich die Intentionen eines großen Teils US-amerikanischer Homiletik […] auf den Punkt bringen will, dann kann ich sagen: Als Predigtparadigma hat der Film die Vorlesung abgelöst. Man könnte natürlich auch auf das Theater verweisen, weil es dort um Live-Aufführungen auf einer Bühne geht. Aber der Film stellt weit eher das (Massen-) Medium der Zeit dar. Die Kanzelrede sollte sich vom Film inspirieren lassen, statt, meist unbewusst, dem klassischen Paradigma einer Vorlesung zu folgen.«[85] Die Intention der Predigtarbeit, als Ereignis und Bewegung wirksam zu werden und die Zuhörenden in diese Bewegung einzubinden, vermittelt sich mit spezifischen Form-Prinzipien: So schlägt Nicol vor, die Predigt aus Einzelsequenzen – Bildern, Szenen, Symbolen – aufzubauen, die er in Analogie zur Filmarbeit »Moves« nennt; und die Predigt als Ganzheit – als »Structure« – im Sinne einer Gesamtbewegung verschiedener Einzelbewegungen zu konzipieren. Auch in diesem Konzept hängen die Was-Frage und die Wie-Frage unauflösbar miteinander zusammen.

Für den zeitgenössischen homiletischen Diskussionszusammenhang ist eine Erinnerung hilfreich. 1921 hat Eduard Thurneysen gegenüber den zeitgenössischen »modernen« Homiletikern eine Forderung aufgestellt, an die wir unter heutigen Bedingungen wieder erinnern möchten: Man müsse sich stärker auf die Frage nach dem »Was« und nicht auf die Frage nach dem »Wie« der Predigt konzentrieren. Seine Forderung an die Aufgabe der Predigt damals: Inhalt und Zentrum der Predigt heißt *neuer Respekt vor Gott*; und *der Mensch als Mensch muss sterben*.[86] Man wird diese Parole für heute

84. Vgl. Martin Nicol, Einander ins Bild setzen. Dramaturgische Homiletik, Göttingen 2002.
85. Martin Nicol, To Make Things Happen, In: Uta Pohl-Patalong und Frank Muchlinsky (Hgg.), Predigen im Plural, Hamburg 2001, 50.
86. Vgl. Eduard Thurneysen, Die Aufgabe der Predigt (1921), In: Gerd Hummel (Hg.), Aufgabe der Predigt, Darmstadt 1971, 105 ff.

nicht 1:1 übernehmen können. Mit vielen anderen denken wir wie gesagt, dass eine Trennung von Inhalt und Form – von »was« und »wie« – in der Predigtarbeit nicht möglich ist. Aber es geht im Gegenüber von »Was« und »Wie« allerdings um die Gewichtung. Angesichts der Situation von Kirche und Gesellschaft, angesichts des gegenwärtigen Booms von Predigtlehren mit der Konzentration auf das »Wie« halten wir eine stärkere Konzentration auf die Was-Frage für unausweichlich.

Thurneysen war damals der Meinung, in jeder Predigt müsse das Gleiche gesagt werden, eben: neuer Respekt vor Gott, und: der Mensch als Mensch muss sterben. Jedes Mal das Gleiche, das ist schon ein rhetorisches Problem für die Predigtarbeit.

Aber man kann die Parole so formulieren: Es geht um die Frage nach dem Elementaren, auch heute: um das, was Predigerinnen des Evangeliums in Differenz und Deutlichkeit zu sagen haben, was andere zumindest nicht in dieser Deutlichkeit sagen und sagen können. Um noch einmal die zentrale Überlegung zu nennen, die wir in diesem Buch entwickeln möchten: Die Gnade Gottes, die wir als Prediger des Evangeliums mitteilen sollen, ist freies Geschenk, ist reiner Überfluss. Die Predigtaufgabe heißt: diesen Überfluss so mitzuteilen, dass er nicht von den Verwertungs- und Konsumstrategien aufgesogen wird, in die die Menschen heute eingebunden sind, sondern wirklich freies, überfließendes Geschenk bleibt, das nur auf diese Weise das Leben neu machen kann. Manfred Josuttis hat davon gesprochen, dass es die Aufgabe der Predigt sei, das Geheimnis der Gnade Gottes so mitzuteilen, dass es nicht verraten wird. Genau darum geht es. Die Frage nach der Beziehung zwischen der Predigt von der Gnade Gottes und dem Überfluss stellt sich aber auch noch auf eine zweite, genau so drängende Weise. In einer Lage, in der immer mehr Menschen überflüssig gemacht werden – als Erwerbstätige, als Konsumierende, als kulturell und politisch partizipierende Zeitgenossen – heißt die elementare Predigtaufgabe heute: »den ›Überflüssigen‹, genauer: den überflüssig gemachten Menschen Verheißung der Rechtfertigung zusagen«.

Die Forderung, sich stärker auf das »Was« der Predigt zu konzentrieren, ist kein Affront gegen die Ästhetiker in der Predigtlehre. Was und Wie, Inhalt und Form der Predigt gehören auch in unserer Perspektive zusammen. *In* diesem unauflöslichen Zusammenhang treten wir für eine stärkere Gewichtung der Was-Frage ein.

Dabei schließt für uns die Predigt des Evangeliums als Predigt von der Rechtfertigung der »Überflüssigen« zunächst einmal die Verantwortung gegenüber der biblischen Erzähltradition ein, die in der Predigt des Evangeliums, die jeweils vor Ort und in diesem besonderen Augenblick, in dieser Situation und in diesem Gottesdienst, für diese besonderen Menschen hier und jetzt laut werden soll. Die biblische Erzähltradition teilt in ihrer ganzen Erzählbewegung Gottes Gerechtigkeit mit, die sich in seiner überfließenden, alle Vorstellungen und Grenzen sprengenden Gnade zeigt. Gottes Gnade ist reiner Überfluss, und sie gilt zuerst den »Überflüssigen«. Dass Gottes Zuwendung und Verheißung zuerst den Armen gilt, wird in der ganzen Bibel erzählt, zugesagt und gefordert – von den Sozialgesetzen und prophetischen Schriften des Ersten Testaments bis hin zu den Evangelien und Briefen des Neuen Testaments. Menschen, die sich Gottes Zusage öffnen, sich auf sie verlassen und »auf den Arm nehmen« lassen, werden vom Fluss der göttlichen Gnade umhüllt. Es sind zuerst die »Überflüssigen«, die von diesem Überfluss beschenkt werden. Gerade die protestantische Theologietradition hat immer wieder zu sagen versucht, dass die Mitteilung der Gerechtigkeit Gottes als freies Geschenk an die Menschen wahrgenommen und verstanden werden muss: Sie kann von den Menschen in keiner Weise »verdient« werden. Wer aus den gesellschaftlichen Prozessen des »Verdienens« ausgeschlossen wird, wer aus Produktion, Konsum und politischen und kulturellen Partizipationsmöglichkeiten herausfällt, ist heute erster Adressat des Geschenkes Gottes.

Wie sieht die *Predigt* des Evangeliums aus, die dieses Gottesgeschenk wirklich mitteilen kann? Wie können wir predigen, dass wir nicht nur *über* das überfließende, freie Geschenk Gottes reden, sondern *aus ihm heraus* und auf eine Weise, dass es sich ereignet: hier und jetzt für die im Gottesdienst versammelten Menschen? Das ist die Frage, die uns in diesem Buch umtreibt und für die wir Spuren einer Antwortmöglichkeit suchen, zuerst aber einen Weg, diese Frage so deutlich und einladend wie möglich zu stellen.

Im folgenden Kapitel soll die These von der Rechtfertigung als leiblicher Beziehungsgestalt in ihren verschiedenen Dimensionen weiter entfaltet werden und auf ihre homiletische Relevanz hin befragt werden. Kapitel drei wird sich mit der Predigt von der Rechtfertigung der »Überflüssigen« im Resonanzraum der Heiligen Schrift näher auseinandersetzen. Im vierten Kapitel werden wir uns abschließend auf die Verleiblichung des Wortes als performativem Ereignis konzentrieren.

2 Rechtfertigung als Beziehungsgestalt

Im Folgenden wollen wir vertiefen, was es bedeutet, in theologischer und homiletischer Perspektive von der Rechtfertigung als *Beziehungsgestalt* zu sprechen. Dabei ist vor allem die deutschsprachige Debatte der letzten beiden Generationen an ausgewählten Stellungnahmen im Blick. Verschiedene Dimensionen dieses Beziehungsgeschehens möchten wir in den Blick nehmen: Wir beginnen mit einer systematisch theologischen und homiletischen Reflexion der Selbstmitteilung Gottes; darauf folgt die Bezugnahme auf das Predigtgeschehen als Bewegung in Raum der Gnade, die in verschiedene Richtungen expliziert werden soll: Es geht um die Thematisierung von Verkrümmungs- und von Glückserfahrungen im Lichte des Rechtfertigungsgeschehens, um homiletische Imagination als antizipative und unterbrechende Rede sowie um die Aufmerksamkeit für die Spur des Anderen, die dazu verlockt, den Gerechtfertigten ins Gesicht zu sehen. Im Hintergrund dieser Überlegungen steht die grundsätzliche Frage, wie wir über das Subjektsein Gottes und über menschliche Subjektivität in der Dialektik von Unterscheiden und Bezugnehmen im Hinblick auf die Predigt sprechen können. Im Anschluss folgen Überlegungen zur leiblichen Gestalt der Rechtfertigungspredigt und zur Ökonomie des Glaubens als einer Ökonomie der Intimität.

2.1 Die Selbstmitteilung Gottes

Was teilt Gott über sich selber mit, wenn er den Menschen gerecht spricht? Diese Frage kann exemplarisch an einer Debatte in der jüngeren Theologiegeschichte entwickelt werden, nämlich an der unterschiedlichen Gewichtung, wie sie auf der einen Seite durch August Hermann Cremer, auf der anderen Seite durch Karl Barth artikuliert worden ist.[1] August Hermann Cremer war vor seiner Berufung nach Greifswald 1870 Gemeindepfarrer in einer Gemeinde bei Soest und er hatte auch während seiner Professur ein Pfarramt in Sankt Marien in Greifswald wahrgenommen. Cremer hat ein kleines Büchlein unter dem Titel »Die christliche Lehre von den Eigenschaften Gottes« (Gütersloh 1897) verfasst, in dem er die Lehre von den göttlichen Eigenschaften als Ergebnis der Selbstmitteilung des liebenden Gottes in der Christusoffenbarung entfaltet. Cremer schlägt vor, den Begriff der göttlichen Eigenschaften so zu definieren: als »die Bestimmtheit der Erscheinung Gottes in seinem Verhalten durch sein Wesen als Liebe […], oder die Bestimmtheit seiner Erscheinung in seinem Verhalten dadurch, dass in ihm die ursprüngliche und ewige Wirklichkeit des Guten und die Richtung auf die Verwirklichung des Guten eins sind, dass er das höchste Gute und das höchste Gut ist.« (22). In dieser Begriffsbestimmung sind die wichtigsten methodischen und inhaltlichen Grundentscheidungen der Cremer'schen Interpretation bereits versammelt. Ihre Pointe besteht darin, dass die Eigenschaftenlehre Gottes eine *Gabe* des SEIN eigenes Wesen mitteilenden Gottes ist. Die Erkenntnis der Wesenseigenschaften Gottes ergibt sich aus der Selbstbetätigung Gottes, ist also nicht das Produkt menschlicher theologischer Denkarbeit. Gott gibt sich in seinem Wesen als Liebe zu verstehen, und gerade darin als Ausdruck seiner Freiheit – denn Liebe ereignet sich aus Freiheit und in Freiheit, oder sie ist nicht Liebe.

Nur indem sich Gott selber mitteilt, nur von der göttlichen Wesensoffenbarung her kommt die Einzigartigkeit der *Existenz* Gottes in den Blick. Indem Gott SEIN Wesen mitteilt, betätigt er sich als Gott. Das *Subjekt* der Gottesoffenbarung bestimmt zugleich das *Gottesprädikat*. Durch seine Selbstmitteilung gibt sich Gottes Wesen als Liebe: »In ihr erscheint und bet-

---

1. Vgl. zum Folgenden Magdalene Frettlöh, Gott Gewicht geben. Bausteine einer geschlechtergerechten Gotteslehre, Neukirchen 2006, 77 ff.

hätigt er sich als der, der ganz Liebe ist, nicht etwa bloß Liebe hat und gibt, sondern ist, das heißt, der alles, was er ist, für uns und mit uns sein will und ist und uns für sich haben will, oder der ganz darin aufgeht, für uns und in Gemeinschaft mit uns sein zu wollen und zu sein.« (18). Cremer bestimmt das Wesen Gottes als rückhaltlose und vorbehaltlose, unbedingte und freie Pro-Existenz für andere, als freie Liebe, die ihren authentischen Ausdruck in der Selbsthingabe Gottes in Jesus Christus gefunden hat. In Christi Leben, Sterben und in seiner Auferweckung hat diese Liebe die Selbstverschlossenheit der Welt, durch die sie sich zu Grunde richtet, aufgebrochen und hat die Menschen selber glaubens- und liebesfähig gemacht.

Karl Barth hatte diese Sicht der Dinge auf der einen Seite für das eigene Nachdenken aufgenommen, auf der anderen Seite allerdings in einem entscheidenden Punkt widersprochen. Theologische Überlegungen wie diese, dass die Eigenschaften Gottes ganz in seinem Weltbezug aufgehen, ausschließlich von der innerweltlichen Erscheinung seines göttlichen Wesens her verstehbar sind, haben Barths heftigsten Widerspruch hervorgerufen. »Gott geht nicht auf in seinem Sichbeziehen und Sichverhalten zur Welt und zu uns, wie es in seiner Offenbarung Ereignis ist. Die Würde und Kraft seiner Werke, seines Sichbeziehens und Sichverhaltens hängt vielmehr daran, daß er ihnen gegenüber, ohne ein Anderer zu sein als eben der in ihnen sich Betätigende – er selber ist, daß er ihnen, in dem er sich ihnen offenbart, zugleich überlegen bleibt.«[2]

Es geht Barth zuinnerst darum, beide Seiten der Selbstmitteilung Gottes, seine Freiheit und seine Liebe, mit gleichem Gewicht zu betonen. Er spricht von Gott als dem in Freiheit Liebenden und in der Liebe Freien. Das ist nicht tautologisch. Barth will vielmehr unterstreichen, dass für Gott keine Notwendigkeit, keine Nötigung, keine Verpflichtung besteht, sich in Liebe gegenüber dem mitzuteilen, was nicht Gott ist. Sondern seine Offenbarung als Liebe ist reiner Überfluss, ist reine Gnade, ist die freiwillige, selbstbestimmte Verausgabung von Gottes in sich selbst genügsamen, weil in sich selbst beziehungsreichen Wesen in der liebenden Beziehung zwischen Vater, Sohn und Geist. Barth kann formulieren: »Gott ist sich selber als Gegenstand und also auch als Gegenstand der Liebe genug. Er würde nicht weniger der Liebende sein, wenn er keinen von ihm unterschiedenen Gegenstand lieben würde. Daß er sich selber dazu bestimmt, ein solches Anderes zu lieben, darin überströmt seine Liebe, darin erschöpft sie sich aber nicht, dadurch ist sie nicht begrenzt und bedingt, sondern gerade dies

---

2. Karl Barth, KD II/1, 292.

ihr Überströmen ist dadurch bedingt, daß sie sich selbst genügen *könnte* und nun doch kein Genügen *hat* an diesem Selbstgenügen, sondern als Liebe zu einem Anderen noch mehr sein kann und will als das, worin sie sich selbst genügen könnte.«[3] Die Stichworte *Überfluss* und *überströmen* sind überhaupt Leitworte in diesem Paragraphen 28 der Kirchlichen Dogmatik Barths. Magdalene Frettlöh interpretiert: Im deutlichen Unterschied zu Cremers Interpretation der Selbstmitteilung Gottes als Liebe geht es Karl Barth darum, dass der überfließenden, überströmenden Mitteilung des göttlichen Wesens *nach außen* als ihre Voraussetzung die immanente Selbstbekundung, der interne Beziehungsreichtum und die überströmende Mitteilsamkeit des trinitarischen Gottes in sich selber korrespondiert. Gott ist so in sich selber liebend und überströmend, indem sich die drei göttlichen Personen gegenseitig selbst mitteilten. »Gott entfremdet sich nicht von sich selbst, indem er in Beziehung zu einer anderen, nicht göttlichen Lebensgestalt in Beziehung tritt, sondern bleibt darin seinem selber durch und durch kommunikativen, mitteilenden und überfließenden Wesen treu.«[4]

Welche Konsequenzen haben diese Überlegungen Karl Barths für die Predigt? Barths Homiletik ist vor allen Dingen unter der Perspektive des »Zeugnisses« rezipiert worden, also der konstitutiven Differenz zwischen der Rede derjenigen, die Zeugnis ablegen und dem Gegenstand des Zeugnisses im Akt der bezeugenden Rede. Wo sich Karl Barth selber zu homiletischen Fragen geäußert hat, findet diese Rezeptionsfigur an seiner Selbstwahrnehmung durchaus Anhalt. Beispielsweise hat er in seiner Bonner homiletischen Vorlesung 1932/33 unter der Überschrift »Die Kirchlichkeit der Predigt«[5] die Predigt, aber auch den gesamten Lebensvollzug der Kirche von der *Offenbarung* Gottes her bestimmt; Predigt ist insofern Predigt, Kirche ist insofern Kirche, als sie von der Offenbarung herkommt und auf sie verweist. »Wo das Wort der Offenbarung sie schafft und wo Menschen als Hörer dieses Wortes sind, da ist Kirche [...].«[6] Die »Offenbarung« Gottes ist keine theoretische Reflexionsfigur auf die Beziehung zwischen Gott und der Welt, sondern beinhaltet eine spezifische, inhaltlich gefüllte, von ihrem Subjekt Gott her eröffnete und gestaltete Beziehungsaufnahme zum Menschen; im Sinne Karl Barths ist die ganze Heilige Schrift als vermitteltes Zeugnis der Mittler dieser Offenbarung zu verstehen, als Zeugnis der Pro-

---

3. Karl Barth, KD II/1, 315.
4. Frettlöh, Gott Gewicht geben, 94.
5. Karl Barth, Homiletik: Wesen und Vorbereitung der Predigt, Zürich, 3. Aufl., 1986; vgl. zu dieser Interpretationsfigur auch Karl Barth, KD I/1, 89-128.
6. Barth, Homiletik, 42.

phetinnen und Propheten sowie der Apostelinnen und Apostel. Die Predigt erfüllt ihre Aufgabe dann recht, wenn sie die hier eröffnete Richtung und Linie des Zeugnisses für die Offenbarung jeweils für die Menschen in ihrer jeweils aktuellen Zeitgenossenschaft neu zu Gestalt bringt. Die Kirche insgesamt ist durch das schlechthin einzigartige Ereignis des Handelns Gottes in Israel und in Jesus Christus begründet, und von hier und nirgends sonst ergibt sich die Aufgabestimmung der Predigt als Zeugnis. »Sie hat einzig und allein die Bezeugung, durch die die Kirche konstituiert ist, zu wiederholen. Sie hat Zeugnis zu sein von jenem Zeugnis, von der Hl. Schrift als bezeugter Offenbarung.«[7]

Es ist ganz unbestreitbar, dass der Begriff des Zeugnisses wesentliche Intentionen von Barths Predigtverständnis aufnimmt. Nimmt man seine Überlegungen zu dem sich selber mitteilenden, überfließenden, sich in seiner Gnade verschenkenden Gott hinzu, so sind von hier aus weitere Verständnismöglichkeiten eröffnet, die den Zeugnischarakter der Predigt nicht dementieren, aber erweitern und vielleicht überhaupt erst lebendig und wirksam machen. Welche Gestalt hat die Predigt, wenn sich in ihr Gott in seiner überfließenden, sich verströmenden Fülle mitteilt?

Es ist diese Vorstellung des Fließens und des Strömens, die für die Rezeption des Predigtverständnisses Karl Barths aufgenommen und ausformuliert werden kann. Manfred Josuttis hat in seinem Beitrag über »Die Predigt des Evangeliums nach Luther«[8] hierfür eine Spur eröffnet. Genau der Charakter der Gegenwärtigkeit, des Geschehens im Hier und Jetzt zeichnet das Evangelium im Akt der Sündenvergebung aus. Das Wort des Evangeliums erreicht die Hörenden im Präsens. Es teilt keine bereits vergangene Heilsgeschichte mit, gibt keine metaphysischen Informationen, findet sein Zentrum auch nicht in psychologisch gehaltvollen Interpretationen, sondern redet die Anwesenden in ihrer jeweiligen Gegenwart an und verändert dadurch ihr bisheriges Leben. Hier und jetzt werden der Sünder und die Sünderin freigesprochen und vor Gott gerecht.

Weil Menschen immer schon im Geschichten verstrickt sind, in die Skripte ihrer eigenen Lebensgeschichten und in machtvolle Erzählungen ihrer Lebenswelten und gesellschaftlichen Umfelder, geht es in der Predigt, die wirklich hier und jetzt wirksam werden will, darum, einen Kontakt zu diesen Geschichten herzustellen, und zwar auf eine Weise, dass die Erzähltradition der biblischen Überlieferung weitererzählt wird, mit den Lebens-

---

7. Ebd., 47.
8. Vgl. Josuttis, Die Predigt des Evangeliums.

geschichten der Menschen in Kontakt gerät und sie so in Fluss bringen, dass bindende, beherrschende, auch zerstörerische Erzählungen abfließen können und die Erzählung von der überfließenden Gnade des sich selbst verschenkenden Gottes die Herzen und Sinne erreichen und erfüllen kann. »Charakteristisch für Luther ist, daß er auch das narrative Material anhand der christologischen Unterscheidung zwischen sacramentum und exemplum zu differenzieren empfiehlt. So heißt es in der Vorrede zur Kirchenpostille: ›Christus als eine Gabe nährt deinen Glauben und macht dich zum Christen. Aber Christus als ein Vorbild übt deine Werke; und die machen dich nicht zum Christen, sondern sie gehen von dir aus, nachdem du schon vorher zu einem Christen geworden bist.‹ [WA 10, I/1, 12] Die evangelische Erzählung zielt also nicht auf gesetzliche Normierung oder ethische Indoktrination, sondern auf Animation. Sie nährt den Menschen, sie erfüllt sein Herz, sie bewegt ihn in vielerlei Hinsicht.«[9]

Die Kunst der Predigt besteht genau darin, dass sie mitten hinein in die Geschichten, in die Menschen gerade verwickelt sind, andere Geschichten erzählt, und zwar so, dass die jetzige Lebensgeschichte befreit wird und vertrauensvoll weitergehen kann. Menschen, die in lähmende, bedrückende, beängstigende und beherrschende Geschichten verstrickt sind, werden in andere Geschichten verwickelt, die befreites und getröstetes Leben ermöglichen. Das Evangelium zu predigen heißt, durch eine hier und jetzt wirksame Erzählung Menschen aus bösen Geschichten zu lösen und in gute Geschichten hineinzuführen.

Josuttis meint, dass es allererst ein energetisches Sprachverständnis ist, dass dem Charakter dieser Entdeckung Luthers angemessen Ausdruck gibt; in ähnlicher Weise kann auch die homiletische Intention aufgenommen werden, die sich in Karl Barths Verständnis vom überfließenden, sich verströmenden Gott ausspricht. Die Strukturelemente, die den Sprechakt der Sündenvergebung konstituieren, sind als Gegenwärtigkeit, Anredecharakter und Autoritätsanspruch auszulegen, aber sie können ihre Wirksamkeit nicht allein und zuerst durch solche theoretischen Zuschreibungen gewinnen, weil es bei dem Wort vom Evangelium, das im Schwange geht und die Herzen erreicht, nicht zuerst und allein um ein theoretisches Problem geht, das vor allem durch kognitive Abläufe rezipiert werden könnte.

Josuttis sieht vor allem Raum-, aber auch Fluss-Metaphern als geeignet an, um sich der Wirklichkeit annähern zu können, die im heilsamen Wort des Evangeliums eröffnet wird. »Wenn Gottes Wort im Schwange ist, dann

---

9. Josuttis, Die Predigt des Evangeliums, 52.

werden die Seelen aufgerichtet und erquickt, weil sie lebenserneuernden Schwingungen ausgesetzt werden, die hochmütige Narren zum Nachdenken bringen und verzweifelte Gewissen trösten. In jeder Gemeinde, an jedem Ort muß das Wort Gottes in dieser heilsamen Weise zu Gehör gebracht werden. Gerade an den Grenzabschnitten des Tagesverlaufs, bei Sonnenauf- und Untergang, soll dessen Lebenskraft laut werden. Wenn die Quelle des Lebens erklingt, dann ist die Luft des Gemeinwesens von heilsamer Gnade erfüllt, die man im Glauben empfängt.«[10] Josuttis weist darauf hin, dass Martin Luther in seiner Freiheitsschrift 1520 ausdrücklich die Vorstellung des Fließens und Strömens aufgenommen hat, um die Lebenswirklichkeit des Glaubens auf den Begriff zu bringen: »Sieh, so müssen Gottes Güter von einem zum anderen fließen und gemeinsames Eigentum werden, daß jeder sich so um seinen Nächsten annimmt, als handelte es sich um ihn selber. Von Christus her fließt sie zu uns; denn er hat sich in seinem Leben unser angenommen, als wäre er das gewesen, was wir sind. Von uns aus sollen sie denen zufließen, die sie brauchen, und zwar ebenso völlig.«[11]

10. Ebd., 60.
11. WA 7, 38.

2.2 Predigen als Bewegung im Raum der Gnade

Gott als die in Freiheit Liebende wendet sich den Menschen im heilsamen Prozess des Rechtfertigungsgeschehens zu. In dieser Zuwendung geschieht die Heilung einer zerbrochenen Beziehung. In der Predigt geschieht eben dieses. Martin Luther verweist immer wieder darauf, dass es das Wort ist, durch das uns Gott gerecht macht.[12]

Predigen ist in diesem Sinne kreatorisches Geschehen, in dem Rechtfertigung *geschieht*. Nicht der analytisch reflektierende Habitus wird in Szene gesetzt, es erfolgt keine Vorlesung über die Rechtfertigungs*lehre*, sondern wir werden mitten hineingezogen in den Raum der Gnade, indem unsere Beziehung zu Gott geheilt wird. Gott ist Subjekt dieses Geschehens. Und zugleich ist uns als Predigerinnen und Prediger darin eine Gestaltungsaufgabe mitgegeben.[13] In diesem Paradox entfaltet sich raumeröffnende, dynamische Verheißung.

Rechtfertigungspredigt als kreatorisches Geschehen, in der die Gemeinschaftstreue Gottes Gestalt gewinnt, bildet nicht einfach ein einseitiges Subjekt-Objekt Verhältnis ab (etwa in dem Sinne: Gott erschafft XY). Sie ist kreatorische Rede, indem sie im Modus der Anrede erfolgt. In ihr wendet Gott sich uns zu: Ich habe dich bei deinem Namen gerufen, du bist mein (Jesaja 43,1).[14] Und wir werden zu Antwortenden, die die Freiheitssphären im Raum der Gnade beschreiten.[15]

In diesem Sinne verstehen wir Predigen als Bewegung im Raum der Gnade. In diesen Bewegungen geht es darum, der Gemeinschaftstreue Gottes im entdeckenden Nachvollzug eine Gestalt zu geben.[16] Predigen im

---

12. »eodem verbo deus facit et nos sumus, quod ipse est.« WA 5, 144, 3f. und 144, 20f.
13. Siehe zur Reflexion von Unterscheidung und Rezipropzität von Selbstmitteilung Gottes und menschlicher Subjektivität in der predigttheologischen Reflexion Abschnitt 2.3.
14. Vgl. hierzu Eberhard Jüngel, Das Evangelium, 172.
15. Der Begriff der Freiheitssphären ist inspiriert von Christoph Dinkel, Freiheitssphären – Vertrauensräume. Predigten, Stuttgart 2005.
16. Den Begriff des *entdeckenden Nachvollzuges* borgen wir von Jüngel, Das Evangelium, 205: »Das *Ja*, als das wir den Glauben zu verstehen haben, ist der *entdeckende Nachvollzug* der göttlichen Entscheidung über den Menschen durch den Menschen.« Dieses Ja des Glaubens beschreibt Jüngel in Anlehnung an 1. Thess 5,5 als die Anerkenntnis, des aus dem Schlaf Erweckten, dass er aufgeweckt wurde, es ist die Erkenntnis, dass

Raum der Gnade setzt eine Dynamik frei, in der wir in verschiedene Bewegungen hineingezogen werden, die homiletisch gestaltet werden müssen. Es geht um die Artikulation von Verkrümmungserfahrungen und von Ambivalenzen, die Annäherung an Rechtfertigung als fragmentarische Glückserfahrung, um das Gespür für das Gesicht des Anderen sowie um die unterbrechende als auch die antizipative Rede, in der die Rechtfertigungspredigt ökonomiekritische und imaginative Potenziale in struktureller als auch in subjektbezogener Hinsicht entfalten kann.

2.2.1 Von Verkrümmungserfahrungen erzählen

Eine der Freiheitssphären, die sich im Rechtfertigungsereignis erschließt und die für die Predigt relevant ist, ist die Möglichkeit, Verkrümmungserfahrungen artikulieren zu können und ohne Scham die bedrängenden Dimensionen beschädigten Lebens, die wir als Ausdruck der Wirkmächtigkeit der Sünde betrachten, zur Sprache bringen zu können. Für Predigerinnen und Prediger stellt sich in diesem Zusammenhang die wichtige Frage, inwiefern in unseren Gottesdiensten und im weiteren Gemeindeleben solches Zur-Sprache-Bringen tatsächlich geschieht oder eher verhindert wird.

Der Begriff der Verkrümmungserfahrung lehnt sich an Luthers berühmte Beschreibung des Sünders als *homo incurvatus in se ipsum* an.[17] Der in sich selbst verkrümmte Mensch, der nicht in der Lage ist, in Beziehung zu Gott und zu seinen Mitmenschen zu leben, lebt im Machtbereich der Sünde in zerstörerischer Weise: destruktiv gegen sich selbst und die Umwelt. Er ist in eine heillose Selbstzentrierung verstrickt, die es ihm verbietet, sein Herz auf Gott auszurichten. Wenn in der Predigt Rechtfertigung und somit Heilung der Gottesbeziehung geschieht, dann findet in ihr die heilsame Unterbrechung der Selbstverkrümmung statt, indem die Hörenden den relationalen Charakter ihres Person-Seins wieder von Neuem erleben. In der protestantischen Tradition wird dies als eine Art Hingerissenwerden im Akt des Hörens auf das Wort beschrieben: »Das gehörte Wort ist

---

das eigene Herz erst erobert werden musste, um überhaupt zum Ja-Sagen befreit werden zu können.

17. Vgl. Martin Luther, Römerbriefvorlesung 1515/16, WA 56, 356, 5 f.

im Geschehen des Hörens die Schöpfermacht, die die Selbstbewegung des Menschen – cor et voluntas – aus ihrer incurvitas herausbricht, sie auf die Ehre Gottes ausrichtet und in diese Richtung hinein gleichsam ›mitnimmt‹.«[18]

Das Thema der Selbstverkrümmung hat nicht nur eine individuelle Dimension im Hinblick auf das Gottesverhältnis des Einzelnen. Es gehört ins Zentrum paulinischer Theologie, diese Verkrümmungs- und Deformierungserfahrungen auf die überindividuelle, transmoralische Macht der Sünde zu beziehen. Der Apostel Paulus reflektiert im Römerbrief die Totalität der Herrschaft der Sünde, die alles menschliche Leben deformiert und den Tod bringt, der schon zu Lebzeiten gestorben werden kann.[19] Das Denken, Fühlen, ja, der ganze Leib ist der Herrschaft der Sünde unterworfen. Die Male der Herrschaft der *hamartia* sind in die Leiber der Einzelnen eingeschrieben. Die Erlösung vom Leibe des Todes (Römer 7,24) geschieht nach dem Zeugnis des Apostels durch Christus. Denn der Mensch, der von der Sünde als von einer Macht-Sphäre (oder, wie es vor allem in der pentekostalen Bibellektüre gesehen wird: wie von einem Dämon) besessen ist, ist nicht in der Lage, Selbstbestimmung über die eigenen Taten zu erlangen. »Er ist wie ein Besessener, der nicht mehr selbst handelt, sondern aus dem heraus es handelt, denn die Sünde wohnt in ihm (Röm 7,17.20).«[20] Die Sünde wird zur Gesetzgeberin, die die Menschheit durch ihren nomos unterwirft. »Der *nomos* der *hamartia* ist nicht die Tora, sondern gerade der Zwang, der es unmöglich macht, den Willen Gottes, die Tora zu erfüllen.«[21] Dieser Zwang wird als weltumspannend beschrieben. In dieser Reflexion des Zusammenhangs von Sünde und Gesetz werden neben der grundlegenden existentiellen menschlichen Situation auch implizit die Herrschaftsmechanismen der *pax romana* reflektiert.[22] Paulus beschreibt die gesellschaftliche Situation der *pax romana* anhand des Begriffes der Sünde, in der nicht die Praxis der einzelnen Subjekte bestimmend für die gesellschaft-

---

18. Wilfried Joest, Ontologie der Person bei Luther, Göttingen 1963, 224.
19. Vgl. auch Andrea Bieler: Das Denken der Zweigeschlechtlichkeit in der Praktischen Theologie. In: PTh 7 (1999), 274-288.
20. Luise Schottroff, Die Schreckensherrschaft der Sünde und die Befreiung durch Christus nach dem Römerbrief des Paulus. In: dies., Befreiungserfahrungen. Studien zur Sozialgeschichte des Neuen Testaments, Gütersloh 1990, 57-72, hier: 62.
21. Ebd., 59.
22. Vgl. hierzu ausführlich Klaus Wengst, Pax Romana. Anspruch und Wirklichkeit: Erfahrungen und Wahrnehmungen des Friedens bei Jesus und im Urchristentum, München 1986.

liche Gestaltung ist, sondern Strukturen, in denen sich fremdbestimmtes Handeln konstituiert. In dieser gesellschaftlichen und existentiellen Situation der Entfremdung fallen der Wille und der Handlungseffekt, den das gebundene Handeln hervorbringt, auseinander: ›Denn ich weiß nicht, was ich tue. Denn ich tue nicht, was ich will, sondern was ich hasse, das tue ich. [...] Wenn ich aber tue, was ich nicht will, so tue nicht ich es, sondern die Sünde, die in mir wohnt‹ (Römer 7,15 ff.). Der *homo incurvatus in se* leidet genau unter diesem Widerspruch, dass individuelle Intention, Handlung und Handlungseffekt auseinander fallen.

Diese Vorstellung des Paulus kann mit der Kritik von Michel Foucault am Subjektbegriff der Aufklärung ins Gespräch gebracht werden, nach dem Bewusstsein und Handeln in einen logischen Zusammenhang gebracht werden könnten. »In dem Augenblick, in dem man sich darüber klar geworden ist, daß alle menschliche Erkenntnis, alles menschliche Leben und vielleicht alles biologische Erbe des Menschen in Strukturen eingebettet ist, d. h. in eine formale Gesamtheit von Elementen, die beschreibbaren Relationen unterworfen sind, hört der Mensch sozusagen auf, das Subjekt seiner Selbst zu sein. Man entdeckt, daß das, was den Menschen möglich macht, ein Ensemble von Strukturen ist, die er zwar denkt und beschreiben kann, deren Subjekt, deren souveränes Bewußtsein er jedoch nicht ist. Diese Reduktion des Menschen auf die ihn umgebenden Strukturen erscheint mir charakteristisch für das gegenwärtige Denken, und somit ist die Zweideutigkeit des Menschen als Subjekt und Objekt jetzt keine fruchtbare Hypothese, kein fruchtbares Forschungsthema mehr.«[23] Predigten, die aus dem Rechtfertigungsgeschehen heraus die Selbstverkrümmung der Menschen in ihrer strukturellen und sozialen Dimension reflektieren, werden den Widerspruch zwischen Intention und Handlungseffekt und die damit im Zusammenhang stehende Erfahrung von Schuld zur Sprache bringen. Die Thematisierung dieses Widerspruchs im Lichte des Rechtfertigungsgeschehens kann eine entlastende Funktion haben und die Menschen von dem Zwang befreien, sich immer wieder als Subjekte präsentieren zu müssen, die ihr eigenes Leben und ihre Lebenswelt kontrollieren können.

Das Thema des in sich selbst verkrümmten Menschen lässt sich in fruchtbarer Weise mit verschiedenen Narzissmustheorien[24] ins Gespräch

---

23. Michel Foucault, Von der Subversion des Wissens, Frankfurt a. M. 1987, 14.
24. Die Narzissmusproblematik wird in der Psychoanalyse kontrovers diskutiert, wobei bereits bei Freud ein mehrdimensionales Verständnis wahrzunehmen ist. Schon bei Freud wird der Begriff in verwirrender Weise gebraucht. Er bezeichnet damit einerseits die libidinöse Ergänzung zum Egoismus des Selbsterhaltungstriebes, andererseits ein

bringen.²⁵ In der Auseinandersetzung mit modernen Narzissmustheorien wurden theologische Traditionen kritisiert, die die Selbst-Liebe *(amor sui)* im Gegensatz zur Gottesliebe *(amor dei)* stellen und somit als Ausdruck menschlichen Verhaltens im Machtbereich der Sünde verstehen.²⁶ Das Rechtfertigungsgeschehen ermöglicht somit nicht nur die Befreiung von der Selbstverstrickung, sondern auch eine neue Freiheit zu sich selbst, d. h. eine erneuertes Selbstverhältnis, das in Selbstliebe gegründet ist, die sich aus der Beziehung zu Gott und der Bezugnahme auf den Anderen speist.²⁷

Michael Roth macht im Hinblick auf den Mythos von Narkissos darauf aufmerksam, dass Narkissos' Problem letztlich darin besteht, dass er sich selbst nicht lieben kann: »Der Mythos bringt dies zum Ausdruck, indem er den Gegenstand der Bezüglichkeit des Narkissos als diesem entzogen auffasst. Der Gegenstand der Liebe des Narkissos ist sein Spiegelbild, nicht er selbst. Wesensmerkmal eines Spiegelbildes ist es gerade, dem Besitzer entzogen zu sein.«²⁸ Der auf sich selbst gerichtete Mensch, der das eigene Herz nicht von sich aus auf Gott ausrichten kann, sondern nur auf sein eigenes Selbstbild, das zwischen Selbstverachtung und Grandiositätsphantasien hin und her schwingt, kann letztlich nicht zur Selbstliebe finden. In der christ-

---

Verhalten, das aus dem Entzug der Libido im Hinblick auf die Außenwelt resultiert. Freud versucht, anhand seines Narzissmuskonzeptes vier Phänomene zu erklären: einen Typus der Objektwahl, einen Modus der Objektbeziehung, verschiedene Aspekte der Idealbildung des Ichs sowie eine frühe Stufe der psychischen Entwicklung, die der ödipalen Phase vorgelagert sei. Andere Autoren, die vom Konzept des Selbst ausgehen, sprechen im Hinblick auf den Narzissmus von einer libidinösen Besetzung des Selbst, die mit einer Aufgabe von Objektbesetzungen durch Ich-Besetzungen einhergeht. Vgl. hierzu und zur weiteren Debatte: Bertholdt Rothschildt, Der neue Narzißmus – Theorie oder Ideologie?. In: Psychoanalytisches Seminar Zürich (Hg.), Die neuen Narzißmustheorien: Zurück ins Paradies?, Frankfurt a. M. 1993, 31–68.

25. Hans-Martin Barth hat darauf hingewiesen, dass dieses Gespräch sowohl gemeinsame Fragestellung als auch Differenzen im Hinblick auf die theoretischen Voraussetzungen in der Anthropologie thematisieren muss. Vgl. ders., Rechtfertigung und Identität. In: PTh 86 (1997), 88-102.
26. Michael Roth sieht dies in manchen Schriften Augustins zum Ausdruck gebracht. Zugleich kann er bei Augustin aber auch eine andere theologische Sicht ausmachen: »*Augustin* läßt jedoch der Selbstliebe auch ihr positives Recht; denn es sind – nach Augustin – vier Dinge, die der rechtbeschaffene Mensch lieben muß: Gott, sich selbst, seinen Nächsten und seinen Leib.« Michael Roth, Homo incurvatus in se ipsum – Der sich selbst verachtende Mensch. Narzissmustheorie und theologische Harmartiologie. In: PrTh 33 (1998), 14-33, hier: 15.
27. Vgl. hierzu ausführlich: Christiane Tietz, Freiheit zu sich selbst. Entfaltung eines christlichen Begriffs der Selbstannahme, Göttingen 2005.
28. Roth, Homo incurvatus, 18.

lichen Tradition wurden für dieses Hin und Her Pendeln die Begriffe der *hybris* und der *desperatio* eingeführt. Theologisch kann diese Unfähigkeit, sich selbst zu lieben, so ausgedrückt werden: »Die Zerstörung des Gottesverhältnisses besteht in der Zerstörung des Verhältnisses zwischen dem ursprünglich Liebenden und dem aufgrund des Geliebtseins Liebenden. Sie ist daher der Versuch des Menschen, sein ihn konstituierendes Liebesverhältnis zu negieren.«[29]

In sozialpsychologischer Hinsicht wird im Hinblick auf die westlichen Industrieländer mancherorts in wohl etwas vereinfachender Weise sogar vom narzisstischen Zeitalter gesprochen.[30] In diesen sozialpsychologischen Analysen wird davon ausgegangen, dass das Ende der Arbeitsgesellschaft und die damit verbundenen Auflösung des Paradigmas der Normalbiographie hinsichtlich des Erwerbslebens, der Bedeutung von Familie und Partnerschaft, von Öffentlichkeit bzw. Privatheit die grundlegenden psychischen Dispositionen der Menschen tendenziell verändert hat. Wir haben bereits die Arbeiten des Soziologen Ulrich Beck erwähnt, der sich im Kontext der so genannten Risikogesellschaft mit dem Phänomen der Drahtseilbiographien auseinandergesetzt hat.[31] Die im (post)industriellen Zeitalter sich vollziehenden Individualisierungs- und Pluralisierungsschübe setzen hinsichtlich der klassischen Lebensbezüge wie Familie und Partnerschaft, Nachbarschaften, Arbeitsplatz und Gemeinde Erosionsprozesse in Gang, die die einzelnen in eine neue Unmittelbarkeit zum Markt und zur Gesellschaft bringen. Hinsichtlich erfahrener erwerbsbiographischer Unsicherheit verschärft sich der Zwang zur sozialen und ökonomischen Selbstbehauptung, Selbstverwirklichung und Selbstreproduktion. In diesem Prozess eröffnen sich in positiver Hinsicht auch neue Freiräume, der Spielraum im Hinblick auf die eigene Lebensgestaltung erweitert sich, wenn auch in fragiler und im Hinblick auf die ökonomische Unsicherheit in manchmal bedrohlicher Weise.

Zu einem grundlegenden Kennzeichen dieses gesellschaftlichen Wandlungsprozesses gehört nun, dass strukturell bedingte Krisen als persönliche Krisen erscheinen. Die eigene Schuld an der ›falschen Berufswahl‹, die persönliche Unzulänglichkeit im Management von Familienkonflikten zwischen Erwerbsarbeit, Kindererziehung und Mobilitätszwängen werden oftmals als persönliches Versagen erlebt. »Es entsteht – paradox genug – eine

---

29. Ebd., 26.
30. Vgl. z. B. Christopher Lasch, Das Zeitalter des Narzißmus, München 1995.
31. Vgl. Kapitel 1.3.4.

neue Unmittelbarkeit von Individuum und Gesellschaft, die Unmittelbarkeit von Krise und Krankheit in dem Sinne, daß gesellschaftliche Krisen als individuelle Krisen erscheinen und nicht mehr oder nur noch sehr vermittelt in ihrer Gesellschaftlichkeit wahrgenommen werden.«[32] Im Hinblick auf unser Thema bleibt wichtig anzumerken, dass darin auch der Zwang zur Selbstrechtfertigung der eigenen Entscheidungen steigt. Je weniger der Klan, die Familie oder die Tradition vorgibt, wie das eigene Leben zu gestalten sei, desto mehr treten die Handlungen und gewählten Entscheidungen des Individuums ins Scheinwerferlicht. Diese scheinbare Aufwertung der subjektiven Ausdrucksformen ist jedoch eine höchst ambivalente Angelegenheit, da bei näherer Betrachtung die Erweiterung der Entscheidungsspielräume neue Zwänge und Konflikte hervorrufen kann. Hinzu kommt, dass oftmals nur scheinbare Alternativen vorgeführt werden. Dies kann z. B. gut an den Konflikten studiert werden, die immer noch mehrheitlich Frauen durchleben müssen, die mit der Vereinbarung von Elternschaft und Erwerbsarbeit einhergehen.[33] Auch im Hinblick auf diejenigen, die in der Gesellschaft als überflüssig gelten und deren Lebenslagen sich im Hinblick auf erlebte oder befürchtete Armut verengen, tragen die Individualisierungs- und Pluralisierungsprozesse nicht unbedingt zur Ausweitung subjektiver Handlungsmöglichkeiten bei. Dies bedeutet jedoch nicht, dass die Ideologie der Wahlfreiheit aufhören würde, eine wirkmächtige Größe in der Artikulation der eigenen Sinnhorizonte darzustellen.

Psychoanalytisch betrachtet bedeutet die beschriebene Auflösung traditionaler Bindungen und das damit einhergehende Schwinden der elterlichen Autorität eine Schwächung der Über-Ich-Bindung. Entsprechend treten die analen Konflikte, die die psychische Disposition der bürgerlichen, weißen westeuropäischen Mittelklasse tendenziell in der ersten Hälfte des 20. Jahrhunderts maßgeblich bestimmt hat, in den Hintergrund. Die Ausrichtung an Befehl und Gehorsam, Macht und Unterwerfung weicht einer bewussten Orientierung am eigenen Interesse. Die Ausbildung des Über-Ichs als derjenigen Instanz, die die tyrannische Strenge und Irrationalität des väterlichen Über-Ichs reflektiert und die Identifikation mit dem Vater abverlangt hatte, hat sich seit Freuds Tagen maßgeblich gewandelt.[34]

32. Ulrich Beck, Risikogesellschaft. Auf dem Weg in eine andere Moderne, Frankfurt a. M. 1986, 158.
33. Vgl. hierzu Isolde Karle, ›Da ist nicht mehr Mann noch Frau …‹ Theologie jenseits der Geschlechterdifferenz, Gütersloh 2006, insbesondere Kapitel IV: Reale Mütter und der Muttermythos, 121-160.
34. Vgl. Joachim Hohl, Zum Symptomwandel neurotischer Störungen: Sozialhistorische

Der Wandel der innerseelischen Konflikte, die viele Menschen heutzutage in therapeutische Beratung drängt, bestätigt diese Beobachtungen. Joachim Hohl konstatiert in seinen sozialpsychologisch und sozialhistorisch inspirierten Überlegungen zum Symptomwandel neurotischer Störungen, dass nicht mehr die klassischen Neurosen, die aus der konfliktiven Über-Ich-Bildung und der damit zusammenhängenden Verdrängung sexueller Bedürfnisse resultieren, im Mittelpunkt therapeutischer Prozesse stehen. Weniger Phobien, Hysterien und Zwangsneurosen als klar bestimmbare Symptome quälen die Hilfesuchenden, sondern eher diffuse Ängste, Unlust, innere Leere und Insuffizienzgefühle. Die Schuldthematik, die mit der Verdrängung der ›Trieb‹bedürfnisse einhergeht und von den existentiellen Fragen: Was will ich, was darf ich? geleitet war, wird durch Schamgefühle abgelöst, die um die Thematik des verunsicherten Selbst kreisen und Fragen evozieren, wie: Wer bin ich, was bin ich wert?[35]

Dieser neue Persönlichkeitstyp trägt stark narzisstische Züge: Nicht Schuldgefühle, sondern diffuse Ängste und das Leiden an sinnentleerter Existenz prägen sein Erscheinungsbild.[36] Er strebt nicht nach Erlösung, sondern nach aktueller Befriedigung seines persönlichen Wohlbefindens. »Von Angst, Depression, vagen Mißgestimmtheiten und dem Gefühl der inneren Leere gequält, sucht der Homo psychologicus des 20. Jahrhunderts weder individuelle Selbsterhöhung noch die Transzendenz, sondern den Seelenfrieden, und das unter zunehmend schwierigeren Bedingungen. In seinem Ringen um Gemütsruhe sind seine Hauptverbündeten nicht etwa die Priester, [...] sondern Therapeuten; ihnen wendet er sich in der Hoffnung zu, das moderne Äquivalent von Erlösung zu finden: ›psychische Gesundheit‹.«[37]

Stark narzisstisch geprägte Persönlichkeiten sind in ihrer Selbstbezogenheit jedoch oftmals nicht in der Lage, sich selbst zu lieben und zu anderen Menschen wirklich Kontakt aufzunehmen. Sie benutzen die Welt als Spiegel ihres Strebens nach Anerkennung, indem sie ihr vermeintlich grandioses Ich in der Zuwendung durch andere bestätigt wissen wollen oder indem sie sich vorrangig für Menschen interessieren, die Charisma und

und sozialpsychologische Aspekte. In: Heiner Keupp und Helga Bilden (Hgg.),Verunsicherungen. Das Subjekt im gesellschaftlichen Wandel, Münchener Beiträge zur Sozialpsychologie, Münchener Universitätsschriften. Psychologie und Pädagogik, Göttingen u. a. 1989, 103–124, hier: 120.
35. Vgl. ebd., 104 f.
36. Vgl. Lasch, Das narzißtische Zeitalter, 15.
37. Ebd., 34.

Macht besitzen. Sie treibt ein Selbst, das ständig hungrig bleiben muss, weil es stets neue Menschen braucht, die die Spiegelfunktion wahrnehmen.[38]

Nicht nur die private Beziehungsgestaltung ist hiervon beeinflusst. Auch die Bedeutung des öffentlichen Lebens wandelt sich, in der nicht die Erfindung von Tradition als Konstruktion kollektiver Identität im Zentrum steht, sondern die Stilisierung des flüchtigen Augenblicks. Der Bereich des öffentlichen, politischen Lebens wird dabei zu einem Terrain von Selbstenthüllung und Selbstdarstellung. Der Kultursoziologe Richard Sennett spricht in diesem Zusammenhang davon, dass die intime Gesellschaft das öffentliche Leben vertreibe: »Heute dominiert die Anschauung, Nähe sei ein moralischer Wert an sich. Es dominiert das Bestreben, die Individualität im Erleben menschlicher Wärme und in der Nähe zu anderen zu entfalten. Es dominiert ein Mythos, demzufolge sich sämtliche Mißstände der Gesellschaft auf deren Anonymität, Entfremdung und Kälte zurückführen lassen. Aus diesen drei Momenten erwächst eine Ideologie der Intimität: Soziale Beziehungen sind umso realer, glaubhafter und authentischer, je näher sie den inneren, psychischen Bedürfnissen der einzelnen kommen. Die Ideologie der Intimität verwandelt alle politischen Kategorien in psychologische. Sie definiert die Menschenfreundlichkeit einer Gesellschaft ohne Götter: Menschliche Wärme ist unser Gott. Aber die Geschichte von Aufstieg und Fall der öffentlichen Kultur stellt diese Menschenfreundlichkeit in Frage.«[39]

Wir gehen im Folgenden davon aus, dass die existenziellen Grundfragen eines auf narzisstische Tendenzen ausgerichteten soziokulturellen Milieus die Fragen vieler Gottesdienstbesuchenden prägt. Dies gilt insbesondere für die Verschiebung der Frage des autoritären Charakters nach dem, was erlaubt ist, zur Frage nach dem Selbstwert der Person. Damit soll natürlich nicht gesagt werden, dass alle Predigthörenden von tiefen narzisstischen Persönlichkeitsstörungen gequält werden. Wir stellen hier die These auf, dass gerade die Menschen, die im sozialen und ökonomischen Prozess marginalisiert und überflüssig gemacht werden, in verschärfter Form mit der Narzissmusproblematik, insbesondere mit dem quälenden Ringen um den Wert der eigenen Person konfrontiert sind.

Tilman Walther-Sollich hat in seiner predigtanalytischen Studie über Karfreitags- und Osterpredigten im 20. Jahrhundert im Hinblick auf die

---

38. Vgl. Donald Capps, The Depleted Self. Sin in a Narcissistic Age, Minneapolis 1993, 32f.
39. Richard Sennett, Verfall und Ende des öffentlichen Lebens. Die Tyrannei der Intimität, Frankfurt a. M. 1998, 329.

Narzissmusproblematik interessante Entdeckungen gemacht.⁴⁰ Er hat eindrucksvoll herausgearbeitet, wie die Verschiebung von der ödipalen Thematik des klassisch-bürgerlichen Subjekts zum Narzissmus des nachtraditionalen Subjekts eine Veränderung der theologischen Ausrichtung der Predigten nach sich gezogen hat. In seiner historisch angelegten Predigtanalyse, in der er mit aus der psychoanalytischen Theorie entlehnten Kategorien arbeitet, kommt er zu dem Schluss, dass etwa bis 1930 im Hinblick auf die Karfreitagspredigt die ödipalen Themen der Schuld und des Gehorsams im Zentrum standen. Das in jenen Predigten zu findende Sündenverständnis geht von einer andauernden Auflehnung des einzelnen Menschen gegen Gottes Willen aus, die sich in sittlich-moralischen Verfehlungen im Alltagsleben manifestiert. Das Bekenntnis, dass Christus für unsere Sünden gestorben sei, stützt hierbei die Entlastung von der individuellen Schuldthematik. Die ödipale Karfreitagsdeutung bezeichnete in dieser Phase die »emotionale Ambivalenz der Gottesbeziehung zwischen Liebe und Zorn, Gericht und Gnade, Strafe und Versöhnung, und im Durchlaufen dieser Ambivalenz vergegenwärtigt sich [...] die Gewißheit der Liebe Gottes.«⁴¹

Die Predigten hingegen, die seit den sechziger Jahren des 20. Jahrhunderts eher von der narzisstischen Problematik geprägt sind, verlassen die personale Ebene und sprechen von Sünde hauptsächlich im strukturellen Sinne als Verstrickung des Individuums in gewalttätige Strukturen. Entsprechend wird das narzisstische Thema der Ohnmachtserfahrung verbalisiert: Am Kreuz offenbare sich die Liebe Gottes, die für die ohnmächtig Leidenden einsteht. Die Frage nach der personalen Schuld und die damit einhergehende Drohung, das eigene Leben verlieren zu können, werden stärker zurückgedrängt bzw. vehement zurückgewiesen.⁴² Die Auferstehungspredigt, die zu Beginn des 20. Jahrhunderts noch eng an die Schuldthematik gebunden war und als Vollendung des Versöhnungstodes Christi gedeutet wurde, verändert sich im narzisstischen Zeitalter. Fortan wird das narzisstische Bedürfnis nach Selbstausweitung und Entgrenzung aufgegriffen und auf eine Stärkung der individuellen Handlungsfähigkeit gesetzt. Diese Tendenz zeigt an, dass die individuelle Schuldthematik durch eine Ohnmachtserfahrung ersetzt wird, die die transpersonale Verstrickung der einzelnen in die Mechanismen globaler Vernichtung von überlebenswichti-

---

40. Vgl. Tilman Walther-Sollich, Festpraxis und Alltagserfahrung. Sozialpsychologische Predigtanalysen zum Bedeutungswandel des Osterfestes im 20. Jahrhundert, Stuttgart u. a. 1996.
41. Ebd., 233.
42. Vgl. ebd., 230 ff.

gen Ressourcen und die Zerstörung von Lebenswelten widerspiegelt. Im Kontrast zu diesen Grenzerfahrungen wird in den Osterpredigten das präsentisch-eschatologische Auferstehungsleben der Glaubenden thematisiert, das sich an den Taten und Worten Christi orientiert. »Ostern bedeutet nicht mehr einen Prozeß der Vollendung, der in erster Linie futurisch-eschatologisch zu verstehen ist, sondern die präsentisch-eschatologische Überwindung personaler und transpersonaler Grenzen der Lebensentfaltung. Entsprechend legen die Predigten die Lebenskraft Gottes nicht als normative Instanz für die Bewährung des christlichen Lebens aus, sondern als verhaltensorientierendes Ideal, dessen Umsetzung und Erfüllung die christliche Existenz anstrebt und an dessen befreiendem, lebenschaffendem Potential sie durch die Gnade Gottes partizipiert.«[43]

Die historisch-psychoanalytisch ausgerichtete Wahrnehmung der beschriebenen Predigtmuster kann Predigenden helfen, sich selbst in einem größeren homiletischen Erzählzusammenhang zu verorten und die eigenen Frage-, Antwort- und Erzählroutinen in der eigenen Predigtpraxis im Hinblick auf den Zusammenhang von Rechtfertigungspredigt und Narzissmusproblematik kritisch zu beleuchten.[44]

Wir kehren nun zu unserer Ausgangsthese zurück, nach der die Rechtfertigungspredigt als kreatorisches Geschehen zu verstehen ist, in der die Unterbrechung von Verkrümmungserfahrungen eine Gestalt gewinnt.[45] In fundamental-homiletischer Perspektive ist dieses Geschehen im Wirken der Heiligen Geistkraft begründet, die den Glauben wirkt, so dass wir uns im Raum der Gnade aufrichten können.

Wie können wir im Raum der Gnade von Verkrümmungserfahrungen so erzählen, dass Menschen von der Rechtfertigungsbotschaft wirklich ergriffen werden? Wie können wir das, was im Bereich des schamvollen Verschweigens eigentlich nicht zur Sprache kommen will, auf heilsame Weise thematisieren? Um sich dieser Aufgabe stellen zu können, muss die Rede vom *homo incurvatus in se ipsum* zunächst einmal von seinen moralischen Konnotationen befreit werden. Dieses Bild gewinnt seine Stärke ja gerade daraus, dass es Menschen beschreibt, die in Selbstverkrümmung leben, ob

---

43. Ebd., 231.
44. Vgl. auch Andrea Bieler, Ich habe Angst – Die Predigt vom Kreuz im narzißtischen Zeitalter. In: Benita Joswig und Claudia Janssen (Hgg.), Aufstehen und Erinnern. Antworten auf Kreuzestheologien, Mainz 2000, 132-149.
45. Auch Frank M. Lütze schlägt vor, die Rechtfertigungspredigt als kreatorisches Geschehen im Hinblick auf die Unterbrechung der Verkrümmungserfahrungen in Szene zu setzen. Vgl. Lütze, Absicht, 45-66.

sie es nun wollen oder nicht. Hören wir auf die Menschen, die überflüssig gemacht werden, so klingen im Ringen um die Erzählung der eigenen Lebensgeschichte zwischen dem Ideal der Normalbiographie und der erlebten Erwerbslosigkeit zum Teil drastische Bilder an: die klaffende Wunde, das Gefühl illegitim oder eine gebrochene Frau zu sein; es wird von durchwachten Nächten und Magenkämpfen erzählt und dem Wunsch, immer wieder zum alten Arbeitsplatz zurückzukehren.

Diese Erfahrungen, die oftmals nur unter Anstrengungen artikuliert werden können, beschreiben die soziale Erfahrung der Selbstverkrümmung, der sich ausbreitenden Isolation, auch wenn nicht explizit der Gottesbezug thematisiert wird. In diesem Falle geht es um Menschen, die Verkrümmungserfahrungen durchleben, weil sie zu »Überflüssigen« gemacht worden sind. Daneben gibt es jene Erfahrungen, in denen die Selbstisolierung nicht nur durch Marginalisierungsprozesse erfolgt, sondern aktiver Ausdruck der Partizipation an der Sündenmacht darstellt.

Im Hinblick auf die Thematisierung von Verkrümmungserfahrungen bieten die biblischen Texte selbst das Potenzial, lebendiger Resonanzraum für dasjenige zu sein, was zunächst auf individueller Ebene schamvoll verschwiegen werden muss.

In Römer 3,10-18 stimmt der Apostel Paulus ein Klagelied an über *den homo incurvatus in se ipsum*, der der Macht der Sünde nicht entfliehen kann. Besonders eindrücklich ist die leib-hafte Sprache, die hier benutzt wird:

> »Niemand tut Gutes, nicht eine Einzige, nicht ein Einziger.
> 11 Niemand versteht, niemand fragt nach Gott.
> 12 Alle sind ausgewichen, sind allesamt korrupt geworden.
> Niemand handelt rechtschaffen, kein Mensch.
> 13 Ihr Schlund – ein offenes Grab, ihre Zungen betrügen.
> Schlangengift unter ihren Lippen, 14 voll Fluch und Bitterem ihr Mund.
> 15 Ihre Füße rennen eilig zum Blutvergießen,
> 16 Zerstörung, Not und Elend auf ihren Wegen.
> Den Weg des Friedens kennen sie nicht.
> Gottesfurcht steht ihnen nicht vor Augen.«[46]

Hier wird in sehr eindrucksvollen Bildern von der Bedrängnis erzählt, die im Machtraum der Sünde erlebt werden kann. Diese leib-haftigen Bilder

---

46. Die Übersetzung folgt der Bibel in gerechter Sprache, hg. von Ulrike Bail u. a., Gütersloh, 2. Aufl., 2006.

können helfen, homiletisch den Zwischenraum zu gestalten, in denen Verkrümmungserfahrungen artikuliert werden.

Wir gehen davon aus, dass viele biblische Texte als intermediäre Zwischenräume fungieren können, in denen Verschwiegenes oder schwer Artikulierbares eine Gestalt erhalten kann und Abwesendes in Anwesenheit verwandelt wird.[47]

Der Mut, in der Predigt – also in öffentlicher Rede – von Verkrümmungserfahrungen erzählen zu können, die eigentlich verschwiegen, vertuscht oder verheimlicht werden sollen, kann gefasst werden, wenn und weil wir uns als vor Gott nicht als Verkrümmte sondern als Aufgerichtete, als Gerechtfertigte verstehen dürfen. Diese Ambivalenz des *simul iustus et peccator* – dass wir vor Gott als Gerechtfertigte dastehen und zugleich in der Welt weiter sündigen – gilt es, auch im Gottesdienst kräftig zur Darstellung zu bringen. Diesen Mut zur Ambivalenz beschreibt Luther in der dritten Disputation gegen die Antinomer mit Blick auf das Vater unser: »Wenn du heilig bist, warum schreist du? Weil ich fühle, dass mir die Sünde anhängt; und deshalb bete ich: Geheiligt werde dein Name, Dein Reich komme! Ah, Herr sei mir gnädig. Und dennoch bist du heilig. Und dennoch bist du heilig? In diesem Sinne: insofern ich nämlich Christ bin, insofern bin ich gerecht, fromm und gehöre zu Christus; aber insofern ich auf meine Sünde zurückblicke, bin ich elend und der größte Sünder. Deshalb gilt: in Christus ist keine Sünde, und in unserm Fleisch ist kein Friede und keine Ruhe, sondern dauernder Kampf.«[48]

Wenn du heilig bist, warum schreist du? Die Wahrnehmung der Sünde ist für Luther ein umfassendes Geschehen, dass alle Sinne mit einschließt: weil ich *fühle*, dass mir die Sünde anhängt.

Diese tiefgehende Wahrnehmung der Sünde kann nur gelingen, indem immer wieder die Unterscheidung zwischen Person und Werk in unseren Predigten zur Darstellung gebracht wird. Dies scheint der Schlüssel der Rechtfertigungspredigt, der dazu verhilft, die Erzählung von Verkrüm-

---

47. Vgl. Abschnitt 3.2.4 zum Konzept von Texten als intermediären Räumen im Anschluss an Donald W. Winnicott.
48. Martin Luther, Die dritte Disputation gegen die Antinomer (1538), WA 39/I, 508, 2-8: »Si sanctus, cur clamas? Quia sentio peccatum adhaerens mihi, et ideo oro: Sanctificeretur nomen tuum, adveniat regnum tuum. Ah domine, sis mihi propitius. Attamen es sanctus. Attamen es sanctus? Ita, in quantum christianus, eatenus enim, sum iustus, pius et Christi, sed quatenus respicio ad me et ad meum peccatum, sum miser et peccator maximus. Ita in Christo non est peccatum et in carne nostra non est pax et quies, sed pugna perpetua.«

mungserfahrungen im Lichte der Ambivalenz des *simul iustus et peccator* nicht einfach in eine depressive und vielleicht auch voyeuristische Darstellung von Lebenswirklichkeiten abgleiten zu lassen. *Fides facet personam*, der Glaube macht die Person, nicht das Werk – und auch nicht der lückenlose und aufpolierte Lebenslauf, den wir im Hinblick auf unsere Erwerbsbiographie meinen aufweisen zu müssen. Das menschliche Personsein coram Deo konstituiert sich zuallererst nicht durch unsere Leistungen sondern dadurch, dass wir von Gott angesehen werden. Dies bedeutet jedoch nicht, dass menschliche Werke deshalb zu verteufeln wären. Der im Rechtfertigungsgeschehen beheimatete Glauben befreit vielmehr zu einer gestaltenden Praxis, die jedoch nicht mehr am narzisstischen Impuls ausgerichtet sein muss, sondern sich in der wahrhaftigen Begegnung mit dem Anderen entfalten kann. Michael Moxter macht in diesem Zusammenhang darauf aufmerksam, dass es auch dringend geboten ist, den Begriff der Werke weiter zu differenzieren: »Arbeit und Spiel, Sport und Unterhaltung, Herstellen und Arbeiten, wirkendes und darstellendes Handeln, politische Tätigkeit und kirchliche Mitarbeit – sie alle werden sich nicht unterschiedslos unter die Gesamtdifferenz von Person und Werk zusammenfassen lassen. Die kulturelle Bedeutung der Rechtfertigungslehre kann folglich nicht darin bestehen, alle Tätigkeiten gleichermaßen Werk zu nennen, vielmehr muss die Differenz der Werke entdeckt und festgehalten werden.«[49]

Zu einer differenzierten Rede im Hinblick auf die Werke gehört auch, dass der Begriff Arbeit nicht einfach unter die Erwerbsarbeit subsumiert werden kann, wie dies oftmals in theologischen Begründungsversuchen für ein Recht auf Arbeit geschieht. Kreativität und Gestaltungsfähigkeit des Menschen gehen weit über Erwerbsarbeitsverhältnisse hinaus.

Die Möglichkeit, Verkrümmungserfahrungen in der Predigt zu thematisieren, findet ihr Gegenstück in der Annäherung an die Thematisierung von Glückserfahrungen als lebensweltliche Gestalt der Rechtfertigungspredigt. Dem wollen wir uns im Folgenden zuwenden.

---

49. Michael Moxter, 40. Vgl. auch ders., Kultur als Lebenswelt. Studien zum Problem einer Kulturtheologie, Tübingen 2000.

2.2.2 Und von Glückserfahrungen

Der Systematiker Jörg Lauster hat in seinem wunderbaren Büchlein *Gott und das Glück*[50] über den Zusammenhang zwischen Rechtfertigung und Glückserfahrung nachgedacht. Er spricht zunächst unter Absehung von eigentümlich der christlichen Religion zugehörenden Reflexionsfiguren darüber, was die Glückserfahrung ausmacht, und redet zunächst über das Augenblicksglück – im Gegenüber zum Glück, das sich als Ergebnis erfolgsorientierten Handelns einstellen mag. Glück in diesem Verständnis ist etwas, was sich unverfügbar von selber ergibt, und der Zeitmodus der Plötzlichkeit zeigt dieses Unverfügbare als Überraschungsmoment an. Glück kommt unverhofft und ungesucht, Glück kann nicht erstrebt werden, es kann sich nur einstellen. »Die wenigsten Lebensziele lassen sich in der sturen Befolgung eines Lebensplanes erreichen, immer wieder treten Situationen ein, in denen man genau diese Art von Glück braucht, um zum Ziel zu kommen. Das Glück ist also mehr als das einfache Ankommen an einem zuvor anvisierten Ziel [...]. Es gibt also eine unabweisbare Dimension des Glücks, die über menschliche Handlungsvollzüge hinausgeht und sich dem Gefüge von Wunsch, Planung und Durchführung entzieht. In dieser Perspektive gilt dann für das Glück, dass es nicht geschaffen wird, sondern zuteil wird. Das Glück übersteigt die Reichweite menschlicher Selbstbestimmung, weil seine Voraussetzungen und Bedingungen nie genau auszumachen sind, weil sie wenigstens teilweise unzugänglich und unverfügbar sind. In dieser Unverfügbarkeit liegt aber gerade der besondere Reiz und Charme des Augenblicksglücks.«[51]

In diesem Moment der Erfahrung von Glück zeigt sich eine Nähe zur ästhetischen Erfahrung. In der ästhetischen Erfahrung erleben wir das erlösende Aussetzen eines strikten Funktionszusammenhangs, eine augenblicklich eintretende Gewissheit, die die Frage nach dem Wozu sinnlos macht, weil hier, in diesem Moment, die Worte, die Töne, die Farben oder auch die Formen sich selber genügen. Ästhetische Erfahrung beinhaltet das Moment der Unterbrechung, und darin liegt das Befreiende, das Aufatmen, insofern die komplexen Funktionszusammenhänge in der modernen Lebenswelt plötzlich und ausschnitthaft aufgehoben erscheinen. Der Mensch erfährt

---

50. Vgl. Jörg Lauster, Gott und das Glück. Das Schicksal des guten Lebens im Christentum, Gütersloh 2004, 151 ff.
51. Ebd., 151.

etwas als in sich gut und schön, damit als in sich selbst genug. Es handelt sich um die Erfahrung eines absichtslosen Sich-Findens in der Wirklichkeit. Es tritt ein plötzlicher, unverfügbarer und ungesuchter Moment der Erfüllung ein, der aus dem kausalen Verhältnis zu dem, was zuvor an Erfüllung gewünscht, erstrebt und gesucht wurde, heraustritt.

In Analogie zur ästhetischen Erfahrung lässt sich die Glückserfahrung als eine doppelte Freiheitserfahrung beschreiben. »Sie befreit von dem, was außerhalb dieses Augenblicks selbst liegt, das heißt sie befreit und entlastet von den eigenen Intentionen, Zielen und den Funktionszusammenhängen, in die das Individuum eingebettet ist. Zugleich befreit diese Erfahrung für das, was sich in diesem Augenblick ereignet und lädt zum Verweilen ein. Im Augenblick des Glücks bin ich von den Fixierungen meiner Lage befreit, gerade indem ich gebannt bin durch das, was dieser Augenblick schenkt.«[52]

Neben der ästhetischen Erfahrung besteht auch eine Analogie zwischen Augenblicksglück und Sinnerfahrung. Jörg Lauster weist auf Platons Idee des Guten hin: Was der Mensch im Glück des Augenblicks als die Überwindung seines eigenen Strebens und seiner eigenen Lebensorientierung erfährt, kann als ein »Sich-zeigen des Guten selbst« interpretiert werden. Die Sinnerfahrung des Augenblicksglücks, oder besser: das Augenblicksglück als Sinnerfahrung berührt sich darin mit der platonischen Grunderfahrung, in der die Seele durch die Schau der Ideen über die Bedingtheiten ihres Lebens hinausgehoben wird, und damit die wahre, über alles Vergängliche erhabene Schönheit, das Sein, die Dauer und die Ewigkeit aufleuchten sieht, die den Menschen mit der Sehnsucht erfüllt, die Beschränktheit seines je gegebenen Soseins zu überschreiten.

Standen bisher philosophische Überlegungen im Zentrum, so streicht Jörg Lauster nunmehr die Verbindung zwischen Augenblicksglück und Religion heraus: das Glück des Augenblicks beruht auf einer Selbsttranszendenz des Lebens. Im Augenblick des Gewahrwerdens des eigenen Lebens als eines guten Lebens, im Augenblick des Glücks stellt sich eine Erfahrung von Sinn ein, die alles übersteigt, was der Mensch aus sich selber heraus »machen« könnte. Darin erweist sich das Glück des Augenblicks als Erfahrung von Transzendenz. Das Augenblicksglück ist darin eine Erfahrung des Heiligen, eine Erfahrung des Inkommensurablen, das weder ableitbar noch begründbar ist. Entsprechend argumentiert Wilhelm Schmid in seinem Buch über die Lebenskunst: »Das Glück durchbricht die Begrenztheit der Endlichkeit und lässt das endliche Wesen teilhaben an der Erfahrung der Un-

---

52. Ebd., 153.

endlichkeit [...]. Der Einzelne wird durchdrungen von einer Kraft, die umfassender ist als die des Individuums selbst.«[53]

Jörg Lauster fährt fort: Die als beglückend empfundene Einsicht, das eigene Leben annehmen zu können, steht nicht für sich, sondern sie verdankt sich einer Annahme grundsätzlicher Art, die dem menschlichen Planen und Handeln immer schon voraus liegt. Der Mensch weiß sich von woanders her angenommen, ehe er sich selber annehmen kann. In der protestantischen Theologie findet sich in der Rechtfertigungslehre die klassische theologische Ausformulierung dieses zentralen Zusammenhangs einer Gnadentheologie. Die Person erlebt in der augenblickshaften Erfüllung zugleich die Vergegenwärtigung einer letzten, unbedingten und unendlichen Dimension der Wirklichkeit, die dadurch, dass sie das eigene Wollen und Streben übersteigt, zugleich die eigene Begrenztheit aufweist. Der erfüllte Augenblick befreit den Menschen von jeder Größenfantasie, von jeder zerstörerischen Übersteigerung von Aspirationen selbsttätiger Machbarkeit und Erfüllung. Das Glück des Augenblicks gehört zusammen mit der protestantischen Grunderfahrung eigener Begrenztheit als Befreiung von Größenfantasien, vom Zwang einer Selbstverwirklichung durch eigenes Streben und Wollen – zu der Freiheit, die eigene Person in einer Weise zu entfalten, die sich immer schon aufgehoben weiß in einem Grund, den sie nicht selber setzt, aber von dem sie immer vertrauensvoll annehmen kann, dass sie durch diesen Grund wohlwollend gehalten und getragen wird. Die reformatorische Theologie hat diesen Zusammenhang ausformuliert als den in der Gottesgemeinschaft begründeten Zusammenhang von Freiheit und Rechtfertigung.

Rechtfertigung, Gemeinschaft mit Gott und Freiheit sind die grundlegenden und sich wechselseitig bedingenden Momente dieser Erfahrung. Der Mensch erfährt die Erfüllung seines Lebens als einen Moment, in dem er sein Leben als ein gutes und gelingendes ansieht, bevor er überhaupt versucht oder versuchen könnte, selber ein gutes und gelingendes Leben daraus zu machen. Vermittelt durch das Leben und die Botschaft Jesu deutet die christliche Religion diese Erfahrung als Gotteserfahrung. Sie eröffnet ein Lebensgefühl, das als Gehaltensein in der Liebe Gottes seiner Struktur nach dem entspricht, was philosophisch als Aufleuchten einer höheren Wirklichkeit, als Sich-zeigen des Guten verstanden wird. Die religiöse Deutung als Rechtfertigungserfahrung unterscheidet sich von der philosophischen Deu-

---

53. Wilhelm Schmid, Schönes Leben? Eine Einführung in die Lebenskunst, Frankfurt a. M. 2000, 169.

tung durch einen höheren Bestimmtheitsgrad: Es ist Gott selber, der sich im tragenden Lebensgefühl der Menschen vergegenwärtigt und damit in Gemeinschaft mit ihnen tritt. Die Gewissheitserfahrung, dass das Leben in Gott aufgehoben ist, macht den Menschen frei davon, den Grund seines Daseins und Lebensvollzugs selber legen zu wollen. Der Mensch erfährt das eigene Leben von einer Macht und einem Sinn getragen, über die er nicht verfügt und den er seinem Leben selber nicht beilegen kann – und auch nicht muss. Der Mensch erfährt, dass sein Dasein seine Erfüllung nicht erst durch irgendwelche Zwecke und Ziele gewinnt, sondern in der Liebe Gottes begründet und aufgehoben ist und damit sich selber genug ist. Das ist eine Erfahrung von Lebensgewissheit, durch die der Mensch mit sich selber ins Reine kommt, wobei er die Bedingungen dieser Zustimmung zu sich selbst nicht selbsttätig setzen, sondern nur empfangen kann. Das entlastet die Einzelnen davon, selbst gewählten oder aufgezwungenen Mächten und Idealen nachzujagen. Diese Erfahrung befreit dazu, in eigener Lebensführung das Leben als das zu entfalten, was es immer schon ist: Ich kann mich in meinem krummen Gang und meinen halben Träumen von Gott geliebt wissen und deshalb den aufrechten Gang gehen lernen.

Jörg Lauster unterstreicht: Es wäre absurd, *jede* Dimension der Rechtfertigungserfahrung als Glückserfahrung zu behaupten, genauso wie es absurd wäre, jedes Augenblicksglück zu einer Rechtfertigungserfahrung zu stilisieren. Sondern: »Es gibt bestimmte Formen einer Glückserfahrung, die sich rechtfertigungstheologisch plausibel machen lassen. Das gilt sowohl für den Inhalt wie für den Begründungszusammenhang dieser Erfahrung [...]. Im unverfügbaren Sich-Einstellen des Glücks, im absichtslosen Sich-Finden in der Wirklichkeit und in dem Durchbruch zu einer das Dasein tragenden Sinnannahme finden sich auffallende Strukturanalogien, die es erlauben, das Verständnis der Rechtfertigung entgegen seiner bisweilen doch argen dogmatistischen Verkrustung in die Sprache gegenwärtiger Lebenserfahrung zu übersetzen [...].«[54]

Was heißt dies für die Predigt? Wir schlagen vor, vor allen Dingen die *Haltung* der Predigerin in den Blick zu nehmen und nicht zuerst einzelne Kompetenzen, Fertigkeiten oder Techniken. Die Haltung der Predigerin zeigt sich in diesen Dimensionen, sie umgreift sie und geht zugleich über sie hinaus, weil sie die ganze Existenz affiziert. Eine Haltung »hat« man nicht einfach, sie muss eingeübt werden und ohne Übung wird man sie wieder verlieren. Zwei Perspektiven erscheinen uns besonders wichtig für

---

54. Ebd., 168.

die Predigt des Evangeliums als Eröffnung einer Atmosphäre, in der Glückserfahrungen mitgeteilt werden: sich für das Unverfügbare zu öffnen; und Flusserfahrungen wahrnehmen und gestalten zu können.

Rolf Zerfaß hat ein Kapitel seiner Predigtlehre überschrieben: »Wie komme ich zu Einfällen? Oder: aus den eigenen Quellen trinken.« Kreativität ist etwas, dem ich mich nicht zuerst durch bestimmte Techniken annähern kann, wie sie gegenwärtig in Managementschulungen vermittelt werden nach dem Motto: durch Kreativität zu noch mehr Leistung. Dass durch Einhaltung angestrengter Trainingsverfahren Organisiertheit und Technik verbessert werden können, aber der Kontakt zum kreativen Ereignis eher verschüttet wird, dies kann man in vielen Feldern kreativer Arbeit wahrnehmen, in Musik und Kunst, und auch in der Predigt.

Der Predigteinfall ist ein kreatives und – weil es sich immer auch um ein Geschehen des Heiligen Geistes handelt – ein kreatorisches Geschehen. Sich diesem Geschehen zu öffnen, verdankt sich einer inneren Gelöstheit, wie sie dem Spiel und dem Schlaf eigen ist.[55] In theologischer Perspektive, so schreibt Zerfaß, dürfen wir Einfälle als Spielraum des Geistes Gottes verstehen. Der Geist weht in uns, wie er will, und hat gerade dort die größten Chancen, wo wir uns nicht starr auf eigene Konzepte und eingeübte Logikregeln stützen, sondern offen sind für das, was aus der Tiefe aufsteigt. Dies ist der Grund, warum in allen Meditationsformen das innere Loslassen eine zentrale Rolle spielt: Es geht um die Öffnung für das Sprechen des Geistes. Auch hier sind Übungsformen nötig und werden in vielen religiösen Traditionen auch bereitgestellt: für das fruchtbare Assoziieren braucht es eine Sammlung des Herzens wie des Körpers, es braucht Verfahren der inneren Einstimmung. Oft geht es um kleine Schritte, die in sorgfältiger Wahrnehmung eigener Zeit- und Körpererfahrung, auch in Korrespondenz dazu mit sorgfältiger Alltagsorganisation zu tun haben. »Entwickle ein Gespür für die spezifischen Rahmenbedingungen Deiner Kreativität: Wann und wo kommen mir gute Einfälle? Eher am Vormittag oder eher am Abend? Eher beim Spazierengehen oder eher im Liegen? Lerne, deine kreativen Zeiten (es sind pro Tag höchstens zwei Stunden!) zu schützen und von oberflächlichen Arbeiten und anderen Störungen freizuhalten! Viele gute Einfälle kommen nach dem Erwachen am frühen Morgen (›Den Seinen gibt's der Herr im Schlaf‹, Psalm 127,2!). Wenn Du ihnen dort gleich Raum gibst und sie (noch vor Frühstück, Zeitunglesen, Radiohören usw.) notierst und aus-

---

55. Vgl. Rolf Zerfaß, Grundkurs Predigt, Bd. 1: Spruchpredigt. Düsseldorf, 2. Aufl., 1989, 64.

meditierst, arbeitest du sehr ökonomisch.«⁵⁶ Für den weiteren Prozess der Gestaltbildung der Predigt schlägt Zerfaß dann das Verfahren des »Sprechdenkens« vor: jeweils ein Gedanke wird auf einen Zettel notiert, der Prediger experimentiert mit verschiedenen Möglichkeiten, diese Zettel in eine Reihenfolge zu bringen, bis eine gute Lösung gefunden ist. Der Sprecherakt erfolgt dann in freier Rede, wobei die Kette der auf den Zettel notierten Gedanken das Gerüst gibt.

Sich für das Unverfügbare zu öffnen kann auf diesem Wege gelernt und geübt werden. Wir möchten im Feld der Predigt des Evangeliums als Eröffnung möglicher Glückserfahrung auf eine zweite Perspektive hinweisen: Predigen lernen heißt auch, sich für Flusserfahrungen zu öffnen und ihnen eine Gestalt zu geben.⁵⁷ Fluss ist in dem hier gemeinten Sinne eine Erfahrung und zugleich eine Haltung, die durch Wahrnehmung und Beachtung von Techniken geübt werden kann, die im Spiel, in der Kunst, überhaupt in allen kreativen Prozessen und auch in der Religion zugänglich sind. Mit »Fließen« oder Fluss« bezeichnen wir »die ganzheitliche Sinneswahrnehmung, die wir haben, wenn wir mit totalem Engagement handeln …; [sie ist] ein Zustand, in dem nach einer inneren Logik, die kein bewusstes Eingreifen unsererseits erforderlich macht, Handlung auf Handlung folgt […]. Wir erleben diesen Zustand als ein einheitliches Fließen von einem Augenblick zum nächsten. In diesem Zustand fühlen wir, dass wir unsere Handlungen absolut unter Kontrolle haben und es keine Trennung zwischen Selbst und Umwelt, Reiz und Reaktion, Vergangenheit, Gegenwart und Zukunft gibt.«⁵⁸ Handeln und Bewusstsein sind miteinander verschmolzen, die Aufmerksamkeit ist auf ein begrenztes Reizfeld gebündelt; die Handelnden sind im Fluss »eingetaucht«, es kommt zu einem Ichverlust bei zugleich höchster Steigerung körperlicher und geistiger Präsenz. Im Fluss zu sein, ist in sich selber befriedigend. Wer dies aus kreativen Situationen (z. B. beim Malen oder Klavier spielen oder beim Sport) erlebt hat, weiß, dass Fluss-Erfahrung mit großen Glücksgefühlen verbunden sein kann. In gewissem

---

56. Ebd., 67.
57. Vgl. Mihaly Csikszentmihalyi, Flow. Studies of Enjoyment, Chicago 1974; sowie die Rezeption dieses Konzepts in: Victor Turner, Vom Ritual zum Theater. Der Ernst des menschlichen Spiels (1982), Frankfurt a. M. u. a. 1989. Vgl. hier insbesondere den im Band enthaltenen Aufsatz »Das Liminale und das Liminoide in Spiel, ›Fluss‹ und Ritual«, ebd., 28 ff. Eine grundlegende Einführung in diese Zusammenhänge gibt Harald Schroeter-Wittke, Übergang statt Untergang. Victor Turners Bedeutung für eine kulturtheologische Praxistheorie. In: ThLZ 128 (2003), 575-588.
58. Csikszentmihalyi, Flow, zit. nach Victor Turner, Vom Ritual, 88.

Sinne kann ich üben, mich Fluss-Erfahrungen zu öffnen, auch beim Verfertigen und Halten einer Predigt. Ich kann mir dies vergegenwärtigen, indem ich das Bild eines »Fluss-Kanals« annehme: bei Unterforderung, fehlenden Einfällen, mangelnder Vorbereitung, Arbeitsunlust usw. werde ich aus dem Fluss-Kanal »nach unten« herausfallen, bei zu hohen Ansprüchen, Stress, aber auch wenn ich theologisch-dogmatisch in einer Predigt zu vieles erreichen will, »nach oben«. In der Mitte des Fluss-Kanals zu schwimmen ist Glück, homiletisch gesehen.

Die religiöse Deutung der Rechtfertigungserfahrung als Glückserfahrung führt uns nun zu unserem nächsten Aspekt: Der Interpretation homiletischer Imagination als unterbrechende und antizipative Rede.

2.2.3 Homiletische Imaginationen: Antizipative und unterbrechende Rede[59]

Der Gottesdienst der Gemeinde, in der die Rechtfertigung der »Überflüssigen« eine konkrete Gestalt annimmt, inszeniert in mehrfacher Hinsicht Unterbrechungen und eröffnet darin Imaginationsräume.[60]

Unterbrochen wird die Ideologie vom Wert des Menschen als *homo laborans*. Die Rechtfertigungspredigt, die insbesondere die überflüssig Gemachten im Blick hat, wird immer wieder deutlich zum Ausdruck bringen, dass das Personsein des Menschen nicht in seiner Erwerbstätigkeit und seinem sozialen Status aufgeht und dass von Gott angenommen zu werden

---

59. Das Thema der Imagination im Hinblick auf die Predigt hat die römisch katholische Homiletikerin Mary Catherine Hilkert theologisch bearbeitet. Sie begreift im Anschluss an David Tracys Unterscheidung zwischen dialektischer und sakramentaler Imagination den Akt des Predigens als die Kunst, der Rede von der Gnade Gottes Gestalt und Namen zu geben. Sie folgt dem Weg der sakramentalen Imagination, die in einer inkarnatorischen Christologie gegründet ist. Vgl. dies., Naming Grace. Preaching and the Sacramental Imagination, New York 1997. Wir weichen von ihrem Ansatz insofern ab, als wir die dialektische und die sakramentale Imagination aufeinander bezogen wissen wollen und nicht als zwei alternative Wege homiletisch-theologischer Arbeit verstehen können.
60. Vgl. zum Konzept der Unterbrechung in Bezug auf den Zusammenhang von prophetischer und seelsorgerlicher Predigt in homiletischer Perspektive auch: Mary Donovan Turner, Disrupting a Ruptured World. In: Jana Childers (Hg.), Purposes of Preaching, St. Louis 2004, 131-140.

nichts mit der eigenen Leistungsfähigkeit und -bereitschaft bzw. der Rolle auf dem Arbeitsmarkt zu tun hat.

Sie wird nach homiletischen und liturgischen Gestaltungsformen suchen, in denen die empfangende und antwortende (»rezeptiv responsorische«) Existenz der Glaubenden zur Darstellung gebracht werden kann. Sie wird nicht primär produzierende und kalkulierende Tätigkeiten in der Lebensgestaltung favorisieren, sondern insbesondere denjenigen rituellen Handlungen, die den Habitus des Empfangens und des Hörens einüben, Raum geben.[61] Sie wird von der Energie der Sabbatruhe, bzw. dem Sonntag als dem Tag des *kyrios* getragen sein. Im Gottesdienst, der die Geschäftigkeit der Erwerbslosigkeit und der Erwerbsarbeit physisch unterbricht, haben wir die Gelegenheit, uns staunend als Empfangende und Gott als Gebende zu erfahren. In diesem Sinne können wir uns Eberhard Jüngels Fragen anschließen: »Ob wir aus *Handelnden* und *Habenden* noch einmal zu *Seienden* werden, die *staunend* ihrer selbst ansichtig werden? Ob wir uns selbst noch einmal als Gottes Kinder entdecken werden: als *neugeborene Kinder*, die für ihr eigenes Sein nichts, aber auch gar nichts tun können? Ob wir endlich entdecken, daß all unser Tun aus einem *Nicht-Tun* hervorgehen muß, wenn es ein hilfreiches und nicht ein gerade auch durch seine Erfolge zerstörerisches Tun sein soll? Die Arbeitswoche lebt in einem unauslotbar tiefen Sinn von der *Sabbatruhe*, die der christliche Glaube nicht zufällig mit dem die Auferstehung feiernden *Sonntag* identifiziert und an den Anfang der Woche gerückt hat, um deutlich zu machen, daß Sein und Sein-lassen der Ursprung aller Tätigkeit ist.«[62]

In diesem Sinne kann der Sonntagsgottesdienst und das Predigthören als heilsame Unterbrechung verstanden werden, in der die Haltung gleichgewichtiger Aufnahme- und Antwortfähigkeit (»responsorische Rezeptivität«) als zentraler Bestandteil einer *vita contemplativa* eingeübt wird.

Die Predigt von der Rechtfertigung der »Überflüssigen« wird darüber hinaus immer wieder den prophetischen Widerspruch zur Geltung kommen lassen, der sich nicht mit den ökonomischen Verhältnissen versöhnt, in denen Profitmaximierung über menschliche Entfaltungs- und Lebensmöglichkeiten gesetzt wird. Sie unterbricht, indem sie herrschende ökonomische Logiken, die die Akkumulation von Kapital und die Profitmaxi-

---

61. Siehe hierzu Kempin, Leben, sowie Hannah Arendt, Vita activa oder vom tätigen Leben (1958), München, 8. Aufl., München 1996. Im Abschnitt 2.2.5 werden wir weiter ausführen, inwiefern das Konzept der *vita contemplativa* für die Rechtfertigungspredigt im Resonanzraum der Liturgie bedeutsam ist.
62. Jüngel, Das Evangelium, 226.

mierung als gottgegebenen, natürlichen Mechanismus stilisieren, widerspricht. Prophetische Rede im Horizont der Rechtfertigungspredigt kultiviert diese Art von Unversöhnlichkeit, die die Opfer von Rationalisierungsprozessen nicht vergisst oder nur zu passiv Empfangenden kirchlicher Mildtätigkeit reduziert.

Die Predigt, in der Rechtfertigung geschieht, unterbricht auch die Festlegungen unseres Personseins, die wir im Alltag immer wieder erleben bzw. selbst reproduzieren. In diesem Sinne kann sie als antizipative Rede verstanden werden. Sie wird die Hörenden nicht einfach im Sinne von: ›ich bin o. k., du bist o. k.‹ ansprechen, und auch nicht mit dem Werbeslogan einer Diätmargarine: ›Ich will so bleiben, wie ich bin‹. Da sie kreatorische Rede ist, wird sie die Hörenden in ihrer *Potenzialität*, in dem, was in ihrem Leben *noch nicht* realisiert ist und doch nach Gestaltwerdung strebt, ansehen und ansprechen, und sich nicht auf die Horizontverengung, die das Leben in der Selbstverkrümmung mit sich bringt, festlegen.

Dies bezieht sich sowohl auf die Entwicklung des individuellen Selbst, das in den Augen Gottes voller Potenzial steckt. In 1. Johannes 3,2 wird über die Herrlichkeit der Gotteskindschaft gesprochen und dabei ein Subjektbegriff eingeführt, der prozessualen Charakter hat und offen auf die Zukunft Gottes hin ausgerichtet ist. In eschatologischer Perspektive wird Identität ganzheitlich gestiftet und zwar dadurch, dass die Glaubenden Gott gleich werden: »Geliebte, jetzt sind wir Gottes Kinder, aber was wir einst sein werden, ist noch nicht sichtbar. Wir wissen: Wenn es sichtbar sein wird, werden wir Gott gleichen, denn wir werden Gott sehen, wie sie ist.«[63]

Diese Subjektwerdung vollzieht sich am Nichtidentischen. Die Erkenntnis des Selbst vollzieht sich am Anderen, am offenbarten Christus. Die Erkenntnis der eigenen Person geschieht in eschatologischer Perspektive, dann, wenn die Glaubenden Gott sehen werden. Dass Subjektwerdung in der Ausrichtung auf den Anderen, auf Christus, geschieht, gehört zum Kern der Rechtfertigungspredigt. Michael Moxter merkt in diesem Zusammenhang an: »Gegenüber Individualitätsbegriffen, die mit Identität, Selbsthabe und freier Verfügung über sich verbunden sind, entsteht im Horizont des Rechtfertigungsglaubens ein anderes Bild. In problematischer Abkürzung kann man sagen: Wie zum Menschen stets schon die Differenz von idem- und ipse-Identität gehört, so wird er im Verhältnis zu dem ihn rechtfertigenden Gott sich selbst ein Anderer. Im Glauben lernt er ihn anders ken-

---

63. Die Übersetzung folgt der Bibel in gerechter Sprache.

nen, als er ist.«⁶⁴ Moxter spricht von der Begegnung mit dem Anderen, mit Christus als Akt der heilsamen Selbstentfremdung.

Dieser offene prozessuale Begriff von Subjektbildung steht im Gegensatz zu den gewaltförmigen Konstruktionen von Identität, in denen Menschen auf ein Geschlecht, eine Rasse oder einen sozialen Status festgelegt wurden und werden. Insbesondere in der Moderne geht die Ausbildung von Identität als gewaltförmiger Akt mit einer spezifisch bürgerlichen Identitätslogik einher, die die Vielgestaltigkeit und Widersprüchlichkeit der Welt in den Bann der Einerleiheit, der Unterwerfung aller Besonderheiten unter eine Logik zieht. Das Prinzip des Identifizierens ist dabei mehr als nur eine Bewusstseinsform. Es findet eine Gestalt in Ritualisierungen und kulturellen Formen, die Anpassung einfordern und dissonante Erfahrungen nivellieren.⁶⁵

Die biblisch theologische Vorstellung von Subjektbildung als offenem Prozess können mit verschiedenen sozialpsychologischen Konzeptionen von fragmentierter Identitätsentwicklung ins Gespräch gebracht werden, in der die Kompetenz wertgeschätzt wird, unterschiedliche, sich teilweise widersprechende Identitätskonstruktionen und die damit verbundenen sozialen Rollen nebeneinander stehen zu lassen.⁶⁶

Die Philosophin Judith Butler hat ihre dekonstruktivistischen Überlegungen von unvollständigen Konstitutionsprozessen im Hinblick auf die Ausbildung von Subjektivität auf die Frage der Konstruktion von Geschlecht zugespitzt: »Das Subjekt ist niemals vollständig konstituiert, sondern wird immer neu unterworfen (subjected) und produziert. Dieses Subjekt ist also weder ein Ursprung noch ein bloßes Produkt, sondern die stets vorhandene Möglichkeit eines bestimmten Prozesses der Umdeutung (resignifying process) [...].«⁶⁷ Butlers Kritik an normativen, zumeist dichotomen Identitätsbeschreibungen zielt auf die Offenlegung der Verwerfungen und Ausschließungen, die mit diesen Beschreibungen und den damit in Zu-

---

64. Moxter, Rechtfertigung, 41.
65. Vgl. Regina Becker-Schmidt, Identitätslogik und Gewalt. Zum Verhältnis von Kritischer Theorie und Feminismus. In: beiträge zur feministischen theorie und praxis, 12/24 (1989), 51-64, hier: 53.
66. Vgl. z.B. Heiner Keupp, Auf der Suche nach der verlorenen Identität. In: ders., Riskante Chancen. Das Subjekt zwischen Psychokultur und Selbstorganisation. Sozialpsychologische Studien, Heidelberg 1988, 131-151.
67. Judith Butler, Kontingente Grundlagen: Der Feminismus und die Frage der ›Postmoderne‹. In: Seyla Benhabib, Judith Butler, Drucilla Cornell, Nancy Fraser: Der Streit um die Differenz. Feminismus und Postmoderne in der Gegenwart, Frankfurt a.M. 1993, 45.

sammenhang stehenden Identitätspolitiken verbunden sind. Im Licht christlicher Theologie haben die beschriebenen offenen Konstitutionsprozesse jedoch eine Ausrichtung, die in der eschatologischen Erwartung des Schauens Gottes begründet ist.

Die Predigt, die rechtfertigt, ebenso wie die Spende der Sakramente sind leibliche Inszenierungen der Ent-krümmung. Die Taufe als rituelle Darstellung und konkrete Gestalt der Rechtfertigungslehre befreit den Menschen vom zerstörerischen Zwang, das Subjektsein selbst aus eigener Kraft zu konstituieren. Die Getauften werden mit Christus, dem gekreuzigten Auferstandenen, verbunden, indem sie von dem Zwang zur Selbstrechtfertigung der eigenen Lebensgeschichte freigesprochen werden. Dies geschieht jedoch nicht als individualistischer Akt, sondern die im Namen des dreieinigen Gottes gespendete Taufe zielt auf Eingliederung in den Leib Christi.[68] Die ekklesiologische Dimension der Taufe ist verbunden mit der ethischen Verpflichtung der Kirche, die durch die Taufe gegebene Einheit christlicher Gemeinschaft weder durch Unterschiede des Geschlechts, der Rasse oder des sozialen Status noch auch durch konfessionelle Differenzen in Frage stellen zu lassen.«[69]

Ich bin's nicht, von dem ich mein Leben habe, auch nicht meine leibliche Mutter und mein leiblicher Vater; in diesen und in der ganzen Welt der Beziehungen zu anderen Menschen und Dingen finde ich nicht mein Leben; und die Rettung der individuellen wie der sozialen Existenz hängt an der Inkorporation in den Auferstehungsleib Christi. Gerade Paulus artikuliert die Fremdkonstituierung menschlicher Subjektivität ausdrücklich am Thema des Körpers. Die Taufe ist Einverleibung in den Leib Christi und ermöglicht erst, die individuellen und sozialen *Größenphantasien* der Selbstkonstitution menschlichen Lebens genau als das wahrzunehmen, was sie sind.[70]

Der antizipative Redemodus der Rechtfertigungspredigt bezieht sich nicht nur auf die individuelle Subjektwerdung sondern auch auf die eschatologische Imagination, die sich auf den Kosmos, das Wohl des Planeten sowie der Lebenswelten, in denen wir beheimatet sind, bezieht. Sie malt das Bild von neuem Jerusalem, in dem Gott alle Tränen abwischen wird und verweist auf die Zeit, in der die Menschen das, was sie gesät haben, auch selber ernten dürfen. Sie beschreibt den Moment, in dem Gott alles in allem

---

68. Vgl. Gunther Wenz, Einführung in die evangelische Sakramentenlehre, Darmstadt 1988, 73 ff.
69. Ebd., 80.
70. Vgl. auch Hans-Martin Gutmann, Ich bin's nicht. Die Praktische Theologie vor der Frage nach dem Subjekt des Glaubens, Neukirchen u. a. 1999.

sein wird. Eschatologische Imagination sucht die Verkrümmungsgeschichten der Menschen auch in kollektiver und globaler Perspektive mit der christlichen Bild- und Symboltradition zu verbinden, in der der auferstandene Christus sein Leben mit uns teilt. Eschatologische Imagination ist so Ausdruck von *sedaquah*, von Gottes Gemeinschaftstreue, die auf Heilung von Beziehungen und Lebenswelten ausgerichtet ist.[71]

Christus anzuziehen wie ein neues Kleid, im Akt der Neuschöpfung, wie er in der Taufe geschieht, ist ein ritueller Akt eschatologischer Imagination par excellence, in dem binär angeordnete Hierarchien transzendiert werden. Die Taufhandlung zielte in den urchristlichen Gemeinden als ritueller Zuspruch auf Realisierung, die durch dramatische Gesten (entkleiden, untertauchen, sich neu kleiden) dargestellt wurde. In der Taufe entfaltete sich die Macht, »das symbolische Universum, durch das sich jene Gruppe von der ›normalen‹ ›Welt‹ der Gesamtgesellschaft unterschied, zu gestalten. Als machtvolle Proklamation, die auf Verwirklichung abzielt, beansprucht sie faktisch eine ›objektive‹ Umwandlung der Wirklichkeit, die die sozialen Rollen grundlegend verändert.«[72]

Rolf Zerfaß hat im zweiten Band seiner Predigtlehre das Stichwort »Intervention« gewählt, um den unterbrechenden Charakter, und zwar den gewaltförmige und zerstörerische Lebensverhältnisse unterbrechenden Charakter der Predigt herauszustreichen. »Die Predigt unterbricht nicht nur den Gang des Gottesdienstes, sondern den Gang des Lebens, indem sie einlädt, hinzuschauen auf das, was sich tut. Sie rückt den Lebenszusammenhang in das Licht des Wortes Gottes: ›Dein Wort, Herr, ist Licht über meinen Pfad‹ (Psalm 119,105). Danach ist das Leben selber wieder an der Reihe.«[73] Zerfaß nimmt die Sprechakte Jesu in Gleichnissen als Paradigma dieser unterbrechenden Redeform, aber auch die Weise, wie Jesus in Streitgesprächen und anderen Interventionen zerstörerische Situationen auflöst und im Sinne derer befreiend klärt, die darin zu leiden hatten. Zerfaß erzählt ein Beispiel, um die Brisanz dieser Rede deutlich zu machen, und beginnt mit einer verfremdeten Geschichte:[74]

---

71. Zur eschatologischen Imagination vgl. weiter Andrea Bieler und Luise Schottroff, Das Abendmahl. Essen, um zu leben, Gütersloh 2007, 31-76.
72. William A. Meeks, The Image of the Androgyne. Some Uses of a Symbol in Earliest Christianity. In: History of Religions 13 (1974), 165-208, hier: 182.
73. Rolf Zerfaß, Grundkurs Predigt, Bd. 2, Düsseldorf 1992, 14.
74. Ebd., 15.

> »Einer aber der Pharisäer bat ihn zu sich zum Essen. Und er ging in das Haus des Pharisäers und setzte sich zu Tisch. Und siehe, eine Frau, eine Sünderin, die in der Stadt war und erfahren hatte, daß er im Hause des Pharisäers zu Tisch war, brachte ein Alabastergefäß voll Salböl, stellte sich hinten zu seinen Füßen und weinte, machte sich daran, mit ihren Tränen seine Füße zu netzen, und wischte sie mit den Haaren ihres Hauptes ab und küßte seine Füße und salbte sie mit dem Salböl. Als das der Pharisäer sah, der ihn eingeladen hatte, sprach er bei sich selbst: Wäre dieser ein Prophet, so müßte er erkennen, wer und was für eine die Frau ist, die ihn anrührt – dass sie eine Sünderin ist.
> Jesus erriet, was der Pharisäer im stillen dachte. Während er die Frau weitermachen ließ, verständigt er sich mit Simon mit den Augen und durch sein Mienenspiel darüber, dass er merkte, was für eine das sei, aber kein Aufhebens machen wolle, um das Essen, das Gespräch und die Atmosphäre nicht zu stören. Simon war beruhigt. Er dachte: der Mann ist zwar etwas zu großzügig, aber ist höflich und klug. So wird er die Frau am schnellsten wieder los. Dieser Mann gehört zu uns. – Die Frau hatte mittlerweile ihr Öl verbraucht. Als weder Jesus noch sonst jemand im Raum von ihr Notiz nahm, stand sie auf und ging schweigend hinaus. – Von diesem Tag an fanden viele Pharisäer den jungen Wanderprediger recht sympathisch.«[75]

Jesus löst die Peinlichkeit der Situation auf, indem er sich mit dem Pharisäer solidarisiert und die Frau fallen lässt. Zerfaß gibt noch zwei weitere Möglichkeiten einer problematischen, insbesondere für die Frau demütigenden Intervention Jesu wieder: Jesus hält eine wilde revolutionäre Rede, in der er sich mit der Frau solidarisiert und den Pharisäer Simon angreift – und gerade so die besondere Handlungsform der Frau ihm gegenüber missachtet und sie nach dieser Szene offener Aggression ausliefert; oder: Jesus solidarisiert sich mit niemandem, versucht vielmehr seine eigene Haut zu retten, indem er in blumigen Worten von der Güte Gottes zu predigen beginnt, die selbst eine solche Sünderin leben lässt. »Dabei wird die Frau noch ein Stück infamer als in der ersten Variante zum Objekt gemacht: zum Demonstrationsobjekt dafür, wie schlecht Menschen sind und wie gut Gott ist.«[76]

Tatsächlich erzählt das Lukasevangelium einen ganz anderen Ausgang:

> »Und Jesus nahm das Wort und sprach zu ihm: Simon, ich habe dir etwas zu sagen. Er aber sprach: Sprich, Meister. Ein Geldverleiher hatte zwei Schuldner. Der eine schuldete ihm fünfhundert Denare der andere fünfzig. Da sie es nicht zurückgeben konnten, schenkte er es beiden. Welcher von ihnen wird ihn am meisten lieben? Simon gab zur Antwort: ich nehme an, der, dem er am meisten geschenkt hat. Er aber sprach zu ihm: Zutreffend hast du geurteilt. Und zu der

---

75. Ebd.
76. Ebd., 17.

Frau gewandt, sprach er zu Simon: Du siehst diese Frau? Ich bin in dein Haus gekommen, du hast mir kein Wasser für die Füße gegeben; sie aber hat mit ihren Tränen meine Füße genetzt und mit ihren Haaren sie abgewischt. Du hast mir keinen Kuß gegeben; sie aber hat, seit ich eintrat, nicht abgelassen, meine Füße zu küssen. Du hast mir das Haupt nicht mit Öl gesalbt; sie aber hat mir die Füße mit Salböl gesalbt. Darum sage ich dir: Vergeben sind ihr viele Sünden, weil sie viel geliebt hat; wem aber wenig vergeben wird, der liebt wenig. Und er sprach zu ihr: Vergeben sind deine Sünden. Und die Tischgenossen fingen an, bei sich zu sagen: Wer ist der, daß er sogar Sünden vergibt? Er aber sprach zu der Frau: Dein Glaube hat dich gerettet, geh in Frieden!« (Lukas 7,36-50).

Jesus löst die Situation weder dadurch, dass er harmonisiert, noch polemisiert oder generalisiert, sondern indem er die hier und jetzt versammelten Menschen durch das Gleichnis mit den Prämissen ihres eigenen Handelns und Weltverhältnisses konfrontiert und sie dazu bringt, die gerade präsente Szene, aber auch sich selbst in ihrem ganzen Lebensvollzug mit neuen Augen zu sehen. »Damit konfrontiert er Simon mit der Frage: Wer ist dein Gott? Ist Gott das oberste Prinzip, das alle Unterschiede in dieser Welt zwischen Männern und Frauen, Juden und Heiden, Guten und Bösen metaphysisch legitimiert? Ist Gott der letzte Rechtfertigungsgrund für die gesellschaftlichen Barrieren, die wir gegeneinander aufrichten? Oder ist Gott der, der alle diese Unterschiede überschreitet bzw. unterläuft, weil er Gott ist, der Freund des Lebens [...]?«[77]

Predigt als Intervention findet in dieser unterbrechenden Redeform Jesu ihr Modell: eine Weise sprachlicher Intervention, die anscheinend geschlossene, ausweglose Situationen im Sinne der Gedemütigten klärt und öffnet, die die Menschen mit den letzten, oft nicht bewussten Prämissen ihres Selbst- und Weltverhältnisses und ihres Handelns konfrontiert und sie einlädt, sich selbst, den anderen Menschen, die Weise ihres Interagierens und Zusammenlebens mit neuen Augen anzusehen.

2.2.4 Aufmerksamkeit für die Spur der Anderen: Den Gerechtfertigten ins Gesicht sehen

Subjektwerdung im Lichte des Rechtfertigungsgeschehens geschieht in der Ausrichtung am Anderen, am offenbarten Christus. Diese exzentrische Aus-

---

77. Ebd., 18.

richtung christlicher Existenz beschreibt eine Beziehungsgestalt, in der die Begegnung mit Christus uns in die Begegnung mit dem Anderen hineinzieht: Im Anderen begegnen wir Christus. Dies ist in Matthäus 25,35ff so ausgedrückt: Ich bin krank gewesen, und ihr habt mich besucht. Ich bin im Gefängnis gewesen und ihr sei zu mir gekommen.

Auch Luther formuliert am Ende seiner Schrift *Von der Freiheit eines Christenmenschen*: »Ein Christenmensch lebt nicht in sich selbst, sondern in Christus und seinem Nächsten, in Christus durch den Glauben, im Nächsten durch die Liebe.«[78] Ingrid Schoberth interpretiert diese Liebe, von der Luther spricht, als Aufmerksamkeit für den Anderen.[79] Auf Emanuel Levinas bezugnehmend schreibt sie: »Levinas folgt hier ausdrücklich einer biblischen Sicht: Der Andere ist gerade nicht Bedrohung meiner Subjektivität; vielmehr ist er Anlass meiner Subjektivität, indem er mir durch sein Gegenüber ein elementares, menschliches und gemeinsames Verhältnis eröffnet. Für Levinas ist es das Antlitz, das Gesicht, der ganze Leib, eine Hand oder die Rundungen der Schulter, in dessen Wahrnehmung der Andere mir entgegentritt.«[80]

Aufmerksamkeit für den Anderen bedeutet auch, den Gestus der Vereinnahmung zu überwinden und wahrzunehmen, dass die Andere in der Begegnung mit mir keineswegs aufgeht, sondern die Andere bleibt.

Die Aufmerksamkeit für die Spur des Anderen bedeutet im Blick auf die Predigt, die rechtfertigt, dass wir versuchen, so sensibel wie möglich den Gerechtfertigten ins Gesicht zu sehen, so dass die ontologischen Reflexionen zur Beziehungsgestalt des Rechtfertigungsgeschehens nicht zu abstrakten Überlegungen verkommen. Dieses Ins-Gesicht-Sehen bedeutet, die Komplexität von Verkrümmungserfahrungen wahrzunehmen, die Vielgestaltigkeit leiblicher und sozialer Erfahrungen zu respektieren und wert zu schätzen – und darauf Acht zu haben, welchen Resonanzraum sie im Gottesdienst eröffnen. Die Rede vom Menschen vor Gott braucht in der Predigt konkrete Gestalten. Wir können Aufmerksamkeit einüben, wenn wir fragen, was die Rechtfertigung allein aus Glauben für die erwerbslose, allein erziehende Mutter bedeutet und für den Manager, der mehr als 14 Stunden am Tag versucht, die Geschäfte seiner Abteilung innerhalb eines unübersichtlichen Großkonzerns zu führen. Was bedeutet sie für den Im-

---

78. WA 7, 20 ff.
79. Vgl. Ingrid Schoberth, Aufmerksamkeit für die Spur des Anderen: zum Alltag der Seelsorge. In: Heinz-Dieter Neef, Theologie und Gemeinde: Beiträge zu Bibel, Gottesdienst, Predigt und Seelsorge, Stuttgart 2006, 264-274.
80. Ebd., 267.

migranten aus dem Kongo mit deutschem Pass, der drei akademische Abschlüsse nachweisen kann und trotzdem keinen Job findet, weil er aufgrund seiner Herkunft und seiner Hautfarbe abgelehnt wird?

Aufmerksamkeit für die Spur des Anderen in der Predigt, die rechtfertigt, zu kultivieren, bedeutet auch, die Differenzen, Hierarchien und Marginalisierungserfahrungen, die mit bestimmten gesellschaftlichen Positionierungen einhergehen, behutsam zur Sprache zu bringen. In diesem Zusammenhang diskutiert Helga Kuhlmann beispielsweise, was es bedeutet, eine gendersensible Rechtfertigungstheologie zu entwickeln, in der Lebenserfahrungen von Frauen weder einfach unter die androzentrische Kategorie »Mensch« subsumiert noch essentialisiert und homogenisiert werden.[81] Ihr Anliegen ist es, »Erfahrungen von Frauen in der Gegenwart rechtfertigungstheologisch hilfreich und lebensförderlich [zu interpretieren].«[82] Dabei geht sie unter anderem auf die besonderen Formen des sozialen Rechtfertigungsdruckes ein, die viele Frauen in ihrem Leben erfahren und wie die daraus entstehenden Konflikte innerhalb der Rechtfertigungstheologie diskutiert werden könnten. Auch ist ihr daran gelegen, das theologische Modell der *iustitia passiva* vor dem Hintergrund der immer noch wirksamen Weiblichkeitsstereotypen von der primär passiv-rezeptiven Natur des weiblichen Geschlechtes zu modifizieren. Kuhlmann plädiert stattdessen für die Rede von der *iustitia receptiva*: »Wenn, wie erläutert wurde, gerechtfertigt zu werden bedeutet, aus einer Not und aus einer Schädigung herausgerissen zu werden, nützt Rechtfertigung besonders Menschen in Not, in Schuldverstrickungen und in Schwächen. Sie wird denen geschenkt, die meinen, beweisen zu müssen und es nicht können, dass sie würdig genug sind, geliebt zu werden, obwohl sie einen Makel haben, sich schwach, unvollkommen und schuldig fühlen. Sie kommt auch denen zu, die gegenüber anderen schuldig geworden sind. Sie überrascht, sie tröstet in der Verzweiflung. Setzt sie Passivität voraus? Ist es angemessen, Rechtfertigung als *iustitia passiva* zu qualifizieren?«[83] Im Sinne der iustitia receptiva kann bereits das Hören, die Empfängnis sowie die Aneignung der Rechtfertigungspredigt als Aktivität begriffen werden. »Sich ein Geschenk tatsächlich gut tun zu lassen, konterkariert die moderne Erwartung, sich stets selbst zu entwerfen, sowie die Erwartung, anderen gegenüber stets hilfreich zu sein. Die Wertschätzung

---

81. Vgl. Helga Kuhlmann, Abschied von der Perfektion. Überlegungen zu einer »frauengerechten« Rechtfertigungstheologie. In: Irene Dingel (Hg.), Feministische Theologie und Gender-Forschung: Bilanz, Perspektiven, Akzente, Leipzig 2003, 97–122.
82. Ebd., 99.
83. Ebd., 112f.

anderer so in das eigene Selbstverständnis aufzunehmen, dass sich eine Person selbst schätzt, den liebenden Blick Gottes und den einer Person auf die eigene Person zu imitieren, das meint Rechtfertigung als iustitia receptiva.«[84]

Zum Beispiel: Karfreitag im Tenderloin:
»Stick us with a needle of reality«

Jeden Karfreitag versammeln sich in San Francisco Männer, Frauen und Kinder, um den Weg des Kreuzes Christi in den Armutsghettos der Stadt und in den Zentren politischer und ökonomischer Macht abzuschreiten. San Francisco, die »Stadt der unbegrenzten Möglichkeiten«, beherbergt ca. 150.000 Menschen, die täglich Armut und Nahrungsmittelunsicherheit am eigenen Leib erfahren. Die Suppenküchen der *Glide Memorial Church* oder der *San Francisco Metropolitan Community Church* sind immer voll, und ab dem 20. eines jeden Monats sieht man immer mehr Familien mit Kindern, die sich in die Warteschlangen einreihen, um wenigstens einmal am Tag eine warme Mahlzeit zu erhalten. Das *San Francisco Network Ministries* und andere Organisationen, wie die *Temenos Catholic Worker*,[85] laden Pfarrerinnen und Pfarrer, Obdachlose, Familien, politisch Verantwortliche, Menschen mit HIV und solche, die drogenabhängig sind, dazu ein, sich in einer gemeinsamen Prozession auf den Weg des Kreuzes Christi in den Straßen von San Francisco zu machen. Die Rechtfertigung der »Überflüssigen« wird hier auf die Füße gestellt und in Bewegung gesetzt. Dieser Kreuzweg

---

84. Ebd., 114.
85. Das San Francisco Network Ministries stellt seine Arbeit im Internet unter www.SFnetworkministries.org vor. Seit 1972 arbeitet das Netzwerk für die Verbesserung der Lebensbedingungen der Menschen im Tenderloin. Es werden Computerkurse für Erwerbslose durchgeführt, Programme für den sozialen Wohnungsbau werden erstritten. Es wird für Kinderbetreuung gesorgt, Seelsorgegespräche für Menschen mit HIV und AIDS werden angeboten. Die Initiative SafeHouse hilft weiblichen Prostituierten auszusteigen und neue Berufs- und Lebensperspektiven zu entwickeln. Mehrmals in der Woche werden Beerdigungs- und Gedenkgottesdienste für die Armen und Obdachlosen abgehalten, in denen verkündigt wird, dass in den Augen Gottes jedes einzelne Leben kostbar ist. Darüber hinaus werden weitere politische Aktivitäten organisiert, die die religiöse und soziale Arbeit in einen größeren strukturellen Zusammenhang stellen.
Temenos Catholic Worker konzentriert sich auf die Arbeit mit wohnungslosen Jugendlichen im Tenderloin, siehe im Internet unter: www.temenos.org.

übt die Aufmerksamkeit für die Spur des Anderen, wenn Jesu Klagegebet im Garten Gethsemane rezitiert wird, während Menschen gleichzeitig am Straßenrand stehen und betteln: »*Can you spare some change?*« Oder wenn die Pfarrerin, die sich am Ende der Prozession eingereiht hat, mit ihrer dunklen Altstimme gemeinsam mit den anderen einstimmt: *Where you there when they crucified the Lord?*, und dann aus Versehen auf eine weggeworfene Spritze tritt, auf den Boden hinterschaut und vor Schreck zusammenzuckt.

Es wird verkündigt: Jesus wird in den Armen gekreuzigt, in den Kindern, die auf der Straße leben, sein Angesicht scheint auf in den Gesichtern der Drogenabhängigen, der Prostituierten, der »working poor«, der Menschen, die an AIDS erkrankt sind. Die Botschaft von der Rechtfertigung der »Überflüssigen« heißt hier: Gott, du gibst Leben mitten im Tod. Du vergibst uns, inmitten unserer heillosen Verstrickungen. Und Leben meint hier das materiell Wesentliche: Brot, ein Dach über dem Kopf, ein Krankenhaus, dessen Türen offen stehen, ein sicherer, sauberer Platz, um Nadeln zu wechseln. »Stick us with a needle of reality«, ist das Gebet um die Fähigkeit, den Anderen ins Gesicht sehen zu können.

Die Karfreitagsprozession im Tenderloin ist eindrücklich, weil die Begehung der Orte schon die halbe Predigt ist; sie gewinnt Tiefe, weil die hier vorgefundene Lebenswelt nicht einfach in einem Gut-Böse-Raster wahrgenommen wird, sondern Verstrickungen benannt werden, ohne dass politische Verantwortung negiert wird. Diese Karfreitagsprozession ist auch eine physische Einübung in die iusititia receptiva. Sie konfrontiert mit den eigenen Ohnmachts- und Schuldgefühlen und öffnet zugleich einen Raum, in dem der Botschaft von der Versöhnung und der Auferstehung des Leibes in den Straßen des Tenderloin in San Francisco nachgelauscht werden kann.[86]

1. Station (City Hall an der Polk Straße):
Jesus betet in Agonie im Garten Gethsemane
   Wir beten dich an, o Christus! Durch dein Kreuz hast du die Welt erlöst!
   Wie viele schlaflose Nächte haben wir gebetet, Jesus? Wie viele schlaflose Nächte haben wir gebetet, Jesus? In wie vielen Nächte waren wir wie gelähmt vor Angst um unsere Gesundheit und unser ökonomische Situation? In wie vielen schlaflosen Nächten haben wir uns Sorgen gemacht, wie wir

---

86. Es folgt ein Auszug – die ersten vier Stationen – aus einer Karfreitagsprozession im Tenderloin aus dem Jahre 2006, die maßgeblich von Pastorin Glenda Hope, die für die San Francisco Network Ministries arbeitet und von Father River Sims gestaltet wurde. Wir bedanken uns insbesondere bei Glenda Hope, die uns diesen unveröffentlichten Text zur Verfügung gestellt hat.

unsere Kinder satt kriegen und um unsere Rente im Alter? Wie viele schlaflose Nächte haben wir auf der Straße verbracht – ohne Gesundheitsversorgung, ohne politische Stimme.

Hilf uns, Heiliger Erlöser, in deine Agonie einzutreten. Heilige unser Leiden durch dein Leiden. Amen.

2. Station (Municipal Court, 350 McAllister):
Judas verrät Jesus und Jesus wird gefangen genommen
Wir beten dich an, o Christus! Durch dein Kreuz hast du die Welt erlöst!

Es ist eine bittere Wahrheit, dass diejenigen, die uns am nächsten sind, uns verraten: diejenigen, die uns lieben sollten, die uns beschützen sollten, diejenigen, die wir selbst am meisten lieben. Es ist eine bittere Wahrheit, dass die, denen wir vertraut haben, indem wir sie in hohe politische Ämter gewählt haben, uns und sich selbst verraten.

Kinder werden von ihren Eltern misshandelt. Lehre uns, diesen Horror zu unterbrechen. Wir weinen um dich, Jesus, der du den Weg der Menschen gegangen bist, verletzlich, so wie wir. Verwandle die Tränen des Verrates und führe uns zu den Wassern des ewigen Lebens.

3. Station (Warren Burger State Office):
Jesus wird vor dem Sanhedrin angeklagt
Wir beten dich an, o Christus! Durch dein Kreuz hast du die Welt erlöst!

Es gibt Zeiten, da fühlen wir uns isoliert und abgeschnitten von unseren Gemeinden und religiösen Gemeinschaften. Es gibt Zeiten, in denen Zuschreibungen wie konservativ, liberal, aktiv und reaktionär unsere Seele verletzen.

Mögen wir deine Worte aus der Bergpredigt erinnern: Selig seid ihr, wenn sie euch um meinetwillen beschimpfen, verfolgen und böse Lügen über euch verbreiten. Freut euch und singt laut, weil euer Lohn bei Gott groß ist. (Matthäus 5,11-12)

4. Station (Federal Building):
Jesus wird von Petrus verleugnet
Wir beten dich an, o Christus! Durch dein Kreuz hast du die Welt erlöst!

Jesus, bitte hilf uns, dass wir niemals verleugnen, dass du lebendig bist in jeder Frau, in jedem Mann, in jedem Kind, dem wir begegnen. Hilf uns, dass wir dich nicht verleugnen durch unsere Politiker. Unser Präsident hat 528 Milliarden Dollar für Militärausgaben beantragt, für den Krieg im Irak und in Afghanistan, zugleich wird das Geld für die Armen, für Wohnungen,

Gesundheitsvorsorge und Gewaltprävention gekürzt. Lehre uns, unsere Stimme zu erheben und gegen diese Abscheulichkeiten aufzustehen.
Mögen wir dich in denen finden, die uns zurückweisen. Mögen wir dich in den Menschen finden, die in den Hauseingängen übernachten, in denen, die in den Todeszellen sitzen. Mögen wir dich in denen finden, die reich sind und Macht haben. Mögen wir dich in dem finden, was in uns selbst zerbrochen ist. [...]«[87]

2.2.5 Liturgische Resonanz: Fürbitte halten, Dank sagen und klagen

Wie das Beispiel der Karfreitagsprozession im Tenderloin bereits zeigt, es ist nicht nur die Predigt, sondern der Gottesdienst insgesamt ist der Ort, an dem die iustitia receptiva bzw. die responsorische Rezeptivität eine leibliche Gestalt finden soll.[88] Wir situieren entsprechend die Predigt von der Rechtfertigung der »Überflüssigen« im weiteren Kontext des Gottesdienstes.[89] So können das Abendmahl aber auch verschiedene Formen des Gebetes als liturgischer Resonanzraum der Rechtfertigungsbotschaft begriffen werden. Dies soll in aller Kürze an drei Gebetsformen skizziert werden: der Fürbitte, dem Dankgebet und der Klage. In diesen Gebetsgenres finden die homiletischen Bewegungen im Raum der Gnade ihren liturgischen Widerhall. Die Artikulation von Verkrümmungserfahrungen geschieht in der Klage und in

---

87. Ebd.
88. Vgl. zur responsorischen Rezeptivität weiter Abschnitt 3.2.3.
89. Insbesondere Peter Cornehl macht im ersten Band seiner Liturgik darauf aufmerksam, Predigt und Gottesdienst nicht weiter als voneinander getrennte Gegenstände der praktisch-theologischen Reflexion zu verstehen, sondern beides stärker aufeinander zu beziehen. Die Liturgie des Gottesdienstes hat in vielen liturgischen Traditionen die Predigt neben dem Abendmahl als einen der zwei Höhepunkte der gottesdienstlichen »Reise«; und weitaus die meisten evangelischen Predigten werden nicht als spontane Akte in alltäglichen Kommunikationen oder als für sich selbst stehende Inszenierungen gehalten, sondern als Teil eines Gottesdienstes. Das Nachdenken über Predigt und Gottesdienst gehört zusammen, Homiletik und Liturgik sollen als eng aufeinander bezogene, in vieler Hinsicht an gleichen Problemstellungen arbeitende Disziplinen der Praktischen Theologie wahrgenommen werden. Vgl. hierzu Peter Cornehl, Der Evangelische Gottesdienst. Biblische Konturen und neuzeitliche Wirklichkeit, Bd. 1, Stuttgart u. a. 2006, 21 ff.

der Fürbitte; das Gewahrwerden des Augenblickglücks findet seine liturgische Gestalt in den Dank- und Lobgebeten; Fürbittengebete halten das Potenzial, die Aufmerksamkeit für die Spur des Anderen zu kultivieren. In allen drei Gebetsformen tritt die exzentrische Personidentität des Christenmenschen ins Zentrum. Im Gebet drücken die Glaubenden aus, dass sie eben nicht die souveränen Macher ihres selbstentworfenen Lebens sind. Vielmehr ist in der Anrede Gottes relationale Existenz verkörpert: Der Bezug auf Gott, auf den Anderen und auf die Welt ist nur im Modus der Anrufung Gottes möglich. Fürbittengebete können die Aufmerksamkeit für die Spur des Anderen schärfen. Im Anderen begegnen wir Christus: Ich bin arm gewesen und ihr habt mich gespeist. Wenn wir Fürbitte halten für die »Überflüssigen«, für Menschen die erwerbslos sind, die arm sind, die soziale und ökonomische Marginalisierung erfahren, imaginieren wir sie nicht einfach als hilfsbedürftige Objekte, sondern wir werden selbst hineingezogen in die Begegnung mit Christus. In dieser Begegnung können wir lernen, den Gerechtfertigten ins Gesicht zu sehen. Zwei Dinge können dabei geschehen: Unsere apathische Weltwahrnehmung kann einen Moment lang ins Wanken kommen, die Wahrnehmung des Leidens der Anderen wird vielleicht sensibilisiert. Und das zweite: Fürbittengebete öffnen uns für die Interdependenz alles Lebendigen, indem wir in den Namen Gottes als relational, nämlich trinitarisch gestalteten Raum eintreten. Marjorie Suchocki beschreibt die Wahrnehmung der Interdependenz wie folgt: »Alles Lebendige lebt in Bezogenheit. In dieser zutiefst interdependenten Welt erfährt alles, was existiert, bis zu einem gewissen Grad die Auswirkungen auf anderes. Wir sind so konstituiert, dass uns nur sehr, sehr wenig von dieser Bezogenheit bewusst ist. Aber wir sind nichtsdestotrotz miteinander verbunden. Beten macht uns diese Verbindungen im Kontext von Gottes Gegenwart bewusst. Wir beginnen ein Echo auf dieses göttliche Begegnen und Weben zu spüren, ganz egal, wie weit diejenigen von uns entfernt sind, für die wir beten. [Übersetzung A. B.]«[90]

Marjorie Suchockis Reflexion der radikalen Interdependenz lässt sie im Hinblick auf die Praxis des Fürbittehaltens folgende Einsicht artikulieren: »[Fürbittengebete] sind wie ein Kanal in der Welt [...], durch den Gott ihren Willen zum Heilsein entfesseln kann. Gebete stellen uns in diesen Kanal hinein, und so werden wir ein Teil von Gottes brausenden Wassern.«[91]

---

90. Marjorie Hewitt Suchocki, In God's Presence: Theological Reflections on Prayer, St. Louis 1996, 47.
91. Ebd., 52.

Solche von Einsichten der Prozesstheologie genährten Bilder versuchen gegenüber der bereits angesprochenen Gefahr der Objektivierung der »Überflüssigen« in unseren Fürbittengebeten eine andere Perspektive zu entwickeln. Wir treten mit der Fürbitte in einen kreativen Prozess ein, in dem Gottes Willen für das Wohlsein der Menschen entfesselt wird. Fürbitte zu halten kann uns für die noch verborgenen Möglichkeiten öffnen, die Gott für unser Zusammenleben bereit hält, unsere Fürbitte ist letztlich von der Hoffnung getragen, dass Gottes Wille geschehen möge.

Wenn wir immer nur für *die* Armen, *die* Verfolgten, *die* Entrechteten beten, bewegen wir uns in einem Modus der Abstraktion, in der menschliches Leiden und die damit verbundenen Herrschaftsstrukturen unkenntlich werden. Wir haben so nur schwerlich die Möglichkeit, uns konkrete Namen, Gesichter und Orte vor Augen zu führen. Susanna Kempins Studie macht beispielsweise deutlich, wie unterschiedlich die Gesichter der Gerechtfertigten aussehen, wie verschieden die Bewältigungsstrategien, Bedürfnisse und Selbstbilder von Menschen sind, die erwerbslos sind.

Wir möchten ein Beispiel aus der anglikanischen Gemeinde St. Gregory of Nyssa in San Francisco anführen. In der klassischen Ordnung des *Prayer of the People*, das die Bitte für die Nationen, die Kirche, die Gemeinschaften vor Ort sowie für die Leidenden und die Verstorbenen mit einschließt, wird die Gemeinde von der Priesterin immer wieder aufgefordert, konkrete Namen und Orte zu benennen: »Sagt, für welche Länder, in denen Krieg geführt wird, sollen wir beten? Für welche Frauen, Männer und Kinder, die verfolgt werden? Für welche Bischöfinnen und Bischöfe, welche Gemeinden und für welche Menschen, die von der Kirche ausgeschlossen wurden, beten wir heute?« Nach jeder Bitte rufen Einzelne in der Gemeinde, Orte, Zeiten, Länder, Namen und Gesichter auf. Ein anamnetischer Prozess wird in Gang gesetzt, in dem das Netz der Betenden mit denen, für die Fürbitte gehalten wird, immer enger geknüpft wird; manchmal leise und zaghaft, manchmal voller Wut, Enttäuschung und unter Tränen.[92] Manchmal voller Entsetzen, dass wir weder die Namen der amerikanischen Soldaten noch die Namen der irakischen Frauen, Männer und Kinder kennen, die in der vergangenen Woche ums Leben gekommen sind. Dass wir die Geschichte der Frau nicht kennen, die sich selbst das Leben genommen hat, weil das Leben auf den Straßen des Tenderloin in San Francisco unerträglich geworden war. Diese

---

92. Vgl. zum dargestellten Beispiel auch Andrea Bieler, »Wenn der ganze Haufen miteinander betet.« Über die Brüchigkeit und die Unverzichtbarkeit des liturgischen Wir. In: ZGP 3 (2001), 11-12.

Gebetspraxis ist ein eindrucksvolles Beispiel für Fürbittengebete, die in heilsamer Weise anstrengend sind, weil sie dazu herausfordern, die Abstraktion, mit der wir die »Anderen« wahrnehmen, zu überwinden. Zugleich ist diese Form des Gebetes eine Bewegung im Raum der Gnade, weil wir angesichts unserer begrenzten und beschädigten Möglichkeiten, empathisch wahrzunehmen, zu erinnern und zu leben, in der Hoffnung beten, dass letztlich unsere Bitten in Gottes Gedächtnis und gnädiger Präsenz ihren Raum finden werden.

Diese Form der Fürbitte wird auch dadurch lebendig gehalten, dass im Gottesdienst die »Überflüssigen« immer wieder auch selbst zu Worte kommen, z. B. in den Gebeten oder in den Abkündigungen, in denen Obdachlose beispielsweise über den Alltag in der Suppenküche, die von der Gemeinde betrieben wird, erzählen. Indem marginalisierte Menschen im Gottesdienst selbst artikulieren können, wie sie ihr Leben gestalten, welche Träume sie haben und mit welchen Erfahrungen des Scheiterns sie konfrontiert werden, wird der liberale Mittelklassegestus des »Redens-über-die-Armen« irritiert.

Auch die Dank- und die Lobgebete, die im Gottesdienst erklingen, können wir als Verkörperung responsorischer Rezeptivität verstehen. Im Dank und Lobpreis werden wir gewahr, dass wir unser Leben nicht aus uns selbst haben, sondern dass es ein Geschenk ist. Wir danken Gott für die Gaben des Lebens, die wir empfangen haben, die uns am Leben erhalten und die das Leben lebenswert machen. Wir danken für die Gaben der Schöpfung, für alles Essenzielle, das wir zum Leben brauchen, wir danken für die Beziehungen zu anderen Menschen, die für uns lebensnotwendig sind. Dank und Lobpreis Gottes entspringen dem Staunen und der Ehrfurcht vor dem Leben, das Gott uns gegeben hat, dem Staunen über die Versöhnung, die uns geschenkt ist. Der Lobpreis Gottes ist inspiriert von der Hoffnung auf Erlösung, in der Gott alles in allem sein wird.

Dankgebete sind so verdichteter Ausdruck von Glückserfahrungen, die vor dem Horizont des Rechtfertigungsglaubens aufleuchten können.

Die Klage ist der Ort, an dem Verkrümmungserfahrungen artikuliert werden können. Wie wir bereits beschrieben haben, ist die lebensweltliche Erfahrung, die mit dem Begriff der Selbstverkrümmung angedeutet wird, maßgeblich von der Isolation und dem Zusammenbruch der Beziehung zu Gott und zu den mich umgebenden Menschen charakterisiert. Dieses radikale Erleben von Beziehungslosigkeit, das auch mit der Negierung des eigenen Personwertes einhergehen kann, findet ihren vielgestaltigen, konkreten Ausdruck in den Klagepsalmen der Hebräischen Bibel und in den Klagegebeten, die Menschen heute im Gottesdienst formulieren. Klagegebete ermöglichen eine Balance im Gottesdienst, die einer naiven Glückstheologie widerstreitet und die vom beschädigten Leben erzählt; die Klage gibt dem Ringen um den als abwesend erfahrenen Gott eine liturgische Gestalt. Auf diese Weise wird sie zur leibgewordenen Gestalt der Theodizeefrage. Klagegebete und Litaneien verkörpern in der Wir-Form oder in der Ich-Form das Paradox, dass Gott, der als abwesend oder strafend erfahren wird, angerufen wird.

Matthew Boulton schreibt in diesem Zusammenhang: »Die Klage als das primäre liturgische Zeugnis göttlicher Abwesenheit angesichts menschlicher Not funktioniert im Gottesdienst als Negation und Unterbrechung der Anbetung des Gottes der Herrrlichkeit, der in der liturgischen Handlung des Lobpreises angerufen wird. Dieser Gott wird abgelehnt, geleugnet und verlassen, indem an Gottes Verheißung gegen Gott festgehalten wird. Diese Ablehnung, wie leidenschaftlich sie auch sein mag, ist jedoch nicht einfach eine Außerkraftsetzung des Lobpreises, vielmehr macht die negative liturgische Handlung der Klage als Bewegung gegen Gott in der Choreographie des christlichen Gottesdienstes den wahrhaftigen Lobpreis erst möglich, indem die Doxologie des Triumphes ihre angemessene eschatologische Form erhält. [Übersetzung A. B.]«[93]

Der als abwesend erfahrene Gott wird in der Klage von den Betenden herausgefordert, sich als gnädig zu erweisen und sich in seiner Gemeinschaftstreue zu bewähren. Diese Herausforderung kann wiederum als Bewegung im Raum der Gnade begriffen werden; sie kann nur als nachhinkende Erkenntnis verstanden werden, da sie aus dem Glauben lebt, dass Gott sich zeigen wird, dass Gottes Güte offenbar werden wird. Klagegebete eröffnen einen liturgischen Resonanzraum, in dem die Dissonanz lebensweltlicher Erfahrungen im Hinblick auf ökonomische Marginalisierungsprozesse und auf das Evangelium von dem Überfluss der Gnade Gottes ausgedrückt werden können.

---

93. Matthew Boulton, Forsaking God: a theological argument for Christian lamentation. In: Scottish Journal of Theology 55/1 (2002), 58-78, hier: 59.

2.3 Die Spannung zwischen Unterscheidung und Reziprozität: Subjektsein Gottes und menschliche Subjektivität

Über Rechtfertigung als Beziehungsgestalt in homiletischem Interesse zu reflektieren verlangt danach, die Beziehung zwischen Subjektsein Gottes und menschlicher Subjektivität grundsätzlich zu beleuchten. Der Zusammenhang zwischen der Selbstmitteilung Gottes im Rechtfertigungsgeschehen und dem Ausdruck menschlicher Subjektivität im Akt des antwortenden Glaubens als Eintreten in den Raum der Gnade ist auch in der Homiletik diskutiert worden. Die Spannung zwischen Unterscheidung und Reziprozität in der Beschreibung des Subjektsein Gottes und der Darstellung menschlicher Subjektivität ist auch in der Geschichte der Homiletik wirksam geworden und hat in der deutschsprachigen Entwicklung homiletischer Entwürfe im 20. Jahrhundert maßgebliche Impulse gesetzt.

Wir erinnern noch einmal an den grundlegenden Satz *Karl Barths* über die Predigtarbeit: »1. Die Predigt ist Gottes Wort, gesprochen von ihm selbst [...] – 2. Die Predigt ist der der Kirche befohlene Versuch, dem Worte Gottes [...] zu dienen, [...] in Ankündigung dessen, was sie (die Menschen der Gegenwart) von Gott selbst zu hören haben«[94] – wobei ein strenges Gefälle vom ersten zum zweiten Satz beachtet werden muss: In der Predigt folgt das menschliche Sprechen dem Sprechen Gottes, genauer: menschliches Sprechen wird, wenn die Predigt denn gelingt, für das Sprechen Gottes transparent.

Wenn wir einige Stationen des akademischen Gesprächs über die Predigt seit Schleiermacher abschreiten, dann nehmen wir wahr, dass es immer wieder eine Pendelbewegung, ein Hin und Her gibt zwischen einer Betonung des Subjektseins Gottes gegenüber und in der Predigt und einer Betonung der Subjektivität der Menschen in der Predigt – man könnte auch sagen: zwischen dem ersten und dem zweiten Satz in Karl Barths berühmter Formulierung der Predigtaufgabe. Sehen wir uns einige exemplarische Stationen an:

Seitdem Friedrich Daniel Ernst Schleiermachers »Praktische Theologie«

---

94. Karl Barth, Homiletik, Zürich 1986, 30.

1850 posthum veröffentlicht wurde[95] und Alexander Schweizer in seiner »Homiletik«[96] die zu dieser Praktischen Theologie passende Predigtlehre präsentiert hat, ergeben sich, wenn auch mit jeweils eigentümlichem Gesicht, immer wieder ähnliche Gesprächskonstellationen. Schleiermacher hatte ein Verständnis der Predigt im Zusammenhang des gottesdienstlichen Kultus vorgestellt, das sich auf diese Formel bringen lässt: In der Predigt wird das religiöse Gefühl der Gemeinde, das schon gegeben ist und nicht erst durch die Predigt erzeugt wird, durch die religiöse Rede bestärkt und emporgehoben, in der ein Prediger sein frommes »inneres Leben« darstellt. Predigt wie Gottesdienst werden als darstellendes, nicht als wirksames Handeln begriffen, und der Fokus der Aufmerksamkeit liegt auf der menschlichen Subjektivität – dem frommen inneren Leben des Predigers wie der Gemeinde, das im Gottesdienst gewissermaßen in Zirkulation gebracht wird. Diesem Verständnis steht ein anderes Konzept gegenüber, das ungeachtet aller übrigen Besonderheiten und Differenzen derer, die es vertreten – Claus Harms, Johann Hinrich Wichern und Theodosius Harnack[97] – eine gemeinsame Stoßrichtung hat: Es ist keineswegs das fromme Gefühl der Gemeinde oder des Predigers, das Grund und Kriterium rechter Predigt sein kann, sondern das Wort Gottes. Damit geht eine Umgewichtung des Handlungstyps der Predigt einher: Predigt im rechten Verständnis ist nicht *darstellendes*, sondern *wirksames* Handeln, nämlich Mission.

Eine Generation später kommt es wieder zu einer Umgewichtung. Um die Jahrhundertwende zum 20. Jahrhundert wird ein engagiertes praktisch-theologisches Gespräch über die zeitgenössischen Bedingungen kirchlichen und theologischen Lebens geführt; die wichtigsten Gesprächspartner Friedrich Niebergall,[98] Otto Baumgarten,[99] Paul Drews[100] fordern eine »moderne

---

95. Vgl. Friedrich D. E. Schleiermacher, Die praktische Theologie nach den grundsätzen der evangelischen Kirche im Zusammenhange dargestellt ..., hg. von J. Frerichs, in: Schleiermachers sämmtliche Werke, 1. Abt., Bd. 13, Berlin 1850.
96. Vgl. Alexander Schweizer, Homiletik der evangelisch-protestantischen Kirche systematisch dargestellt, Leipzig 1848.
Vgl. dazu Friedrich Wintzer, Die Homiletik seit Schleiermacher bis in die Anfänge der ›dialektischen Theologie‹ in Grundzügen, Göttingen 1968, 75 ff.
97. Vgl. ebd., 75 ff.
98. Vgl. Friedrich Niebergall, Wie predigen wir dem modernen Menschen?, 3 Teile, Tübingen 1905-1921. Vgl. die partielle Revision dieses Ansatzes in: ders., Die moderne Predigt, Tübingen 1929.
99. Vgl. Otto Baumgarten, Predigt-Probleme. Hauptfragen der heutigen Evangeliumsverkündigung, Tübingen 1905.
100. Vgl. Paul Drews, Die Predigt im 19. Jahrhundert, Gießen 1903.

Predigt«. Predigt soll interessant und nicht langweilig sein, soll thematisch konzentriert sein und nicht bloß einer kirchenamtlich gegebenen Abfolge von Predigttexten folgen; und die Predigt soll sozial engagiert sein und die empirische Religiosität der Menschen ernst nehmen. Diese homiletische Aufbruchbewegung richtet sich mit gleicher Intensität gegen die Kultuspredigt in der Tradition Schleiermachers wie gegen eine dogmatische Selbstgenügsamkeit der Gegenposition, in der der Charakter der Predigt als Wort Gottes herausgestrichen wird. Predigt wird nur dann gelingen und »ankommen«, wenn sie die empirische Religiosität, aber auch die Lebensbedingungen der Hörenden ebenso ernst nimmt wie die Formen, in denen sich ihre Subjektivität auslegt.

Nur wenige Jahre später, mit Beginn des ersten Weltkrieges, kommt es zu einem neuen theologischen Aufbruch, der seine Spitze darin findet, menschliche Subjektivität und Religiosität gerade *nicht* als Ausgangspunkt des Nachdenkens über die Predigt anzunehmen. In frühen Texten von Karl Barth[101] und Eduard Thurneysen[102] zur Predigtlehre findet sich bereits in konzentrierter Form der Ansatz, der in den Debatten der »dialektischen Theologie« der folgenden Jahrzehnte Gestalt gewinnt. Die »moderne Predigt« versucht, so der Vorwurf jetzt, mit allen möglichen rhetorischen Mitteln den Brückenschlag vom Menschen aus zu Gott, der doch, weil Gott Gott und der Mensch Mensch ist, von Seiten des Menschen ganz und gar unmöglich und ausgeschlossen ist. Gegen die moderne Predigt, die auf die Wie-Frage des Predigens konzentriert ist, fordern Thurneysen und Barth die strenge Konzentration auf das »Was« der Predigt, auf ihren Gegenstand und ihr Subjekt. Die Predigt des Wortes Gottes beginnt erst da, wo ihre Verpflichtung auf Bedürfnisse kultureller und moralisch-religiöser Erhebung erledigt ist. Von Predigt im rechten Verständnis kann erst da und dann gesprochen werden, wo und wenn der Pfarrer in seiner Rolle als Dorf- oder Stadtweiser abgedankt hat und die Predigtaufgabe wieder ernst nimmt: Neuer Respekt vor Gott! Und: Der Mensch, gerade der religiös und kulturell engagierte Mensch, muss sterben!

Seit den sechziger Jahren des vergangenen Jahrhunderts kommt es in allen Feldern der Praktischen Theologie – in der Religionspädagogik wie der Seelsorge, in der Liturgik wie der Diakonie – zu einer empirischen Wende, und so auch in der Homiletik. In weiten Feldern theologischer Reflexion

---

101. Vgl. Karl Barth, Das Wort Gottes als Aufgabe der Theologie. In: Das Wort Gottes und die Theologie, München 1924, 156-178.
102. Eduard Thurneysen, Die Aufgabe der Predigt, 205-219.

kirchlicher Handlungszusammenhänge, aber auch individueller und gesellschaftlicher Religion jenseits ihrer institutionalisierten Formen kommt es zu einer Abkehrbewegung von der dialektischen Theologie. Damit gerät wiederum das »Wie« der Predigt in den Mittelpunkt der Aufmerksamkeit. Typisch hierfür ist die Konzentration auf die Situation der Hörenden,[103] das »Ich« auf der Kanzel,[104] die gelungene oder misslungene Kommunikation zwischen Predigenden und Hörenden.

Nun gibt es zwischen den skizzierten Stellungnahmen im homiletischen Gesprächszusammenhang zahlreiche Besonderheiten und Differenzierungen im Einzelnen. Dennoch beobachten wir eine Bewegung des Hin und Her, gleichsam eine Pendelbewegung von einer homiletischen Orientierung zur anderen, die jeweils für einige Zeit vorherrschend ist und dann wieder durch ihr Gegenüber abgelöst wird. Dies wird eine Reihe von theologischen und kirchlichen, auch gesellschaftspolitischen Hintergründen haben, die wir jetzt auf sich beruhen lassen. Betonen möchten wir dagegen, dass uns dieser Streit inhaltlich notwendig erscheint. Er könnte nicht so gelöst werden, dass eine Seite den Wahrheitsanspruch ihrer Position preisgibt. Auf der einen Seite wird Gott als Subjekt der Predigt geachtet und die Subjektivität des Menschen, ob als Predigerin oder als Hörerin, tendenziell als Risiko wahrgenommen. Auf der anderen Seite gilt menschliche Subjektivität als unhintergehbarer Ausgangspunkt allen Redens von Gott.

Um der Ehre Gottes und des Heiles der Menschen willen erscheint uns die doxologische Unterscheidung zwischen Gott und Mensch notwendig.[105] Wenn Gott nichts anderes wäre als eine Begründungsfigur menschlicher Subjektivität, wäre Gott entbehrlich. Und in den Subjektivitätsdiskursen, die in der praktisch-theologischen Debatte in Deutschland gegenwärtig vorherrschen, wird das Nachdenken über menschliche Subjektivität allzu oft in eine Individualisierungsthese eingezogen – ohne dass die gesellschaftlichen Hintergründe, insbesondere die Frage nach den Grenzen der Geltung dieser Individualisierungsthese gerade mit Blick auf die Armutsbevölkerung, noch wahrgenommen würden. Umgekehrt kann die Betonung von Gottes Subjektsein nicht für eine spezifische theologische Streitposition reklamiert werden. Auch so und gerade so würde verletzt, was doch gewahrt werden

---

103. Vgl. Ernst Lange, Zur Theorie und Praxis der Predigtarbeit. In: ders., Predigen als Beruf, Stuttgart u. a. 1976.
104. Vgl. Manfred Josuttis, Der Prediger in der Predigt – sündiger Mensch oder mündiger Zeuge? In: ders., Praxis des Evangeliums zwischen Politik und Religion, Grundprobleme der Praktischen Theologie, München, 3. Aufl., 1983, 70-94.
105. Vgl. Josuttis, Praxis des Evangeliums.

soll: denn die Vermittlung von Gottes schöpferischem Wort mit menschlicher Kreativität ist Werk des Heiligen Geistes, bleibt gerade mit Blick auf die Predigt *Gottes* Handeln zu Gunsten der Menschen: indem die Predigt *den Namen Gottes* über alles Leben ausruft und in einer oft sprachlosen und wenig begeisterten kirchlichen und gesellschaftlichen Lebenssituation eine Sprache findet, die Menschen in Bewegung setzt und begeistert.[106]

Unsere grundlegende Überlegung in diesem Zusammenhang ist: Menschliche Subjektivität lässt sich gerade in ihren Tiefendimensionen nicht als Selbstthematisierung artikulieren, sondern nur in Beziehung auf ihr Anderes. Was Fulbert Steffensky mit Blick auf Spiritualität formuliert, lässt sich über menschliche Subjektivität überhaupt sagen, wenn sie existenzielle Dimensionen berührt: »Es gibt Dinge, die man nicht erwerben kann durch Suchen, durch Selbststeigerung und durch Selbstintensivierung. Man kann sich nicht selbst beabsichtigen, ohne sich zu verfehlen [...]. Wir brauchen uns nicht selber zu bezeugen, eine der großen Lebensentlastungen. Wir brauchen uns nicht selber zu suchen; denn wir sind gefunden, ehe wir suchen. Das gibt unserem Leben Spiel und befreit uns von allen Zwängen der Selbstbeabsichtigung.«[107]

Das Andere ihrer Subjektivität finden Menschen heute an verschiedenen Orten. Dies ist das große Angebot der evangelischen Religion mit ihrem kirchlichen Interaktionsräumen, ihren Ritualen und Symbolen insbesondere in der Feier des Gottesdienstes an alle, die sich darauf einlassen: In der Sprache der Gebete und Lieder, der Bekenntnisse und biblischen Erzählungen einen Raum finden zu können, in den ich mich hineinbegeben kann, wo ich nichts erfinden muss, um mich selber »ausdrücken« zu können, weil ich schon gefunden bin und weil mir eine Sprache begegnet, die die Verschiedenen vieler Jahrhunderte gesprochen haben und in die ich mich mit meinen Gefühlen und Gedanken, meiner Selbstsuche und Selbstverfehlung, auch mit dem Glück des Ankommens einfinden kann.

Dennoch ist das Nachdenken über Subjektivität gerade mit Blick auf die Predigtarbeit nicht auf vollständige Widerspruchsfreiheit bedacht: Denn gerade wenn ich als Predigerin dem Subjektsein Gottes die Ehre geben will, kann ich Predigen nur dann lernen, wenn meiner Subjektivität – der Subjektivität der Predigenden ebenso wie der Hörenden – etwas zugetraut wird. Und das heißt für die, die das Predigen lernen: Sie sollen von denen, die sie

---

106. Vgl. Rudolf Bohren, Predigtlehre, Gütersloh, 6. Aufl., 1993.
107. Fulbert Steffensky, Schwarzbrot-Spiritualität, Stuttgart 2005, 13 f.

unterrichten, in ihrer Lebendigkeit, Kreativität, aber auch in den Zerstörungen ihrer Lebensmöglichkeiten wahrgenommen und geachtet werden.

Die *Predigt des Evangeliums von der Rechtfertigung der »Überflüssigen«* will den Respekt vor Gott mit der Wertschätzung der Subjektivität und der Lebenswirklichkeit der Menschen verbinden, gerade da, wo Lebenssicherheit bedroht, Lebenschancen verschüttet, Kreativität und Lebenslust untergraben werden und Menschen unter dem Niveau ihrer Lebensmöglichkeiten leben müssen. Diese Predigt geht nicht in möglichst zutreffender Analyse von Lebenslagen und politisch-sozialer Programmatik auf. Als Verheißungspredigt will sie einen Raum und eine Zeit eröffnen, in der alle Menschen – gegen die Faktizität ihrer Lebenssituation – als Gottes geliebte Kinder, als Freunde und Freundinnen Jesu, als Heilige in der Gemeinschaft der Heiligen, als Glieder am Leib Christi angesehen und angesprochen werden. Sie werden in eine Wirklichkeit eingehüllt und aufgehoben, in der auch da, wo alltägliche Zwänge und Verheißungen dagegen sprechen, die Menschen mit dem Blick der Zärtlichkeit Gottes angesehen werden. Das schließt mit Blick auf die zwischenmenschlichen Interaktionen unbedingte Wertschätzung für die Menschen auch und gerade da ein, wo ihnen diese Wertschätzung – als kommunikative, aber auch als ökonomische und soziale Wertschätzung – verweigert wird. Dann ist die Predigt des Evangeliums als Protest, als Klage und Anklage, manchmal auch als Aufschrei gegen die Bedingungen zuzusagen, durch die Menschen um ihre Lebensmöglichkeiten und -perspektiven gebracht werden.

2.4 Die Leiblichkeit der Rechtfertigungspredigt

Die Rechtfertigungsverheißung wird durch die Predigt des Evangeliums mitgeteilt, also durch mündliche Rede – hier und jetzt, von Angesicht zu Angesicht. Das ist im Sinne von Martin Luther ein leibliches Geschehen. Es handelt sich nicht darum, einen Text zu interpretieren oder über eigene Lebensgeschichte nachzudenken, eigenes Leben zu deuten. Es geht im Zentrum weder um kognitive Operationen noch um Selbstreflexion. Sondern: die Rechtfertigungsverheißung empfängt, wer sie sich in mündlicher Rede zusagen lässt. Im Sinne des Reformators ist dies mehr und anderes als eine kommunikativ-äußerliche Interaktion. Sprechen und Hören werden als leibliche Äußerungsformen verstanden, und zwar als unhintergehbar körperbezogene Aktionsformen. Das Evangelium dringt durch das Ohr ins Herz, damit ins leibliche Zentrum des Menschen – ins Zentrum einer differenzierten Einheit von Seele, Herz, Geist und Körper.[108]

Damit wird die Rechtfertigung als Wirkung der Predigt des Evangeliums umfassender beschreibbar, als dies mit dem Vorstellungszusammenhang eines »forensischen Geschehens« möglich wäre, der in der theologischen Debatte über das Verständnis der Rechtfertigung eine große Rolle spielt. Bleiben wir einen Moment bei dieser Vorstellung: als forensisches Geschehen, wäre die Gerechterklärung des Sünders in Analogie zum Gerichtsverfahren bereits mehr und anderes als einen »Umetikettierung« im Sinne solcher Handlungen, wie wir sie im Zusammenhang mit dem so genannten Gammelfleisch-Skandal kennen gelernt haben. Sondern zum Verständnis der Rechtfertigung als forensischem Geschehen wäre die pragmatische Sprechakttheorie angemessen: in performativem Sprechen wird die Wirklichkeit hergestellt, die ausgesagt wird, und zwar im Akt und im Moment des Sprechens selber.

Dieses Verständnis soll nicht rundweg abgewehrt werden, aber es geht noch um Anderes und um mehr. Wir möchten vorschlagen, die biblischen ebenso wie die in der reformatorischen Kerntheologie verwendeten Meta-

---

108. »nec iam pedes aut manus nec ullum aliud membrum Deus requirit praeter aures [...] Nam si quaeras ex Christiano, quodnam sit opus, quo dignus fiat nomine Christiano, nullum prorsus respondere poterit nise auditum verbi Dei id est fidem. Ideo solae aures sunt organa Christiani hominis, quia non ex ullius membri operibus, sed de fide iustificatur et Christianus iudicatur.« WA 57, 222, 3 ff.

phern, die von der Leiblichkeit der Einbeziehung des Christenmenschen in den heilsamen Machtbereich Christi erzählen, nicht als uneigentliche Rede zu verstehen, sondern so, dass hier eine Sprachform für eine Wirklichkeit gesucht wird, die nicht anders benannt werden kann, es sei denn um den Preis ihres vollständigen Wirklichkeitsverlustes. Leib Christi, Gemeinschaft der Heiligen, Mit-Sterben und Mit-Auferstehen mit Christus, neue Schöpfung, Christus anziehen, aber auch die Predigt des Evangeliums, die durchs Ohr ins Herz als das Personzentrum des Menschen geht: diese und viele weitere Metaphern für das Geschehen der Rechtfertigung durch den Akt und im Moment der Predigt des Evangeliums zielen immer wieder neu auf die Einbeziehung der Leiblichkeit des Menschen in dieses seine gesamte Person umwandelnde Geschehen. Ein religionsphänomenologischer Zugang kann hilfreich sein, die Leibhaftigkeit, die unhintergehbare Leib-Orientierung des Geschehens der Rechtfertigung durch die Predigt auch jenseits dogmatisch-theologischer Rede aussagefähig machen.[109]

Überlegungen zur Raumgestalt sind hier weiterführend: Der Leib-Raum ist die erste Raum-Erfahrung des Menschen. Christoph Bizer schlägt vor, die Korrespondenz zwischen äußerem Raum und innerem Leibraum des Menschen als eigentlichen Ort der religiösen Erfahrung anzusehen.[110] Das meint insbesondere: der äußere Raum, der durch den Lufthauch, durch das Lautwerden der Predigt des Evangeliums ebenso bestimmt ist wie durch den umgebenden, symbolisch vielfach gestalteten und aufgeladenen Kirchen-Raum, wird durch den Leib-Raum der Predigthörerenden aufgenommen, der intellektuelle, kognitive Dimensionen, aber auch Emotionalität, Sinnlichkeit, Vitalität umschließt. Der innere Leib-Raum ist das Resonanzfeld für die im Raum sich aufbauende Atmosphäre der Predigt des Evangeliums.

Überlegungen zur Zeiterfahrung gehen in eine ähnliche Richtung. Phänomenologisch wird Zeit interpretiert im Gegenüber zwischen der Erfahrung der Dauer als dem ungeschiedenen Einssein des Individuums mit dem, was je an Beziehungen und anderen Wirklichkeiten präsent war und ist in einer Intensität, dass von einer »Einverleibung« gesprochen werden kann. Dies ist die eine Seite der Zeiterfahrung. Demgegenüber steht die

---

109. Vgl. für die systematisch-theologische und praktisch-theologische Reflexion des Themas Leiblichkeit vor allem: Helga Kuhlmann, Leib-Leben theologisch denken. Reflexionen zur theologischen Anthropologie, Münster 2004; und Silke Leonhard, Leiblich lernen und lehren. Ein religionsdidaktischer Diskurs, Stuttgart 2006.
110. Christoph Bizer hat sich immer wieder in dieser Richtung geäußert; vgl. exemplarisch: ders., Liturgie und Didaktik. In: JRP 5 (1988), Neukirchen-Vluyn 1989, 83-115.

Plötzlichkeit und Augenblicksorientierung der je besonderen Ereignisse und Widerfahrnisse, die, aus der Zukunft kommend, auf diese Erfahrung der Dauer treffen und in einem Prozess der Retention, des Wieder-Auftauchens ähnlicher Erfahrungen, eine Identifizierung dieser besonderen Zeit gegenüber aller anderen in der Dauer aufgehobenen Zeit ermöglicht. Die Frage, die sich aus diesem Zeitverständnis ergibt, heißt: Was bedeutet es, und was bewirkt es, wenn in der eschatologischen Zeit keine aus der Zukunft kommenden Ereignisse mehr auf diese Dauer-Erfahrung treffen? Die Predigt des Evangeliums stellt den gerechtfertigten Sünder in die Zeit Christi als die eigentlich eschatologische Zeit, also in die Zeit, in der unter den Bedingungen irdisch-weltlicher Wirklichkeit die Zeit Gottes bereits präsent ist. Das menschliche Subjekt wird, wenn diese eschatologischen Zeit da ist, in der keine Zukunft mehr kommt[111], in die Sozialität und zugleich in die unverlierbare Intimität mit allen Geschöpfen, mit Lebenden und Toten, zurückgestellt – und wird in dieser Einverleibungserfahrung das Angesicht Gottes sehen können.

Raumerfahrung und Zeiterfahrung weisen auf eine Einverleibung hin: die Predigt des Evangeliums von der Rechtfertigung ist immer mehr als ein kommunikativer Akt. Durch das mündliche, äußerliche Wort, das hier und jetzt durch die Stimme des Predigers und der Predigerin laut wird, wird eine Wirklichkeit eröffnet, wird ein heilsamer Machtbereich ausgebreitet, in dem Jesus Christus hier und jetzt präsent ist.[112] Die voraussetzungslose Liebe Gottes erfüllt den Raum und die Zeit, und die Menschen, die hier und jetzt versammelt sind, werden ohne Vorleistung, so wie sie sind, in ihrem krummen Gang und mit ihren halben Träumen, in diese Wirklichkeit aufgenommen: in den Leib Christi, in die neue Schöpfung.

Diese leibliche Wirklichkeit ist mehr als eine kommunikative Beziehung zwischen Gott und den Menschen. Aber man kann zugleich auch sagen: die Metaphorik der Leiblichkeit, die dieses Geschehen auf den Punkt bringt, ist zugleich eine Radikalisierung und Zuspitzung einer kommunikativen Beziehung, die Martin Luther zugleich als eine sehr spezifische und sehr totale kommunikative Beziehung beschreibt. Zugleich braucht es nämlich not-

---

111. Diese Zuspitzung des eschatologischen Zeitverstehens hat Hermann Schmitz herausgearbeitet. Vgl. ders., System der Philosophie, Bd. 1: Die Gegenwart, Bonn 1964, 460 ff. Vgl. auch: Hans-Martin Gutmann, Die Wahrnehmung der Gegenwart. In: ders. u. a. (Hgg.), Theologisches geschenkt. Festschrift für Manfred Josuttis, Bovenden 1996, 94-107.
112. Vgl. hierzu auch: Jochen Cornelius-Bundschuh, Die Kirche des Wortes. Zum evangelischen Predigt- und Gemeindeverständnis, Göttingen 2001, 292 ff.

wendig die Dimension des Kommunikativen in der Intimität leiblicher Vereinigung – und zwar deshalb, weil *in* dieser Vereinigung dennoch *keine Vermischung* stattfinden kann. Gott bleibt Gott – seine Liebe zu den ihm gegenüber Anderen, zu dem Menschen im Kontext der geschöpflichen Lebensumwelt, ist genau darin freie, überschwängliche Liebe, dass Gott in dem Sich-Zeigen seiner Liebe keineswegs aufgeht. Und der Mensch bleibt Mensch auch in der vollständig umwandelnden Glückserfahrung der Einverleibung in Gott im Moment, in dem er die Predigt von der Rechtfertigung hört und für sich annimmt: der Mensch *bleibt* Sünder, solange noch nicht »alles in allem ist«, auch als in dieser Vereinigung gerecht Gesprochener.

Die besondere Kommunikationsfigur zwischen Gott und Mensch, die sich aus der *Verbindung* zwischen beidem ergibt: der Vereinigung (»ein Leib«) und der bleibenden Unterschiedenheit (Gott bleibt Gott, der Mensch bleibt Mensch), ist von Martin Luther in dieser Metapher aufgenommen worden: diese spezifische Interaktion und Kommunikation wird von ihm als »Tausch« verstanden, als »fröhlicher Wechsel und Tausch«. Dieser Beziehungsgestalt des Rechtfertigungsgeschehens soll im folgenden Abschnitt weiter Aufmerksamkeit geschenkt werden.

2.5 Die Ökonomie des Glaubens als eine Ökonomie der Intimität

Wie kommen der sich selbst schenkende, in seiner Gnade überfließende Gott und der Mensch, der dieses Geschenk der Rechtfertigung durch Gott als Glück erfahren kann, im Glauben zusammen? Wir möchten mit dieser Frage daran erinnern, dass Martin Luther an zentraler Stelle eine Metapher aus dem Lebensbereich der ökonomischen Kommunikation gewählt hat, um diese Weise der umwandelnden Beziehung zu fassen. Er spricht vom Tausch, genauer: vom fröhlichen Wechsel und Tausch in der Beziehung zwischen dem sich selbst in seiner Gerechtigkeit dem Menschen schenkenden Christus und der diesem Geschenk sich öffnenden Seele, dem Personzentrum des Menschen. Wie kann verstanden werden, was Luther hier vor Augen hat und mitteilen will?

Luther führt in einer seiner berühmtesten Schriften, der Freiheitsschrift von 1520, einen Gedanken aus, den er in diesen Jahren auch in anderen Texten immer wieder zu fassen versucht, beispielsweise in der Hebräerbriefvorlesung, die er zwei Jahre zuvor verfasst hat.[113] Er diskutiert in der Freiheitsschrift ein Geschehen, das dem »inneren Menschen« widerfährt, wenn er Gottes Wort hört und durch diesen Kontakt neu gemacht wird, und zwar auf zweierlei Weise: durch Gottes Wort als Gebot und als Verheißung. Wenn die Einzelne Gottes Wort als Gebot hört, wird sie in Verzweiflung über sich selbst gebracht. In Konfrontation mit dem Gebot erfährt sie sich selbst nämlich als vollständig unfähig, das Gebot zu befolgen. Dabei geht es Luther im Zentrum um das erste Gebot: der Mensch kann nicht zulassen, dass Gott *Gott* ist. Der Mensch will selber Gott sein. Die Spitze dieses Gedankens liegt also darin, dass die Verzweiflung des Menschen nicht an seinem Unvermögen aufbricht, ethisch richtig zu handeln (also an den Geboten der zweiten Tafel zu scheitern). Sondern im Zentrum steht, dass der Mensch sich als von der Ursünde beherrscht wahrnehmen lernt: Die Einzelne lebt, indem sie als Mensch lebt, im vollständigen Widerspruch gegen Gott, weil sie von der Größenfantasie beherrscht ist, selbst Gott zu sein.[114] Weil diese Größen-

---

113. Vgl. z. B. WA 57, 156, 19 ff. Vgl. zum Folgenden auch: Hans-Martin Gutmann, Über Liebe und Herrschaft, 109 ff.
114. Vgl. WA 7, 52, 25 ff.

fantasie zerstörerisch ist, ist es für den Menschen heilsam, dass er genau daran verzweifelt.

Der Einzelne wird aber nicht in seiner Verzweiflung alleingelassen.[115] Denn das Wort von der Verheißung schenkt dem Menschen, was die Gebote verlangen. Die Verheißungen erfüllen, was das Gesetz befiehlt. Und zwar so, dass es zu einem intimen Kontakt, zu einer innigen Vereinigung und Verschmelzung zwischen Jesus Christus, der im Verheißungswort mitgeteilt wird, und dem Personzentrum, dem Herzen der Glaubenden kommt:

> »So folgt, daß alles, was ihnen [also Christus und der Seele] gehört, gemeinsam wird, Gutes wie Schlechtes, so daß sich die gläubige Seele alles dessen, was Christus hat, als ihr eigen rühmen und freuen kann. Und alles, was die Seele hat, das legt sich Christus als sein eigen bei. Vergleichen wir das, so werden wir Unschätzbares sehen: Christus ist voller Gnade, Leben und Heil, die Seele ist voller Sünde, Tod und Verdammnis. Nun tritt der Glaube als Mittler dazwischen. So kommt es, dass Christus Sünde, Tod und Hölle gehören, der Seele aber Gnade, Leben und Heil. Denn er muß, wenn er Bräutigam ist, zugleich das, was die Braut hat, annehmen und der Braut Anteil geben an dem, was sein ist. Denn wenn er ihr seinen Leib und sich selbst schenkt, wie sollte er ihr nicht alles, was sein ist, schenken? Und wer den Leib der Braut annimmt, wie sollte der nicht alles, was die Braut hat, annehmen? Hier zeigt sich nun das lieblichste Schauspiel – nicht nur der Gemeinsamkeit, sondern des heilsamen Streites, des Sieges, des Heils und der Erlösung.«[116]

Wir finden in diesem Textabschnitt eine deutliche Nähe der Metaphern und Vorstellungen von »Tausch« und »Vereinigung in Seinem Leib«, von Gabenaustausch und Intimität. Luther beschreibt einen Prozess wechselseitiger Mitteilung und gegenseitigen Geschenkaustausches zwischen Gott und Mensch, einen Prozess, der sich in einem Maße steigert, dass es zu einer höchst intimen Beziehung zwischen beiden kommt. Luther machte diese Intimität so stark, dass nahezu von einer Verschmelzung zwischen beiden gesprochen werden kann. Der Glaube hat die Kraft, die Seele des Menschen mit Christus zu verbinden wie Braut und Bräutigam. Christus und die Seele werden zu einem Fleisch. Luther ist jetzt bei der Metaphorik der ehelichen Gemeinschaft angekommen: zwischen Christus und der Seele besteht eine Ehe in einer Intimität und Intensität, dass menschliche Ehen nur ihre schwachen Abbilder sind. Alles, der gesamte Lebensvollzug, aber auch alles,

---

115. Vgl. WA 7, 52, 37 ff.
116. WA 7, 54 f.

was beide Partner haben, wird ihnen gemeinsam.[117] Dieser »fröhliche Wechsel und Tausch« hat sein Urbild und seinen Grund im wechselseitigen Austausch zwischen den beiden Naturen in der einen Person Jesu Christi, der »communicatio idiomatum«. Dies ist auch der Grund dafür, dass Christus die Sünde des Menschen annehmen kann, ohne selber von ihr affiziert zu werden. Die Sünde wird in dem Austauschprozess zwischen Gott und Mensch *in Christus selber* gewissermaßen verschlungen.[118]

Luther beschreibt den Glauben in seiner Freiheitsschrift als Vereinigung, aber auch als ein dynamisches Beziehungsgeschehen zwischen den bleibend Verschiedenen. Sehen wir uns die einzelnen Dimensionen dieser Beziehungsdynamik näher an:

- der Glaube verbindet die Seele des Menschen mit Christus wie die Braut mit dem Bräutigam. So entsteht eine innige, intime Gemeinschaft: Christus und die Seele werden zu einem Fleisch.
- Diese innige Gemeinschaft wird in der Metapher einer weltlichen Ehe zwischen Mann und Frau wahrgenommen, und zwar als ihre Steigerung: wo die menschliche Ehe unvollkommen ist, ist diese Ehe vollkommen, umgekehrt ist die menschlich-irdische Ehe ihr Abbild.[119]
- In dieser innigen Beziehung wird alles, was einem jeden Partner gehört, gemeinsam, und zwar wechselseitig: der Seele des Menschen wird alles eigen, was Christus hat, und umgekehrt. Auch hier hat Luther einen Prozess vor Augen, der in mehreren Stufen seine Dynamik entfaltet:
  (1) Zunächst wird die absolute Unterschiedenheit beider Partner festgestellt: Vollkommenheit auf der einen, Nichtigkeit auf der anderen Seite.
  (2) Der Glaube tritt als verbindendes Element zwischen beide Partner. Hierdurch wird eine Tausch-Interaktion eröffnet: in diesem Tausch wird Christus die Nichtigkeit (Sünde, Tod und Verdammnis) des Menschen zueignen, der Seele des Menschen dagegen die Vollkommenheit Jesu Christi (Gnade, Leben und Heil).
  (3) Es werden nicht spezifische und begrenzte Dinge getauscht, sondern alles, was den Tauschpartnern gehört. »Denn wenn er ihr seinen Leib und sich selbst schenkt, wie sollte er ihr nicht alles, was

---

117. »oportet enim eum, si sponsus est, ea simul quae sposa habet acceptare et ea quae sua sunt sponsae impartire.« WA 7, 55, 1 ff.
118. WA 7, 55, 8 ff.
119. Dass diese Vorstellung im Hinblick auf die Darstellung des Geschlechterverhältnisses allerdings auch tendenziell sexistisch ist, wird im Folgenden deutlich.

sein ist, schenken? Und wer den Leib der Braut annimmt, wie sollte der nicht alles, was die Braut hat, annehmen?«[120]

(4) Trotz der im Tauschvorgang durchgehaltenen unendlichen qualitativen Differenz der Tauschpartner kommt es zu einem Austausch, der sogar als Positionsvertauschung beschrieben wird: »So kommt es, dass Christus Sünde, Tod und Hölle gehören, der Seele aber Gnade, Leben und Heil.«[121] Die *intime Gemeinschaft* zwischen den Tauschpartnern (sie werden ein Leib) ermöglicht den Positionswechsel, die vollkommene Veränderung des Menschen: als innerer Mensch ist der Glaubende völlig frei, ist er als König aller Dinge mächtig, als Priester sogar Gottes mächtig. Außerhalb dieser intimen Glaubensgemeinschaft bleibt es bei der Beschreibung bedrängender Abhängigkeitsverhältnisse: Als äußerer Mensch ist der Christ ein völlig dienstbarer Knecht und jedermann untertan. Beide Aspekte zusammengenommen: der Glaubende ist *simul iustus et peccator*.

Die Metapher vom fröhlichen Wechsel und Tausch steht für die intime Beziehung des Glaubens, und sie umfasst in Luthers Perspektive auch und vor allem ökonomische Dimensionen. Luthers Metapher vom »fröhlichen Wechsel und Streit« in der Rechtfertigungsbeziehung zwischen Gott und den Menschen ist damit eingebettet in eine Vorstellung einer gerechten Weise des Wirtschaftens, die nicht allein die Innerlichkeit des glaubenden Individuums, sondern die Auffassung der lebensweltlichen und gesellschaftlichen Seite des Lebens in einem nach dem rechtfertigenden Evangelium reformierten Gemeinwesens umfasst.

Luther hat diese Beziehungsgestalt – beispielsweise im Großen Katechismus in der Erklärung des ersten Gebotes – deutlich gegen die Ökonomie des Geldes, gegen die Waren-Ökonomie gesetzt. Die Gottesfrage entscheidet sich daran, so meint Luther hier, wem man im Innersten *vertraut*, woran man sein Herz hängt. »Es ist mancher, der meinet, er habe Gott und alles gnug, wenn er Geld und Gut hat. […] Siehe, dieser hat auch einen Gott, der heißet Mammon, das ist Geld oder Gut, darauf er alle sein Herz setzet, welchs auch der allergemeinest Abgott ist auf Erden.«[122]

Die Alternative von Gott oder Geld, die in Luthers Auslegung des Ersten

---

120. WA 7, 55, 1 ff.
121. WA 7, 55, 8 ff.
122. Der Große Katechismus deutsch. In: Bekenntnisschriften der evangelisch-lutherischen Kirche, Göttingen, 12. Aufl., 1998, 561, 8 ff.

Gebotes aufscheint, hat weit reichende Konsequenzen für die Wahrnehmung der Bedingungen, unter denen Menschen ihr Leben führen, auch heute. Überall wo Leben entsteht und aufwächst, versorgt und geschützt werden muss; überall dort, wo Liebesbeziehungen, Freundschaften und Nachbarschaften, wo pädagogische Beziehungen zwischen Eltern und Kindern, Lehrenden und Lernenden, überall auch dort, wo Religion gelebt wird, würde die konzentrierte Bestimmung durch Geld den Lebensvollzug stören oder sogar zerstören. Hier existiert – durch die gesamtgesellschaftlich vorherrschende Geld-Ökonomie immer durch Kolonisierung und Vernutzung bedroht – eine Ökonomie-Form weiter, die in einigen Gesellschaften einmal als *totale Institution* den Austausch zwischen Mensch und Mensch, Mensch und Natur, Mensch und Gottheit bestimmt hat und durch die Ausbreitung der Geldökonomie in die Nischen der intimen, aber auch der religiösen Kommunikation verdrängt wurde: die Ökonomie des *Gabenaustausches*.[123]

Was *christliche Freiheit* meint, ist unter diesen Bedingungen verstehbar als *Freispruch von der Verpflichtung zur Gegengabe für die Menschen*: Gott gibt alles Leben, jedes einzelne Angesicht, den unermesslichen Reichtum ebenso wie alles einzelne. Die Gegengabe-Forderung würde den Menschen als Menschen zerstören. Christliche Freiheit meint diesen Freispruch: wir müssen Gott nichts »wieder gut machen« – aber meint, und dies ist entscheidend, *nicht die Auflösung der Beziehung zu Gott und den Menschen zugunsten individueller Interessendurchsetzung*. Im Kern ist die reformatorische »Christliche Freiheit« ein Alternativmodell, und zwar ein lebensförderndes und – wie sich immer mehr herausstellt – möglicherweise lebensrettendes Alternativmodell zur bürgerlich-kapitalistischen Freiheitsvorstellung: weil die Freiheit der Einzelnen unhintergehbar mit der bleibenden Macht und Faszination von *Beziehung* zusammen gesehen wird.

Das Geld ist die eigentliche Gefahr für die Gottesbeziehung des Menschen, und damit für das Zentrum seiner Selbstvergewisserung wie seines Zusammenlebens mit anderen Menschen. Damit steht Luthers Alternative zugleich in einem breiten Strom biblischer Erzählungen und Sozialgesetze. Akkumulieren, sparen, Selbstkontrolle, Abwendung von Luxus und Verschwendung: Dies sind die Maximen des kapitalistischen Wirtschaftens,

---

123. Vgl. hierzu: Marcel Mauss, Die Gabe. Form und Funktion des Austausches in archaischen Gesellschaften, zit. nach Wolf Lepenies u. a. (Hgg.); Soziologie und Anthropologie, Bd. 2, Frankfurt a. M. u. a. 1978; zur theologischen Bedeutung der Gabentauschtheorie vgl. auch Bieler und Schottroff, Das Abendmahl, 134-139.

aber es sind gerade *nicht* die Maximen der biblischen Religion.[124] In dieser Religion ist vielmehr das Bewusstsein aufgehoben, dass ohne beständige Verschwendung, ohne Verausgabung, ohne Sorglosigkeit das menschliche Leben, aber auch das Leben insgesamt nicht möglich ist.

»Ihr sollt Euch nicht Schätze sammeln auf Erden, wo sie die Motten und der Rost fressen und wo die Diebe einbrechen und stehlen. Sammelt Euch aber Schätze im Himmel, wo sie weder Motten noch Rost fressen und wo die Diebe nicht einbrechen und stehlen« (Matthäus 6,19f). Jesus von Nazareth hat in dieser Passage seiner Bergpredigt eine Beziehung des Menschen zu seiner gesellschaftlichen Lebensumwelt – und hier insbesondere zur Wertigkeit wirtschaftlichen Handels – formuliert, ohne die die von Martin Luther begründete Alternative »Gott oder Geld« nicht denkbar wäre. Jesus hat sich in dieser Äußerung und an anderen Stellen auch gegen eine Haltung des »Sorgens« gewendet, und damit auch gegen eine Haltung, die die zwischenmenschlichen Beziehungen ebenso wie die Beziehungen zu den Geschöpfen der Lebensumwelt nach den Kriterien des Nutzens, der Effizienz, des Wachstums und ökonomischen Erfolgs bemisst, und zwar vor allem und tendenziell allein nach diesen Kriterien. Warum?

Für das Verständnis der besonderen Beziehungsgestalt zwischen Gott und den Menschen im Geschehen der Rechtfertigung, die als Ökonomie der Intimität und der Verausgabung nicht als nur- individuelle, nur- innerliche zu verstehen ist, sondern auch ökonomische Dimensionen beinhaltet, halten wir einen Seitenblick auf einen nichttheologischen Theoretiker für hilfreich. Der französische Philosoph Georges Bataille hat in seinem grundlegenden ökonomischen Werk Verausgabung und Verschwendung als verdrängte, aber dennoch wirksame Prinzipien einer jeden Ökonomie vorgestellt. »Ich gehe von einer elementaren Tatsache aus: Der lebende Organismus erhält, dank des Kräftespiels der Energie auf der Erdoberfläche, grundsätzlich mehr Energie, als zur Erhaltung des Lebens notwendig ist. Die überschüssige Energie (der Reichtum) kann zum Wachstum eines Systems (z. B. eines Organismus) verwendet werden. Wenn das System jedoch nicht mehr wachsen und der Energieüberschuss nicht gänzlich vom Wachstum absorbiert werden kann, muss er notwendig ohne Gewinn verloren

---

124. Vgl. in diesem Zusammenhang auch: Hans-Martin Gutmann, Der gute und der schlechte Tausch. Das Heilige und das Geld – gegensätzliche ökonomische Beziehungen? In: Jürgen Ebach u. a. (Hgg.), »Leget Anmut in das Geben«. Zum Verhältnis von Theologie und Ökonomie, Jabboq, Bd. 1, Gütersloh 2001, 162-225.

gehen und verschwendet werden, willentlich oder nicht, in Glorie oder in katastrophischer Form.«[125]

Leben ist beständige Verausgabung, ist ein reicher, überschüssiger Strom von Energie, der immer nur zum Teil durch die »Ordnungen der Arbeit und der Vernunft«, wie Bataille die zweckgerichtete menschliche Tätigkeit zusammenfassend bezeichnet, und durch Wachstum kanalisiert werden kann. Jeder Versuch, den gesamten überschüssigen Reichtum der Lebensenergie vollständig in Wachstum zu übersetzen, muss scheitern. Die Lebensenergie wird die Ordnungen der Akkumulation, der Kontrolle, des Sparens von einem bestimmten Punkt an überfluten. Wir erinnern an den Ausruf des von einem Tyrannosaurus Rex gejagten Chaos-Theoretikers in Stephen Spielbergs »Jurassic Park« »Ich hasse es, recht zu behalten [...]. Das Leben bahnt sich seinen Weg.« Deshalb gehört die Verausgabung, der Luxus, die Verschwendung, das freigiebige Geben notwendig zum Lebensvollzug hinzu. Gesellschaften, in denen versucht würde, diese notwendige Seite des Lebens vollständig zu verdrängen und auszuschalten, sind zum Scheitern verurteilt. Oder, wie es seinerzeit Michael Gorbatschov in einer hellsichtigen, allerdings zu wenig selbstkritischen Formulierung im Hinblick auf die wachstumsorientierte und durchrationalisierte Planwirtschaft des real existierenden Sozialismus formuliert hatte: Wer zu spät kommt, den bestraft das Leben.

> »Ihr sollt Euch nicht Schätze sammeln auf Erden, wo sie die Motten und der Rost fressen und wo die Diebe einbrechen und stehlen. Sammelt Euch aber Schätze im Himmel, wo sie weder Motten noch Rost fressen und wo die Diebe nicht einbrechen und stehlen. Denn wo dein Schatz ist, da ist auch dein Herz. Niemand kann zwei Herren dienen: Entweder er wird den einen hassen und den andern lieben, oder er wird an dem einen hängen und den andern verachten. Ihr könnt nicht Gott dienen und dem Mammon. Darum sage ich Euch: Sorgt nicht um Euer Leben, was ihr essen und trinket werdet; auch nicht um Euren Leib, was ihr anziehen werdet. Ist nicht das Leben mehr als die Nahrung und der Leib mehr als die Kleidung? Seht die Vögel unter dem Himmel an: Sie säen nicht, sie ernten nicht, sie sammeln nicht in die Scheunen; und Euer himmlischer Vater ernährt sie doch. Seid Ihr denn nicht viel mehr als sie?« (Matthäus 6,19-26)

Jesus von Nazareth bringt in dieser Passage der Bergpredigt genau die Weisheit einer allgemeinen Ökonomie zum Ausdruck, die in der verengenden

---

125. George Bataille, Das theoretische Werk, Bd. 1: Die Aufhebung der Ökonomie, München 1975, 45.

und speziellen Ökonomie des kapitalistischen, aber natürlich auch des planwirtschaftlich wachstumsorientierten ökonomischen Handelns verdrängt und vergessen wird. Religion ist der Ort, an dem die Notwendigkeit des Lebens, freigiebig zu schenken, sich zu verausgaben und zu vergeuden, gegen seine Verkürzung durch rationalisierte Wirtschaftsordnungen aufbewahrt wird.

Ihr könnt nicht zwei Herren dienen. Ihr könnt nicht Gott dienen und dem Mammon. Jesus stellt in der Bergpredigt die Lebensorientierung des Evangeliums, des Reiches Gottes gegen die Lebensorientierung des Zurücklegens, Sorgens, Sparens, des Akkumulierens. Sorgt nicht. Lebt Euer Leben heute. Verschenkt Euch freigiebig und lasst Euch beschenken. Das, was Ihr zum Leben nötig habt, wird Euch der Vater im Himmel geben. Die Lilien auf dem Felde, die Vögel unter dem Himmel: Sie zeigen den überschwänglichen Reichtum von Gottes Schöpfung und Erhaltung des Lebens. Dagegen ist der Mammon-Gott, das Geld die Ordnung des Sorgens, des Vorausberechnens, des Aufhäufens und Bei-Sich-Behaltens. Mammon ist der Gott, der Menschen zu selbstsüchtigen, in sich selbst verkrümmten, eben nicht freigiebigen Wesen werden lässt.

»Sorget nicht« – Jesu Forderung, die er im Angesicht des unmittelbar bevorstehenden Reiches Gottes erhebt, beinhaltet eine gegenüber der Geldwirtschaft vollständig andere Weise des Wirtschaftens. Diese Forderung kennzeichnet eine Ökonomie der Verausgabung, des Schenkens und Beschenkt-Werdens, deren Subjekt, und dies sagt Jesus in der Bergpredigt ebenfalls mit ganzer Deutlichkeit, der Gott Israels ist. Die biblische Religion (und in ihrer je besonderen Spezifizität auch die anderen Weltreligionen) ist bis heute der Ort, an dem in der bürgerlichen Gesellschaft, gegen die vorherrschende Weise des Wirtschaftens, die Ökonomie der Verausgabung ihren Platz hat.

Die Alternative »Gott oder Geld« wird lebenspraktisch vor allen Dingen darin konkret, wie angesichts einer Situation von Knappheit zwei Haltungen unterschieden werden können: die Haltung der Verausgabung und die Haltung der Sorge. Die Ökonomie, die in der biblischen Religion vorherrscht, kann als eine Ökonomie der Verausgabung verstanden werden. Überall, wo das Evangelium gepredigt wird, soll auch von der Frau aus Bethanien die Rede sein – sie hat eine Flasche mit kostbarem Öl über Jesu Kopf ausgegossen, und Jesus lobt ihre Haltung gegen den Einspruch der Männer unter seinen Jüngern, die gegen diese Vergeudung Einspruch erheben (Markus 14,3-9). Jesus vergleicht in seinem Gleichnissen das Himmelreich mit einem Schatz, den man zufällig im Acker findet, oder auch mit einer kostbaren Perle, die man nur dann bekommen kann, wenn man alles aufgeben kann, was man hat – aber für diesen Schatz muss man auch alles aufgeben (Matthäus 13,44-46). Aus solchen und ähnlichen, immer wiederkehrenden Textpassagen können wir wahrnehmen, dass die Aufforderung Jesu »Sorgt nicht!« keinesfalls eine beiläufige Forderung darstellt, sondern auf die Mitte christlicher Existenz zielt. »Sorgt nicht!« – diese Forderung fasst die biblische ökonomische Logik in konzentrierter Form zusammen. Gott hat das Leben in Fülle gegeben. Wer an Gott glaubt, glaubt auch, dass für alle genug da ist, dass Gott für alle seine Lebewesen sorgt. Demgegenüber ist Mangel an Vertrauen gegenüber Gott, ist der Bruch der Beziehung zu Gott, ist die Sünde dadurch gekennzeichnet, dass Menschen aus dem Bewusstsein des Mangels leben: eine Haltung, in der alle das eigene Leben sichern und möglichst viel für sich selber herausholen wollen. Martin Luther spricht in diesem Zusammenhang von der Lebenshaltung des »homo in se incurvatus«; dieses Lebensmodell der »in sich verkrümmten Existenz« ist das präzise Gegenbild zur christlichen Existenz, und damit ist auch das bezeichnet, was das biblische Wort »Mammon« beinhaltet. Mammon ist das, was zurückgelegt wird, und die Abhängigkeit vom Mammon bezeichnet einen Lebensstil, in dem Selbstsicherung und individuelle Vorsorge im Zentrum stehen. Genau dies ist die Lebenshaltung, die der kapitalistischen Geldwirtschaft entspricht und angemessen ist: Sorge angesichts von Knappheit. Gegen diese Lebenshaltung steht der Glaube an den Gott der Fülle. In biblischer Perspektive eröffnet das Gesetz einen Weg, diese Fülle gerecht zu verteilen.

Die neue, im Glauben begründete Beziehungsform, die alles und deshalb auch die ökonomischen Beziehungen umfasst, ist durch eine Anerkennung des Menschen als Person, als unauswechselbares Gesicht gekennzeichnet. Für die kapitalistische Warenökonomie ist dagegen die Besonderheit der Dinge ebenso gleichgültig wie das jeweils individuelle Gesicht der Lebewesen. Das Grundgesetz dieser ökonomischen Logik ist, dass alles gegen alles getauscht werden kann. Eine jede Ware kann in Geld übersetzt werden, hierin und nicht in ihrem konkreten Nutzen für besondere menschliche Bedürfnisse liegt ihr Wert. Und auch die menschliche Arbeitskraft gilt als Ware, deren Wert nicht in ihrer eigentümlichen Bildungsgeschichte, Kreativität und Kraft liegt, sondern ebenfalls darin, was sie in Geld wert ist. Im Verhältnis zum Geld, dem eigentlichen Subjekt der gesellschaftlichen Wirklichkeit, wird alles und werden alle gleich-gültig.

Die Ökonomie der biblischen Religion eröffnet demgegenüber eine Alternative. Sie erzählt von dem Gott, der Himmel und Erde gemacht hat und der nicht fahren lässt das Werk seiner Hände. Gott kommt auf einen jeden Menschen in seiner eigentümlichen Gestalt zu, er nimmt uns an in unseren halben Träumen und unfertigen Lebensgeschichten. In dieser Beziehung geht es nicht um den Austausch von Waren. Ja, diese Beziehung *verwandelt* die Abstraktheit gegenüber den unaustauschbaren Lebensgeschichten, den unverwechselbaren Lebenssituationen und konkreten Bedürfnissen von Menschen. Wer sich von der biblischen Erzähltradition »auf den Arm nehmen« lässt, wird in einen Beziehungsraum aufgenommen, in dem es Gott genau um diese Menschen geht: Er hat dieses eine Volk Israel am Rande der politischen und kulturellen Imperien als Gegenüber für seinen Freundschaftsbund auserwählt, und die Freunde und Freundinnen Jesu sind in diesem Bund mit aufgenommen. In diesem Beziehungsraum wird der Wert jedes eigentümlichen Gesichtes wahrgenommen und geschätzt. Und die Menschen werden als Leben wahrgenommen unter Leben, das ebenfalls leben will: entsprechend dem Bund mit Noah nach der großen Flut (Gen 9,9 ff.) gilt Gottes Freundschaftsbund *einem jeden Lebewesen*. In der Warenwelt werden alle Dinge und auch tendenziell alle Menschen gleich gemacht, nämlich in Geld als abstraktem Wert austauschbar gemacht. Dagegen wird in der biblischen Erzählung von der Beziehung zwischen Gott und seinen Menschen immer auf die *Eigentümlichkeit und Differenz* allen Lebens Wert gelegt. Dies gilt vom ersten Anfang bis zum Ende der Zeit: Gott hat alles Leben nach seiner Art geschaffen, und siehe, es war sehr gut. Und auch Gericht und Erlösung treffen die Geschöpfe nicht gleichgültig, sondern in ihrer einzigartigen, in Lebensgeschichte und Beziehungsfeld nicht austauschbaren Gestalt.[126]

Martin Luther hat in seiner Freiheitsschrift 1520 und in vielen weiteren Texten unternommen, die besondere Gestalt des Beziehungsraumes zwischen Gott und den Menschen, die in der unüberschaubaren Weite und Vielfältigkeit der biblischen Erzählung mitgeteilt wird, durch eine theologische gedankliche Figur zu elementarisieren: durch die Unterscheidung von Gesetz und Evangelium. Man kann die *religiöse Logik* dieser Differenz so verdeutlichen, dass es um eine Doppelbewegung des Abfließens und Herbeirufens geht, um eine Flussbewegung, in der sich die Beziehung zwischen Gott und den Menschen als lebendig erweist.[127]

---

126. Vgl. Thomas Ruster, Artikel »Geld«. In: Norbert Mette u. a. (Hgg.), Lexikon der Religionspädagogik, Neukirchen 2001, 670-675.
127. Wir betonen, dass es bei der Unterscheidung von Gesetz und Evangelium um die Be-

Das Gesetz verhilft dazu, dass mit der menschlichen Größenfantasie, selber wie Gott sein zu wollen, das Zentrum von zerstörerischen Lebenskonzeptionen getroffen wird. Sie konkretisieren sich in vielfältigen Feldern – ökonomischen, politischen, sozialen und kulturellen –, in denen Menschen, die eigene Grenzen nicht wahrnehmen können und sich mit Gott verwechseln, andere Menschen und sich selber unfrei machen, in Herrschaftsmechanismen eingesponnen sind und einspinnen. Tendenziell bedrohen solche Lebenskonzeptionen die Freiheit und Eigentümlichkeit allen Lebens. Die Identifizierung dieser Lebenshaltung als Sünde, die mit der Predigt des Gesetzes intendiert ist, kann dazu führen, dass Menschen von der Macht dieser zerstörerischen Selbstdefinition und Beziehungsmuster frei gemacht werden.

Das Wort vom Evangelium öffnet dann, wenn dieses zerstörerische Beziehungsmuster seine Macht verloren hat, eine heilsame Beziehung zu Gott und den Menschen, auch zu sich selber: Gott schenkt mir als dem Glaubenden in Jesus Christus seine Gerechtigkeit und nimmt meine Sünde an. Ein Austausch, in dem *alles für nichts* getauscht wird. Die ökonomische Logik des Kapitalismus ist hier ebenso gebrochen wie die Logik der Gabentauschökonomie, nach der alles zurückgegeben werden muss, was empfangen wurde.[128] Es wird mit der Verheißung des Evangeliums ein Beziehungsraum eröffnet, in den sich alle hineinbegeben können, die daran glauben und ihr Herz an Jesus verlieren: ein Raum von Freiheit, in dem zugleich die Beziehung erhalten wird und anders als in den bürgerlich-kapitalistischen Freiheitsmodellen nicht Beziehung in individuelle Selbstdurchsetzung aufgelöst wird, sondern bleibende, lebendige Beziehung zu Gott und den anderen

---

schreibung einer grundlegenden religiösen Logik geht. Wird Gesetz hier einfach mit Tora identifiziert, bzw. mit dem so genannten gesetzlichen Judentum oder dem Alten Testament, sind antijudaistischen Argumentationsmustern Tür und Tor geöffnet. Vgl. zur Debatte um Gesetz und Evangelium in der Homiletik grundsätzlich Eberhard Hauschildt, »Gesetz« und »Evangelium« – eine homiletische Kategorie? Überlegungen zur wechselvollen Geschichte eines lutherischen Schemas der Predigtlehre. In: PTh 80 (1991), 262-287. Siehe weiter zur grundsätzlichen Auseinandersetzung mit der Antijudaismusproblematik im Hinblick auf das Thema: Evelina Volkmann, »Gesetz« und »Evangelium« in der Predigt. In: Hans Martin Dober und Dagmar Mensink (Hgg.), Die Lehre von der Rechtfertigung des Gottlosen im kulturellen Kontext der Gegenwart. Beiträge im Horizont des christlich-jüdischen Gesprächs, Stuttgart 2002, 106-123.

128. Diese Wirkung der evangelischen Unterbrechung der Rezeptionslogik ist in ihren verschiedenen Aspekten instruktiv vom Hamburger Missionswissenschaftler Theodor Ahrens untersucht worden. Vgl. z. B. ders., Gegebenheiten. Missionswissenschaftliche Studien, Frankfurt a. M. 2005.

Menschen und Mitgeschöpfen mit dem Freispruch davon verbunden wird, alles durch eigenes Handeln, durch eigene Leistung, durch ethisches Rechthandeln »wieder gut machen« zu müssen. Die *Verbindung von Beziehung und Freiheit* ist die evangelische Alternative zum Freiheitsmodell individueller Interessendurchsetzung.

Karl Barth hat im Jahr 1935 – in brisanter historischer Situation, nachdem der deutsche Faschismus alle Lebensbereiche durchdrungen hatte und die Vernichtung der Jüdinnen und Juden, aber auch vieler weiterer Bevölkerungsgruppen erkennbares Programm der deutschen Regierung wurde, vorgeschlagen, die Reihenfolge und Logik der Rede von »Gesetz« und »Evangelium« umzukehren und von »Evangelium und Gesetz« zu sprechen. Sinn dieses Vorschlages ist, eine größere Bestimmtheit, ein klareres Gesicht des evangelischen Glaubens und der theologischen Existenz in einem zerstörerischen gesellschaftlichen Umfeld zu gewinnen. Denn in weiten Teilen des deutschen Luthertums war es dazu gekommen, dass der elementare Vermittlungsraum der biblischen Botschaft in der Zueinanderordnung von »Gesetz« und »Evangelium« auseinander gerissen worden war.

Die theologische Rede vom »Gesetz« wurde von der unaustauschbaren Verbindung zur Tora und der biblischen Mitteilung von Gottes Willen im Alten wie im Neuen Testament gelöst; manche Theologen konnten damals soweit gehen, in der Gestalt des Führers und im deutschen »Volksnomos« das eigentliche Gesicht dessen zu behaupten, was theologisch mit »Gesetz« gemeint sei. Und Evangelium wurde in diesem Zusammenhang als Zusage von Trost und darüber hinaus nur als eine Weltwahrnehmung verstanden, die gegenüber Volkstum und Staat in seiner Eigenheit kein eigenes Recht und vor allem keine Einspruchsmöglichkeiten habe. Beispielsweise schreibt der damals sehr einflussreiche Theologe Emanuel Hirsch 1933: »Das also ist für die theologische Lehre damit gemeint, daß die evangelische Theologie und die gegenwärtige Stunde in Volk und Staat zusammengehören. Es wird mit seinem ganzen fordernden und segnendem Ernst da verkannt, wo man dem *Nationalsozialismus* als einer ›bloß‹ politischen Bewegung nur einen Teil des menschlichen Daseins, etwa die Herstellung gesunder natürlich-geschichtlicher Ordnung des gemeinsamen Lebens, überantwortet sieht. Als ein Erneuerungswille, der aus einer das ganze Menschsein umfassenden Geschichts- und Volkskrise herausgebrochen ist, muß er notwendig mehr sein wollen. Eben mit dem Bewußtsein der heiligen Grenze des Menschseins ist an ihm das Letzte und Höchste, das dem ganzen Menschsein zum Schicksal wird, wirksam. Dadurch allein ist er dem evangelischen Christentum zu der Entscheidungsstunde geworden, die uns zur Umbesinnung, zum Fragen nach dem göttlichen Willen zwingt.«[129] Und ein Jahr später, im Jahr 1934[130] formuliert er: »Das Gesetz, in dem sich Gott offenbart, trifft uns durch die Wirklichkeit des menschlich-geschichtlichen Lebens selbst [...]«[131] – also nicht zuerst als »Gesetz« im biblischen Verständnis. Das Evangelium zeigt, so Hirsch weiter, die Güte Gottes, legt aber darin das menschlich-geschichtliche Gottesbewusstsein nur in besonderer Weise aus. »Die Evangeliumsoffenbarung wird ... ein die Heiligung aus Gott gewährende gnädigen Ja zu Volkstum und Geschichte [die beide zur Wirklichkeit des Gesetzes gehören. Anm. der Verf.] als den uns gegebenen Möglichkeiten, Gott zu erkennen und ihm zu dienen.«[132]

Die Erklärung der Reihenfolge und Logik von »Evangelium und Gesetz«,[133] die Karl Barth demgegenüber vorschlägt, soll dazu helfen, die Verbindung beider Dimensionen in Luthers Elementarisierungsform der ganzen biblischen Erzählgestalt zu wahren und Deutlichkeit und Profiliertheit, aber auch Freiheit in der Gestalt christlichen Lebens auszuprägen, auch gerade gegenüber totalitären politischen, ideologischen und ökonomischen Machtansprüchen. In Barths theologischer Argumentation ist das »Gesetz« die »Form« des Evangeliums; es ist die dem Menschen mitgeteilte und erfahrbare Gestalt der Gnade Gottes. Gnade heißt im Sinne Karl Barths, dass Jesus Christus allein zu Gottes Urteil über den Menschen *ja* gesagt hat: also ja gesagt zum Gottsein Gottes und zum Nicht-Gott-Sein und Nicht-Gott-Entsprechen des Menschen.[134] Die im Evangelium mitgeteilte Gnade Gottes ist, dass er seine Freiheit unprovoziert als seine Liebe zu den Menschen offenbart. Das »Gesetz« ist die dem Menschen ansichtige Form dieser Verheißung.[135]

Wie können wir diese Zuordnung von Evangelium und Gesetz nach-

---

129. Emanuel Hirsch, Die gegenwärtige geistige Lage im Spiegel philosophischer und theologischer Besinnung. Akademische Vorlesungen zum Verständnis des deutschen Jahres 1933. Göttingen 1934, 142 f.
130. Emanuel Hirsch, Gottes Offenbarung in Gesetz und Evangelium. In: Ders., Christliche Freiheit und politische Bindung, Göttingen 1934, 76 ff.
131. Ebd., 77.
132. Ebd., 79.
133. Karl Barth, Evangelium und Gesetz. ThExh, 1935. In: Ernst Kinder und Klaus Haendler (Hgg.), Gesetz und Evangelium. Beiträge zur gegenwärtigen theologischen Diskussion, Darmstadt 1968, 129.
134. Vgl. ebd., 4.
135. »Ihr werdet glauben! Ihr, die ihr andere Götter habt neben mir, [...] die ihr meinen Namen missbraucht [...], ihr werdet im Widerspruch zu diesen euren Sünden [...]. Gott fürchten und lieben!« Ebd., 11.

sprechen, dass sie nicht abstrakt bleibt? Wie können wir auf eine Weise predigen, dass dieser theologische Gedanke in Kontakt zur Lebenswirklichkeit der Zuhörenden kommen kann? Vielleicht so: Wir können Gott um Jesu Christi willen vertrauen. Das ist der Mittelpunkt, der zentrale Inhalt des Evangeliums und zugleich die Kraft, die es mitteilt. Und: wir *sollen* Gott vertrauen. Das ist das Gesetz: die Mitteilung von Gottes Willen, dass wir ihm vertrauen – und unser Herz im Letzten an keine anderen, konkurrierenden Macht-Gestalten binden. Wenn Gott fordert, ihm allein zu vertrauen, dann öffnet das die Möglichkeit, sich gegenüber allen anderen Verheißungen kritisch zu distanzieren, denen die Hörenden der Predigt in ihrer jeweils eigenen Lebenswelt, in ihren Lebensverhältnissen in Arbeit und Konsum ausgesetzt sind.

Als Karl Barth seine Überlegung formuliert hat, waren dies vor allen Dingen die Machtansprüche des »totalen Staates«. Heute sind es vor allen Dingen die Verheißungen und die Forderungen der Wirtschaftsgesellschaft, die von den Angeboten der Werbung über die Leistungsansprüche der Berufskarriere bis hin zu der durchaus realen, viele Menschen bedrohenden Angst vor drohender Erwerbslosigkeit reichen. Diese Verheißungen wollen von den Menschen zuerst immer etwas anderes als sie versprechen.

Die Predigt des Evangeliums, die *Einladung*, Gott zu vertrauen und die *Forderung*, ihm zu vertrauen, eröffnet demgegenüber einen alternativen Beziehungsraum: Alle, die sich auf diesen Gott verlassen und an ihn ihr Herz hängen, werden in den Raum der göttlichen lebensbegründenden und -erhaltenden Macht aufgehoben, die nichts anderes fordert, als sie verheißt. Die Verheißung wie die Forderung heißt, der Liebe Gottes zu vertrauen. Das ist die frohe Botschaft, das Evangelium. Die Verheißung und die Forderung des Gottes der Bibel werden wirksam, wenn die, die sie hören, sich in den Erzählfaden der ganzen Bibel einspinnen lassen und in gutem Sinne »auf den Arm nehmen« lassen.

Die Freiheit eines Christenmenschen realisiert sich im alltäglichen Leben darin, zwischen den Verheißungen und Forderungen des Gottes der Bibel und den alltäglichen Verheißungen und Forderungen unterscheiden zu lernen, die die Herzen und Sinne beanspruchen. Die Predigt, die den Fluss der Gaben Gottes mitteilt, die die Erzählung der Bibel so hier und jetzt präsent macht, dass sie mit den Lebens-Geschichten der Menschen in Kontakt kommt, die Predigt, die in *Gesetz* und *Evangelium*, in *Evangelium* und *Gesetz* Freiheit eines Christenmenschen als Beziehungsraum eröffnet und von bürgerlich-kapitalistischer Freiheit unterscheidbar werden lässt, eröffnet Lebensmöglichkeiten, sich gegenüber allen möglichen anderen Verheißungen und Forderungen zu desensibilisieren. Nichts kann für meinen individuellen Lebenszusammenhang und für meine Beziehungen in Freundschaft und Familie, Arbeit und Konsum, Erwerbslosigkeit und Überarbeitung so mächtig werden, dass ich mich davon im Innersten verlocken und ängstigen lassen muss.

3 Rechtfertigung predigen im Resonanzraum der Heiligen Schrift

Die Predigt von der Rechtfertigung der »Überflüssigen« wird von uns als leibliche Beziehungsgestalt entworfen, in der die Predigt als Bewegung im Raum der Gnade die Möglichkeit eröffnen kann, von Verkrümmungs- und von Glückserfahrungen coram Deo zu erzählen, die Hörenden als Gerechtfertigte in antizipativer und unterbrechender Rede anzusprechen und dabei die Aufmerksamkeit für die Spur des Anderen einzuüben. Im Hinblick auf unser Thema haben wir insbesondere die leibliche und die ökonomische Gestalt der Rechtfertigungspredigt herausgearbeitet. Wir haben dabei den Versuch unternommen, sowohl in der Unterscheidung als auch in der Bezugnahme vom Subjektsein Gottes und von menschlicher Subjektivität zu sprechen.

Im folgenden Kapitel werden wir die Predigt von der Rechtfertigung der »Überflüssigen« im Resonanzraum der Heiligen Schrift situieren. Wir wollen danach fragen, was es bedeutet, von der Bibel als Basis der Predigt auszugehen, den garstig breiten Graben der Geschichte und der sozialen und ökonomischen Milieus zu überspringen, ohne ihn zuzuschütten – und dabei responsorische Rezeptivität einzuüben.

Wir gehen davon aus, dass eine zentrale Botschaft vieler biblischer Schriften die Rechtfertigung der »Überflüssigen« und die damit in Zusammenhang stehende Orientierung am Leben der Armen ist und dass dies in der Predigt, die rechtfertigt, in der Verleiblichung des Wortes zum performativen Ereignis werden kann.

3.1 Die Bibel als Basis der Predigt

Im folgenden Abschnitt setzen wir uns mit der Frage auseinander, was es bedeutet, von der Bibel als Basis für die Predigt von der Rechtfertigung der »Überflüssigen« auszugehen. Wir beginnen diesen Abschnitt mit Überlegungen von Manfred Josuttis zur »Bibel als Basis der Predigt«.[1] Mittlerweile ist die homiletische Diskussion in dieser Richtung weitergegangen und in verschiedener Hinsicht modifiziert und differenziert worden; darauf werden wir eingehen[2]; und auch in Josuttis Vorschlag selber werden homiletische Traditionen verarbeitet.[3] All dessen eingedenk gibt die von Josuttis parolenhaft formulierte Orientierung »Die Bibel als Basis der Predigt« einen guten Ausgangspunkt für unsere eigenen Überlegungen.

Die von uns als unaufgebbar betrachtete Beziehung zwischen der Predigt des Evangeliums und einem biblischen Text könnte als so selbstverständlich gelten, dass darüber nicht weiter nachgedacht werden muss. Auf der anderen Seite könnte diese Übereinkunft allzu selbstverständlich sein: eine rituell eingespielte Vorgabe, deren Geltung gerade deshalb noch einmal gründlich überprüft werden muss, weil diese Übereinkunft in beinahe unheimlicher Weise kaum bestritten wird.

Unsere Reflexionen über die Rechtfertigung der »Überflüssigen« im Re-

---

1. Vgl. hierzu Manfred Josuttis, Die Bibel als Basis der Predigt. In: Andreas Baudis u. a. (Hgg.), Richte unsere Füße auf den Weg des Friedens, Helmut Gollwitzer zum 70. Geburtstag, München 1978, 385-393.
2. Vgl. hier die grundlegende Untersuchung von Peter Cornehl, Der Evangelische Gottesdienst – Biblische Kontur und neuzeitliche Wirklichkeit. Bd. 1: Theologischer Rahmen und biblische Grundlegungen, Stuttgart 2006. Weiterführend erscheinen uns zudem insbesondere Vorschläge, die in Richtung einer »dramaturgischen Homiletik« gehen, vgl. Martin Nicol, Einander ins Bild setzen; sowie ders. und Alexander Deeg, Im Wechselschritt zur Kanzel. Praxisbuch Dramaturgische Homiletik, Göttingen 2005, aber auch solche, die Predigt unter den Perspektiven von »Unterhaltung« thematisieren vgl. Harald Schroeter-Wittke, Unterhaltung. Praktisch-theologische Exkursionen zum homiletischen und kulturellen Bibelgebrauch im 19. und 20. Jahrhundert anhand der Figur Elia, Frankfurt a.M. 2000, und Susanne Wolf-Withöft, Predigen lernen. Homiletische Konturen einer praktisch-theologischen Spieltheorie, Stuttgart 2002.
3. Hier ist vor allem an Rudolf Bohrens pneumatologische und ästhetische Orientierung der Predigtlehre zu erinnern. Vgl. vor allem: Bohren, Predigtlehre; sowie ders., Daß Gott schön werde. Praktische Theologie als theologische Ästhetik, München 1975.

sonanzraum der Heiligen Schrift vollziehen sich in folgenden Schritten: Wir beginnen mit einer biographischen Notiz, in der ein reformierter praktischer Theologe Rechenschaft über die Bedeutung der Bibel für seinen Glauben abgibt. Im Anschluss beschreiben wir den Horizont, in dem biblische Erzählung und Lebensgeschichte aufeinander bezogen verstanden werden können. Daraufhin nehmen wir eine Spur der biblischen Großerzählung auf – nämlich, dass das Leben ein Geschenk ist – um uns dann dem grundsätzlichen Problem zu stellen, wie wir den garstigen Graben wahrnehmen, respektieren und dann auch überspringen können, damit die biblischen Texte im Mikrokosmos leibeigenen Spürens ebenso wie im lebensweltlichen und globalen Kontext an uns lebendiges Wort werden können. Die Bibel ist Basis der Predigt natürlich zuallererst aus inhaltlichen Gründen: Die biblischen Schriften selbst bezeugen, dass die Rechtfertigung der »Überflüssigen« fundamental ist.

3.1.1 Eine biographische Notiz

Wir beginnen unsere Überlegungen mit einer biographischen Notiz. Der niederländisch-schweizer praktische Theologe Hans van der Geest hat ein wunderschönes, unveröffentlichtes Büchlein geschrieben, in dem er versucht, sich über seinen eigenen Glauben Rechenschaft zu geben.[4] Van der Geest meditiert in eindrücklicher Weise über die Bedeutung der Heiligen Schrift für seinen Glauben:

> »Meine Erfahrung, Gott in erzählter Geschichte zu begegnen, hat sich (von früher Kindheit an) bis heute bewährt. Es gelingt mir nicht, ihn auf eine andere Art zu entdecken. Er bleibt für mich im Grunde eine Hör-erfahrung, und meine Reaktion buchstäblich ›Ge-hor-sam.‹
> Mit Logik und Denken komme ich nicht zu Gott. Aus dem Wahrnehmen und Erleben der Welt außerhalb und innerhalb von mir komme ich nicht auf den Gedanken eines göttlichen Gegenübers. Manche sagen: ›es muss etwas geben.‹ Aber was soll es denn geben müssen? Das könnte auch nur blindes Schicksal sein.

---

4. Hans van der Geest, Von Himmel und Erde. Glaube an Gott aus einer individuellen Sicht, o. O., o. J., unveröffentlichter Text, den der Autor uns freundlicherweise zu Verfügung gestellt hat. Vgl. auch ders., Das Wort geschieht. Wege zur seelsorgerlichen Predigt, Zürich 1991.

Auch meine unmittelbare Lebenserfahrung lässt mich Gott nicht erkennen. Ich habe nie einen Fingerzeig Gottes gesehen und seine Stimme ist mir nie in die Ohren gekommen. Manche halten Zufallsbegebenheiten für das Handeln Gottes. Ich spüre keine Neigung dazu, das kommt mir immer willkürlich vor.
Ebenso wenig hilft mir meine Gefühlsempfindung, Gott zu entdecken. Ich fühle oder spüre Gott nie, obwohl ich ein Mensch starker und differenzierter Gefühle bin. Die Schwangerschaft meiner Frau und die Geburt unserer Kinder waren eine umfassende Erfahrung, die Musik Mozarts trifft mich bis ins Tiefste meiner Seele, eine sexuelle Begegnung gibt mir ein unbeschreibliches Glücksgefühl und eine Alpenlandschaft lässt meinen Atem vor Staunen stillstehen. Ich fühle mich in diesen Erfahrungen durch die Schönheit des menschlichen Lebens, durch die Majestät der Erde und des Menschen überwältigt. Ich habe aber nicht das Bedürfnis, sie für göttlich zu erklären, als ob das Menschliche und das Irdische an und für sich zu wenig wären. Manche reden davon, dass sie Gott in der Musik oder im sexuellen Rausch begegnen. Ich glaube eher, dass ihnen für die Ergriffenheit, die sie dabei erleben, die rechten Worte fehlen und dass sie dadurch zur Qualifikation ›göttlich‹ greifen, um damit ihrem Erstaunen Ausdruck zu geben.
Gott, wie ich ihn kennen gelernt habe, kommt zu mir durch die biblische Verkündigung. Deshalb pilgere ich fast jeden Sonntag in die Kirche. Ich habe es nötig, die Erfahrung des Glaubens zu erneuern. Ich bin selber erstaunt, dass mich das, nach so vielen Dutzenden von Jahren, nicht langweilt, trotz der meistens dürftigen Arbeit der Prediger und Predigerinnen. Das Geheimnis liegt ausschließlich in der Kraft der Botschaft. Sie bleibt mir neu und frisch, sie ergreift mich dauernd wieder. Wenn ich sie nicht erneuern ließe, würde sie sich zwischen meinen eigenen Gedanken verflüchtigen, bis sie mich nicht mehr packen würde. Die biblische Geschichte entrückt mich meiner alltäglichen Wahrnehmung des Lebens und führt mich in eine andere Welt hinein. Aber es ist nicht wirklich eine andere Welt, es ist dieselbe Welt meines Alltags, jedoch gesehen im Lichte Gottes. Ich glaube, dass mein Alltag, mein Leben, meine Mitmenschen, meine Ängste und Hoffnungen dieser göttlichen Welt angehören. Ich hatte kein bewusstes Bedürfnis nach Gott, als ich ihn entdeckte. Ich stieß unerwartet auf ihn. Ich habe ihn nicht gesucht. Er hat mich gefunden […].
So erlebe ich die biblischen Geschichten: als Zeugnisse von Begegnungen Gottes mit Menschen. Durch diese Zeugnisse hat er auch mich gesucht. Ich erlebe keine direkten Gottesbegegnungen. Ich vernehme nur die Zeugnisse der Begegnungen, die die Propheten Israels und die Apostel Jesu erlebt haben. Die Berichte sind mir, durch ihre innere Kraft, als Wege zur Erkenntnis Gottes glaubhaft geworden […].
Die Kraft des biblischen Wortes ist für mich ursprünglich. Ich lasse mich nicht etwa vom Prinzip leiten, dass die Bibel immer Recht hätte. Von mancher biblischen Aussage finde ich, dass sie besser nicht geschrieben wäre. Meine Ehrfurcht vor dem biblischen Wort hat für mich nicht zu einer fundamentalistischen Haltung Anlass gegeben […].

Gott wird mir erkennbar in der Art, wie Jesus lebt und spricht. Das ist für mich die wichtigste Erkenntnis des Glaubens geworden. Gott, dieses große, unbekannte und Menschen unzugängliche Geheimnis, wird mir in der Begegnung mit dem Menschen Jesus erkennbar, einleuchtend und zuverlässig.
Was dieses ›so wie Jesus‹ für meine Erkenntnis Gottes alles umfasst, entdecke ich stets neu. Merkwürdigerweise vergesse ich es dann immer wieder. Natürlich könnte ich es mir aufschreiben, aber das würde nicht weiter helfen. Ich glaube, dass das so sein muss. Ich kann Jesus und das Göttliche nicht ›speichern‹. Er entzieht sich meinem Zugriff. Aber er zeigt sich von neuem. In dieser Spannung vollzieht sich für mich Glaube.«[5]

3.1.2 Der gemeinsame Horizont: Biblische Erzählung und Lebensgeschichte

Wie können die Erzähltradition der Bibel und die Lebenswirklichkeit der Menschen heute zusammenkommen?[6] Dies ist nichts weniger als das Zentralproblem der Predigtarbeit. Mit der Formulierung »Die Bibel als Basis der Predigt«[7] ist, so meint Josuttis, erst eine grundlegende Perspektive angegeben, in deren Bahnen verschiedene Antwortmöglichkeiten gegeben sind. Klassisch wird zunächst auf den *normativen* Anspruch des Textes gegenüber der Predigt verwiesen. Der Bibeltext soll die Predigt vor privaten Einfällen der Predigenden schützen und insofern den kirchlichen Charakter des Predigtaktes sichern helfen. Diese Begründungsfigur lebt davon, dass der Prediger als potentieller Störfaktor des Predigtgeschehens gilt. Das Risiko eines solchen Verständnisses ist, dass gerade die positiven Verbindungs-

---

5. Geest, Von Himmel.
6. Mit der Frage nach der Autorität biblischer Texte für die heutigen Lesenden befasst sich auch die Neutestamentlerin Mary Ann Tolbert. Im Anschluss an Max Weber unterscheidet sie die narrative bzw. existentielle Autorität biblischer Texte, die Orientierung für die persönliche religiöse Sinnsuche gibt, die formative Autorität, die sich auf die kollektive Identitätsbildung einer Gruppe bezieht und zum dritten die dogmatische oder juridische Autorität von Texten, mit der eine religiöse Institution ihre Macht legitimiert. Diese verschiedenen Dimensionen sind aufeinander bezogen und werden je nach Kontext unterschiedlich gewichtet. Vgl. Mary Ann Tolbert, Reading the Bible with Authority: Feminist Interrogation of the Canon. In: Harold C. Washington, Susan Lochrie Graham, and Pamela Thimmes (Hgg.), Escaping Eden: New Feminist Perspectives on the Bible, Sheffield 1998, 141-162.
7. Josuttis, Die Bibel, 385 ff.

linien in den Alternativen von Bibel und Gemeinde, Institution und Individuum, Gott und Mensch aus dem Blickfeld geraten.

Ähnliches gilt auch von einem zweiten Begründungsmuster, das den Anspruch des biblischen Textes nicht zuerst gegenüber den Predigenden, sondern im Gegenüber zur Gemeinde zur Geltung bringen möchte: nämlich in der Perspektive, nach der die Bibel eine *autoritative* Funktion des Textes für die Predigt innehabe.[8] Nach dieser Position ergibt sich aus der Textbezogenheit der Predigt auch deren Relevanz, die Predigerin und die Hörenden gemeinsam in den Stand solidarischer Betroffenheit zu überführen. Die Tragfähigkeit dieses Argumentes ist aber schon dadurch begrenzt, dass die Mehrzahl derjenigen, die am Sonntag auf die Kanzel steigen, nicht mehr mit einem selbstverständlichen Vertrauensvorschuss der Hörenden gegenüber biblischen Aussagen rechnen können. Sie müssen mit ihrer Predigt die Bedeutung der biblischen Tradition für die aktuellen Lebensprobleme allererst aufweisen.[9] Wichtiger noch ist ein weiteres Bedenken: Im Akt der Auslegung des biblischen Textes vor und innerhalb der Predigt werden immer wieder auch Interessen der psychischen und sozialen Lebenspraxis der Predigenden einfließen. Deshalb muss der autoritative Anspruch der Predigt, der sich aus der Textbindung ergibt, auf jeden Fall mit der zuerst genannten normativen Sicht verbunden bleiben, aber auch mit der Textverlesung im Gottesdienst, weil die Predigerin mit dem Predigttext zugleich die Instanz für die Kritik in ihrer Predigt benennt. Es ist aber sehr die Frage, ob durch die in den rituellen Ablauf des Gottesdienstes eingebundene Textverlesung eine solche kritische Instanz für die Hörenden tatsächlich nachvollziehbar begründet wird.[10]

Deshalb sind weitere, ja andere Zugänge für den Zusammenhang von

---

8. Vgl. weiter die Debatte um die Autorität von Texten, Predigenden und Predigten vor dem Hintergrund der Infragestellung von Autorität im Kontext der Postmoderne: Ronald J. Allen, Theology for Preaching. Authority, Truth and Knowledge of God in a Postmodern Ethos, Nashville 1997; sowie: Arthur van Seters, To What Do Preachers Appeal? In: ders., Preaching and Ethics, St. Louis 2004, 99-118.
9. Vgl. bereits: Ernst Lange, Zur Theorie und Praxis der Predigtarbeit. In: ders., Predigen als Beruf. Stuttgart u. a. 1976, 9-52. Die hier von Josuttis benannte Problematik steht auch im Zentrum der homiletischen Reflexion von Emanuel Hirsch. Vgl. dazu: Wilhelm Gräb, Predigt als Mitteilung des Glaubens. Studien zu einer prinzipiellen Homiletik in praktischer Absicht, Gütersloh 1988.
10. Vgl. zur Herstellung liturgischer Autorität im Gottesdienst weiter Andrea Bieler, This is my Body – This is my Blood: Inventing Authority in Liturgical Discourse and Practice. In: Yearbook of the European Society of Women in Theological Research, Leuven 2005, 143-154.

Bibel und dem Lebensgesamt der Gemeinde zu finden. Josuttis nennt zunächst die *kreative* Funktion des Textes für die Predigt. Hierüber haben in der jüngeren Tradition der Predigtlehre beispielsweise Wolfgang Trillhaas und vor allem Rudolf Bohren nachgedacht. Der biblische Text gibt der Predigt eine Fülle und Mannigfaltigkeit von Erzählungen, Gedanken, Bildern, Lebensgeschichten, die die Gemeinde vor dem Einerlei der dogmatischen oder gar ethischen Gedanken des Predigers bewahren können. Vor allen Dingen Rudolf Bohren unterstreicht die kreativen Impulse des Geistes durch die Schrift. So wird die Schrift dem Prediger zur Quelle der Inspiration und zur Kritikerin. Mit der kreativen Funktion des Textes für die Predigt ist gemeint: die Auseinandersetzung mit dem fremden Text ergibt für die Predigerin die Herausforderung und den Anstoß zum eigenen Reden. Der Text wird zum Partner einer dialogischen Begegnung, in Analogie zum offenen Gespräch mit einem lebendigen Partner. Die kreative Erweiterung des Lebensvollzugs und der sprachlichen Kompetenz der Predigenden wird als kritische Überwindung bisheriger Wahrnehmungs- und Ausdrucksbarrieren wirksam. Trotz und im Angesicht aller individuellen und kollektiven Ideen- und Sprachlosigkeit bewirkt der biblische Text Ermutigung, Einfälle und Gedanken zum Reden. Erst in diesem Rahmen der kreativen Funktion kann auch die kritische Funktion des biblischen Textes wirksam werden, ohne Gedanken und Einfälle zu ersticken und letztlich gesetzlich zu wirken.

Eine weitere positive Denkmöglichkeit ist die der *kommunikativen* Funktion des biblischen Textes für die Predigt. Hier spielt Josuttis vor allen Dingen auf die Predigttheorie von Ernst Lange an, auf die wir noch zu sprechen kommen werden. Der biblische Text stiftet Gemeinschaft. Nicht zuerst dadurch, dass er eine Kontrollinstanz darstellt, anhand derer der Prediger die Existenz der Gemeinde und umgekehrt die Gemeinde die richtige Rede des Predigers beurteilen kann. Sondern die Gemeinschaft bildende Kraft des biblischen Textes besteht vornehmlich darin, dass er zur Plattform wird, auf der sich der homiletische Akt der Verständigungsbemühung um die aktuelle Relevanz des christlichen Glaubens entfalten kann.

Schließlich liegt eine weitere konstruktive Verbindung zwischen biblischen Text und heutiger Lebenssituation in der *Identität stiftenden* und Identität stabilisierenden Funktion der Bibel für die christliche Kirche. Der Bezug auf einen biblischen Text in der Predigt macht deutlich, dass es hier nicht um irgendetwas geht, sondern um die Predigt des Evangeliums, aus der Glauben erwächst und aus der die Kirche zur Kirche werden kann. Dass solche Wirkungen wirklich zu Stande kommen, ist nicht selbstverständlich. In der rituellen Handlung der Textverlesung drückt sich vielmehr die Hoffnung aus, die im Glauben zur Gewissheit werden kann, es möchte sich nicht nur eine christliche Rede ereignen, sondern im Gefolge auch ein christliches Leben, in dem die Richtung und Linie aufgenommen wird, die in den biblischen Erzählungen, Gebeten, Verheißungen und Geboten bereits gegeben ist.

In diesen Überlegungen von Josuttis werden wichtige Anstöße gegeben, in denen die gestalttheoretische Perspektive – wie können biblische Texte in der Predigt des Evangeliums für die jeweils versammelten Menschen hier und jetzt wirksam werden – für die Predigt selber handhabbar werden kann.[11]

3.1.3 Das Leben ist ein Geschenk

Die Bibel ist die Basis der evangelischen Predigt; sie ist für Christenmenschen verbindliche Erzähltradition. Die Bibel erzählt, wo das Leben herkommt und wo es hingeht. Sie erzählt, wer das Subjekt allen Lebens ist und wie das Leben gelebt und gefeiert werden kann. Die Bibel gibt Sprachformen vor – Erzählungen und Gebote, Gebete und Lieder, wissensorientierte Reflexionen und Meditationen und vieles mehr –, die in der Predigt so oder so eine neue Gestalt finden werden.

Das Leben ist ein Geschenk.[12] Und Geschenke soll man annehmen. Davon erzählt, das verheißt und fordert die Bibel als Großerzählung, in immer neuen Textgestalten und Erzählweisen. Das Leben ist ein Geschenk: Dieses tiefe Lebensgefühl teilen Christinnen und Christen mit vielen anderen Religionen und Lebensorientierungen. Das wirklich Wichtige im Leben kann ich mir nicht selber beschaffen. Ich kann es mir nicht leisten und nicht kaufen. Dass ich geboren bin, dass ich Menschen finde, die ich liebe, dass ich einmal sterben werde. All dies ist ein Geschenk; in jüdisch-christlicher Tradition: ein Geschenk Gottes, der mit seinen Menschen und all seinen Geschöpfen durch dies Geschenk einen Freundschaftsbund *(b^{e}rit)* schließt. Dieses Geschenk eröffnet eine zugleich verbindliche und befreiende Bezie-

---

11. Siehe hierzu weiter unsere gestalt-homiletischen Annäherungen in Kapitel 3.2.2.
12. Vgl. zum Folgenden auch: Hans-Martin Gutmann, Warum leben? – Keine Frage! Bemerkungen aus theologischer Besorgnis. In: Regula Venske (Hg.), Warum leben?, Bern u. a. 2001, 34 ff.

hung: Es ist ein überfließender Strom von Lebensenergie. Es kann an alle Mit-Lebenden weitergegeben werden und vor allem an die, die es besonders nötig haben – dafür stehen in der Schrift die Armen, exemplarisch die Witwen und Waisen. Die Beziehung, die Gott mit dem Lebens-Geschenk eröffnet, befreit von allen Mächten, die Herzen, Sinne und Hirne der Menschen besetzen und benebeln: politische Totalitäten, wirtschaftliche Machtzusammenballungen, ideologische Reduktionen der Wirklichkeit gelebten Lebens. In der Bibel und auch in den reformatorischen Bekenntnisschriften ist es vor allem immer wieder das *Geld*, das als gefährliche und gefährdende Lebensorientierung die verbindliche und befreiende Beziehung zwischen allem Lebendigen untereinander und mit seinem Ursprung zerstört. Für den Reformator Martin Luther ist das Geld – in biblischer Sprache: der *Mammon* – ausdrücklich der Gegen-Gott.»Es ist mancher, der meinet, er habe Gott und alles gnug ... Siehe, dieser hat auch einen Gott, der heißet Mammon, das ist Geld oder Gut, darauf er alle sein Herz setzet, welchs auch der allergemeinest Abgott ist auf Erden.«[13] Wenn Menschen ihr Herz ans Geld verlieren, sind sie weder füreinander und für die Lebendigkeit des Lebens noch für Gott offen.[14] Die großen Kritiken des Kapitalismus im 19. und zu Beginn des 20. Jahrhunderts haben herausgearbeitet, dass das Geld als Kapital zum eigentlichen Subjekt des gesellschaftlichen Lebensprozesses wird und alle Dinge und auch Menschen auf blasse und entleerte Weise einander gleich macht.[15] Was im 19. Jahrhundert noch nicht in dieser Weise vorhersehbar war, ist die nicht nur dunkel-zerstörerische *(die Proletarier haben nichts zu verlieren als ihre Ketten)*, sondern auch faszinierende Seite des Kapitalismus. Konsum für alle, zumindest für alle, die es sich leisten können – und es sind dies immer mehr, die sich immer mehr leisten können, und auf der anderen Seite ebenfalls immer mehr Menschen, die zu wenig haben, um an der konsumistischen Kultur partizipieren zu können. Gegen diesen Gott steht der Gott der Bibel ein.

Die Bibel ist voll von Erzählungen, warum es Leben gibt, wie das Leben bewahrt und befreit wird. Die Bibel erzählt: GOTT hat sein Volk Israel aus der Bedrückung in Ägypten befreit und ihm Leben im verheißenen Land

13. Die Bekenntnisschriften der evangelisch–lutherischen Kirche, Göttingen, 12. Aufl., 1998, 560.
14. Vgl. in diesem Zusammenhang auch die Überlegungen zur Religion des homo oeconomicus in Bieler und Schottroff, Das Abendmahl, 123-133.
15. Vgl. zum Zusammenhang von Erlösungsvorstellungen und ökonomischen Konzepten und Mythologien auch Marion Grau, Of Divine Economy. Refinancing Redemption, New York u. a. 2004.

eröffnet. GOTT hat alles Leben erschaffen, und siehe da: *Es war sehr gut.* GOTT ist im letzten Elend da, bei dem zu Tode gemarterten Jesus: Er macht sich mit dem offenkundig Gescheiterten gemein und eröffnet neues Leben, das den Tod verschlingt.

Für die Erzählweise der Bibel ist kennzeichnend, dass die Ambivalenz des Lebens nicht verleugnet wird und die dunkle Seite immer miterzählt wird. Gerade an zentralen Wendepunkten wird vom *Entrinnen* erzählt: Leben kann nur bewahrt und gerettet werden, weil es der Zerstörung des Lebens durch lebensfeindliche Mächte abgetrotzt ist.[16] Der Kontakt zu diesen Erzählungen gelingt nicht zuerst über Operationen wie Erkennen, Wissen, Einsehen, sondern eher durch die Haltung des Vertrauens. Die biblischen Erzählungen geben dann Antworten auf Fragen nach dem Grund, dem Weg und dem Ziel des Lebens, wenn sich Menschen in sie verwickeln lassen, sich von ihnen berühren und in sie einspinnen lassen, wenn sie sich »auf den Arm nehmen« und auf diese Weise tragen lassen. Dann kann es auch dazu kommen, dass sich Menschen anstecken lassen, in der Perspektive der biblischen Erzählungen über das Leben nachzudenken und selber weiter zu erzählen, ihrem Leben eine Gestalt zu geben, zu danken und zu feiern und sich von denen berühren zu lassen, die die dunkle Seite der Ambivalenz des Lebens im Übermaß zu ertragen haben.

Auch als Befreiungserzählungen verleugnen die biblischen Geschichten die dunkle Seite des Lebens nicht. Der Jubel über die Befreiung des Volkes Israel aus der Unterdrückung und Fronarbeit im Großreich Ägypten kann nicht den Blick auf die dunkle Seite dieses Ereignisses zunichte machen: die Tötung der erstgeborenen Söhne Ägyptens und das grausame Ende der Soldaten, die von den Wassermassen des Schilfmeeres verschlungen werden. Ja die Befreiung der einen ist durch das elende Ende der anderen erkauft. Dieser Zusammenhang von Befreiung und Untergang hat immer neue Auslegungen angestoßen, insbesondere auch in rabbinischen Debatten. In einer dieser Geschichten aus dem Talmud wird erzählt, Gott habe den Dienstengeln geantwortet, als sie über seine Befreiung des Volkes Israel in himmlische Begeisterung ausgebrochen seien: Gedenkt auch meiner Ägypter![17]

---

16. Diesen Zusammenhang hat Jürgen Ebach in seinen Auslegungen und politischen Reden immer wieder herausgearbeitet. Vgl. z. B. ders., »... und behutsam mitgehen mit deinem Gott«. Theologische Reden 3, Bochum 1995.
17. Vgl. Mechiltha. Ein tannaitischer Midrasch zu Exodus. Erstmalig ins Deutsche übersetzt und erläutert von Jakob Winter und August Wünsche, Leipzig 1909, 116. In der Mechiltha, dem Midrasch zu Exodus, finden sich zu Exodus 15 neben vielen Äußerungen, in denen GOTT für sein Rettungshandeln gegenüber seinem Volk Israel gesegnet

Oder denken wir an eine weitere charakteristische biblische Erzählung, in der die Ambivalenz des Lebens überdeutlich wird. Die Schöpfungserzählung im ersten Kapitel des 1. Buches Mose hat einen besonderen »Sitz im Leben«. GOTT hat das Leben in sieben Tagen erschaffen und siehe da, es war sehr gut: das erzählen sich Menschen aus dem Volk Israel, als in der alltäglichen Wirklichkeit dieses »sehr gut« nichts für sich hatte. Die politischen und religiösen Strukturen des Königreiches Juda sind durch die Heermacht des Großreichs Babylon zerstört worden. Das Land liegt verödet, zahllose Menschen sind umgekommen, große Teile der Oberschicht des jüdischen Volkes sind in das Zentrum des fernen Großreichs Babylon deportiert worden. Realistischerweise würde alles dafür sprechen, mit dem politischen Ende des jüdischen Königtum auch die religiöse Unterwerfung zu akzeptieren. Aber anstatt anzuerkennen, dass der babylonische Gottkönig Marduk das Leben erschaffen hat, indem er im Kampf mit dem Meeresdrachen das Chaos besiegt und die Ordnung des Kosmos begründet hat, oder auch anstatt anzuerkennen, dass Sonne und Gestirne himmlische Mächte sind, die auf Erden Leben hervorbringen, erzählen sich die Menschen aus dem unterworfenen jüdischen Volk eine eigene, eigensinnige Geschichte. Nein, es war GOTT. Gott hat die bewohnbare Welt von den Wassern getrennt. Und Gott hat auch Sonne und Gestirne am Himmel gemacht, das sind keine Götter. Gott hat das Leben in seiner ganzen Schönheit und Differenziertheit geschaffen, und er hat all das alles gut angesehen.

Und noch ein dritter Hinweis auf diese Erzählweise der Bibel, an einer für Christenmenschen besonders bedeutsamen Erzählung. Nach einer kurzen Phase öffentlicher Wirksamkeit ist Jesus von Nazareth als junger Mann von der römischen Besatzungsmacht als politischer Aufrührer und religiöser Häretiker hingerichtet worden. Alles müsste dafür sprechen, dass die Hoffnungen der Männer und Frauen zerstört sind, die alles verlassen haben,

---

wird (z. B.: »und nicht die Israeliten allein sprachen den Gesang vor Gott, sondern auch die Dienstengel, wie es heißt (Ps. 8, 2): ›Ewiger, unser Gott, wie herrlich ist dein Name auf der ganzen Erde, der du deinen Glanz gesetzt an die Himmel‹«, vgl. ebd.,116), vereinzelt auch Stimmen, die Einfühlung mit dem Ergehen der ägyptischen Streitmacht zeigen. So heißt es: »Und warum ist diese Danksagung anders als alle (anderen) Danksagungen in der Schrift; denn bei allen Danksagungen in der Schrift heißt es: ›Danket dem Ewigen, denn es ist gut (*tob*, erfreulich)‹; aber bei dieser Danksagung heißt es nicht: ›Denn es ist gut?‹ Allein, wenn man so sagen könnte, es war keine Freude vor ihm über den Untergang der Frevler« (vgl. ebd., 113 f.). In der hier eingenommenen Perspektive der Wahrnehmung des Anderen und der Einfühlung in seine bzw. ihre Lebensperspektiven haben wir vor allem von Emmanuel Levinas gelernt. Vgl. z. B. ders., Vier Talmud-Lesungen, (Paris 1968), Frankfurt a. M. 2003.

um mit ihm zusammen zu sein, und die in seinen Heilungen, in den gemeinsamen Mahlzeiten mit Männern und Frauen, die oft aus religiösen und politischen Gründen als anstößig galten, und in seinen Erzählungen und Verheißungen die heilsame, befreiende und verändernde Macht des Gottesreiches wahrgenommen haben. Nach all dem dieses grausame Ende am Kreuz. Alles müsste dafür sprechen, die Hoffnung fahren zu lassen und am Glauben zu verzweifeln. In dieser Situation haben die Freundinnen und Freunde Jesu nach einer kurzen Phase von Flucht und Verzweiflung eine eigensinnige und nach aller Vernunft unsinnige Geschichte erzählt, in der das Leben über den Tod seine Macht behält: Dieser Tod ist nicht das Ende. GOTT hat Jesus auferweckt, der Tod ist vom Leben verschlungen worden.

Durch diese Erzählung wird das Offensichtliche, wie in den anderen genannten Erzählungen auch, um-erzählt, neu definiert. Ein durch Justizmord und Pogrom zu Tode gebrachter Mensch – er hat aus Liebe zu seinen Freunden sein Leben hingegeben. Ein gescheiterter Häretiker und politischer Aufrührer – er hat die überfließende Lebendigkeit des Lebens gelebt und so das Angesicht GOTTES anschaulich gemacht. Und Gott hat sich auch im Angesicht seines Scheiterns mit ihm identifiziert und Tod in Leben verwandelt.

Wie kann die Großerzählung der Bibel mit dem Leben von Menschen heute in Kontakt gebracht werden? Es soll in der Predigt des Evangeliums vor allem die *Verheißung* Gottes sein, die allen Menschen und so den hier und jetzt im Gottesdienst Versammelten gilt: Dir sind deine Sünden vergeben. Gott will Dir so entgegenkommen – in deiner alltäglich wiederkehrenden Unfähigkeit, das Geschenk der Liebe Gottes anzunehmen, in deinem krummen Gang und mit deinen halben Träumen. Christoph Bizer hat Gewaltlosigkeit und Freiheit von Täuschung und Lüge als Charakteristikum der evangelischen Verheißung gekennzeichnet – im Unterschied zu den vielen Verheißungen, denen Menschen heute im Kontext der konsumistischen Kultur begegnen.[18]

Die Verheißung, die in den biblischen Erzählungen mitgeteilt wird, und die nichts anderes fordert, als sie verspricht: dass ich mich auf Gott verlasse, verhilft dazu, einen kritischen Blick auf Verheißungen zu entwickeln, die in der alltäglichen Lebensrealität überdeutlich präsent sind. Auch die Verhei-

---

18. Vgl. Christoph Bizer, Verheißung als religionspädagogische Kategorie. In: WPKG 68/ 9 (1979), 347-358.

ßungen der konsumistischen Kultur verwickeln die, die sich auf sie verlassen, durch die zwingende Kraft ihres Sprechaktes. Es ist nicht unmittelbar einsichtig, wenn sie mit Lüge und Täuschung arbeiten und von denen, die sich auf ihr Versprechen verlassen, zunächst (oft lebenslang verschuldende) Vorleistungen verlangen. *Evangelische* Verheißungen verhelfen, einen distanzierenden Blick auf die täuschenden Verheißungen des *Konsumismus* zu entwickeln.

Aber nicht nur der Konsumismus wird für Menschen entzaubert, die sich von den Erzählungen der Bibel tragen lassen, sondern auch Formen einer rigiden und moralistischen Überanstrengung des Lebens. Menschen werden zu verkrümmten und selbstbezogenen Gestalten, wenn sie versuchen, auf der Handlungsebene immer alles richtig zu machen. Evangelisch leben Menschen aus dem Vertrauen: Gott hat die Beziehung zu mir und zu allem Lebendigen von sich aus gut gemacht. Das ist keine Aufforderung zu Selbstbezogenheit und Entsolidarisierung gegenüber anderen: Geschenke sind dazu da, angenommen zu werden. Richtiges Handeln ist jetzt jedoch nicht mehr die Frage angestrengter Beachtung von Regeln, sondern fließt aus dieser lebendigen Beziehung heraus, mühelos und selbstverständlich. Selbstkontrolle und soziale Verpflichtung brauchen eine lebensförderliche Gestalt. Martin Luther formuliert in seiner Freiheitsschrift von 1520 als bleibende Aufgabe für das menschliche Subjekt: »den Leib regieren« und »mit den Menschen umgehen.«[19] Aber eben nicht als penibel zu beachtender Regelkanon, sondern als Fluss von Lebensenergie und von zwanglos wirksamen Gestalt-Vorgaben für ein gelingendes Leben.

Dies richtet sich nicht, wie in der trostlosen und mörderischen Geschichte des christlichen Antisemitismus immer wieder behauptet wurde, gegen die »Gesetzlichkeit« der Hebräischen Bibel. In vielen christlichen Kirchen wird endlich wahrgenommen, dass die *Tora* für Juden keine erdrückende Regel, sondern Grund zur Freude ist. GOTT lieb haben von ganzem Herzen, von ganzer Seele und mit aller Kraft: das ist für jüdische Fromme Bekenntnis nicht im Sinne erbaulicher Innerlichkeit, sondern eröffnet eine gute Gestalt für eine Lebenspraxis, die auf anderes Leben ebenso acht hat wie auf eigenes. Dass das Gebot der Nächstenliebe in der *Tora* (3. Mose 19,18) zu finden und keinesfalls eine »Erfindung« des Neuen Testaments ist, gehört in der christlichen Verdrängungs- und Verdrehungsgeschichte zu den zentralen Bereichen der Nicht-Wahrnehmung ihrer jüdischen Glau-

---

19. WA 7, 60, 3 ff.; 64,15 ff.; 66,25 ff.

bensgeschwister. Christinnen und Christen müssen und können hier neu lernen, gerade evangelische Christenmenschen, die eine Jahrhunderte lang wirksame Einübung in der Abtrennung pietätvoller Innerlichkeit vom alltäglich gelebten Leben mit all seinen Konflikten überwinden müssen.

3.2 Über den garstig breiten Graben springen

3.2.1 Hermeneutische Theologie

Die Bibel ist die Basis der Predigt. Aber wie ist ein Zugang aus unserer heutigen Lebensrealität zur Bibel möglich – auf eine Weise, dass wahrgenommen wird, dass sich die biblischen Schriften in einer historischen und gesellschaftlichen Situation entwickelt haben, die von der unseren doch fundamental unterschieden ist? In einer Weise unterschieden, dass sogar von einem »garstig breiten Graben« gesprochen worden ist,[20] der unsere heutige Lebenswirklichkeit von der Wirklichkeit trennt, die in den biblischen Schriften vorausgesetzt wird – wobei diese Schriften in einem Jahrhunderte währenden Prozess modifiziert worden sind. Seit der Aufklärung haben sich historisch-kritische Methoden der Bibelauslegung als ein Zugang zur Bibel entwickelt, die bis heute weiter entwickelt wurden und unaufgebbar sind.

Bis heute ist diese Weichenstellung für die biblisch-theologische Ausbildung von Theologiestudierenden wirksam, die sich auf das Pfarramt oder auf das Lehramt in der Schule vorbereiten. Auch in unserer Perspektive bleibt die historisch-kritische Lektüre biblischer Texte nötig – nicht zuletzt in kritischer Unterscheidung zu »fundamentalistischen« Orientierungen, wie sie heute für viele Zeitgenossinnen und -genossen große Faszination gewinnen, und keinesfalls nur im Raum der christlichen Religion. Wo wir wiederum kritische Weiterführung der historischen-kritischen Lektüre biblischer Texte für nötig halten, werden wir dies ebenso deutlich machen.

Gerhard Ebeling, ein deutscher systematischer Theologe, hat bereits 1950 in einem sehr einflussreichen Beitrag, »Die Bedeutung der historisch-kritischen Methode für die protestantische Theologie«[21] gezeigt, dass es sich bei den historischen-kritischen Methoden nicht allein um technische Verfahren handelt, sondern um eine hermeneutischen Orientierung mit blei-

---

20. Diesen Begriff prägte Gotthold Ephraim Lessing in seiner Streitschrift: Über den Beweis des Geistes und der Kraft. In: ders., Werke, Bd. 8, hg. von Herbert G. Göpfert, München 1979, 9-14, hier: 13.
21. Vgl. Gerhard Ebeling, Die Bedeutung der historisch-kritischen Methode für die protestantische Theologie und Kirche. In: ZThK 47 (1950), 1-46.

bender reformatorisch-theologischer Relevanz. Denn hier geht es um einen Zugang zu biblischen Texten, der eine große Nähe zu der reformatorischen Grundentscheidung hat, nach der die Begegnung des Menschen mit der Offenbarung Gottes allein *über das Wort* geschieht. Das einmalige geschichtliche Ereignis der Selbstoffenbarung Gottes in Jesus Christus muss über die lange Zeit bisher verstrichener Geschichte hinweg in seiner Bedeutung für unsere Gegenwart entfaltet werden, um für Menschen heute Bedeutung zu gewinnen. Damit wird *Hermeneutik* zu einem zentralen Bestandteil reformatorischer Theologie. Mit den Grundentscheidungen der Reformation werden zugleich bis dahin begangene Wege, zur Offenbarung Gottes in Kontakt zu treten, in ihrer Brüchigkeit erkannt. Dies gilt für den Glauben an die Wirksamkeit des Sakraments durch bloßen Vollzug ebenso wie für die Vermittlung der ursprünglichen Offenbarung über die institutionelle Abfolge in der Kontinuität der Ämterweitergabe oder auch für den Versuch, den eigenen Lebensvollzug an Lebensformen des frühen Christentums wie zum Beispiel im Mönchtum anzugleichen. Das Wort macht es, das Wort ist das eigentliche Sakrament: dies ist die wesentliche Erkenntnis der Reformatoren. Das Heilsgeschehen soll »allein durch die Schrift«, »für mich«, »allein im Glauben« mitgeteilt und angenommen werden.

Damit ist eine hermeneutische Orientierung evangelischer Theologie begründet. Die Alternative kann in ihrer Haltlosigkeit schnell aufgewiesen werden. Wenn biblische Texte als durch Gott selbst inspirierte, von ihrer historischen Situation unabhängige Offenbarungen angesehen würden, so wäre ihre Aneignung für die jeweilige Gegenwart nur durch eine wortwörtliche Befolgung möglich. Dagegen spricht bereits eine weitere theologische Grundeinsicht der Reformation, insofern hier mit der Unterscheidung zwischen Gesetz und Evangelium eine kritische Differenzierung *in den heiligen Schriften selber* wahrgenommen wurde. Würde mit einer wortwörtlichen, überhistorischen Geltung biblischer Texte gerechnet, so würde die Bibel auf ihren Charakter als Gesetz verkürzt und damit um ihre wesentliche Dimension gebracht. Die hermeneutische Aufgabe der Theologie hängt unmittelbar mit der kritischen Unterscheidung zwischen Gesetz und Evangelium zusammen. Die Texte der Bibel müssen übersetzt, müssen ausgelegt und auf ihre Bedeutung für heutige Menschen befragt werden. Mit der reformatorischen Grundentscheidung ist ein historisch-kritischer Umgang mit biblischen Texten deshalb unmittelbar verbunden, weil die Verstehensbedingungen neuzeitlicher Menschen ernst genommen werden müssen, wenn diese sagen können sollen, was Gottes Selbstoffenbarung in Jesus Christus »für mich« bedeutet. Dies schließt, so meint Ebeling, die zwingende Wahrnehmung ein, dass ein rationaler Weltzugang zum Lebensgefühl heutiger Menschen unhintergehbar hinzugehört und dass alles als kritikwürdig wahrgenommen wird, was dieser allgemeinen geteilten Selbstverständlichkeit nicht entspricht; dies betrifft beispielsweise Wunder, metaphysisches Denken, aber auch die Annahme einer Heilsgeschichte neben der profanen Geschichte.

3.2.2 Eine gestalt-homiletische Annäherung

Ebelings Argumentation ist auf große Zustimmung gestoßen, und faktisch ist die theologische Ausbildung in Deutschland seit den fünfziger Jahren durch eine Dominanz historisch-kritischer Hermeneutik bestimmt, nicht nur in den biblischen Fächern. Zugleich werden aber immer wieder auch kritische Fragen gegenüber dieser Orientierung laut. Wir sind der Auffassung, dass sie auch und gerade in homiletischer Perspektive gestellt werden sollten. Ist denn das Bild vom neuzeitlich-modernen Menschen, wie es von Ebeling in den fünfziger Jahren (in einem von vielen geteilten Diskussionszusammenhang, man denke nur an die Arbeiten von Rudolf Bultmann) entwickelt wurde, wirklich tragfähig? Dass Menschen vor allem rational und vernünftig sind und handeln, kann doch mit guten Gründen bezweifelt werden. Zu fragen ist weiterhin, ob sich im historisch-kritischen Zugang auf biblische Texte nicht eine Reduktion auf geistesgeschichtliche Problemstellungen Raum schaffen könnte, und damit zugleich auch eine *soziale* Reduktion von Wahrnehmung und Relevanz biblischer Erzählung auf das Lebensgefühl *spezifischer Milieus* in der Moderne. Weiterhin soll gefragt werden, ob zumindest mit einer Totalisierung des historisch-kritischen Zugangs zugleich eine Selbsthistorisierung des christlichen Glaubens droht – und als Kehrseite dieser Medaille die Gefahr, dass die Fremdheit biblischer Texte nicht mehr geachtet wird und ein als neuzeitlich empfundenes Lebensgefühl als alleiniger Maßstab an dem vorbeigehen könnte, was hier als Anderes auf uns zukommt. Und schließlich sollte überlegt werden, ob christlicher Glaube realistischerweise auf kognitive Dimensionen von Auslegung, Verstehen und Selbstreflexion konzentriert werden kann, oder ob die existenzielle Haltung, die aus dem Glauben fließt, nicht angemessener und lebensnäher alle, und auch gerade die leiblichen Dimensionen umfasst, auf eine Formel gebracht: Leben aus der Kraft des Heiligen.

Mit diesen kritischen Fragen wird eine hermeneutische Orientierung der theologischen Wissenschaft und Ausbildung nicht grundsätzlich verlassen, sie wird vielmehr vertieft. Unsere Frage, wie die Bibel zur Basis der Predigt für heutige Menschen werden kann, ist zugleich die Frage nach dem *Hier und Jetzt*, nach dem *Kontakt* zwischen biblischen Texten und heute wirklich präsenten Menschen gestellt – und damit eine Fragehaltung eingenommen, wie sie in zentralen Dimensionen der *Gestalttheorie* vorgeprägt ist. Hier kann für die Predigtarbeit gelernt werden.[22] Wir nehmen damit Überlegungen auf, die von Christoph Bizer vor allen Dingen für religionspädagogische Arbeit entwickelt worden sind. Gestalt ist ein Konzept, das in zahlreichen Gesprächs- und Handlungszusammenhängen leitend ist, beispielsweise in erkenntnistheoretischen, therapeutischen und pädagogischen Feldern. Und auch für die Homiletik sind gestalttheoretische Grundentscheidungen von zentraler Bedeutung. Wenn ich eine Gestalt wahrnehme, so organisiere ich das, was ich wahrnehme, *hier und jetzt für mich*. Dies gilt für alle Wahrnehmungsperspektiven; in unserem Gesprächzusammenhang ist bedeutsam, dass auch an einem vorgegebenen biblischen Text (beispielsweise an einer biblischen Erzählung, einem Psalm, einem prophetischen Text, einer neutestamentlichen Passionsgeschichte), der Basis der Predigt werden soll, eine Figur, eine Gestalt, ein organisierendes Zentrum hervortritt, das für mich als Prediger und Predigerin und für die Zuhörenden hier und jetzt in den Vordergrund tritt und das Feld bestimmt – und damit zugleich alles, was nicht zu diesem Hier-und-jetzt-Kontakt gehört, in den Hintergrund treten lässt, der allerdings für die Tiefe der Gestalt notwendig bleibt.[23]

Von dieser Voraussetzung her lassen sich die bleibende Notwendigkeit, aber auch die Grenzen historisch-kritischer hermeneutischer Arbeit an der Bibel für die Predigt beleuchten. Der Blick auf geschichtliche Fragen wie die nach der Entstehungssituation, nach ursprünglichen Tradentengruppen und ihren Interessen, nach dem Sitz im Leben von biblischen Texten wird jetzt mit Blick auf die *Gestalt* durch die Frage dimensioniert: Wie wird all dies, was ich als Prediger und Predigerin hier wissen kann, für die gerade präsenten Menschen, denen ich in meiner Predigt die Verheißung zusagen soll, hier und jetzt wirklich und wirksam? Was ich durch historisches und

---

22. Vgl. Christoph Bizer, Die Schule hier – die Bibel dort. Gestaltpädagogische Elemente in der Religionspädagogik. In: ders., Kirchgänge im Religionsunterricht und anderswo. Zur Gestaltwerdung von Religion, Göttingen 1995, 31-49.
23. Vgl. ebd., 41.

exegetisches Wissen, durch systematisch-theologische Reflexionen in der Wahrnehmung eines biblischen Textes an Erkenntnissen gewinnen kann, wird unter dieser Fragestellung keinesfalls irrelevant, aber ebenfalls dimensioniert: nämlich als Feld, als Hintergrund wichtig und wirksam, und zwar in dem Maße, wie hierdurch der Figur, die für die Beteiligten hier und jetzt »dran« ist, eine Tiefe gegeben werden kann. Wenn wir unsere eigenen Predigten kritisch betrachten, aber auch homiletische Arbeiten, die wir zu korrigieren haben, dann müssen wir selbstkritisch wahrnehmen, dass diese Beziehung oft nicht gelingt. Wenn die historisch-kritische Analyse für die Predigt dominierend bleibt, dann kann es dazu kommen, dass der biblische Text analytisch seziert wird, zu einem abständigen, für die hier und jetzt lebenden Menschen irrelevanten Text wird, von dem aus kein Weg mehr zur Wahrnehmung der Bibel als für heutige Menschen hier und jetzt tragender, *heiliger* Schrift zurückführen kann. »Die Voraussetzung ist dabei: Nicht wir machen die Heilige Schrift gültig, sondern sie eröffnet die Chance, das Leben von Gott her ordnen und schenken zu lassen. Dazu gehört, dass wir die Heilige Schrift an uns und mit uns Raum schaffen lassen. Dieser Raum und die entsprechende Aktivität ist das, was ich mit Religion meine.«[24]

3.2.3 Einübung responsorischer Rezeptivität

Die christliche Homiletik kann viel von ihrer jüdischen Schwester im Hinblick auf die Intention lernen, der Schrift an uns und in uns Raum schaffen zu lassen. Hierbei geht es um eine biblische Spiritualität, die den kritischen Impuls, der die Texte als Objekt setzt, analysiert und seziert, durch eine Haltung der responsorischen Rezeptivität zu ergänzen, durch die wir die biblischen Geschichten auf uns zukommen lassen.[25] Diese Haltung ist nicht einfach eine technische Übung, sie ist vielmehr ein Akt performativer Einleibung der Rechtfertigungsgestalt.[26]

---

24. Ebd., 49. Vgl. auch: Ingrid Neumann, Gestalttherapie und Predigtarbeit. In: Franz Kamphaus und Rolf Zerfaß (Hgg.), Ethische Predigt und Alltagsverhalten, München 1986, 118-128.
25. Vgl. zu den grundsätzlichen Orientierungen einer biblischen Spiritualität die wichtige Arbeit von Sandra Schneiders, The Revelatory Text: Interpreting the New Testament as Sacred Scripture, Collegeville 1999.
26. Vgl. bereits unsere Ausführungen zur responsorischen Rezeptivität im Kapitel 2.2.4.

Der deutsche jüdische Homiletiker Joseph Wohlgemuth ist daran interessiert, die Domestizierung biblischer und talmudischer Texte zu überwinden, die mit dem historisch und religiös motivierten Begehren des Verfügbarmachens verbunden ist. Dieses Begehren halte sie gefangen und töte die Lebendigkeit der Texte und ersticke die Kraft des Feuers, die in ihnen stecke.[27] Gegen die Versuche der historischen Relativierung und Entsakralisierung beharrte er darauf, dass die göttlichen Gedanken in der Schrift ein Eigenleben führen, das beim rechten Lesen auf uns zukomme: Das göttliche Wort »lacht und weint, es jubelt und seufzt. Es droht und bittet, es liebt und haßt.«[28] Wohlgemuth geht es in der homiletischen Arbeit maßgeblich darum, dass sich ein Tausch vollziehen kann, in dem die Texte zu Subjekten werden, die die Lebensgeschichten der Glaubenden neu lesen. In diesem Tausch werden Predigende und Hörende zu Empfangenden. Das Bild des Feuers verweist auf die rabbinische Lehre vom schwarzen und vom weißen Feuer. Das schwarze Feuer meint den Buchstabengehalt der biblischen Texte, die Wörter, die aufs Papier gesetzt wurden. Da geht es um das, wie wir sagen, was schwarz auf weiß da steht. Das weiße Feuer verweist auf die Zwischenräume, auf den Raum zwischen den Worten, auf das, was zwischen den Zeilen steht.[29] »Das Feuer brennt – aber es sendet auch Strahlen aus. Es zündet – aber es glänzt auch in farbigem Schein. Wie das Feuer eine elementare Kraft in sich birgt, die dem sehenden Auge völlig verborgen bleibt, doch will es sie üben, so pflegt es sich in ein sichtbares Gewand zu kleiden

---

27. Vgl. weiter zu Wohlgemuths homiletischer Theorie Andrea Bieler, Die Sehnsucht nach dem verlorenen Himmel. Jüdische und christliche Reflexionen zu Gottesdienstreform und Predigtkultur im 19. Jahrhundert, Stuttgart 2003. Vgl. weiter insgesamt zum Gespräch mit der jüdischen Homiletik die vorzügliche Arbeit von Alexander Deeg, Predigt und Derascha. Homiletische Textlektüre im Dialog mit dem Judentum, Göttingen 2006.
28. Joseph Wohlgemuth, Beiträge zu einer jüdischen Homiletik. In: Jahresbericht des Rabbiner-Seminars zu Berlin für 1903/1904 (5664), Berlin o. J., 1-107, hier: 31.
29. Vgl. zur Bedeutung des weißen Feuers im Midrasch Tim Schramm, Schwarzes und weißes Feuer. In: Friedemann Green u. a. (Hgg.), Um der Hoffnung willen. Praktische Theologie mit Leidenschaft, FS für Wolfgang Grünberg, Hamburg 2000, 231-239, hier: 232. Mit diesem Konzept arbeitet auch Uta Patalong in ihrem homiletischen Projekt des Bibliologs, das darauf aus ist, imaginative und partizipatorische Predigtprozesse in Gang zu setzen, in denen die gesamte Gemeinde mitpredigt. Vgl. dies.: Das schwarze Feuer achten, das weiße Feuer schüren. Inspirationen und Reflexionen zu einem Predigen mit der ganzen Gemeinde. In: Michael Krug u. a. (Hgg.), Beim Wort nehmen – die Schrift als Zentrum für kirchliches Reden und Gestalten. Friedrich Mildenberger zum 75. Geburtstag, Stuttgart 2004, 354-364 sowie dies., Bibliolog. Gemeinsam die Bibel entdecken im Gottesdienst – in der Gemeinde – in der Schule, Stuttgart 2005.

und zur Flamme zu werden, so der göttliche Gedanke. Auch er, der abgrundtiefe, der unerforschliche muß eine leibliche Form annehmen, zum Worte werden, zu einem Worte mit Konsonanten und Vokalen und grammatischer Bestimmtheit. Und wie das Feuer bald glühenden Schein, bald milden Schimmer in seinen Strahlen entsendet, in allen Farben spielt, allerlei Schatten hervorzaubert, so auch das göttliche Wort.«[30]

Als Christinnen und Christen sagen wir: Dass wir die Heilige Schrift und die Welt um uns herum in diesen vielfältigen Lichtfacetten eingetaucht wahrnehmen können – sie mal im glühenden Schein, mal im milden Schimmer erleuchtet wahrnehmen können – verdanken wir dem Wirken der Heiligen Geistkraft. Wir gehen davon aus, dass wir eher in den heilsamen Bann von Rechtfertigungsgeschichten gezogen werden, wenn wir dem Leseakt eines Predigttextes bewusst eine leibliche Gestalt geben, die uns dazu verhilft, uns im Raum des Textes zu bewegen. Der Akt des Lesens ist ja immer ein leiblicher Akt; es ist nur so, dass wir in vielen Fällen die Aktivität des Lesens selbst nicht leiblich verorten. Dass das Leben ein Geschenk ist, das Gott in Überfülle schenkt, dass das Geschenk der Gnade wie ein fließender und pulsierender Strom uns in unserer vernetzten, verleiblichten und interaktional gestalteten Lebenswelt präsent macht, dass Christus nun in uns wohnt und wir nur so – im Akt der heilsamen Selbstentfremdung uns finden können – all dies sind nicht einfach entkörperlichte Sätze. Diese Worte streben vielmehr nach Ein-leibung, sie wollen als verkörpertes Wissen eine Gestalt gewinnen. Es geht uns ja um die Verkörperungen der Gnade, um die Gestalten, die nach leiblichen Ausdrucksformen drängen, in denen responsorische Rezeptivität zur leiblichen Darstellung kommen kann.[31] Aus diesem Grunde plädieren wir dafür, in der Predigtvorbereitung eine Raum-Zeit zu gestalten, in der die biblischen Geschichten auf uns zukommen können und wir uns als leib-haftige Subjekte erfahren können, die in der Haltung responsorischer Rezeptivität die leibliche Wahrnehmung des Textes intensivieren können. Hans-Günter Heimbrock schreibt im Hinblick auf eine phänomenologisch ausgerichtete Homiletik über die Bedeutung der Leiblichkeit: »Der räumlich situierte Leib ist das organisierende Prinzip aller sinnlichen Wahrnehmung, und zwar deshalb, weil der Mensch in seiner leibhaftigen Bewegung (einschließlich aller sinnlichen Wahrnehmungen) nicht einfach mechanische Akte eines Automaten vollzieht, sondern

---

30. Wohlgemuth, Beiträge, 29. Vgl. auch: Marc-Alain Ouaknin, Das verbrannte Buch. Den Talmud lesen, Weinheim u. a. 1990.
31. Vgl. zur leiblichen Dimension auch Kapitel 2.4.

auf spezifische Weise Leib-Intentionalität lebt und damit sein ›Zur-Welt-Sein‹.«[32]

Die Bibliodramabewegung hat in den vergangenen dreißig Jahren viele Wege aufgezeigt, wie Ein-leibung biblischer Geschichten geschehen kann.[33] Im Bibliodrama werden das Hören, Lesen und die leibliche Inszenierung biblischer Texte eng aufeinander bezogen. Die responsorische Rezeptivität kommt ins Spiel, indem die Teilnehmenden bei den ersten Lesungen auf die Texte hören und zugleich auf ihre Körper. Sie lauschen in die Bewegungen hinein und »lassen sich gehen«, mit kurzen oder langen Schritten, sie rennen durch den Raum oder schreiten: gemächlich oder würdevoll, im energetisch zielbewussten Zick-Zack oder im schwingenden Hin und Her. Oder sie stehen einfach still. Diese synästhetische Erfahrung, die Verquickung von Bewegung, Hören und Sehen, erlaubt es, dass Texte in der Bewegung erlauscht und neu gehört werden können.

Dieser Prozess kann durch Wahrnehmungsübungen verstärkt werden, in denen die Atmosphären und Resonanzen im Raum benannt werden, die durch den gemeinsamen leiblichen Leseakt entstehen.[34] Was liegt im Raum? Was schwirrt durch die Luft? Was schwebt zwischen uns? Eine Schwere, eine Verwirrung, Gewitterwolken, die Wut in sich tragen, die Starre puren Entsetzens, eine fröhliche Leichtigkeit? Wer lernt, in die Resonanzen hineinzulauschen, wird auch ein vertieftes Verständnis biblischer Geschichten ge-

---

32. Hans-Günter Heimbrock, Spuren Gottes wahrnehmen. Phänomenologisch inspirierte Predigten und Texte zum Gottesdienst, Stuttgart 2003, 194.
33. Das Bibliodrama ist mittlerweile ein in vielen religionspädagogischen, liturgischen, homiletischen und weiteren ästhetischen Prozessen etabliertes Konzept und ist u. a. von Heidemarie Langer, Samuel Laeuchli, Natalie Warns, Ellen Kubitza, Tim Schramm und Gerhard Marcel Martin entwickelt worden. Vgl. z. B. Gerhard Marcel Martin, Sachbuch Bibliodrama. Praxis und Theorie, Stuttgart 1995; sowie Tim Schramm, Die Bibel ins Leben ziehen. Bewährte »alte« und faszinierende »neue« Methoden lebendiger Bibelarbeit, Stuttgart 2003.
34. Der Begriff der Atmosphäre, wie ihn der Philosoph Hermann Schmitz entwickelt hat, wird in der phänomenologisch ausgerichteten praktisch-theologischen Diskussion häufig rezipiert. Er ist auch in diesem Zusammenhang hilfreich. Schmitz geht es unter anderem darum, die Introjektionsthese im Hinblick auf die Ausbildung von Gefühlen zu kritisieren, »d.h. der Neigung, Gefühle als subjektive, private Seelenzustände der einzelnen Menschen aufzufassen, statt als erregende, ergreifende Mächte, die von sich aus wirken und über die Menschen – nicht bloß über Einzelne, sondern ebenso über Mengen und Gruppen – kommen, ohne der Heimstatt in einem Subjekt zu bedürfen und bloß dessen Ausgeburt, Inhalte oder Eigenschaft zu sein.« Ders., System der Philosophie, X. Siehe weiter zu Schmitz' Kritik der Introjektionsthese und zu seiner Phänomenologie der Leiblichkeit die instruktive Zusammenschau von Julia Koll, Körper beten. Religiöse Praxis und Körpererleben, Stuttgart 2007, 25-49.

winnen. Im Bibliodrama werden die Teilnehmenden dazu ermutigt, diese Resonanzen, die in den Lesungen entstehen, zum Text zurückzutragen, ihn aufzusuchen und zu befragen: Wo im Text kommt das individuell Erlebte sowie die Resonanz, die im Raum ist, vor?

Eine weitere Gestaltung, die in der Verkörperung responsorischer Rezeptivität nach Ausdruck drängt, ist die Suche nach Erinnerungsworten und Gesten, die im Anschluss an die ersten Leseprozesse auftauchen. Hier ist die Frage: Was erinnert sich in dir? Was will auftauchen, an die Oberfläche drängen, schweben oder kriechen und sich zu einem Wort, einem Klang, einer Geste formen lassen? Die passivischen Formulierungen, die hier gebraucht werden, laden dazu ein, dem eigenen Körpererleben und der Körpererinnerung so Raum zu geben, dass die Resonanz des Leibinneraumes erspürt, wahrgenommen und dann in einem Wort, einer Klanggestalt oder in einer Geste ausgedrückt werden kann. Gefundene Wörter und Gesten können so in eine Beziehung gesetzt werden.

Das Potenzial bibliodramatischer Prozesse für die Predigtarbeit liegt in der Vieldimensionalität begründet, in der der biblische Text in lebendiges Wort verwandelt werden kann. Dies geschieht in den komplexen Bewegungen zwischen Hören, Lesen und körperlicher Bewegung, der leiblichen Erinnerungsarbeit, die den Resonanzen der Wortfragmente nachspürt und eine Gestalt gibt. Dies geschieht auch durch die kollektiven Übungen, in denen Menschen lernen, Atmosphären wahrzunehmen, die sich in den Schriftlesungen ausbreiten und für ein vertieftes Verständnis, von dem, »was da steht«, fruchtbar zu machen.

Unsere Körper können als Erinnerungsräume begriffen werden, die eine Myriade von Erinnerungen gespeichert haben, die uns in unterschiedlicher Weise zugänglich sind. Sie werden durch den Blick der Anderen auf unsere Körper geprägt, durch Anrufungen, die uns an bestimmte soziale und kulturelle Plätze als geschlechtliche, »rassische«, soziale (arm, wohlbetucht) Körper verweisen. Die Blicke der Anderen, der normalisierende Blick, schreibt sich in unser Fleisch ein und prägt die Art und Weise, wie wir uns durch die Welt bewegen können. Diese Blicke werden Teil unseres Erinnerungs-Körpers und so Teil unserer Selbst-Erfahrung.[35]

Zugleich ist unser Erinnerungsvermögen in neurophysiologischer Hinsicht Funktion des Gehirns. Langzeit- und Arbeitsgedächtnis tauschen in komplexen Vorgängen Informationen über Worte, Konzepte, visuelle Ein-

---

35. Vgl. zum Thema Körpererinnerung in dekonstruktivistischer und neurophysiologischer Perspektive auch Bieler und Schottroff, Das Abendmahl, 225-247.

drücke und motorische Fähigkeiten aus. Unser Gedächtnis lässt sich als mehrdimensional aufgefächertes Gebilde verstehen: Das semantische Gedächtnis speichert Fakten, Konzepte sowie eher abstrakte Zusammenhänge, das Verfahrensgedächtnis bewahrt das Wissen habitueller Praktiken und Gewohnheiten vom Fahrradfahren bis zum Händefalten beim Gebet. Eine dritte Dimension des Gedächtnisses ist das episodische oder autobiographische Gedächtnis, das die Erinnerung an persönlich erlebte Ereignisse und Widerfahrnisse bewahrt.[36] Alle drei Dimensionen des Gedächtnisses werden sowohl in der Begegnung mit biblischen Texten im Prozess der Predigtvorbereitung als auch im Predigthören aktiviert. Die rezeptive Haltung in der Begegnung mit biblischen Texten zu stärken, impliziert also, die Erinnerung des Körpers bewusst in den Körper-Text-Dialog einzubeziehen.

Eine andere Möglichkeit, responsorische Rezeptivität im Körper-Text-Dialog des Predigtprozesses einzuüben, besteht in Übungen, die das *Focusing* anbietet. Silke Leonhard hat in ihrer Studie über leibhaftiges Lehren und Lernen in sehr sinnlicher und in theoretisch überzeugender Weise das Konzept des Focusing eingeführt.[37] Ein zentrales Anliegen des Focusing ist es, einen *Felt Sense* in einer konkreten im Hier und Jetzt zu verortenden Situation durch eigenleibliches Spüren formulieren zu können. Leonhard fasst die Auffassung Eugene Gendlins, dem Begründer des Focusing und der pragmatischen Phänomenologie zusammen: »Der Felt Sense ist die leibliche, nicht-begriffliche Seite der Sprachkompetenz, die eine ›offene Handlungskompetenz‹ markiert von etwas, das gegenständlich vorliegt, aber Unendliches damit transportiert. Es geht um ein Gewahrsein von Sprache, das anders ist als das Bewusstsein: Ähnlich wie Wittgensteins Ziel der Klarheit in der Philosophie akzentuiert auch Gendlin das Hin- und Hergehen zwischen der begrifflichen (logischen) und der nicht-begrifflichen Seite. ›Die-

---

36. Vgl. ebd. »Das Gedächtnis setzt sich also nicht aus einer einzelnen, isolierten Gehirntätigkeit zusammen, sondern eher aus vielfältigen Prozessen. Wir lassen uns nicht nur sozial, sondern auch neurophysiologisch auf einen *Rekonstuktionsprozess* ein, wenn wir erinnern. Aus diesem Grunde ist es entscheidend für uns, über *anamnesis* in einer holistischen Weise nachzudenken, die all diese verschiedenen Dimensionen des Erinnerns mit einbezieht. In ähnlicher Weise umfasst unsere Erinnerungspraxis im Gottesdienst all diese drei Dimensionen: die Kenntnis von Fakten und Konzepten, unser Ritualwissen, das wir ebenfalls erlernt haben, genauso wie unsere persönlichen biographischen Erinnerungen, die wir zu Erinnerungssequenzen zusammenfügen. All diese Dimensionen sind präsent, wenn wir Gottesdienst feiern.« Ebd., 249.
37. Vgl. Leonhard, Leiblich lernen. Vgl. die Rezeption des *Focusing* für die Arbeit der Seelsorge z. B. bei: Hans-Martin Gutmann, Und erlöse uns von dem Bösen. Die Chance der Seelsorge in Zeiten der Krise, Gütersloh 2005, 269 ff.

ses fortschreitende Handeln erfordert aber immer wieder ein Innehalten und ein leiblich-seelisches Gewahrsein der konkreten Situiertheit, damit sie nicht zur mechanistischen Routine wird, die im Hergebrachten verharrt.‹«[38]

Wer einen wachen Zugang zum eigenen *Felt Sense* entwickelt, wird gewahr, dass der Körper etwas weiß, dass dasjenige Erleben, das der Sprache vorgängig ist, aber auch die Sprache selbst vom Körper »gewusst« wird, und dass Wörter und Bilder einfach »kommen« und zwar in einem Überschuss, der über die sprachliche Form der Wörter hinausgeht. Im Focusing wird die Achtsamkeit auf die leibräumliche Gestalt des Wissens eingeübt.[39]

Der Körper-Text-Dialog – sei es im Focusing oder im Bibliodrama – beschreibt den intimsten Weg, die Horizonte von Lebensgeschichte und biblischer Erzählung verschmelzen zu lassen. Er ist verwoben mit dem weiteren Raum der Lebenswelt, der von vielen Faktoren gestaltet ist, u.a. von den sozialen Positionierungen, die wir mit unserem Körper-In-Der-Welt-Sein verbinden. Menschen, die überflüssig gemacht wurden im Hinblick auf den Arbeitsmarkt, Männer und Frauen, die aufgrund ihrer Hautfarbe rassistischen Übergriffen ausgesetzt sind und Kinder, die schon im Vorschulalter lernen müssen, am Existenzminimum zu leben, werden die damit verbundenen sozialen Leiberfahrungen in das vertiefte Verstehen biblischer Texte mit einbringen, wenn dafür Raum geschaffen wird. Wir haben es als äußerst produktiv erlebt, im Akt der Predigtvorbereitung Bibliodramaprozesse zu initiieren, in denen die Körperstimmen der Teilnehmenden später im Gewebe der Predigt Einlass finden. Die Bilder, Metaphern, narrativen Fragmente und gestischen Verkörperungen, die aus dem Bibliodramaprozess ihren Weg in die Predigt finden, reflektieren dann nicht mehr die verobjektivierende Perspektive, es wird dann nicht mehr »über die Armen« geredet, sondern wir werden mitten hinein geführt in die verleiblichte Lebenswelt der »Überflüssigen« und wie die Verkörperung der Gnade in ihrem Leben Gestalt gewinnt.

Hierzu ein Beispiel:

> Eine Frau, die seit drei Jahren erwerbslos ist, nimmt an einem Bibliodrama zur Auferstehungsgeschichte nach Johannes 20 teil. Im so genannten großen Spiel wickelt sie sich in ein Tuch ein und legt sich dann in gekrümmter Haltung auf den Boden, so dass ihr Kopf fast ihre Knie berühren. So liegt sie während des

---

38. Leonhard, Leiblich lernen, 191.
39. Zur Methode des Focusing vgl. ebd., 139-142. Zum philosophischen Hintergrund der pragmatischen Phänomenologie vgl. ebd., 151-168.

gesamte Spiels still auf dem Boden, bis sie am Ende mit einer anderen Frau, die den Auferstehungsgarten verkörpert und sich neben sie auf den Boden setzt, in ein längeres Gespräch verwickelt wird. Der Garten erzählt davon, was in seinem Raum so los ist: wie die Sonnenstrahlen zart die weißen Jasminblüten streifen, von dem verzaubernd süßen Duft, der in der Luft liegt, von den Kolibris, die auf und ab durch die Luft flirren und von der großen Rotbuche, unter deren Schatten sie Schutz finden könnte – und zwar mit ausgestreckten Gliedern – ohne sich verkrümmen zu müssen. Dann erzählt sie davon, wie sich Menschen in dem Garten begegnen, von den Atmosphären, die in der Luft liegen: von einer seltsam schweren Traurigkeit, und dann auf einmal so etwas wie ein schockierendes Blitzen und dann diese überströmende Freude, von den flirrenden, lebendigen Wellen, die sich ausbreiten und den gesamten Garten ergreifen, so dass alles und alle auf einmal in die Hände klatschen, mit allem, was so zur Verfügung steht, mit Ästen, und Blättern, mit Wurzeln und Flügeln, und alle werden einfach mitgerissen, die Kolibris und die Jasminsträuche, die Rotbuche und der Schatten. Auf einmal fängt die Frau im Leinentuch an sich zu regen, bis sie sich einmal um die eigene Achse rollt. Sie streift das Leichentuch Jesu, das sie um ihren Körper geschlungen hatte, um Ruhe und Schutz zu finden, mit dem rechten Arm von sich. Für einen Moment liegt sie entblößt da und nimmt ein, zwei tiefe Atemzüge. Ihr Brustkorb bewegt sich langsam auf und nieder. Dann richtet sie sich auf und beginnt sich aus ihrer Verkrümmung zu lösen, – rums, auf einmal steht sie da, aufrecht, noch etwas schwankend und mit zerzausten Haaren: »Ich will zur Rotbuche«, sagt sie. »Ich will wissen, ob das ein Platz für mich ist.« Und dann stolzieren beide los, der Garten der Auferstehung und die Frau, die gerade noch mit dem Leichentuch Jesu eins gewesen war. Neugierig begutachtet die Letztere, was es so alles im Garten der Auferstehung zu besichtigen gibt; alle die Dinge, die sie zuvor ja gar nicht sehen konnte, als sie noch unter dem Tuch gelegen hatte.

Nachdem das Spiel zu einem vorläufigen Ende gekommen ist, wird sie von der Bibliodramaleiterin interviewt und erzählt von der Erfahrung, das Leichentuch Jesu gewesen zu sein: Zunächst beschreibt sie das Erleben embryonaler Geborgenheit und regressiver Entspannung. Die körperliche Position, die sie zunächst eingenommen hatte, hatte etwas Geborgenes, sie konnte den verletzlichen Brust- und den Magenbereich in der gekrümmten Haltung vor der Außenwelt in Schutz nehmen. Das Leichentuch über ihr war wie eine wärmende Wolldecke. Ihr kamen viele regnerische Samstagnachmittage in den Sinn, an denen sie in ähnlicher Weise eingemummelt auf ihrem Sofa gelegen hatte. Dann erinnerte sie sich, dass sie in dieser Körperhaltung auch oft im Schoß ihrer Großmutter als kleines Mädchen gekauert hatte; vielleicht war sie damals fünf oder sechs gewesen. Nach einiger Zeit spürte sie jedoch, dass sie sich in dieser Position zwar noch sicher fühlen konnte, sie bemerkte aber zugleich, dass sie so nicht gut atmen konnte, dass ihr Atem im Brustbereich stockte und flacher wurde. Die Unterbrechung des Atemflusses löste eine Beklemmung in ihr aus, die sie schwer und regungslos machte. »Wie tot zu sein« kam ihr in den Sinn

und dann wurde sie gewahr, wo sie sich befand: in dem Grab, in das Jesus nach der Kreuzigung gelegt worden war.
Das Interview wird beendet und in der nächsten Runde auf die explizite Ich-Ebene verlagert. Jetzt sitzen sich die Teilnehmenden in Paaren gegenüber und sprechen über die Anknüpfungen an die jeweilige persönliche Lebensgeschichte. Sie erzählt von ihren Lebensphasen, in denen sie sich manchmal »wie tot« fühlt, weil sie findet, dass niemand sie wirklich mehr braucht, seitdem sie erwerbslos ist. Auch beschreibt sie diese ambivalente Geborgenheit, die in ihrem sozialen Rückzug liegt. Die körperliche Erfahrung, sich ausstrecken zu können, den Atem durch den gesamten Körper fließen zu lassen und trotzdem geborgen zu sein, war für sie der Wendepunkt im Spiel.
Mit dem Weg zur Rotbuche kreierte sie eine Gestalt, die die Sehnsucht nach Geborgenheit und nach neuem Leben ebenso umschließt wie die Angst, dass das Leben still stehen könnte und sich nichts mehr bewegt, bis hin zum Todeswunsch. Ihr Erlebnis im Spiel, in dem sie sich in das Leichentuch Jesu einwickelte, eröffnete ihr im selben Moment ein vertieftes Verstehen im Hinblick sowohl auf die biblische Geschichte als auch auf ihre Lebenssituation. Durch das Bibliodrama wurde ein Raum für leibeigenes Spüren geschaffen, in dem sich die Artikulation und Reflexion des Erlebens im Garten der Auferstehung entfalten konnte.

Die beschriebene Szene eröffnet verschiedene Möglichkeiten für die Auferstehungspredigt. Die Predigt könnte sich auf die Begehung des Gartens konzentrieren. Da wir von der leiblichen Auferstehung predigen wollen, könnten wir versuchen, die leibliche Bewegung vom Leichentuch zur Rotbuche zur Sprache zu bringen, um in der Leibmetaphorik eine Annäherung an das Pascha-Mysterium zu wagen.

Wir halten also fest, dass es für die Einübung responsorischer Rezeptivität unabdingbar ist, Raum für kreative Prozesse in der Predigtarbeit zu lassen, in denen die leibräumliche Gestalt biblischer Texte in unseren Leibern und in den Atmosphären, die uns umgeben, wahrgenommen werden können. Der Kreativität im Zuge der Predigtvorbereitung Raum zu geben ist von zentraler Bedeutung.[40] Manfred Josuttis hat 1970 einen kleinen Aufsatz zur Predigtlehre veröffentlicht, der sehr wirkungsvoll geworden ist: »Über den Predigteinfall«.[41] Josuttis nimmt hier ein kreativitätspsychologisches Modell auf, das von Elisabeth Landau entwickelt worden ist. Josuttis

---

40. Zur Bedeutung des kreativen Prozesses in der Predigtarbeit vgl. auch Jana Childers, Birthing the Sermon: Women Preachers on the Creative Process, St. Louis 2001; Wilfried Engemann, On Man's Re-Entry into his Future: The Sermon as a Creative Act. In: Gerrit Immink und Ciska Stark (Hgg.), Preaching: Creating Perspective, Utrecht 2002, 25-49.
41. Manfred Josuttis, Über den Predigteinfall (1970). In: ders., Rhetorik und Theologie in der Predigtarbeit. Homiletische Studien, München 1985, 70-86.

schreibt: »In vielen Fällen muss er [der Prediger] jede Woche eine neue Predigt anfertigen und jeden Sonntag mit seiner Predigt etwas Neues, Interessantes, vielleicht sogar Aufregendes sagen. Dazu ist nicht nur nötig, dass er die exegetischen Methoden beherrscht und die angesprochene Gemeinde kennt. Dazu muss er vor allem Einfälle haben. Wie bekommt man Einfälle?«[42] Das Verfassen einer Predigt ist ein kreativer Akt. Die Aufgabe ist, vorgegebenes Material für einen bestimmten Zweck frei zu gestalten. Das Material ist in der Regel ein Bibeltext, der Zweck der freie Sprechakt im Gottesdienst vor der Gemeinde. Als ästhetisches Ereignis ist eine Predigt mit anderen Produktionsprozessen wissenschaftlicher oder künstlerischer Art durchaus vergleichbar. Auch für das Abfassen einer Predigt gelten deshalb Gesetze, die die Psychologie der Kreativität für die schöpferische Leistung von Menschen ermittelt hat. In der Regel werden hier Phasen des kreativen Prozesses unterschieden, beispielsweise zwei Phasen – Inspiration und Elaboration – oder drei Phasen: Vorbereitung, Produktion und Beurteilung. Oder sogar fünf Phasen: Vorbereitung, Analyse, Produktion, Verifikation und Reapplikation. Die Kreativitätspsychologin Elisabeth Landau, auf die Josuttis sich beruft, schlägt nun vier Phasen vor: »Vorbereitung, Inkubation, Illumination und Verifikation.«[43]

Die Vorbereitungsphase beinhaltet die Wahrnehmung eines Problems und die Ansammlung von Informationen, die zu diesem Problem gehören. Die Inkubationsphase ist eine Wartezeit, in der unbewusst – und hier liegt die Betonung – nach einer Lösung gesucht wird. Die Analogie zu medizinischen Begriffen macht diesen Sachverhalt recht gut deutlich: Ich habe mich erkältet, ich bin angesteckt worden, aber die Krankheit ist noch nicht zum Ausbruch gekommen. Bisweilen wird in diesem Zusammenhang auch die Analogie einer Schwangerschaft verwendet. In der nächsten Phase, der Illuminationsphase, erfolgt die plötzliche Einsicht in die Lösung. In der vierten Phase wird diese Lösung zu einer Gestalt gebracht, die Predigt wird ausgearbeitet.

Konkret auf die Predigtarbeit bezogen heißt dies für die erste Phase: Die Predigerin macht sich möglichst frühzeitig, am besten schon am ersten Tag der Woche, die auf den Sonntag der Predigt zuläuft, mit dem Predigttext vertraut. Sie liest den Text zu einer festgelegten Zeit an jedem Tag laut. So wird der Predigttext mit allem in Kontakt kommen können, was in der Ar-

---

42. Ebd., 70.
43. Ebd., 71. Josuttis nimmt Bezug auf Elisabeth Landau, Psychologie der Kreativität, München u. a. 1969.

beitswoche geschieht: Vom Konfirmandenunterricht bis zur Zeitungslektüre, vom Krankenbesuch bis zum Krimi abends im Fernsehen, vom Seelsorgegespräch über den Gartenzaun bis hin zur Verwaltungsarbeit im Büro. Zugleich wird in dieser Phase Raum sein, auch ausdrücklich und momentan konzentriert Material zu sammeln: Informationen zu exegetischen Hintergründen des Predigttextes, aber auch systematisch-theologische Implikationen. Wichtig für diese Phase ist Sensitivität in der Wahrnehmung und Offenheit für neue Ideen. Dass viele Predigten so langweilig und nichts sagend sind, hängt auch schon an der Reduktion der Offenheit und Wahrnehmungsfähigkeit in dieser ersten Phase, an einer Art Zensur, die der Prediger über seine Wahrnehmungen und über die Probleme des Alltags verhängt. In dieser Anfangsphase entscheidet sich schon die Qualität der künftigen Endgestalt der Predigt.

Die vier verschiedenen Phasen folgen nicht in einer klaren zeitlichen Reihenfolge, sondern sachlogisch aufeinander. So gibt es auch keine einschneidende Grenze zwischen der Vorbereitungs- und Inkubationsphase. Der Hauptunterschied besteht darin, dass sich die Inkubationsphase im Unbewussten abspielt. Der Prediger ist sich nicht ausdrücklich bewusst, dass er mit den Wahrnehmungen und Informationen spielt, auf die er gestoßen ist. Er ist in dieser Phase bei anderen Aktivitäten – in der Gemeindearbeit, während des Unterrichtes, aber auch in seiner Freizeit – mit der Predigt beschäftigt, umkreist Einfälle, sortiert Informationen, gewichtet, wägt ab. Josuttis schreibt im Anschluss an Elisabeth Landau: »Diese Phase, in der die gesammelten Erfahrungen im Unbewussten schweben, ist für das Individuum eine sehr unruhige und frustrierende Zeit, die oft von Minderwertigkeitsgefühlen begleitet ist und eine erhebliche Frustrationstoleranz erfordert.«[44] Diejenigen, die einmal versucht haben, ein Gedicht zu schreiben, ein Musikstück zu komponieren oder eine wissenschaftliche Hausarbeit zu Papier zu bringen, kennen vermutlich diese Stimmung.

Die nächste Phase, die unter dem Stichwort »Illumination« steht, ist das Aha-Erlebnis. Man kann auch vom Heureka-Erlebnis sprechen. Dabei handelt es sich um einen ganz unfreiwilligen Moment, eine Art exstatischen Augenblick, in dem die undeutlichen Gefühls- und Denkbewegungen aus der vorigen Phase sich plötzlich zu einem sinnvollen, überzeugenden und plausiblen Bild zusammenordnen, zu einer deutlichen, sinnvollen Einsicht, einer Idee mit zumindest subjektiv überzeugender, manchmal sogar zwingender Kraft. In dieser Phase vollzieht sich der Predigteinfall. Ihm fließen

---

44. Josuttis, Über den Predigteinfall, 73.

vor allen Dingen aus zwei Richtungen inhaltliche und energetische Strömungen zu: aus der biblischen Tradition und aus der aktuellen Situation. Im Predigteinfall findet die Predigerin den Punkt, an dem sich die Relevanz des biblischen Textes für die Gegenwart in Anknüpfung genauso wie im Widerspruch aufschließt. Der Einfall kann eine Frage sein, die sich aus der Gegenwart an den Text richtet, er kann in einem Thema bestehen, das sich aus dem Text für die Gegenwart ergibt, er kann ein Symbol oder eine Erzählung oder ein Bild zum Inhalt haben, von dem sich die Kraft des biblischen Textes für diese besonderen Menschen hier und jetzt aufschließen lässt. Auf jeden Fall bildet der Einfall den Kristallisationskern, von dem aus die nächste Phase, die Ausarbeitung oder Verifikation, sich anschließt: der kurze ekstatische Augenblick des Einfalls wird jetzt, wenn es gelingt, zu einer guten Gestalt gebracht. Diesen kreativen Phasen in der Predigtvorbereitung genügend Raum zu geben, belebt die Arbeit an der leiblichen Gestalt der Rechtfertigungspredigt.

Wir beschließen unsere Überlegungen zur Einübung in responsorische Rezeptivität im Akt der Predigtvorbereitung mit einer Reflexion von Fulbert Steffensky aus seinem Buch »Schwarzbrot-Spiritualität«.[45] Sie geht über die homiletische Fragestellung hinaus und bündelt zugleich das bisher Gesagte: »In der Gebetspraxis z. B. hat man immer geraten, die alltägliche Trockenheit des Gebetes zu achten und es keineswegs zu lassen, wenn man nicht begeistert, ergriffen, erfüllt und weggerissen ist. Du bist nicht der Macher deiner eigenen Ganzheit, hat man gesagt. Der Blick der Güte sieht über deine eigenen Erfahrungen hinweg, er sieht deine Existenz und deine Gebete ganz. Mit Römer 8 hat man gesagt: ›Wir wissen nicht, was wir beten sollen, wie sich's gebührt, sondern der Geist vertritt uns mit unaussprechlichem Seufzen!‹ Nicht Entrissenheit gilt, sondern Anwesenheit.

Es gibt einen Unterschied zwischen beabsichtigter und geschenkter Erfahrung. Wir treffen die geschenkte Erfahrung in dem Lied von Paul Gerhardt ›Geh aus, mein Herz‹. Die Mystiker sagen es ähnlich: Gang us dir us! Geh aus! Aber nicht in ferne und sensationelle Sphären. Sei ein gegenwärtiger Mensch, und du wirst den Gesang des Lebens vernehmen. Geh' aus, mein Herz, singt Paul Gerhardt. Höre das Lob des Lebens in der ›Gärten Zier‹, im Lied der Lerche und der Nachtigall, im Honig, im Weizen und im Wein! [...] Was also ist eine spirituelle Erfahrung? Sie ist keine Selbsterfahrung, sie ist eher Selbstvergessenheit. Elisabeth [von Bingen] nimmt sich nicht selbst war, sie liest die Augen Christi in den Augen des Kindes [...].

---

45. Steffensky, Schwarzbrot-Spiritualität, 13 f.

Der Schmerz der Menschen ist nicht mehr nur, was er ist; die gebildete Aufmerksamkeit liest den Schmerz Gottes im Schmerz der Menschen. Das Glück ist nicht mehr nur, was es ist. Das sind die Spuren Gottes, die in ihm deutlich werden [...]. Spiritualität ist gebildete Aufmerksamkeit. Der Mensch besteht nicht nur aus seiner eigenen Innerlichkeit und aus seinen guten Absichten. Der Mensch ist nicht nur Seele und Geist, er ist alltäglicher Leib. Er hat nicht einen Leib, er ist Leib. Die Innerlichkeit, die nur sich selber kennt, wird bald ermatten [...].«[46]

Das Fasten ist von jeher im Christentum aber auch in anderen Religionen eine Methode gewesen, sich in ganzheitlicher Weise Gott zu öffnen und sich zum Hören bereit zu machen. In diesem Sinne kann das Fasten als eine Einübung in responsorische Rezeptivität verstanden werden. Es folgt eine Fastenpredigt, die anhand der prophetischen Kritik in Jesaja 58, anhand der gegenwärtigen Fragen sozialer Gerechtigkeit und anhand der Widersprüche der Wellness-Kultur über die Ambivalenz des Fastens vor dem Hintergrund der Rechtfertigung der »Überflüssigen« meditiert.

Zum Beispiel: Eine Fastenpredigt[47]

Liebe Gemeinde, für viele unter uns Protestanten ist das keine Frage: soziales Engagement ist evangelischer und deshalb besser als körperliche Askese. Die Ablehnung des Mönchtums und die Wertschätzung des weltlichen Berufs gerade in seiner sozialen Verpflichtung gehören zum Überzeugungsbestand des evangelischen Durchschnittsmenschen. Soziale Gerechtigkeit gegen körperliche Askese. Ist das die Alternative, die der Prophet hier im Namen Gottes ansagt? Oder ist dies der entscheidende Punkt: falsches Fasten zeigt sich in der Phantasie, durch öffentlich inszenierte Enthaltsamkeit Gott beeindrucken zu können – um gleichzeitig, im selben Moment und Atemzug, die Lebensrechte des anderen Menschen zu missachten? »Siehe, an dem Tag, da Ihr fastet, geht ihr doch euren Geschäften nach und bedrückt alle eure Arbeiter«.
Die Forderung nach Gerechtigkeit und nach Umkehr zu einem Leben, das sich seiner sozialen Verpflichtung stellt, ist unüberhörbar. Für den Propheten verträgt sich die Achtung vor der Heiligkeit Gottes nicht mit einer Lebensweise, in der die Lebensrechte von Menschen mit Füßen getreten werden. »Das aber ist ein Fasten, an dem ich Gefallen habe: ... Brich mit dem Hungrigen dein Brot, und die im Elend ohne Obdach sind, führe ins Haus! ...« – Ich höre das nicht als Drohung, nicht als Belastung, sondern als ein großes Aufatmen. Mich

---

46. Ebd., 13f., 18ff.
47. Predigt über Jesaja 58,1-14, Hamburger Universitätsgottesdienst, 5. November 2006 von Hans-Martin Gutmann.

auf den Gott zu verlassen, der nicht fordert und bedrückt, sondern der sein Volk aus Unterdrückung befreit und der unsere Befreiung will.

1

Fasten ist in unserer Kultur keine ausdrücklich religiöse Lebenspraxis. In alltäglichen Zusammenhängen ist Fasten weit verbreitet. Theologiestudierende, die, wie in diesen Tagen auch einige unter uns, eine Griechischprüfung vor sich haben, werden sich am Abend zuvor vermutlich nicht betrinken und auch beim Frühstück jede Völlerei sein lassen. Wer sportliche Leistungen vorhat, wird sich beim Rauchen und Trinken zurückhalten, und auch beim Verzehr von sagen wir mal: fettem Eisbein mit Sauerkraut und Kartoffelbrei. Manche von den Fußballern, die in diesem Sommer die Weltmeisterschaft gewinnen wollten, durften über mehrere Tage ihre Frauen und Freundinnen nicht sehen. Und selbst ein überschaubareres Vorhaben wie der Plan, sich bei einem Halbmarathon nicht von den Reinigungsmaschinen überholen zu lassen, erfordert zwar nicht unbedingt sexuelle Askese, aber oft monatelanges Training und kontrollierten Nahrungs- und Genussmittelgebrauch. Wissenschaftliche und künstlerische Hochleistungen vertragen sich schlecht mit exzessivem Fernsehkonsum oder haltlosem Versinken im Internet. Geistesgegenwart braucht, zumindest phasenweise, Enthaltsamkeit: beim Konsum von Genuss- und Nahrungsmitteln, von Medien und freier Zeit und vielem anderem.

Manchmal befreit Fasten richtiggehend. Wer nach einer mehrtägigen Konfirmations-, Hochzeits- oder Weihnachtsfeier nach tagelangem Kuchen-, Braten- und Alkoholverzehr für einen ersten Abend all dies sein lässt und der Parole folgt »Frieden für die Leber«, wird das dankbare Aufatmen des eigenen Körpers spüren. Wer sich nach der Karnevalszeit bewusst dafür entscheidet, bei »Sieben Wochen ohne« mitzumachen, will dadurch nur selten erreichen, Gott näher zu sein. Eher geht es darum, sich der eigenen Unabhängigkeit und Standfestigkeit da zu versichern, wo man sich ihrer nicht so ganz sicher ist – bei Süßigkeiten oder Fernsehen, Alkohol oder Internet, Rauchen oder Streuselkuchen. Wer fastet, will vielleicht Selbstvertrautheit und Wachheit wiedergewinnen oder ein Aufatmen des Körpers und der Seele spüren. Es gibt einen gut funktionierenden Wirtschaftszweig von Wellness-Angeboten zwischen Fangopackungen und Reiki, Ayurveda-Mahlzeiten und Heiltees, Massagen und Fitnessübungen, die mit Bastelangeboten aus den unterschiedlichsten philosophischen und religiösen Traditionen spielen und insgesamt Lebenszugewinn versprechen.

Selbst Großentwicklungen wie die Durchsetzung der kapitalistischen Wirtschaftsweise wären ohne alltägliche Askese nicht denkbar gewesen: langfristig gewinnorientiertes Wirtschaften durch Verzicht auf momentan befriedigenden Konsum, um den erwirtschafteten Gewinn wieder zu investieren. Schon lange hat diese Form von Askese ihre religiöse Begründung nicht mehr nötig. Und der Verzicht auf Konsum bedeutet heute sehr Unterschiedliches, je nachdem auf welcher Seite der immer ungleicheren Verteilung des gesellschaftlichen Reichtums jemand lebt. Es gibt Manager, die Hunderttausende oder sogar Millionen im Jahr verdienen und keinerlei Zeit haben, ihren Reichtum genussvoll zu gebrauchen. Und es gibt, zunehmend auch in unserem Lande und erst recht in ärmeren Weltgegenden, immer mehr Menschen, die beim Lächeln die Hand vor den Mund halten, und deren Schneidezähne nicht deswegen zu braunen Stümpfen heruntergekommen sind, weil sie keine Lust oder Angst haben, zum Zahnarzt zu gehen. Es gibt zunehmend Menschen, auch bei uns, die in Wohnungen leben, die jede Lebenslust und Kreativität ersticken, und für die die Enthaltsamkeit gegenüber einem Kinobesuch oder einem Abend im Restaurant keineswegs eine bewusste Entscheidung darstellt, durch momentane Einschränkung Lebensgewinn zu erreichen. Die Zumutung an immer mehr Menschen, sich in Nahrung und Bildung, Gesundheitsmitteln und kultureller Partizipation zurückzuhalten, ist ein Skandal, weil gesellschaftlicher Reichtum ausreichend vorhanden ist. Weltweit sind immer mehr Menschen gezwungen, ohne Hoffnung und weit unter dem Niveau ihrer Lebensmöglichkeiten zu existieren. Sie speisen die Flüchtlingsströme oder gehen zugrunde, zahllose Menschen mit unaustauschbarem Gesicht: so unüberschaubar oft ein unter zerstörerischen Bedingungen gelebtes und geraubtes Leben.

Hier und in vielen anderen Fällen ist Enthaltsamkeit keine bewusste Entscheidung zum Fasten. Es ist das Diktat der Lebensumstände. Und auch das gehört zur anderen, zur zerstörerischen Seite des Fasten-Themas: Es ist in unserer Kultur nicht mehr damit zu rechnen, dass Menschen, wenn man sie nur lässt, in der Lage sind, sich selber etwas zugute zu tun, zu genießen und das Leben zu feiern. Die Sehnsucht, sich selbst vertraut zu sein, kann, wenn Liebe und Wertschätzung dauerhaft verweigert wurden, zu einem zerstörerischen Verkümmern der Fähigkeit führen, dem Leben offen und lebensfroh und ohne ständige Versagung und Kontrolle gegenüberzutreten.

2

Fasten ist in all diesen profanen Lebenszusammenhängen eine ziemlich ambivalente Angelegenheit. Wann Fasten heilsam und wann es zerstörerisch ist, entscheidet sich nicht am Fasten selber. Es entscheidet sich an den Umständen, auch an der Freiwilligkeit der Entscheidung. Wer *aus religiösen Gründen* fastet, rechnet damit, dass er oder sie es nötig hat, von dem befreit zu werden, was den Körper und die Seele besetzt hält – ehe eine Begegnung mit dem Heiligen möglich ist. Dieses Wissen teilen die jüdische und die christliche Religion mit vielen anderen Religionen. Frömmigkeit geht nicht ohne Aufmerksamkeit. Spiritualität geht nicht ohne Übung im Freiwerden von alltäglichem Eingebundensein, Bedrückt- und Fasziniertsein. Das kann den Umgang mit Zeit und Geld betreffen oder den Gebrauch von Genussmitteln, alltägliche Beziehung und Arbeit und den Umgang mit Macht. Im religiösen Handeln ist diese Reihenfolge unumkehrbar: Trennung – und Hinwendung, loskommen und in neue Beziehung eintreten, Sündenbekenntnis und Freispruch der Sündenvergebung, vom »alten Menschen« frei werden und den »neuen Menschen« anziehen. Frömmigkeit kann Lebensumkehr nötig machen, in jedem Falle aber eine Unterbrechung alltäglicher Gewohnheiten.

Der Prophet sagt ganz klar: all das ist keine Sache öffentlicher Selbstinszenierung. »Soll das ein Fasten sein, an dem ich gefallen habe, ... wenn ein Mensch seinen Kopf hängen lässt wie Schilf und in Sack und Asche sich bettet?« Man soll es machen, aber nicht damit vor anderen groß da stehen wollen. Auch Jesus von Nazareth hat diese Grundregel sehr deutlich gemacht: »Wenn ihr fastet, sollt ihr nicht sauer dreinsehen wie die Heuchler; ... Wenn du aber fastest, so salbe dein Haupt und wasche dein Gesicht, damit du dich nicht vor den Leuten zeigst mit deinem Fasten, sondern vor deinem Vater, der im Verborgenen ist« (Matthäus 6,16f). Fasten als religiöse Übung ist keine Sache der Selbstinszenierung. Und es ist auch kein Weg, auf dem man Gott beeinflussen kann, als würde man einen Euro in einen Automaten werfen. Wer fastet, tut sich zunächst einmal selber etwas Gutes. Er und sie wird für die Begegnung mit Gott offen, die *von Gott aus* als Einladung und freies Geschenk *immer* möglich ist.

Worum es dem Propheten allerdings geht, ist dies: diese Bewegung des Freiwerdens wird pervertiert, wenn sie nur auf die eigene Person in Leib und Seele bezogen ist – und nicht die Aufmerksamkeit für den anderen einschließt. Und zwar genau für die anderen, die es besonders brauchen. Sei es, dass man die missachtet, nicht wertschätzt, schlecht bezahlt, die von einem abhängig sind – oder durch die unwidersprochene und vielleicht auch undurchschaute Teilhabe an einer Weise des Wirtschaftens, an politischen und sozialen Strukturen, durch die Menschen um ihre Lebensmöglichkeiten gebracht werden.

3

Im biblischen Buch, das unter dem Namen des Propheten Jesaja steht, gehören die Heiligkeit Gottes und die Forderung nach Gerechtigkeit zusammen. Wenn Menschen ohne Achthaben auf die Lebensrechte anderer vor Gott groß dastehen wollen, verfehlen sie Gott genauso wie sich selber. »Das aber ist ein Fasten, an dem ich Gefallen habe: Lass los, die du mit Unrecht gebunden hast; lass ledig, auf die du das Joch gelegt hast! Gib frei, die du bedrückt hast, reiß jedes Joch weg!« –

Es ist ziemlich deutlich, an wen sich diese Forderung richtet. Jesaja fordert nicht von den Armen, den Gürtel enger zu schnallen. Er fordert von denen, die etwas haben und sind, damit aufzuhören, andere zu bedrücken und um ihre Lebensrechte zu bringen. Ich höre das nicht als hammerharte und unerfüllbare moralische Forderung. Fasten als soziale Gerechtigkeit, das ist in der Perspektive des Propheten keine drückende Zumutung, sondern Befreiung. Das ist das große Aufatmen durch Unterbrechen und Aufhören.

Es ist doch kein Spaß, so zu leben, dass durch die Weise des eigenen Lebens andere um ihre Lebensmöglichkeiten gebracht werden – und zu oft selbst um ihr Leben. Man sollte sich die Menschen in den wirtschaftlichen und politischen Eliten, damals wie heute, nicht als fühllose, denkfaule und sozial verantwor-

tungslose Leute vorstellen. Der Prophet wendet sich genau an diese Leute. Seine Aufforderung ist eine Einladung: Habt Lust am Sabbat.
Die Hoffnung auf die große Unterbrechung, das große Aufatmen aller Geschöpfe kennt einen überschaubaren, jede Woche neu begehbaren Weg: die Freude am Sabbat. Die Lust am Tag Gottes. Christlich: die Einhaltung des Sonntags als Feiertag, als Tag zum Feiern. Jede Woche neu das Rausgehen aus den alltäglichen Selbstverständlichkeiten und das Sich-Einschmiegen in die Zeit Gottes: »Wenn du ihn dadurch ehrst, dass du nicht deine Gänge machst und nicht deine Geschäfte treibst und kein leeres Geschwätz redest, dann wirst Du Deine Lust haben an Gott.«
Das große Aufatmen durch Unterlassen. Die Befreiung von Leib, Geist und Seele durch Unterbrechung. Man muss sich das einmal klarmachen, was für eine zermürbende Last es ist, Tag für Tag weiterzuwurschteln in einer Weise des Lebens und Wirtschaftens, durch die Menschen millionenfach unter dem Niveau ihrer Lebensmöglichkeiten gehalten werden. »Und nicht deine Geschäfte treibst und kein leeres Geschwätz redest.« Was für eine Erholung, da nicht mehr mitzumachen. Was für ein Anschlag auf die Intelligenz der Leute, das dumme Geschwätz ständig weiterzuschwätzen und weiter zu glauben, zum Beispiel: Wirtschaftswachstum bedeutet Arbeitsplätze. Wo jeder weiß, dass Firmen mit Riesengewinnen Menschen entlassen und es für Vollbeschäftigung ein jährliches Wirtschaftswachstum von etwa 32 Prozent brauchen würde. Oder: Erwerbslose müssen in den Arbeitsmarkt gedrängt werden, »Fördern und fordern«: als würde bereits Vollbeschäftigung herrschen und Menschen, die aus völlig unverständlicher Faulheit keiner Erwerbstätigkeit nachgehen, dazu gezwungen werden müssen. »… und kein leeres Geschwätz redest«:
Was für eine Befreiung von dieser dauernde Anspannung, diesem angestrengte Nicht-Wahrnehmen alles dessen, was über die enge Kalkulation von Gewinn und Verlust hinausgeht. Diese verordnete und selbstverordnete Stumpfheit gegenüber dem Lebensglück anderer Menschen und Geschöpfe, ja selbst gegenüber den eigenen spontanen Bedürfnissen. Der Prophet rechnet damit, dass er seine Zuhörerinnen und Zuhörer ansprechen und erreichen kann, und zwar als Befreiungsperspektive. Keine Anspannung zu sozialen Höchstleitungen, kein »Ruck«, der durchs Land gehen soll oder ähnliches, sondern ein Sein-Lassen, ein Aufatmen, ein Verpusten. Jede Woche neu Lust am Sabbat: Wenigstens für einen Tag in der Woche alles sein lassen, was an Handlungen oder Geschwätz dazu beiträgt, dass die Elenden unterjocht werden.
Was würde geschehen, wenn die Evangelische Kirche in unserem Lande dem Propheten zuhören würde? Vielleicht würde das in Gemeinden und Kirchenleitungen kreative Ideen freisetzen, die sich auch für die kirchlichen Finanzen besser auszahlen könnten als jedes Fundraisingprogramm. Beispielsweise ein geistliches Wellness-Angebot. Einmal in der Woche können Menschen aus den wirtschaftlichen und politischen Eliten in schön gestalteten und geschmückten kirchlichen Räumen zusammenkommen. Sie geben dafür Geld, das zum großen Teil in soziale Projekte fließt und zum kleineren Teil in die Schönheit dieser

Begegnung. Es gibt wunderbar zu essen und zu trinken. Es gibt jede Menge Zeit. Freunde und Freundinnen, Familien mit Eheliebsten und Kindern dürfen mitgebracht werden. Alle Handys und Notebooks bleiben zu Hause. Die einzige Regel: die alltäglichen Gänge, die Geschäfte, das Geschwätz werden für 24 Stunden unterbrochen. Eine Möglichkeit des Heilwerdens für alle durch Sein-Lassen, Aufatmen und Unterbrechen des Normal-Ablaufes. Ein Sabbat, eine Zeit Gottes, eine heilige Zeit, jede Woche neu.

Was wäre, wenn wir uns das selber gönnen würden? Wenn wir der Einladung des Propheten folgen würden: Lust am Sabbat? Ganz sicher: Die Wahrnehmungsoffenheit für Gott, für die anderen Menschen, die es brauchen, auch für uns selber würde geradezu explosiv zunehmen. Nicht durch Anstrengung. Aber durch Freiwerden von alltäglichem Betrieb und von der stumpfen Anstrengung, alles nicht wahrzunehmen, was dadurch angerichtet wird. »Sondern den Hungrigen dein Herz finden lässt.« Ein Vorgeschmack auf das Reich Gottes, für 24 Stunden jede Woche neu, die wunderbare Einladung: Lust am Sabbat.

»Dann wird dich Gott beständig leiten, den unbändigen Durst deiner Lebenskraft stillen und deine müden Knochen wieder munter machen. Dann wirst du wie ein bewässerter Garten sein und wie eine Wasserquelle, deren Wasser nicht täuschen.«

Und der Friede Gottes, der höher ist als all unsere Vernunft, bewahre unsere Herzen und Sinne in Christus Jesus. Amen.

3.2.4 Im Resonanzraum

Wir beschreiben die Predigt von der Rechtfertigung der »Überflüssigen« als Bewegung im Resonanzraum der Heiligen Schrift. Die Wahrnehmung des Raumes spielt in der gegenwärtigen praktisch-theologischen Diskussion eine große Rolle, vor allem aber bei weitem nicht nur in der Thematisierung der gottesdienstlichen Liturgie oder des Kirchenraumes.[48] Auf den Begriff der »Atmosphäre«, der von Hermann Schmitz, aber auch von Gernot Böhme[49] in die phänomenologisch interessierte Wahrnehmungseinstellung ein-

---

48. Zum Zusammenhang von Raum und Predigt vgl. Michael Meyer-Blanck, Die Predigt in Raum und Ritual. In: PrTh 34 (1999), 163-173, sowie Thomas Klie, Wort – Ereignis – Raum. Kirchenpädagogische Überlegungen zur Predigt. In: PrTh 35 (2000), 251-263.
49. Vgl. z.B. Gernot Böhme, Atmosphäre. Essays zur neuen Ästhetik, Frankfurt a.M. 1995.

gebracht worden ist, haben wir schon hingewiesen. Tobias Woydack hat in seiner Untersuchung »Der räumliche Gott. Was sind Kirchengebäude theologisch?«[50] eine weitere Dimension im praktisch-theologischen Raum-Verstehen eröffnet. Woydacks grundlegende These ist: die Gottesbeziehung selber ist räumlich zu verstehen, nämlich als – von der Position Gottes aus gedacht – welt- und schöpfungsumspannender *Beziehungsraum*, in den sich die einzelnen Individuen und auch jede kirchliche Gemeinde mit ihrer je eigentümlichen Gottesbeziehung einschmiegen kann. Kirchengebäude sind vor diesem Hintergrund theologisch als »institutionalisierte« Orte der räumlichen Gottesbeziehung zu verstehen. Im Hintergrund steht eine Raum-Definition aus der neueren soziologischen Raumtheorie, nämlich Martina Löws »Raumsoziologie«.[51] In diesem Ansatz werden Räume grundsätzlich relational verstanden, also von menschlichen Wahrnehmungs- und Handlungskonzeptionen her – und *nicht* umgekehrt, als sei ein Raum zuerst da, und das Wahrnehmen des Raumes und das Handeln finde dann *in* einem *gegebenen* Raum statt – so dass »die Konstitution von Räumen über (institutionalisierte) Verknüpfungen und Handlungsprozesse erklärt wird und nicht Räume dem Handeln vorgängig konzipiert werden.«[52] Auf diesem Hintergrund kann Martina Löw formulieren: »Raum ist eine relationale (An)Ordnung von Lebewesen und sozialen Gütern an Orten.«[53] Tobias Woydack nimmt diese Erkenntnis für theologisches Raumverständnis auf und spitzt Martina Löws Gedanken zu: »Raum ist die relationale (An)Ordnung von Lebewesen und dem Heiligen, also Gott […].«[54] Damit sind, um das noch einmal zu unterstreichen, nicht nur architektonische Kirchenräume im Blick, aber sie erhalten von dieser grundlegenden Überlegung her ihren Stellenwert. »Der Mensch synthetisiert den Raum der Gottesbeziehung. Er erfasst ihn über Wahrnehmungs-, Vorstellungs- und Erinnerungsprozesse. Traditionell gesprochen: er glaubt. Auch diese Syntheseleistung geschieht in der Regel nicht zuerst reflektiert, sondern wird in der Regel repetitiv automatisch hergestellt. Darin liegt der tiefere Sinn der Liturgie und des Rituals.«[55]

In unseren Bemühungen, den garstig breiten Graben im homiletischen

---

50. Tobias Woydack, Der räumliche Gott. Was sind Kirchengebäude theologisch?, Hamburg 2005.
51. Martina Löw, Raumsoziologie, Frankfurt a. M. 2001.
52. Ebd., 113.
53. Ebd., 271.
54. Woydack, Der räumliche Gott, 176.
55. Ebd.

Prozess zu überspringen, tauchte die *leibräumliche* Gestalt biblischer Texte auf; wir haben vom Körper als Erinnerungsraum gesprochen und verstehen die Aufgabe des Predigens als Bewegung im Resonanzraum der Heiligen Schrift. Den Begriff des Raumes für die homiletische Reflexion fruchtbar zu machen, gelten die folgenden Überlegungen.

Hartmut Raguse führt in seinen transdisziplinären Überlegungen zum Raum des Textes die Überlegungen des Psychoanalytikers Donald W. Winnicott zu intermediären Räumen ein.[56] Raguse schlägt vor, dass in der Begegnung der Leserin mit dem Text ein intermediärer Raum im Sinne Winnicotts entsteht. Wir schließen in homiletischem Interesse daran an, indem wir von intermediären Räumen sprechen, die sowohl in der Beschäftigung mit dem Text im Prozess der Predigtvorbereitung entstehen können als auch in der Predigt und der vorausgehenden Schriftlesung im Raum des Gottesdienstes sich zwischen Predigerin und Gemeinde entfalten können. Wir nennen diese intermediären Räume Resonanzräume der Heiligen Schrift.

Nach Winnicott entstehen intermediäre Räume im Individuationsprozess des Säuglings, der beginnen muss, die Abwesenheit der mütterlichen Brust und die damit verbundenen krisenhaften Momente zu verarbeiten. Dies geschieht, indem der Säugling auf die Erfahrung der Trennung mit der Kreation von Übergangsobjekten reagiert, in denen die abwesende Mutter anwesend sein kann. Als Übergangsobjekte können z. B. der Zipfel einer Bettdecke, ein Stofftier oder eine Feder fungieren. Aber auch nichtgegenständliche Objekte wie ein gesummter Ton, Lautklänge oder simple Rituale können eine ähnliche Funktion ausüben. In der Erfahrung der Trennung entsteht das Wissen, dass die Mutter Nicht-Ich ist und dass zwischen Ich und Nicht-Ich ein Raum existiert. Dieser Zwischenraum kann mit Objekten ausgefüllt werden, die die Anwesenheit der Mutter repräsentieren. Mit der Zeit kann das Kind auf diese Weise lernen, die Abwesenheit der Mutter zu tolerieren und allein zu sein. Mit der Zeit verlieren die ursprünglichen Objekte an Bedeutung, der intermediäre Raum wird zum kulturellen Raum, in dem eine Vielzahl von Objekten auftauchen kann, die sich im Zwischenraum ausbreiten können und so zwischen der innerpsychischen Realität und äußerer Welt vermitteln. Raguse schlägt vor, dass auch die biblischen

---

56. Vgl. Hartmut Raguse, Der Raum des Textes. Elemente einer transdisziplinären theologischen Hermeneutik, Stuttgart u. a. 1994; sowie Donald W. Winnicott, Vom Spiel zur Kreativität, Stuttgart, 9. Aufl., 1997. Für die Bedeutung von Winnicotts Theorie des intermediären Raumes für die Analyse religiöser Erfahrungen vgl. auch Ann B. Ulanov, Finding Space: Winnicott, God, and Psychic Reality, Louisville 2001.

Texte in diesem Sinne funktionieren können: »Aber auch Christus ist nach der Überzeugung der Christen abwesend und nur *im* Glauben und *für* den Glauben anwesend. Es ist dieser Raum des Textes und des Lesens, in dem er, der sonst abwesend ist, zu einem gegenwärtigen Ereignis werden kann. Das ist für mich der Kern der Wort-Gottes-Theologie.«[57] Raguse hält fest, dass der intermediäre Raum nicht einfach von willkürlich subjektiven Akten gestaltet ist, in dem Objekte angeeignet werden, sondern es geht hier um etwas Drittes: »Bei ihm fragt man nicht mehr, ob man es *vorgefunden* oder *erfunden* hat. *Beides* ist wahr.«[58]

Wir gehen davon aus, dass auch der biblische Text und die daraus entspringende Predigt von der Rechtfertigung der »Überflüssigen« als Zwischenraum fungieren kann, indem diese zwischen den innerpsychischen, konflikthaften Realitäten, die mit den verschiedenen Formen von sozialer und kultureller Marginalisierung verbunden sein können und der äußeren Welt, die oftmals als gnaden-los und in dem Sinne als gott-los erscheint, vermitteln kann. Im Aufbau dieses Zwischenraumes, in dem von Gottes Gerechtigkeit als Gemeinschaftstreue und von Gnade als überfließendem Geschenk in unserem Leben erzählt wird, kann ein Resonanzraum entstehen, in dem Abwesendes (Gnade, Rechtfertigung etc.) in Anwesendes verwandelt wird.[59]

Nicht nur in psychoanalytischer, sondern auch in rezeptionsästhetischer Hinsicht ist der Begriff des Zwischenraumes hilfreich. Zwischenräume für leibräumliche Ausdrucksformen der Rechtfertigungserfahrung können insbesondere dort entfaltet werden, wo der biblische Text selbst Leerstellen aufweist. Wolfgang Iser schreibt über die Bedeutung der Leerstelle in seinen Reflexionen über die Interaktion zwischen Text und Leser: »Die Leerstellen sparen die Beziehungen zwischen den Darstellungsperspektiven des Textes aus und ziehen dadurch den Leser zur Koordination der Perspektive in den Text hinein: sie bewirken die kontrollierte Betätigung des Lesers im Text.«[60] Leerstellen können beispielsweise auftauchen, wenn Handlungssequenzen abrupt abbrechen und durch eine andere Erzählperspektive überlagert werden. Sie entstehen, wenn der Text über Gefühle und Handlungsmotivationen nichts explizit erzählt oder wenn er nur sparsame Andeutungen macht.

---

57. Raguse, Der Text, 10.
58. Ebd.
59. Vgl. weiter zum Konzept des Zwischenraumes Andrea Bieler, Gottesdienst interkulturell. Predigen und Gottesdienst feiern im Zwischenraum, Stuttgart 2008.
60. Wolfgang Iser, Der Akt des Lesens. Theorie ästhetischer Wirkung, München, 4. Aufl., 1994, 267.

Iser schreibt weiter: »Leerstellen sind als ausgesparte Anschließbarkeit der Textsegmente zugleich die Bedingungen ihrer Beziehbarkeit. Als solche indes dürfen sie keinen bestimmten Inhalt haben; denn sie vermögen die geforderte Verbindbarkeit der Textsegmente nur anzuzeigen, nicht aber selbst vorzunehmen. Als sie selbst lassen sie sich daher auch nicht beschreiben denn als ›Pausen des Textes‹; doch diesem ›nichts‹ entspringt ein wichtiger Antrieb der Konstitutionsaktivität des Lesers.«[61]

Insbesondere dort, wo der Text pausiert, bedarf es des leibeigenen Spürens, der kreativen Imagination und selbstverständlich auch der kritischen Reflexion, um den vielfältigen Deutungspotenzialen, die der Text selbst hält, nachspüren zu können.

Durch die Pausen, die der Text einlegt, kann ein Resonanzraum für die Predigt von der Rechtfertigung der »Überflüssigen« geschaffen werden. Ein besonders eindrückliches Beispiel für die »sprechende Leerstelle« eines biblischen Textes hat schon Ernst Lange am alttestamentlichen Buch Jona aufgezeigt.[62] Der Prophet Jona erhält den Auftrag Gottes, gegen die Stadt Ninive zu »schreien«, wie es wörtlich übersetzt heißt. Ninive ist die Hauptstadt des aggressiven und übermächtigen Assyrer-Reiches, der Feind, der Israel ängstigt. Eine politisch-militärische Macht, umgeben von einer Mega-City mit damals fast unvorstellbaren Ausmaßen. Gottes Auftrag an Jona ist, gegen diese Stadt zu »schreien«, Ninive die Vernichtung anzukündigen: »denn ihre Bosheit ist vor mich gekommen«. Ninive ist eine Stadt, in der Gewalt, Ausbeutung und Zerstörung herrschen. Doch ausgerechnet in der harten Vernichtungsankündigung des Propheten hören die Leute von Ninive ein »Vielleicht«. »Wer weiß? Vielleicht lässt Gott es sich gereuen?« Vom »kleinen Mann« und der »kleinen Frau« auf den Straßen bis hin zum Zentrum der Macht kehren die Leute um. Die böse und gewalttätige Stadt geht aus dem Handlungszusammenhang von Bosheit und Gewalt heraus. Vom König bis hin zum letzten Bettler, alle gesellschaftlichen Unterschiede werden gleichgültig. Und Gott antwortet auf die Umkehr der Leute von Ninive, indem er selber umkehrt. »Als Gott ihr Tun sah, wie sie sich bekehrten von ihren bösen Wegen, reute ihn das Übel, das er ihnen angekündigt hatte, und tat es nicht.«

---

61. Ebd., 302.
62. Ernst Lange, Die verbesserliche Welt. Möglichkeiten christlicher Rede erprobt an der Geschichte des Propheten Jona, Stuttgart u. a. 1968. Vgl. hierzu: Wolfgang Grünberg, Die Stadt – Laboratorium der Zukunft. In: Barbara Deml-Groth u. a. (Hg.), Ernst Lange weiterdenken. Impulse für die Kirche des 21. Jahrhunderts. Berlin 2007, 9-33.

Ernst Lange hat in seinen Meditationen zum Jonabuch auf eine Leerstelle in dieser Erzählung alles Gewicht gelegt: Als sie aufgeschrieben wird, ist Ninive, die böse Stadt, schon seit vielen Jahren ein Trümmerhaufen. Die Umkehr ist ausgeblieben, die Rettung hat nicht stattgefunden. Die Erzählung von der lebensrettenden Umkehr aller Menschen von Ninive ist eine Erzählung gegen alles Wissen von der gesellschaftlichen und geschichtlichen Wirklichkeit. Und gerade deshalb muss von der Rettung Ninives erzählt werden.

Die eigentliche Brisanz dieser biblischen Erzählung liegt in dieser Leerstelle des Textes, in dem, was *nicht* erzählt wird: Der Trümmerhaufen von Ninive. Jona hat ihn genauso wie seine Zeitgenossen vor Augen und erzählt *dagegen* eine Geschichte, die einen besseren Ausgang möglich gemacht hätte. Diese riesige Stadt mit ihren 120 000 Menschen, die nicht wissen, was rechts und links ist: sie könnte noch lebendig sein. Die Chance, ein neues, anderes Leben zu beginnen, war da. Das ist Verheißung *und* Gebot für die Hörerinnen des biblischen Jonabuches, aber auch für Hörerinnen der Predigt über diesen biblischen Text heute: Lasst euch nicht darauf ein, die Realität zu verleugnen. Ninive ist ein Trümmerhaufen. Die rettende Umkehr hat nicht stattgefunden. Das Wunder der Rettung ist in der Alltagsrealität nicht eingetreten. Dagegen und deshalb wird die Geschichte vom anderen besseren Ausgang weiter erzählt. Die Menschen haben das damals verstanden. Sie haben ihr Leben verändert. Sie haben sich auf Gott verlassen. Wenn damals die Menschen der bösen Stadt Ninive den ungerechten Handlungszusammenhang verlassen konnten: Dann könnt ihr, das Volk Gottes, das erst recht. Starrt nicht auf den Trümmerhaufen eurer persönlichen, kirchlichen und politischen Misserfolgsgeschichten. Lebt aus der Fülle des Geschenkes Gottes, seid solidarisch mit den Entrechteten, tut das zum Leben Notwendige, und ihr könnt euch darauf verlassen: Gott wird das Werk seiner Hände nicht fahren lassen.

3.2.5 Er war hungrig ...

Die im Glauben begründete, ihm in der Lebenswirklichkeit Gestalt gebende Beziehungswirklichkeit der überströmenden, überfließenden Gnade Gottes richtet sich nach der Großerzählung der Bibel an alle Menschen. Und sie richtet sich vor allem an die, die dieses Geschenk besonders nötig haben: an die Armen, an die entrechteten, bedrückten, ausgebeuteten Menschen.

Der Überfluss der Gnade Gottes gilt zuallererst denen, die aus den geltenden Ordnungen der Verteilung von politischer, ökonomischer und sozialer Macht herausgekegelt werden, die ausgebeutet oder überflüssig gemacht werden. Die Bibel ist Basis der Predigt, insofern in ihr die Rechtfertigung der »Überflüssigen« immer wieder als zentrales Thema auftaucht. Die Lebenswelten, die Konflikte sowie die religiösen Imaginationen, von denen die biblischen Erzählungen belebt sind, reflektieren weitgehend die Perspektive von ökonomisch arm gemachten Menschen.

Wenn wir in gestalt-homiletischer Hinsicht davon sprechen, dass historisch kritische und sozialgeschichtliche Untersuchungen dazu verhelfen können, das Feld zu kreieren, auf dem die Gestalt der Rechtfertigung der »Überflüssigen« zum Leuchten gebracht werden kann, ist es unabdingbar, den biblischen Spuren von Armutserfahrungen und ihrer Bewältigung weiter nachzugehen. Dass Armut eine durchgängige gesellschaftliche Erfahrung war, wird in Jesu Ausspruch: Arme habt ihr allezeit bei euch (Johannes 12,8) prägnant zum Ausdruck gebracht. In biblischen Texten wird sie in Gesetzestexten, in Gleichnissen, in poetisch liturgischen Stücken und in theologisch argumentierenden Texten reflektiert. Einige Schlaglichter mögen dies verdeutlichen.

In dem Maße, wie sich im alten Israel die Geldwirtschaft ausbreitet, kommt es zu einer gesellschaftlichen Polarisierung von Reichtum und Armut. Wir finden in der Hebräischen Bibel in allen Gesetzeskorpora – im so genannten Bundesbuch (2. Mose 21,1-23.19), im 5. Buch Mose (Deuteronomium) und im 3. Buch Mose (Leviticus) – juristische Regelungen, die die für die Menschen zerstörerischen Auswirkungen wenigstens zu mildern versuchen. Die israelitischen Gesetzestexte sind sich bei allen Unterschieden, die der historischen Situation, aber auch der theologischen Ausrichtung geschuldet sind, in dieser Perspektive einig: Das Bundesbuch ebenso wie die Sozialgesetzgebungen im 3. und 5. Buch Mose verbieten gleichermaßen, Zins zu nehmen. Martin Leutzsch schließt: »Diese vielfältigen ausdrücklichen Motivierungen zeigen: Das Zinsverbot ist genuiner Bestandteil einer solidarischen Gerechtigkeit, die Leben ermöglicht, erhält und fördert. Diese Gerechtigkeit erwächst aus vergangener Befreiungserfahrung (Exodus), gegenwärtiger segensbegleitender Verpflichtung (Land Israel) und gesegnetem Ergehen. Sie bringt Gottesnähe und Leben im Vollsinn, wie sie die Nahbeziehung zu den Unterprivilegierten in der allen Israeliten gebührenden Geschwisterlichkeit im Fördern von deren Lebensmöglichkeit vollzieht.«[63]

---

63. Martin Leutzsch, Das biblische Zinsverbot. In: Rainer Kessler u. a. (Hgg.), Eigentum:

Die Sozialgesetzgebung in der Hebräischen Bibel verbietet das Zinsnehmen (2. Mose 22,24; 3. Mose 25,35-38; 5. Mose 23,20f), Lebensnotwendiges als Pfand zu nehmen (2. Mose 22,25f; 5. Mose 24,6.10-13.17) und die Felder, Ölbäume und Weinberge bis zum Letzten abzuernten und so den Bettelarmen das Überlebensnotwendige zu nehmen (3. Mose 19,9f; 23,22; 5. Mose 24,19-22). Kontext dieser Regelungen ist ein Teufelskreis der Verarmung, aus dem die betroffenen Menschen nicht wieder herausfinden können. Immer wieder sind es kleine Bauern, die einen überteuerten Kredit nicht zurückzahlen können und so in Schuldknechtschaft geraten. In Erinnerung daran, dass das Volk Israel selbst die Sklaverei in Ägypten erduldet hat, legen diese Sozialgesetze beispielsweise fest: Arme sollen nicht bedrückt werden, und alle sieben Jahre sollen auch die Äcker und Weinberge von ertragsorientierter Bearbeitung frei bleiben (2. Mose 23,10f; 25,6f). Wenn wirtschaftliches Handeln allein auf Profit aus ist und in Kauf nimmt, dass die Arbeitsbevölkerung, aber auch die natürliche Lebensumwelt zum Objekt möglichst grenzloser Ausbeutung wird, so widerspricht das dem Willen Gottes mit seinen Menschen.

Es ist nicht wahrscheinlich, dass diese Sozialgesetze wirklich die soziale Realität bestimmt haben; eher weisen ihre Existenz und immer neue Wiederholung darauf hin, dass die wirtschaftliche und soziale Realität es notwendig gemacht haben, dass Solidaritätsregeln immer wieder eingeschärft werden mussten. Möglicherweise handelt es sich um eine Selbstverpflichtung derer, die ihren Reichtum der Arbeit anderer verdanken. So können auch die Segens- und Fluchformeln im 5. Buch Mose verständlich werden (5. Mose 28). Wenn sich die Leute an das Gesetz halten, wird Gott alles Lebendige mit seiner Lebenskraft erfüllen. Wenn das Gesetz nicht geachtet wird, wird Gott seine Lebenskraft versagen, und alles Lebendige wird verkümmern und umkommen. Und auch – um ein Beispiel aus den prophetischen Schriften zu nennen – die Vision des Propheten Jesaja verweist auf die Rechtfertigung der »Überflüssigen«. Gott macht seine Gemeinschaftstreue an ganz handfesten Dingen sichtbar: am Wiederaufbau der zerstörten Städte, der Pflege der Weingärten und dem Bebauen des Landes (Jesaja 61,4f). Die Sendung des Gesalbten Gottes (Jesaja 61,1f), der kommt, um den Armen die frohe Botschaft zu verkünden, die zu verbinden, die ein zerbro-

---

Freiheit und Fluch. Ökonomische und biblische Einwürfe, Gütersloh 2000, 107 ff., hier: 121 f. Vgl. auch in diesem Band: Frank Crüsemann, Gottes Fürsorge und menschliche Arbeit. Ökonomie und soziale Gerechtigkeit in biblischer Sicht, 43 ff.; sowie: Rainer Kessler, Armut, Eigentum und Freiheit. Die Frage des Grundeigentums in der Endgestalt der Prophetenbücher, 64 ff.

chenes Herz haben und die Befreiung der Gefangenen auszurufen, findet ihren Widerhall in der ersten öffentlichen Rede Jesu (Lukas 4,18f).

Die grundlegende Orientierung der biblischen Großerzählung an den Armen findet sich durch alle biblischen Schriften des Alten und des Neuen Testaments. Das Evangelium gilt allen Menschen, und es gilt zuerst den Armen. Auch das Neue Testament ist angefüllt mit eschatologischen Imaginationen von Menschen in Palästina, die unter der römischen Besetzung zu den »Überflüssigen« gehören und das Kommen Gottes ersehen. Im Neuen Testament werden Männer, die Jesus nachfolgen wollen, aufgefordert, auf Besitz zu verzichten und ihr Geld an die Bedürftigen zu geben (Markus 6,10-13; 10,17-22). Stegemann und Stegemann verweisen in ihren sozialgeschichtlichen Untersuchungen darauf, dass ein großer Teil der Bevölkerung in Palästina weit unter dem Existenzminimum leben musste.[64] Das Neue Testament spricht von den *ptochoi*, den Menschen, für die Hunger und Durst zur Alltagserfahrung gehörten und die weder angemessene Kleidung noch Wohnungen zur eigenen Verfügung hatten. *Ptochoi* waren oftmals Tagelöhner, auch die Witwen und Waisen müssen in vielen Fällen zu ihnen gezählt werden, ebenso kleine Bauern, deren Subsistenzwirtschaft kaum zum Überleben ausreichte. Die größere Gruppe waren die so genannten *penetes*, Menschen die relative Armut erdulden und sich ungesunden und übermäßig anstrengenden Arbeiten aussetzen mussten, um das Lebensnotwendigste für sich selbst und die Familien herbeischaffen zu können. Etwa 96-98 Prozent der Bevölkerung Palästinas gehörten diesen beiden Gruppen an. Die Welt des Neuen Testaments reflektiert also größtenteils die Lebenswelt armer Menschen. Aus diesem Grunde ist es wohl auch kein Wunder, dass das Kommen Gottes in der Gestalt Jesu Christi mit unzähligen Geschichten verbunden ist, in denen vom Essen erzählt wird: Von der *basileia* als fürstlichem Gastmahl, vom grenzüberschreitenden Essen mit Zöllnern und Sündern, von der Brotvermehrung, von dem Essen auf dem Weg nach Emmaus, als die deprimierten Jünger Jesus beim Brechen des Brotes erkannten, vom Pessachmahl, das er mit seinen Freundinnen und Freunden feierte in der Tradition der Exodustradition und nun auch auf ihn bezogen. Jesus, wird als Fresser und Weinsäufer beschimpft und verteidigt die Jünger, die am Sabbat Ähren ausraufen, weil sie hungrig sind.

Essen, trinken und satt werden bieten den Stoff für eschatologische Imaginationen, die von der Nähe Gottes erzählen. Dies sind so machtvolle

---

64. Eckehard W. Stegemann und Wolfgang Stegemann, Urchristliche Sozialgeschichte, Stuttgart u. a. 1997, 89.

Geschichten, weil sie von und für Menschen erzählt werden, denen der Magen buchstäblich knurrt. In diesem Sinne sind diese Geschichten für diejenigen unter uns, die ähnliche oder auch andere Armutserfahrungen nicht gemacht haben, in vielen Fällen vermutlich zunächst einmal in purer Unmittelbarkeit und Identifikation nicht zugänglich. In diesem Sinne gilt es, in der Predigt nicht nur den garstig breiten Graben in historischer Hinsicht zu überwinden, sondern auch den Graben der Klassen- und Milieuzugehörigkeit, der zwischen den biblischen Texten und heutigen Mittelklasse-Gemeinden und Predigerinnen liegt.

Die eschatologische Imagination findet ihren Ausdruck im Magnificat der Maria, in der Vorstellung von der Verdrehung der Verhältnisse: Gott hat die Hungrigen mit guten Dingen genährt und schickt die Reichen fort (Lukas 1,51-53). Im Herzen der eschatologischen Imagination erscheint der Körper wieder: Leere Bäuche werden gefüllt. Geschichten wie die von der Brotvermehrung (z.B. Markus 6,30-44) können als Verdichtung der Armuts- und Hungererfahrung gelesen werden. Inmitten dieser desaströsen Erfahrungen schimmert die Vision von Gottes Ökonomie hindurch, von Gottes gerechter Welt, der *basileia*, in der Menschen dazu verführt werden, ihre wenigen Vorräte miteinander zu teilen und die Angst vor Knappheit und dem Zu-Kurz-Kommen hinter sich zu lassen. Das Neue Testament ist angefüllt mit Geschichten, die aus dem Gewebe eschatologischer Imagination gewirkt sind und die uns Schimmer von Gottes gerechter Welt erahnen lassen.[65]

Auch Jesus war das Leben in der Alltagsarmut nicht fremd. Jesus gehörte als Bauhandwerker der Unterschicht der *penetes* an.[66] Obwohl er vermutlich in der Regel nicht unter dem Existenzminimum leben musste, wird er auch die Erfahrung, hungern zu müssen, gemacht haben. Die Geschichte von der Verfluchung des Feigenbaums (Markus 11,12-25) kann als eine Geschichte gelesen werden, die von Jesu Hunger erzählt. Diese seltsam anmutende Geschichte berichtet davon, wie Jesus auf dem Weg nach Jerusalem einen Feigenbaum erspäht, der keine Früchte trägt. Es wird erwähnt, dass er Hunger hatte. Der Text gibt zu verstehen, dass Jesus sich irrational verhält: Er sucht nach Essen, obwohl es noch nicht die Zeit der Feigen war. Jesus verflucht den Feigenbaum und macht ihn so unfruchtbar, obwohl der Baum wenige Wochen oder Monate später wieder hätte Frucht tragen können. Luise Schottroff schreibt zum Hintergrund dieser Geschichte: »Diese Ge-

---

65. Vgl. hierzu auch Bieler und Schottroff, Das Abendmahl, 110ff.
66. Vgl. Stegemann und Stegemann, Sozialgeschichte, 178.

schichte ist von Menschen, die Jesus nachfolgten, erzählt worden. Sie war ihnen wichtig. Für sie war das Leiden am Hunger alltägliche Realität – wie damals zu Jesu Zeit. Im 1. Jahrhundert n. Chr. hat das jüdische Volk in Palästina zunehmend unter Hungerkatastrophen, Verschuldung und Krankheiten gelitten. Davon erzählen die Evangelien wie auch außerbiblische Quellen sehr intensiv. Das Römische Reich brachte Hygiene und gutes Leben nur für eine kleine Elite. Die Mehrheit der Menschen litt durch die fortschreitende Verarmung. [...] Von Jesu Hunger wird in der Erzählung seines Fluches über den Feigenbaum deshalb erzählt, weil jeder Tag für Jesus und für die meisten Menschen um ihn herum Kampf mit dem Hunger bedeutete. [...]. Der Erzählung ist anzumerken, wie der Hunger Jesus treibt und wie enttäuscht er ist (Markus 11,13). Er spricht im Zorn und zerstört, was er so nötig brauchen wird.«[67]

Jesus bringt mit diesem Fluch in ritualisierter Form die zerstörerischen Effekte und Konsequenzen, die die Erfahrung des Hungers für Leib, Seele und die soziale Umwelt hat, zur Darstellung: Die Verzweiflung treibt in die Selbstdestruktion. Die Zukunft wird zerstört. Schottroff ordnet die Geschichte über die Verfluchung des Feigenbaums anderen antiken Quellen zu, die ähnliche Verzweiflung ausdrücken:

»Heil dem, der [gar] nicht geboren ist,
oder dem, der geboren wurde und starb!
Uns aber, die wir jetzt leben – wehe uns,
dass wir die Trübsal Zions gesehen haben
und das, was sich mit Jerusalem ereignet hat.
[...] Ihr Ackerbauer, nicht sollt ihr mehr säen,
und du Erde, warum gibst du deine Erntefrüchte her?
Halte doch zurück in deinem Schoß den Wohlgeschmack deiner
   Nahrungsmittel!
Und du Weinstock, warum gibst du immer wieder deinen Wein her,
während doch nicht mehr davon in Zion dargebracht wird
und auch die Erstlingsfrüchte nicht mehr dargebracht werden?
[...] Und ihr, ihr Frauen, betet nicht, dass ihr Kinder gebärt,
denn fröhlich sein müssen vielmehr die Unfruchtbaren (10,6-14).«[68]

In der Erzählung vom Weltgericht in Matthäus 25 findet eine explizite Identifizierung Christi sogar in personaler, interaktiver und präsentischer Hinsicht statt: Was ihr einem dieser Geringsten getan habt, das habt ihr mir

67. Bieler und Schottroff, Das Abendmahl, 111.
68. Übersetzung Wilhelm Rothstein. In: Emil Kautzsch, Die Apokryphen und Pseudepigraphen des Alten Testaments, Bd. 2, Tübingen 1900, 415.

getan. Christus ist präsent im Tun der Werke der Gerechtigkeit. Die Gerechtigkeit, von der hier erzählt wird, hat relationalen Charakter: Sie ist auf die überflüssig Gemachten bezogen.

Die Welt der »Überflüssigen« und wie Gott in ihr Gerechtigkeit wirkt und somit *sedaquah*, seine Gemeinschaftstreue erweist, ist eines der zentralen Themen der biblischen Schriften. Es ist wichtig, für die Predigtvorbereitung wahrzunehmen, dass diese Dimension in vielen exegetischen Untersuchungen, die kein Interesse an sozialgeschichtliche Fragestellungen zeigen, immer wieder unterbestimmt bzw. ignoriert wird. In vielen protestantischen Milieus ist stattdessen die Vorstellung geläufig, Rechtfertigung sei ausschließlich eine spirituell-innerliche Angelegenheit, die das Verhältnis der Einzelnen zu Gott betreffe. Dabei wird dann oft unterschlagen, dass die Bibel mit Geschichten angefüllt ist, die von Verkörperungen der Gnade erzählen, von der Gemeinschaftstreue Gottes, die sich mitten in den Erfahrungen des Alltags der »Überflüssigen« bewähren will.

Luise Schottroff macht im Hinblick auf die Gleichnisforschung darauf aufmerksam, wie die Armutsthematik in der exegetischen Diskussion gleichsam unter den Tisch fällt. So wird Gier beispielsweise oftmals als individuell moralisches Versagen interpretiert; es wird nicht die Frage nach der Mittäterschaft der Reichen aufgegriffen, die viele Texte implizieren (vgl. Lukas 12,13-21). Das Evangelium der Armen wird mit Almosengeben gleichgesetzt, das die Armen im Status empfangender Objekte belässt, anstatt sie als Verkündigerinnen des Evangeliums und somit als Subjekte zu verstehen. Damit einher geht die Spiritualisierung der Armut, die mit Matthäus 5,3 begründet wird. Der eschatologische Ruf zur Umkehr, der in der Bibel immer wieder ertönt und an die Reichen gerichtet ist – wie z.B. im Magnificat – wird so überhört.[69]

Das homiletische Programm, das sich auf die Verkörperungen der Gnade einlassen will, wird neben der Schaffung leib-haftiger Räume in der Predigtvorbereitung auch die sozialgeschichtliche Arbeit an den Texten stark machen, durch die die Fragmente einer Theologie des Alltags aus der Perspektive der »Überflüssigen« herausgearbeitet werden können, die dann für die Predigt selbst fruchtbar gemacht werden. Zu diesem Programm gehört auch die kritische Analyse, die nach den Neutralisierungsstrategien der Armutsthematik innerhalb der exegetischen Literatur, der Predigtgeschichte und der weiteren Wirkungsgeschichte der Texte fragt.

---

69. Vgl. zu den beschriebenen Strategien der Neutralisierung des Evangeliums der Armen Luise Schottroff, Die Gleichnisse Jesu, Gütersloh 2005, 118 f.

Nicht nur im Neuen Testament, auch durch die gesamte Kirchengeschichte hindurch hat es immer wieder neue Aufbrüche gegeben, der skizzierten biblischen Orientierung in den jeweilgen geschichtlichen und gesellschaftlichen Lagen eine Gestalt zu geben – von den Mönchsorden bis zum Pietismus, vom »gemeinen Kasten« der Reformationszeit bis zur Inneren Mission Johann Hinrich Wicherns. Immer wieder sind diese Aufbrüche an der Übermacht der Verhältnisse gescheitert. Das ist nicht überraschend. Überraschend ist aber, dass diese Erinnerung niemals vollständig zu verdrängen und auszulöschen war. Sie wird mitgeteilt, solange das Evangelium verkündet wird. Hier liegt der wichtigste Grund für den Vorschlag, die Predigt des Evangeliums heute als Predigt von der Rechtfertigung der »Überflüssigen« zuzusagen.

Das ist kein Vorschlag, der auf selbstverständliche Zustimmung hoffen kann. Diejenigen, die sich die grundlegende Orientierung der biblischen Verheißung an die Armen als verbindliche eigene Lebensaufgabe zu Eigen gemacht haben, sind immer eine Minderheit gewesen. Oft haben sie ihre eigene prekäre Lebenssituation in eine zunehmende Radikalisierung ihrer moralischen Orientierungen und Forderungen übersetzt. Oft zum Schaden der Predigt des Evangeliums: Es besteht nämlich durchaus die Gefahr, dass eine solche Predigt moralistisch, rigide, in schlechtem Sinne gesetzlich wird. Dass eine solche Predigt zwar den überflüssig gemachten Menschen gelten will, ihnen aber das eigentlich Zentrale, Neue, die eigentliche Botschaft schuldig bleibt: das Evangelium von der Rechtfertigung nämlich.

Die Bibel ist Basis der Predigt, weil durch sie an Leib und Seele und in den Lebenswelten, in denen Menschen sich bewegen, das lebendige Wort Gottes, das rechtfertigt, zum Ereignis wird. Sie ist lebendige Rede, weil Gottes Wort sich durch sie hindurch ausbreiten will.

4 Die Predigt, die rechtfertigt: Verleiblichung des Wortes als performatives Ereignis

4.1 Verleiblichung des Wortes im Symbol

Ich bin es nicht, von dem ich mein Leben habe und der mein Leben bewahren, erhalten und retten kann: Diese grundlegende Einsicht in die Fremdkonstituierung des menschlichen Lebens findet nach unserer Auffassung in der Predigt von der Rechtfertigung der »Überflüssigen« ihren verdichteten Ausdruck. Dies schließt vor allem auch die Wahrnehmung ein, dass die Predigerin im Vollzug der Predigt, dass die Gottesdienstleiterin in der Feier der Liturgie des Gottesdienstes nahezu nichts »erfindet«. Das Sprechen, das hier erforderlich ist, muss sich nicht in der Selbstinszenierung eigener Authentizität erschöpfen, weil der Prediger sich in den ganzen Reichtum der Gebete und Lieder, der Bekenntnisse und vor allem der biblischen Erzählung »einschwingen« kann. Wenn wir predigen und Gottesdienst feiern, schmiegen wir uns mit unserem eigenen Sprechen in die Sprache der »Verschiedenen« ein, in die überschwänglich umfassende Gemeinschaft der Heiligen aus allen Weltgegenden, Männer und Frauen, Erwachsene und Kinder aus allen Kulturen, Lebenden und Toten. Es ist vor allem ein Reichtum an Symbolen und Ritualen, die immer »schon da« sind, die wir als Predigerinnen nicht aus Eigenem »erfinden« müssen, sondern die uns bereichern und erst zu eigenem Sprechen »hier und jetzt« ermächtigen. Wir beginnen deshalb diesen Abschnitt über die »Verleiblichung des Wortes« mit einigen Überlegungen zur Macht des Symbols.

Was ein Symbol ist und wie es wirkt, darüber wird in verschiedenen Gesprächszusammenhängen nachgedacht: beispielsweise in Sprachwissenschaft und Philosophie, Psychoanalyse und Theologie. Einige besonders prägnante Positionen sollen skizziert werden.

In einigen neueren Veröffentlichungen zur Metapherntheorie[1] gilt ein

---

1. Vgl. hierzu z. B. Philip Wheelwright, Semantik und Ontologie. In: Anselm Haverkamp, (Hg.), Theorie der Metapher, Darmstadt, 2. Aufl., 1996, 106-119; Enno Rudolph, Metapher oder Symbol. Zum Streit um die schönste Form der Wahrheit. Anmerkungen zu einem möglichen Dialog zwischen Hans Blumenberg und Ernst

Symbol als »stabilisierte Metapher«. *Metaphern* tragen das Moment des Neuen und der Sinnstiftung, sie haben schöpferische Kraft, insofern sie einen neuen Sinnzusammenhang aufdecken und »Sprachgewinn« eröffnen können.[2] Metaphern führen in oft überraschender Weise zwei Wirklichkeitsbereiche zusammen, die beide auf diese Weise neu gesehen werden können (wobei das Überraschende einer Metapher durch Gewöhnung verloren gehen kann, z. B. in den johanneischen Ich-Bin-Worten wie »Ich bin der Weinstock, ihr seid die Reben«, Johannes 15,5). Durch »bizarre Prädikationen« werden Wirklichkeitsbereiche aufgeschlossen, die anders nicht sagbar wären.[3]

Gegenüber der Wirklichkeit neu schaffenden Macht von Metaphern haben *Symbole* in dieser Interpretationsperspektive den Charakter von *Resultaten*. »Symbole sind abgeschlossene Prozesse. Sie sind Geschichte, oder besser: Darstellungen dessen, was offenbar Geschichte hat werden können.«[4] Was im Entstehungsprozess von Texten als Metapher, als »bizarre Prädikation« angesehen werden kann, kann sich im Verlauf einer Überlieferungsgeschichte zum Symbol stabilisieren.

So plausibel dieser Zugang auf den ersten Blick erscheinen mag, so wenig werden durch ihn zwei allerdings zentrale Phänomene verständlich, die sich bei genügend gründlicher Beobachtung auftun: Wenn Menschenkinder heranwachsen, wachsen sie in eine Welt hinein, in der alle – symbolisch vermittelten – Bedeutungen bereits *vor und außer ihnen da sind*. Und: viele, insbesondere lebensgeschichtlich zentrale Erfahrungen werden *als Erfahrung* für das Subjekt erst zugänglich durchs Symbol. Beide Wahrnehmungen deuten darauf hin, dass Symbole gerade dadurch Kraft und Bedeutung gewinnen, dass sie gegenüber dem menschlichen Subjekt, das Erfahrungen

---

Cassirer. In: Reinhold Bernhardt und Ulrike Link-Wieczorek, (Hgg.), Metapher und Wirklichkeit. Die Logik der Bildhaftigkeit im Reden von Gott, Mensch und Natur, FS Dietrich Ritschl, Göttingen 1999, 320–328; vgl. vor allem auch: Silke Petersen, Brot, Licht und Weinstock. Intertextuelle Analysen johanneischer Ich-bin-Worte, Habilitationsschrift Hamburg 2005 (unveröffentlicht). Vgl. zum Folgenden auch Hans-Martin Gutmann, Art. Kreuz, In: Wilhelm Gräb und Birgit Weyel (Hgg.), Handbuch Praktische Theologie, Gütersloh 2007, 322 ff. Sowie ders., Art. Symbol. In: Friedrich Wilhelm Horn und Friederike Nüssel (Hgg.), Taschenlexikon Religion und Theologie, Göttingen 5. Aufl. 2008, 1139-1144.

2. Vgl. Eberhard Jüngel, Metaphorische Wahrheit. Erwägungen zur theologischen Relevanz der Metapher als Beitrag zur Hermeneutik einer narrativen Theologie. In: ders. und Paul Ricoeur (Hgg.), Metapher. Zur Hermeneutik religiöser Sprache, München 1974, 71-122.
3. Vgl. Paul Ricoeur, Die lebendige Metapher, München 1988.
4. Rudolph, Metapher, 327.

macht und für ihre Artikulation eine Gestalt sucht, *vorgängig* und *als Anderes* da sind.

Zum Verständnis dieses Sachverhaltes bietet sich zunächst ein *psychoanalytischer Zugang* zum Symbol an. In unseren Überlegungen zu biblischen Texten als intermediären Räumen haben wir bereits auf Donald Winnicotts Theorie der Übergangsobjekte hingewiesen.[5] Seine psychoanalytisch orientierten Überlegungen sind auch zentral für die Entstehung von Symbolen. Er versteht Symbole als »Übergangsobjekte«. Winnicott geht davon aus, dass das heranwachsende Menschenkind mit Versagungen leben lernen muss: »Im einfachsten Fall eignet sich ein normales Baby ein Stück Stoff oder eine Windel an und wird ihr hörig; der Zeitpunkt ist vielleicht sechs Monate bis ein Jahr oder später. Die Untersuchung dieser Erscheinung in der analytischen Arbeit macht es möglich, von der Fähigkeit zur Symbolbildung in Form der Verwendung eines Übergangsobjekts zu sprechen.«[6]

Auf der einen Seite sind die Menschenkinder an der Symbolbildung beteiligt – durch ihre Wahl, durch die Besetzung der ausgewählten Gegenstände mit Gefühlen usw. –, auf der anderen Seite nehmen sie notwendigerweise Gegenstände für ihre Wahl in Anspruch, die außerhalb und vor ihnen *schon da* sind. Beide Seiten, die subjektive wie die objektiv-gegenständliche Seite der Symbolbildung, werden in der psychoanalytischen Symbolinterpretation ernst genommen; ein zentrales Feld, an dem dies diskutiert wird, ist der Spracherwerb des heranwachsenden Menschenkindes. In diesem Zusammenhang ist es auch zu einer – gegenüber der Anfangszeit psychoanalytischer Theoriebildung – positiveren Wertung von Symbolen gekommen. Während der Begründer der Psychoanalyse *Sigmund Freud* Symbole unter der Perspektive eines negativen, weil unzureichenden innerpsychischen Schutzmechanismus (in Träumen, aber auch bei Neurosen) angesehen hat – durch Symbolisierung (z. B. einen Waschzwang) werden Triebwünsche verdrängt und verschoben und auf diese Weise der Realitätskontrolle der innerpsychischen »Ich«-Instanz entzogen[7] –, werden Symbole in der neueren Diskussion als notwendig für die Entwicklung menschlicher Subjektivität und Intersubjektivität angesehen.[8] Gelingt in der Lebensgeschichte des

---

5. Vgl. hierzu Abschnitt 3.2.4: Im Resonanzraum.
6. Donald W. Winnicott, Reifungsprozesse und fördernde Umwelt. Studien zur Theorie der emotionalen Entwicklung (1965), Frankfurt a. M. 1993.
7. Vgl. z. B. Sigmund Freud, Der Traum. In: Ders., Vorlesungen zur Einführung in die Psychoanalyse (1916/17), Frankfurt a. M. 1980.
8. Alfred Lorenzer, Das Konzil der Buchhalter. Die Zerstörung der Sinnlichkeit. Eine Religionskritik, Frankfurt a. M. 1988, 85 ff.; 109 ff.; 152 ff.

heranwachsenden Menschenkindes die *Verknüpfung von vorsprachlicher Interaktionsform und regelgeleiteter Sprache*, so spricht Alfred Lorenzer von *Symbol* (demgegenüber bleibt ein *Klischee* unmittelbar, ohne Freiheitsgewinn fürs Subjekt, an die auslösende »Szene« gebunden; das *Zeichen* wiederum weist nicht über sich hinaus und kann einen gefüllten Kontakt zwischen Sprache und je-subjektiver Erfahrung nicht vermitteln).[9]

Nach diesem psychoanalytischen Verständnis kann von einem *Symbol* nur gesprochen werden, wenn ein Kontakt zwischen den Intentionen, Begehrungen, Gefühlen usw. des menschlichen Subjektes auf der einen und historisch und kulturell geprägten Formen auf der anderen Seite gelingt, die »schon da« sind und dem Subjekt als Anderes gegenüberstehen. Sprachliche und dingliche kulturelle Symbole, aber auch im engeren Sinne religiöse Symbole werden von denen, die sie gebrauchen, nicht eigens erfunden, sondern sie sind »schon da« – in Sprechhandlungen wie Gebeten oder Bekenntnissen, in Verhaltens- und Handlungssequenzen wie der Liturgie eines Gottesdienstes, in Raum-Gestalten z. B. eines Kirchenraumes.

Gerade in einer zentralen Metapher der christlichen Religion – Christus ist der Gekreuzigte – wird ein menschheitlich uraltes Symbol in Anspruch genommen: Das Kreuz, an dem Jesus von Nazareth hingerichtet wurde, war im römischen Reich Folter- und Hinrichtungsinstrument. Dass das Kreuz zum zentralen Symbol der christlichen Religion hat werden können, findet seinen Grund aber nicht vor allem in diesem zerstörerischen Handlungszusammenhang (vielmehr ist bereits in neutestamentlichen Texten darüber debattiert worden, ob die Predigt vom Kreuz nicht eher als »Ärgernis« oder »Torheit« – wir würden heute formulieren: Provokation oder Blödsinn – verstanden werden müsse, 1. Korinther 1,18-30). Seine Macht als Symbol findet das Kreuz auch dadurch, dass es ein Symbol für das Leben ist. Es ist eine wiederholt vorkommende Gestalt, die in zahlreichen Kulturen und Religionen verbreitet ist und sogar in prähistorischen Funden (im Zusammenhang der Jagd, aber auch von Opfergaben) zu finden ist, in der Horizontale und Vertikale, Kosmos (»Himmel«) und Mikrokosmos (die Leiblichkeit des Menschen z. B. im Schulter- und Beckenbereich) miteinander verbunden werden. Kreuzesdarstellungen finden sich schon viele Jahrhunderte vor der Kreuzigung des Jesus von Nazareth. – Das Kreuz als Hinrichtungsinstrument, an dem Jesus von Nazareth (ebenso wie zahllose Zeitgenossen) umgekommen ist und das in historischer Konkretheit für Zerstörung und Leid steht, und das Kreuz als menschheitlich uraltes Macht- und Lebenszeichen

---

9. Vgl. ebd., 93.

kommen im Kreuzessymbol zusammen. »Das Urchristentum hat aber auch religiöse Symbole der Antike herangezogen, um die eschatologische Bedeutung der Geschichte Jesu gehaltvoll zu entfalten [...]. Die Symbole des Lebensbaums bzw. Weltenbaums und des Mastbaums sollten die kosmische Bedeutung des Kreuzes Jesu hervorheben. Bei einer solchen Inanspruchnahme religiöser Symbole ist jeweils zu prüfen, ob diese sich mit dem Kreuz Jesu, dem christlichen Symbol schlechthin, vertragen. Da sich biblisch-christliche Symbole auf konkrete geschichtliche Erfahrungen beziehen, erfordern sie eine konsequent (sozial-)geschichtliche Interpretation innerhalb ihres Überlieferungszusammenhangs.«[10]

Das Symbol kann nicht durch »Übersetzung« in andere – beispielsweise existenzielle oder rationale – Begrifflichkeit vollständig übersetzt und vor allem nicht überflüssig gemacht werden,[11] weil im Symbol auch in der modernen Kultur die Wirklichkeitsbereiche des Mythischen, Religiösen und Wissenschaftlichen vereint sind, die sich im Laufe der historischen Entwicklung sich voneinander getrennt haben. Paul Tillich[12] rechnet ausdrücklich nicht mit einer evolutionären Entwicklung in dem Sinne, dass in alten Gesellschaften vorherrschendes *mythisches* Weltverhältnis durch *Religion* und schließlich durch *Wissenschaft* aufgehoben wäre. Allerdings kommt es im historischen Prozess zu einer Trennung des zunächst Vereinten: Die Elemente des Religiösen (auf das Unbedingte gerichtet), des Wissenschaftlichen (auf die Welt der Dinge gerichtet) und des Mythischen (als Vergegenständlichung eines Transzendenten mit Anschauungen und Begriffen empirischer Wirklichkeit) fallen zunehmend auseinander.

Auch in der modernen Gesellschaft braucht jedoch nicht nur die Religion, sondern auch die Wissenschaft wirklichkeitstranszendente Begriffe (Tillich verweist z. B. auf den Begriff des »Fortschritts«), um ihre Weltsicht aufbauen zu können. Hier liegt die Kraft des *Symbols*: Das Symbol partizipiert an der alten Macht des Mythos und kann auch unter den Bedingungen der Moderne die zerfallene Einheit von Wissenschaft und Religion wieder präsent machen. Gegenüber der Welterfahrung früherer Kulturen sind Symbole in der Moderne allerdings nur »gebrochen« wirksam. Sie stehen in ihrem Geltungsanspruch neben der rationalen Wissenschaftssprache.

10. Peter Biehl, Symbole geben zu lernen. Einführung in die Symboldidaktik anhand der Symbole Hand, Haus und Weg, Neukirchen 1989, 59.
11. Vgl. Paul Tillich, Das religiöse Symbol (1928), Gesammelte Werke, Bd. 5, Stuttgart 1959, 196 ff.
12. Vgl. zum Folgenden auch Hans-Martin Gutmann, Symbole zwischen Macht und Spiel, Göttingen 1996, 51 ff.

Der Preis für die bleibende Geltung liegt in der »Brechung« Symbole: Sie können nicht mehr buchstäblich, wortwörtlich, *eigentlich* verstanden werden.

Mit Tillich ist daran festzuhalten, dass Symbole unvertretbar sind und durch Anderes – z. B. begrifflich-rationale Sprache – niemals ersetzt werden können. Deutlicher als in Tillichs theologischer Symboltheorie soll allerdings daran erinnert werden, dass die Symbole der christlichen Religion (der biblischen Erzähltradition, der Bekenntnisse, der gottesdienstlichen Liturgie und der kirchlichen Räume, aber auch der immer wieder neuen Gestaltentwürfe des Kirche-Seins in der historischen Zeit) *auf die Menschen heute zukommen*. Glauben entsteht, wenn sich Menschen auf das Wort der Verheißung verlassen, das sie sich nicht selbst sagen können, auch nicht (zuerst und erst recht nicht allein) in einer Interpretation der über sich hinausweisenden Symbole. Lebensgewissheit kann wachsen, wenn Menschen ihr Leben vom Wort des Gesetzes zurechtstellen und sich vom Evangelium umhüllen, trösten und neu machen lassen. Ohne den ganzen Reichtum der Symbole kann dieses Leben schaffende Wort nicht weitererzählt und gehört, nicht gefeiert, nicht – im Abendmahl – körperlich genossen und nicht in solidarischer Lebenspraxis mit den Armen geteilt werden, die je vor Ort als das offene Angesicht Jesu Christi (Matthäus 25,40) da sind.

4.2 Verleiblichung des Wortes und das Ich auf der Kanzel

Ich bin es nicht, von der ich mein Leben habe, die es bewahren, retten und erhalten wird. Und dennoch bin *ich* es, wenn ich als Predigerin des Evangeliums im Namen des dreieinigen Gottes die Rechtfertigung der »Überflüssigen« verkündige. Die Einsicht in die Fremdkonstitution meiner jeweiligen Existenz als individuelles »Ich« kann nicht zugleich schon eine zureichende Antwort auf die Frage sein, wie *ich* die Verheißung hier und jetzt für die gerade versammelten Menschen laut werden lassen kann. Welches sind die Chancen, welches die Grenzen für das »Ich auf der Kanzel«? Hierüber möchten wir in diesem Schritt unserer Überlegungen Klarheit gewinnen.

Manfred Josuttis hat 1974 einen viel beachteten Beitrag geschrieben, in dem er über das »Ich auf der Kanzel« in einer Weise nachgedacht hat, dass bis heute daraus zu lernen ist.[13] Josuttis referiert zunächst eine Reihe von *theologischen* Gründen gegen das Ich auf der Kanzel, wie sie insbesondere im Gesprächszusammenhang der dialektischen Theologie vorgetragen wurden: Weil die Kluft zwischen Gott und Mensch so unergründlich ist wie die Kluft zwischen Himmel und Erde, deshalb darf der Prediger, wenn er von Gott reden will, auf keinen Fall auch von sich selber reden. Nicht eigene Lebenserfahrung, erst recht nicht das fromme Menschliche ist Gegenstand der Predigt, sondern Gotteserkenntnis und Gottesverkündigung. Das Ich des Predigers wird von der Kanzel verbannt, weil die Offenbarung Gottes etwas anderes ist als menschliche Religion. Im Hintergrund dieser theologischen Position steht eine spezifische Rezeption der reformatorischen Rechtfertigungslehre. Auch der Prediger bleibt in diesem Verständnis Sünder, und die Sünde besteht vor allen Dingen in der Ichverfallenheit des Menschen. Weil auch der zur Verkündigung berufene Mensch grundlegend Sünder ist, kann er mit seinem »Ich« das Verständnis des Evangeliums nur verdunkeln. Wer vom Evangelium reden will, muss von sich selber schweigen. Der Prediger wird im diesem Verständnis in einer spezifischen Rolle gese-

---

13. Vgl. Manfred Josuttis, Der Prediger in der Predigt. Sündiger Mensch oder mündiger Zeuge? In: ders., Praxis des Evangeliums zwischen Politik und Religion, München 1974, 70 ff.; vgl. zu seiner gegenwärtigen Sicht der Ich-Problematik beispielsweise: Von der Identität zur Konversion. In: ders., Segenskräfte. Potentiale einer energetischen Seelsorge, Gütersloh 2000, 65-78.

hen: als *Zeuge* in der Art Johannes des Täufers, der von sich weg auf Jesus Christus verweist. Im Zeugnis wird die Wahrheit des Bezeugten von der Person dessen, der sie bezeugt, abgelöst, wird ›objektiv‹, öffentlich gültig.[14]

Nun könnte jedoch, so Josuttis, die Tabuisierung des Ich ganz andere als theologische Gründe haben: sie signalisiert den Platz des Individuums in der zeitgenössischen bürgerlichen Gesellschaft. Es herrscht auf der einen Seite moralischer Druck, individuelle Ansprüche nicht deutlich zu artikulieren. Auf der anderen Seite ist die bürgerliche Gesellschaft im Innersten dadurch charakterisiert, dass einzelne ihre egoistischen Interessen verfolgen. Die Zumutung, nicht »ich« zu sagen, muss unter diesen Kontextbedingungen noch einmal kritisch gegengelesen werden. In der Verdrängung des »Ich« aus akzeptierten Sprechhandlungen könnte sich ja der Widerspruch einer Gesellschaft zu Wort melden, die nicht sein darf, was sie ist, damit sie bleibt, wie sie ist.

Aber auch der *theologische* Einspruch gegen das »Ich auf der Kanzel« muss kritisch hinterfragt werden. Josuttis erinnert hier wieder an Karl Barth: Dieser hat in seiner Sündenlehre, die er im Anschluss an die Christologie entwickelt, drei Grundrichtungen menschlicher Sünde entfaltet. Der Erniedrigung des Sohnes Gottes entspricht – als Form der Sünde auf Seiten der Menschen – der Hochmut des Menschen. Der Erhöhung des Menschensohnes entspricht die Trägheit des Menschen. Und der Zeugenschaft des Mittlers Jesus Christus entsprechen Lüge und Verdammnis des Menschen. Deshalb »hat die Sünde wirklich nicht nur jene heroische Gestalt des Hochmuts, sondern im Gegensatz, auch in tiefster Entsprechung dazu die ganz unheroische, die triviale Gestalt der Trägheit: die Gestalt des bösen Tuns nicht nur, sondern auch die des bösen Unterlassens [...].«[15]

Ich-Sagen *kann* Ausdruck menschlichen Hochmuts sein, aber genauso das Unterlassen des Ich-Sagens Ausdruck menschlicher *Trägheit*. Der Mensch dient Gott nicht nur in der Weise, dass er auf das Zur-Geltung-Bringen der eigenen Person verzichtet, sondern ebenso, indem er *mit seiner eigenen Person* zum Zeugen der Gnade Gottes wird. Gerade das »Ich auf der Kanzel« steht für eine verantwortliche Zeugenschaft ein, die im Nachdenken der dialektischen Theologie über die Position des Menschen im Verhältnis zum Wort Gottes zentral ist. Dagegen steht das »Wir« auf der Kanzel viel stärker in der Gefahr einer undeutlichen und unverantwortlichen Rede, in-

---

14. Karl Barth, Der Christ als Zeuge, ThEx 12, München 1934, wieder veröffentlicht in: Theologische Fragen und Antworten. Gesammelte Vorträge, Zollikon 1957, 185 ff.
15. Karl Barth, KD IV/2, 453.

sofern nie klar wird, ob der Prediger für sich selber oder für andere spricht, ob er den in der Gemeinde versammelten Menschen im Extremfall unterstellt, genau die Meinungen oder Verhaltensweisen zu zeigen, die er mit seinem eigenen Nicht-Ich-Sagen bei sich selber verleugnen möchte. »Gerade der Verzicht auf das Ich kann ein ideologisches Verstecken der eigenen Interessen bedeuten, während der klare Gebrauch dieses Wortes dem Hörer immerhin die Frage erlaubt, ob hier einer legitim im Namen Gottes zu reden wagt.«[16]

Josuttis schlägt vor, folgende *Formen* des »Ich auf der Kanzel« zu unterscheiden:

– Das *verifikatorische* Ich; hier werden Aussagen eines biblischen Textes durch eigene fromme Erfahrungen verifiziert. Dagegen wiederholt Josuttis eindringlich den Einwand der dialektischen Theologie, dass der Subjektivität der Predigerin zu viel zugemutet wird: die Begründung des Glaubens mithilfe der eigenen Person.

– Das *konfessorische* Ich; hier redet die Predigerin von sich selber, nicht um mit der Wirklichkeit des eigenen Lebens die Wahrheit eines biblischen Textes zu erweisen, sondern um an der eigenen Person die grundsätzliche und unaufgebbaren Differenz zwischen der Wahrheit der Sache Gottes und der Wirklichkeit des menschlichen Lebens zu zeigen. Hier sieht Josuttis eine durchaus mögliche Form des Ich auf der Kanzel.

– Das *biografische* Ich; hier präsentiert sich die Predigerin im Kontext eigener Lebensgeschichte, ohne die Wahrheit des biblischen Textes damit legitimieren zu wollen. Beispielsweise berichtet der Prediger von Erfahrungen, die er mit einem biblischen Wort gemacht hat, von Fragen, die es ihm aufgegeben hat, auch von Zweifeln, mit denen er, mit denen sie jetzt noch lebt. Das biografische Ich weist zurückhaltend und nüchtern auf die Tiefendimension menschlicher Existenz.

– Das *repräsentative* Ich: »Warum kann ich mich selbst nicht so erkennen, wie ich erkannt worden bin? Das verdunkelt mich mir selbst.« Diesem Ich fehlt offensichtlich jeder biografische Bezug. Es ist das »Wir« in konzentrierter Form, repräsentiert nicht den Prediger als Individuum, sondern als Hörer des Textes.

– In der Nähe zu dieser Ich-Form liegt das *exemplarische* Ich. Hier wird ausdrücklich gemacht, dass die Person der Predigerin als erste Adressatin des biblischen Textes erscheint. Die Predigerin redet davon, was der

---

16. Josuttis, Der Prediger, 85.

Text für sie persönlich bedeutet, um den Hörenden zu sagen, was der Text *auch ihnen* zu sagen hat.
- Schließlich das *fiktive* Ich. Dieses Ich kann in narrativen, erzählenden Predigten vorkommen: beispielsweise in einer Predigt über die Kreuzigung Jesu, in der der römische Hauptmann berichtet und sein Bekenntnis zu Jesus als dem Sohn Gottes in Ich-Form auslegt.

Bis auf das zuerst genannte »verifikatorische« Ich sind alle genannten Ich-Formen im Sinne von Josuttis zugelassene, unter Umständen sinnvolle und sogar gebotene Sprechakte, mit denen sich die Predigerin mit der eigenen Person »ins Spiel« bringt. Josuttis' Überlegungen sind in einem Feld von homiletischen Gesprächsbeiträgen der siebziger und achtziger Jahre verortet, die gegen, teilweise auch in anknüpfender Modifikation an lange vorherrschende Grundüberzeugungen der dialektischen Theologietradition das Recht menschlicher Subjektivität zur Geltung bringen – nicht nur in der Predigtarbeit, sondern in vielen Feldern religiösen Lebens und kirchlichen Handelns.[17] In ähnlicher Perspektive hat der römisch-katholische Homiletiker Rolf Zerfaß über das »Ich auf der Kanzel« nachgedacht, nämlich bezogen auf die Predigt*vorbereitung*, und zwar in Reflexion auf die Frage: Wie komme ich zu Einfällen? Zerfaß gibt diesem Abschnitt auch den Untertitel: »Aus eigenen Quellen trinken«.[18] »Die Predigt lebt vom Einfall. Einfälle kann man nicht machen, aber man kann sich für sie offen halten. Solche Offenheit wächst in dem Maße, als wir fähig werden, in Kontakt zu uns selbst zu kommen, zu unseren Erfahrungen und unserer Geschichte [...]. Eine Predigt machen heißt also in Wahrheit: sich auf eine Begegnung vorbereiten, so wie man sich auf einen Besuch bei Freunden vorbereitet, indem

---

17. In der amerikanischen Homiletik hat insbesondere Fred B. Craddock die Frage nach dem Ich auf der Kanzel mit der Frage nach der Begründung der Autorität der Prediger und Predigerinnen verbunden. Er konstatiert eine tiefe Krise eines institutionsgebundenen Autoritätsbewusstseins im Hinblick auf die christliche Religion. Es gelte entsprechend, ohne äußere Legitimation zu predigen »as One without Authority«. Die Krise des Christentums und die sich in ihr ausdrückenden Zweifel seien positiv zu bewerten; dort wo selbstverständliche Voraussetzungen sich auflösen, könne der Glaube geboren werden. Dies müsse von Predigern und Predigerinnen begrüßt werden. »Unless there is room to say no, there is no room for a genuine yes. And yet it is apparent that the new situation in which preaching occurs is critical, and unless recognized by the minister and met with a new format, sermons will at best seem museum pieces.« Fred B. Craddock, As One without Authority. Revised and with New Sermons, St. Louis, 4. Aufl., 2001, 14.
18. Vgl. Rolf Zerfaß, Grundkurs Predigt, Bd. 1: Spruchpredigt, Düsseldorf, 2. Aufl., 1989, 62 ff.

man sich sammelt, überlegt, was man mitbringen könnte, worüber man sich mit den Freunden unterhalten will, was sie derzeit beschäftigt oder belasten mag.«[19]

Zerfaß erläutert in diesem Zusammenhang die Technik des Sprechdenkens, wobei ich auf einzelnen Zetteln alle Gedanken in der Vorbereitung der Predigt notiere, die mir spontan einfallen, jede Idee auf einen eigenen Zettel, und die Zettel solange hin- und herschiebe, bis sich die Melodie einer Predigt herausstellt. Wir haben auf die Technik des Sprechdenkens, die Zerfaß in diesem Zusammenhang vorschlägt, ebenso hingewiesen wie auf seine Faustregeln zur »Assoziationsphase.«[20] Beim Assoziieren kommt das »Ich« eines Menschen in Kontakt auch mit den Anteilen seines Selbst, das im Alltagsbewusstsein in der Regel verborgen oder sogar verschüttet sind.

In den vergangenen zwanzig Jahren hat sich gerade in der Wahrnehmung von menschlicher Subjektivität, von je-individueller Lebensgeschichte, damit auch des Erlaubtseins, ja Gefordertseins, »Ich« zu sagen, in der praktisch-theologischen Diskussion ein regelrechter Paradigmenwechsel vollzogen. »Ich« sagen zu dürfen und zu sollen, als Predigerin und Hörer, als Religionspädagoge und Seelsorgerin oder auch als Teilnehmer außerkirchlichen religiösen Lebens wie z. B. an den Ritualen der populären Kultur zwischen Fußball und Kino, muss heute nicht mehr eingeklagt und gefordert werden, es ist Mainstream in der praktisch-theologischen,[21] aber auch systematisch-theologischen Debatte zumindest im deutschen Sprachbereich.[22] Im Nachdenken über die Predigt zeigt sich diese zunehmend selbstverständliche Orientierung beispielsweise in der Meinung, die Predigerin müsse in ihrer Predigt vor allem eines sein: nämlich *persönlich authentisch*.

Wir möchten weder die historische Notwendigkeit der praktisch-theo-

---

19. Ebd., 62.
20. Ebd., 66.
21. In dieser Richtung sind vor allem die Gesprächsbeiträge Wilhelm Gräbs wirksam geworden. Gräb hat sich immer wieder in dieser Perspektive geäußert. Vgl. als frühe Stellungnahme: Predigt als Mitteilung des Glaubens; sowie eine aktuelle Äußerung: Religion als Deutung des Lebens. Perspektiven einer Praktischen Theologie gelebter Religion, Gütersloh 2006. Vgl. aber auch vor allem für die Plausibilisierung des Diskurses über Subjektivität: Henning Luther, Religion und Alltag. Bausteine zu einer Praktischen Theologie des Subjekts, Stuttgart 1992.
22. Vgl. z. B. Ulrich Barth und Wilhelm Gräb (Hgg.), Gott im Selbstbewusstsein der Moderne. Zum neuzeitlichen Begriff der Religion, Gütersloh 1993; sowie Jörg Dierken, Selbstbewusstsein individueller Freiheit. Religionstheoretische Erkundungen in protestantischer Perspektive, Tübingen 2005.

logischen Neuorientierung zur Subjektivität im Sinne eines Freiheitsgewinns (vor allem von Denkverboten) bestreiten noch die Chancen, die sich mit diesem Freiheitsgewinn gerade für viele Prediger und Predigerinnen verbunden haben und verbinden. Wir halten es allerdings für nötig, nach Bedingungen und Ermöglichungen zu fragen, dass das »Ich auf der Kanzel« wirklich zum Sprecher der Verheißung Gottes werden kann. Das Problem lässt sich schon an einer alltagssprachlichen Formulierung zeigen, mit der die Authentizitätsforderung an die Predigerin artikuliert wurde: »Steht die Predigerin denn wirklich *hinter* dem, was sie sagt?« Nimmt man die Metapher genau, so muss die Antwort heißen: Wer hinter sich steht, kann nichts mehr durchlassen. Und wäre dies nicht gerade die Aufgabe des Predigers: den Fluss der Gaben Gottes mit dem eigenen Sprech-Handeln auf der Kanzel durch die eigene Person »hindurch zu lassen«, so dass die Verheißung Herzen und Sinne der Zuhörenden erreichen kann? Gerade Manfred Josuttis hat in seiner theologischen Arbeit der letzten Jahre darüber nachgedacht, wie dies tatsächlich gelingen kann: dass das menschliche Ich nicht nur in Kontakt zu seiner eigenen Lebensgeschichte und zu seinen unbewussten Erfahrungen kommen kann, sondern in Kontakt zum Göttlichen, zum Heiligen treten kann, wie also das Ich des Predigers und der Predigerin des Evangeliums in der Situation der Predigt für das Sprechen Gottes durchlässig werden kann.[23]

Hinzu kommt eine nach unserer Wahrnehmung nötige Frage, die in der landläufig selbstverständlich gewordenen Orientierung des Nachdenkens über christliche Religion an der menschlichen Subjektivität nicht immer ausreichend reflektiert scheint: was meinen wir, wenn wir »ich« sagen? Und hier steht die Praktische Theologie – und die wissenschaftliche Theologie insgesamt – in einem weiträumigen interdisziplinären Gesprächszusammenhang.

Schon wenn man einige Ausschnitte aus dem philosophischen, pädagogischen oder auch psychoanalytischen Diskurs in der (wiederum als Ausschnitt) deutschsprachigen Moderne ansieht,[24] zeigt sich im Nachdenken über das »Ich« eine tiefe Ambivalenz: ist das Ich Ort von Lebensgewissheit

---

23. Manfred Josuttis, Segenskräfte. Potentiale einer energetischen Seelsorge, Gütersloh 2000, 65 ff. In all diesen Überlegungen ist eine Verflüssigung von Theologie intendiert, die im Einzelfall einen höchst schmerzhaften Lernprozess persönlicher Einsicht einschließen kann. Am Ziel dieses Weges aber steht die innere Lebendigkeit des Glaubens und die äußere Offenheit des Glaubens für den Umgang mit anderen Menschen.
24. Wir beschränken uns hier auf den Zeitraum nach der Industrialisierung seit Beginn des 19. Jahrhunderts.

und kognitiver wie emotionaler Selbstvertrautheit? Oder ist das Ich gerade eine abhängige, dem menschlichen Subjekt keineswegs immer durchsichtige Persönlichkeitsinstanz? Philosophische und auch psychoanalytische Diskurse über das »Ich« scheinen seit Beginn der industriellen Moderne in Deutschland eine *zunehmende* Fraglichkeit, das »Ich« des Menschen gegenüber seiner natürlichen Lebensumwelt, gegenüber seiner sozialen Mitwelt, aber auch gegenüber seiner inneren Natur zu spiegeln. Steht das menschliche Ich in einer Position der Stärke gegenüber allem anderen, was nicht Ich ist – den anderen Menschen, aber auch der natürlichen Lebensumwelt? Diese Meinung scheint in der Ich-Philosophie Johann Gottlieb Fichtes auf, die er im Kontext der antinapoleonischen Freiheitsbewegung, zu Beginn des 19. Jahrhunderts und der industriellen Moderne also, entwickelt: für das menschliche Ich erscheint alles Andere, was nicht »Ich« ist, als *Herausforderung zur Verwirklichung* des Ich selbst – ohne dass das Ich selber durch den Kontakt mit dem Anderen seiner selbst in Frage gestellt würde.[25] Charakteristisch für diese Ich-Konzeption ist die konsequente Nichtachtung des Anderen *als* eines Anderen. Das Ich empfindet den anderen Menschen ebenso wie die ihn umgebende Natur als Herausforderung: gegenüber der Natur zur herrschaftlichen Unterwerfung, gegenüber dem anderen Menschen als Pflicht, hier und jetzt zu handeln.

Ganz anders ist die Wahrnehmung etwa ein Jahrhundert später, nach Jahrzehnten des industriellen und kulturellen Aufschwungs im deutschen Kaiserreich, der sich in den unmäßigen Menschenopfern der Materialschlachten des ersten Weltkrieges für viele Zeitgenossinnen als brüchig, ja zerstörerisch herausstellt. In diesem Kontext entwickelt der Begründer der Psychoanalyse, Sigmund Freud, eine Konzeption des menschlichen Ich, die

---

25. Vgl. Johann Gottlieb Fichte, Über den Grund des Glaubens an eine göttliche Weltregierung. 1798. In: I. H. Fichte (Hg.), Johann Gottlieb Fichte Werke, Berlin 1845/6 (Nachdruck Berlin 1971), Bd. 5; sowie: ders., Die Wissenschaftslehre. Zweite Vorlesung im Jahr 1804, Philosophische Bibliothek, Bd. 284, Hamburg 1986. Das Ich des Menschen zeigt seine Lebendigkeit und Macht durch Ausdehnung und Grenzerweiterung gegenüber allem, was ihm nicht selbst zugehört. Mit diesem Gedanken bindet Fichte die Vernunfttätigkeit des *empirischen* Ich an *Herrschaft*. Sie bewährt sich als technische Vernunft in der Bemächtigung und Unterwerfung, intentional in der *Negation* des Nicht-Ich (der »Natur«). Und als sittliche Vernunft bewährt sie sich im Akt der *Pflicht*übernahme. Der Einzelne wird des unwiderleglichen Gefühls inne, dass ihm durch eine zufällige Begegnung mit einem Ausschnitt aus dem Ganzen des gesellschaftlich-geschichtlichen Lebensprozesses *seine Pflicht* begegnet, durch deren Übernahme er selber allererst zum *menschlichen Ich* wird.

charakteristisch anders ist als die Fichtes ein Jahrhundert zuvor.[26] Das Ich gilt nicht mehr als gegenüber allem Anderen überlegen, sondern wird eher nach der Formel wahrgenommen: Man weiß nicht, was man im eigenen Hause hat. Das Ich – als innerpsychische Instanz neben Es, Über-Ich und Ich-Ideal – wird als »Realitätsprinzip« zum Unterhändler, zum Vermittler zwischen den gesellschaftlichen Normen, die das Individuum umgeben, und den libidinösen und aggressiven Antrieben innerhalb des eigenen Körpers. Freud hat seine Zeitgenossen durch diesen Gedanken in erheblichem Maße fasziniert und verunsichert: Dass »Natur« nicht nur etwas jenseits der Körperoberfläche, außerhalb der Grenzen menschlicher Körperlichkeit ist, sondern dass der Mensch in seiner Körperlichkeit selber Natur ist.

In den Debatten nach dem zweiten Weltkrieg wird die tiefe Ambivalenz in der Wahrnehmung des »Ich« in veränderten Gesprächskonstellationen wieder wirksam. Entwickelt sich, so die eine Gesprächsrichtung, das menschliche Ich – moralisch, intellektuell, religiös – in lebensgeschichtlicher Reifung über eine Reihe von unumkehrbaren Stufen immer höher, bis schließlich auf einer höchsten Stufe sich eine von äußeren Zwängen und Vorbilder unabhängige, »prinzipiengeleitete« moralische und religiöse Urteilsfähigkeit mit einer offenen und emphatischen Wahrnehmung des Anderen verbinden kann?[27] Oder ist das menschliche Ich, so die andere Überlegung, heutzutage nicht im Sinne eines geschlossenen Gesamtbildes zugänglich, sondern nur gebrochen, als »Fragment« – von evolutionärer Tendenz zum Besseren keine Spur? So rechnet der Psychoanalytiker *Jacques Lacan* ganz anders als Sigmund Freud nicht mit einer innerpsychischen Instanz des »Ich« im Sinne von Realitätskontrolle und Bewusstheit oder Ausgleichung zwischen Triebhaftigkeit und gesellschaftlicher Umwelt.

Lacan versteht die beglückende, mit Jubeln aufgenommene Begegnung des Menschenkindes mit dem eigenen Spiegelbild – mit einem mechanischen Spiegel, aber auch mit dem zugewandten, lächelnden Angesicht der Mutter (etwa im 6. Lebensmonat) – als entscheidende Begründung der menschlichen »Ich«-Entwicklung. Lacan schließt: Bei der lebensgeschichtlichen Entstehung des »Ich« handelt es sich um einen zutiefst narzisstischen und zugleich imaginären Vorgang.[28] Die so begründete innerpsychische In-

---

26. Einen guten Überblick über für diesen Diskussionszusammenhang wichtige Schriften Sigmund Freuds verschafft: Ders., Kulturtheoretische Schriften, Frankfurt a. M. 1974.
27. Vgl. Lawrence Kohlberg, Zur kognitiven Entwicklung des Kindes, Frankfurt a. M. 1974; vgl. zur religiösen Ich-Entwicklung: James W. Fowler, Becoming Adult, Becoming Christian. Adult Development and Christian Faith, San Francisco 1984.
28. Jacques Lacan, Schriften, Bd. 1 (1966), Weinheim u. a. 1973, 64.

stanz des »Ich« bleibt von seiner Gründungssituation her auf Selbstbespiegelung bezogen und ist zu einer Anerkennung, ja selbst zu einer Wahrnehmung eines Objekts außerhalb seiner selbst zunächst gar nicht in der Lage.[29] Die narzisstische Selbstbezüglichkeit des Subjekts wird durch den Kontakt des Kindes *mit der Sprache* aufgebrochen. Die Sprache – Lacan spricht auch von dem »Anderen« mit dem großen »A« – begründet und strukturiert das *Unbewusste* des Subjekts. Was bei Freud das selbstbewusste »Ich« als Ort des Realitätsprinzips war, ist bei Lacan eine Instanz imaginärer Selbstbespiegelung. Was dort als innere Natur, als energetisch-triebhafte Instanz des »Es« galt, wird hier als Vermitteltes verstanden: das Unbewusste *ist*, wie Lacan zugespitzt formuliert, die Sprache, die immer schon außerhalb des sich entwickelnden psychischen Apparats des Menschenkindes da ist. Das Unbewusste ist, wie Lacan etwas umständlich formuliert, der Diskurs des Anderen.[30]

Festhalten möchten wir Lacans Einsicht, dass das Ich des Menschen grundlegend durch das Andere, durch den oder die Andere begründet ist. Im Hinblick auf die Predigt von der Rechtfertigung der »Überflüssigen« als Bewegung im Raum der Gnade haben wir davon gesprochen, dass auch in homiletischer Hinsicht vom glaubenden Individuum nur im Sinne exzentrischer Subjektivität gesprochen werden kann. Die Predigt von der Rechtfertigung der »Überflüssigen« macht Mut, sich für die Spur des Anderen zu sensibilisieren und so den Gerechtfertigten ins Gesicht zu sehen.

Ein anderer für das Verständnis dieser Dinge wichtiger Gesprächspartner, der jüdische Philosoph *Emmanuel Levinas*, hat diesen Gedanken im Sinne einer positiven Wendung zugespitzt, also nicht nur im Sinne des Ausgleichs für einen Mangel: erst das Angesicht des/der Anderen lässt unverstellte Intimität und Personalität zu und provoziert zugleich Empathie und Solidarität; nur ein »Ich«, das sich vom Angesicht des Anderen ansprechen lässt, kann zum *menschlichen* Ich werden.

Nicht nur in psychoanalytischen und philosophischen, sondern auch in theologischen Gesprächszusammenhängen ist in jüngerer Zeit intensiv wahrgenommen worden, dass die Vorstellung eines in sich geschlossenen, dem Anderen gegenüber unbeeinflussten Ich eine höchst problematische und unrealistische Vorstellung darstellt.[31] »*Problematisch* erscheint der

---

29. Vgl. ebd., 69.
30. Vgl. ebd., 119.
31. Henning Luther, Ich ist ein Anderer. Zur Subjektfrage in der Praktischen Theologie. In: ders., Religion und Alltag, Stuttgart 1992.

Identitätsgedanke in dem Moment, in dem er nicht mehr kritisch-regulativ gebraucht wird, sondern zum *normativen* Leitbild *erreichbarer* (oder herzustellender) Identität wird und sich mit dem Begriff der Ich-Identität Vorstellungen von Ganzheit, Vollständigkeit sowie von Kontinuität und Dauerhaftigkeit verbinden.«[32] Die Individualität des menschlichen Subjekts hängt vielmehr gerade daran, dass Identität vollständig nie erreichbar ist. Die vollständige Entsprechung des Selbstbildes mit den Erwartungen anderer wäre ebenso wie die bruchlose Linie in der Lebensplanung eine totalitäre Inszenierung. Individualität wird dadurch möglich, dass das Subjekt den Erwartungen der anderen eigene Lebensentwürfe entgegensetzt, angesichts von Brüchen, Versagungen und Verzerrungen in der eigenen Lebensgeschichte nicht verzagt, sondern neue Möglichkeiten entwirft, in einem Wort: die Begrenztheit des Lebens als Chance für das eigene Leben akzeptiert. Identität ist immer Fragment: Dies ist die in heilsamer Weise unüberwindbare Konsequenz der Sterblichkeit des Menschen.[33]

Für das theologische Nachdenken über das »Ich« heute, aber auch für eine Lebensweise in der Kirche, die das Ich-Sein von Menschen unterstützen kann – den aufrechten Gang, die Lebensgewissheit, die Offenheit gegenüber dem Anderen – scheint es uns sehr wichtig, dass aktuell vorherrschende Zwänge, aber auch Lebensgefühle nicht einfach religiös »verdoppelt« werden. Aufrechter Gang, Lebensgewissheit, Offenheit gegenüber dem Anderen sind angesichts der überwältigenden Schönheit des von Gott geschenkten Lebens, aber vor allem auch im Angesicht globaler Zerstörungen von Lebensmöglichkeiten und -bedingungen notwendige Ich-Leistungen von Menschen heute. Die Kirche Jesu Christi kann dazu einen unaufgebbaren Beitrag leisten: Indem sie verbindlich als das Andere, als das für die menschliche Selbstreflexion notwendige Gegenüber die biblische Erzähltradition von Gottes verpflichtendem und befreiendem Freundschaftsbund mit seiner ganzen Schöpfung weitererzählt. Gottes Liebeserklärung gilt seinem Volk Israel, sie gilt nach der großen Flut allem Lebendigen, und Christenmenschen sind im Juden Jesus von Nazareth in diesen Bund mit aufgenommen.

Für die Möglichkeit, heute »Ich« zu sein, werden biblische Gestalten und auch theologische Überlegungen wirksam in machtvollen inneren Bildern: Sie helfen, sich von keiner politischen und ökonomischen Macht und keiner Bedrohung im Innersten verängstigen zu lassen und die Freude des

---

32. Henning Luther, Umstrittene Identität. Zum Leitbild der Bildung. In: ders., Religion und Alltag, Stuttgart 1992, 155.
33. Henning Luther, Identität und Fragment. Praktisch-theologische Überlegungen zur Unabschließbarkeit von Bildungsprozessen. In: ders., Religion und Alltag, 168.

Lebendigseins, aber auch die himmelschreiende Ungerechtigkeit in der Verteilung sozialer und ökologischer Lebenschancen heute wahrzunehmen. Innere Bilder bleiben nur dann wirksam, wenn sie sozial eingebettet sind und in Lebensvollzügen lebbar werden. Deshalb ist es so wichtig, dass die Gemeinde Jesu Christi je vor Ort – in der Feier des Gottesdienstes, in geselligen Unternehmungen, in Solidarität mit den bedrohten Menschen und Geschöpfen der Lebensumwelt – immer neu zu einem Raum wird, in dem Gemeinschaft erfahrbar und lebbar wird: nicht als krampfhafte Inszenierung, sondern als geschenkte Möglichkeit, die deshalb auch nicht angestrengt abgesichert werden muss und für alles andere offen ist.

Die Frage nach dem »Ich auf der Kanzel«, wie sie Manfred Josuttis in seinem berühmten Text eine Generation zuvor gestellt hat, ist in seiner eigenen Sicht der Dinge – und wir möchten diese Veränderung aufnehmen – heute neu zu formulieren: Wie kann ich zu einem »Ich« werden, die als Predigerin des Evangeliums für die Gnade Gottes *durchlässig werden kann*?

In der Zuspitzung einer Frage nach dem Ich des Menschen, die nicht nur seine psychologischen und kognitiven, sondern auch seine geistliche Dimension ernst nimmt, soll gefragt werden: Wie können *wir* predigen und wie kann *ich* predigen? Dies ist nach unserer Einsicht nicht zuerst eine Frage nach einzelnen Fertigkeiten, sondern die Frage nach einer grundlegenden, alle einzelnen Kenntnisse, Fertigkeiten und Fähigkeiten übergreifenden *Haltung*, die sich auch in der Leiblichkeit ausprägt und auch nur unter Einschluss spezifischer Körpertechniken gelernt werden kann. Wir möchten für die Überlegung plädieren, dass die Kompetenz, das Evangelium mitteilen zu können, von einer spezifischen Haltung abhängt, die gegenwärtig meistens unter der Überschrift »Spiritualität« diskutiert wird. Damit ist keineswegs allein »Innerlichkeit« gemeint, sondern zuerst Wahrnehmungsoffenheit der ganzen Lebensrealität gegenüber, gerade dort, wo Menschen und andere Lebewesen um ihre Lebensmöglichkeiten gebracht werden. Diese Haltung haben wir insbesondere im Hinblick auf die Predigt von der Rechtfertigung der »Überflüssigen« als responsorische Rezeptivität bezeichnet. Fulbert Steffensky schreibt: »Spiritualität ist gebildete Aufmerksamkeit. Der Mensch besteht nicht nur aus seiner eigenen Innerlichkeit und aus seinen guten Absichten. Der Mensch ist nicht nur Seele und Geist, er ist alltäglicher Leib. Er hat nicht einen Leib, er ist Leib. Die Innerlichkeit, die nur sich selber kennt, wird bald ermatten […].«[34]

---

34. Steffensky, Schwarzbrot-Spiritualität, 18 f.

Die Frage nach der für die Predigt des Evangeliums angemessenen Haltung ist die Frage nach dem Elementaren.[35] Uns scheint ein Vergleich nahe liegend. Wer Musik studiert, muss nicht nur Musikwissenschaften lernen. Er muss Klavier spielen können. Sie muss alles Mögliche lernen: Historisches und Systematisches zur Entwicklung unterschiedlicher Musikstile, wichtige Musiker und ihre Werke. Er muss vom Allgemeinen der Musik eine Ahnung bekommen – die »grammatischen« Regeln harmonischer und rhythmischer Gestaltung vor allem. Aber sie muss auch Kenntnisse und Fertigkeiten in der je *individuellen* Artikulation des Allgemeinen erwerben, bis hin zur Fähigkeit zur Improvisation. Nötig ist aber vor allem auch: Wer Musik studiert, muss auch *Klavier spielen* lernen. Eine leiborientierte Praxis muss erlernt und immer wieder – alltäglich – geübt werden, in der das Viele in einer je eigentümlichen Artikulation des Allgemeinen hier und jetzt zur Gestalt gebracht wird, und zwar so, dass nicht nur »gewusst« und »reflektiert« wird, sondern auch als mentale *und* körperliche Äußerung an den Tag gebracht wird. Wir denken, Predigerinnen des Evangeliums müssen etwas Entsprechendes lernen. Auch sie brauchen historische und systematische Kompetenzen. Vor allem sollen sie lernen, die Bibel zu lesen. Aber sie müssen vor allem eins lernen, übersetzt auf die Reflexions- und Artikulationsformen der *theologischen* Ausbildung: Sie müssen Klavier spielen lernen. Eine Kompetenz, in der sich Wissens- und Reflexionsleistungen auch in körperlicher Präsenz und Artikulation als spezifische *Haltung* vermitteln. Es sollte eine spezifische Form der *Präsenz*, des *Kontaktes* zu sich, zu den anderen Menschen, zu Gott eingeübt werden, eine Gegenwärtigkeit, die noch Anderes und mehr ist als die Summe von Gewusstem und Reflektiertem.

Uns ist auf unserem theologischen Lernweg zunehmend deutlich geworden, dass die Frage nach dem Elementaren lebenspraktisch nicht ohne eine *spirituelle Übungspraxis* beantwortet werden kann. Eine Haltung von Präsenz und Kontakt zu erwerben, verlangt in unserem Lebens- und Arbeitsfeld vor allem eine Haltung des *Gebets*, die in einem verbindlichen Rhythmus geübt wird. Das immer wiederholt geübte Gebet wird eine vertrauend-vertraute Raum-Zeit-Gestalt setzen, ohne rigide zu wirken. Die Regel *sozialer Unauffälligkeit* (Matthäus 6,5) verhindert eine vorschnelle Außen-Identifizierung mit spezifischen innerkirchlichen Milieus, deren Le-

---

35. Vgl. zum Folgenden auch: Hans-Martin Gutmann, Praktische Theologie im neuen Jahrhundert – nichts Neues? In: Eberhard Hauschildt und Ulrich Schwab (Hgg.), Praktische Theologie für das 21. Jahrhundert, Stuttgart 2002, 67 ff.

bensgefühl zu wenig die Freiheit des Christenmenschen atmet. Umgekehrt ist in einem globalisierten Christentum, was die Kraft des Gebets angeht, viel beispielsweise von afrikanischen Christen zu lernen, auch über die Grenzen lutherischer Kirchlichkeit bis weit ins pentekostale Christentum hinein.[36] Die Gebete können kurz sein und sollen auf eine körperliche Bewegung orientiert sein, die dem Aus- und Einatmen folgt, und sie finden ihren Mittelpunkt in einer doxologischen Formel. *Eigene* alltägliche Einübung in ein Fluss-Geschehen, in dem ich im Namen des dreieinigen Gottes von zerstörerischen Machtansprüchen befreit und in Gottes heilsame Gegenwart einbezogen werde, ist Voraussetzung dafür, dies auch *mit anderen und für andere* zu können: In Gottesdienst und Predigt, Seelsorge und Religionspädagogik, in diakonischer Arbeit, aber auch in politischer und kultureller Präsenz und Partizipation.

Fulbert Steffensky hat in »Schwarzbrot-Spiritualität« eine kleine Liste von Regeln aufgestellt, die diejenigen beherzigen sollen, die sich in Spiritualität einüben.[37] Wir geben sie zum Abschluss unserer Überlegungen wieder: »Entschließe dich zu einem bescheidenen Vorhaben auf dem Weg zum Gebet! [...] Ein solcher bescheidener Schritt könnte sein, am Morgen oder am Abend einen Psalm in Ruhe zu beten, sich einige Minuten für eine Lesung freizuhalten [...]. Wenn dies nicht möglich ist, liegt es nicht an der Hektik oder der Überlast unseres Berufes, sondern daran, dass wir falsch leben [...]. Gib deinem Vorhaben eine feste Zeit! Bete nicht nur, wenn dir danach zumute ist, sondern wenn es Zeit dazu ist. Regelmäßig beachtete Zeiten sind Rhythmen, Rhythmen sind gegliederte Zeiten. Erst gegliederte Zeiten sind erträgliche Zeiten [...]. Gib deinem Vorhaben einen festen Ort! Orte sprechen und bauen an unserer Innerlichkeit [...]. Sei streng mit dir selber! Mache deine Gestimmtheit und deine augenblicklichen Bedürfnisse nicht zum Maßstab deines Handelns! Stimmungen und Augenblicksbedürfnisse sind zwielichtig. Die Beachtung von Zeiten, Orten und Methoden reinigt das Herz [...]. Rechne nicht damit, dass dein Vorhaben ein Seelenbad ist! Es ist Arbeit- labor! –, manchmal schön und erfüllend, oft langweilig und trocken. Das Gefühl innerer Erfülltheit rechtfertigt die Sache nicht,

---

36. Hier habe ich (HMG) vor allem aus dem Kontakt mit afrikanischen Pastorinnen und Gemeindeleiterinnen gelernt, die im ATTIC-Programm der Missionsakademie Hamburg theologisch fortgebildet werden. Ich (AB) habe durch meine Gottesdiensterfahrungen in den USA sowohl von asiatisch amerikanischen als auch afrikanisch amerikanischen Gemeinden pfingstlerischer Prägung Eindrücke sammeln können im Hinblick auf das gemeinsame, geisterfüllte, ekstatische Beten.
37. Steffensky, Schwarzbrot-Spiritualität, 20 ff.

das Gefühl innerer Leere verurteilt sie nicht. Meditieren, Beten, Lesen sind Bildungsvorgänge. Bildung ist ein langfristiges Unternehmen [...]. Sei nicht auf Erfüllung aus, sei vielmehr dankbar für geglückte Halbheit! Es gibt Ganzheitszwänge, die unsere Handlungen lähmen und uns entmutigen [...]. Beten und Meditieren sind kein Nachdenken. Es sind Stellen hoher Passivität. Man sieht die Bilder eines Psalm oder eines Bibelverses und lässt sie behutsam bei sich verweilen. Meditieren und Beten heißt frei werden vom Jagen, Beabsichtigen und Fassen. Man will nichts außer kommen lassen, was kommen will [...]. Fange bei deinem Versuch nicht irgendwie an, sondern baue dir eine kleine, sich wiederholende Liturgie. Beginne z. B. mit einer Formel (›Herr, öffne meine Lippen‹), mit einer Geste (der Bekreuzigung der Lippen), lass einen oder mehrere Psalmen folgen! Lies einen Bibelabschnitt! Halte eine stille Zeit ein! Schließe mit dem Vater Unser oder einer Schlussformel. Psalmen und Lesungen sollen vor deiner Meditation feststehen. Fang also nicht an zu suchen während einer Übung! [...]. Lerne Formeln und kurze Sätze aus dem Gebets- und Bildschatz der Tradition auswendig (Psalmverse, Bibelverse...)! Wiederholte Formeln wiegen dich in den Geist der Bilder. Sie verhelfen uns zur Passivität. Sie sind außerdem die Notsprache, wenn einem das Leben die Sprache verschlägt [...]. Wenn du zu Zeiten nicht beten kannst, lass es! Aber halte den Platz frei für das Gebet, d. h. tue nicht irgendetwas anderes, sondern verhalte dich auf andere Weise still! Lies, setze dich einfach ruhig hin! Verlerne deinen Ort und deine Zeit nicht! [...]. Sei nicht gewaltsam mit dir selbst! Zwinge dich nicht zu Gesammeltheit! Wie fast alle Unternehmungen ist auch diese kleine brüchig, da soll uns der Humor über dem Misslingen nicht verloren gehen [...].«[38]

38. Ebd.

4.3 Von der Wirkmacht des Wortes in Luthers Invokavitpredigten: Abkehr von der gewaltförmigen Kommunikation hin zum Klangraum des Wortes

Im folgenden Abschnitt werden wir in unserer systematisch theologischen Reflexion näher auf Luthers Worttheologie eingehen, weil in ihr die Verbindung von Leib, Wort und Performativität hergestellt wird.[39] Wir wollen dabei insbesondere auf die Vorstellung von der Macht des Wortes eingehen, die eine Abwendung von der Logik der Gewaltförmigkeit bedeutet und die in energetischen Kategorien erfasst wird.[40] Die Predigt des Evangeliums ist nicht ein Referat über die Rechtfertigung der »Überflüssigen«, sondern verleibliches Wort als performatives Ereignis, in dem Rechtfertigung geschieht. Diesen Gedanken entwickelt Luther an vielen Stellen, insbesondere in seinen Invokavitpredigten.

Nach Luther offenbart sich Gott als *deus praedicatus* im *verbum externum*, er handelt gegenwärtig – durch das Evangelium als das berühmte »gute Geschrei.«[41] Luthers Predigttheologie ist pneumatologisch fundiert. Durch das Wort der Predigt gibt Gott seinen Geist, und zwar mittels des äußeren Wortes. Im *guten Geschrei des Evangeliums* bindet sich der Heilige Geist an das gepredigte Wort. Luther unterstreicht die *Mündlichkeit* der Predigt als Wort Gottes. Mittels der lebendigen Stimme wird der Bibeltext zur *viva vox evangelii*.[42] So beklagt er, »dass man aber hat müssen Bücher schreiben, ist schon ein großer Abbruch und ein Gebrechen des Geistes, dass es die Not erzwungen hat und nicht die Art des Neuen Testaments ist.«[43]

---

39. Vgl. insgesamt zum reformatorischen Verständnis vom Wort Gottes die instruktive Zusammenschau bei Ulrich H. J. Körtner, Theologie des Wortes Gottes. Positionen – Probleme – Perspektiven, Göttingen 2001, 72-93.
40. Siehe zur energetischen Dimension weiter auch Abschnitt 4.4.
41. Martin Luther spricht in seiner Vorrede auf das Neue Testament vom guten Geschrei des Evangeliums: »Evangelion ist ein griechisches Wort und heißt auf deutsch: gute Botschaft, gute Märe [Geschichte], gute, neue Zeitung [Nachricht], gutes Geschrei [Kunde, Bekanntmachung], von dem man singt, sagt und fröhlich ist.« WA DB 6, 2,23-24. Vgl. in diesem Kontext auch: Dorothee Sölle, Mystik und Widerstand. »Du stilles Geschrei«, Hamburg, 5. Aufl., 1999.
42. Zur Rede von der viva vox vgl. z. B. WA 43, 94,12.
43. WA 10 I/1, 627,1-3 (Kirchenpostille, 1522). Dies bedeutet jedoch nicht, dass Luther

Über die menschliche Stimme sagt er, dass sie zu den ärmsten unter allen Geschöpfen gehöre, sie sei nicht mehr als ein Atemzug des Windes.[44] Sobald der Mund aufhöre zu sprechen, sei der Klang der Stimme fort. Folglich gäbe es nichts Verletzlicheres und Vergänglicheres als die menschliche Stimme. Zugleich aber sei diese so *mächtig*, dass man damit ein ganzes Land regieren könne.[45] Das gepredigte Wort wird also laut durch die menschliche Stimme, die sowohl Macht als auch Verletzlichkeit repräsentiert. Diese Einsicht hat sich bis in die gegenwärtige Ausbildung in Sachen liturgischer Präsenz durchgesetzt. Der Schauspieler Thomas Kabel nennt die Stimme den »körpersprachlichen Fingerabdruck des Glaubens.«[46]

Doch nun zu Luthers Invokavitpredigten.[47] Wir schreiben das Jahr 1522. Luther kann durch diese Predigten innerhalb kürzester Frist die Situation in der Wittenberger Gemeinde beruhigen – nach aufgeregten Monaten, in denen es zu einem Bildersturm gekommen ist, aber z. B. auch zu einer Schließung der Schänken und der Hurenhäuser in der Stadt. Ein zentrales Moment in den Invokavitpredigten ist die Konzentration auf das Wort. Wie kann diese alleinige Konzentration Luthers auf das *Wort* verstanden werden?[48] Handelt es sich um eine intellektualistische Verkürzung des Glaubenslebens? Handelt es sich um eine Unkonzentriertheit und ein Desinte-

---

das geschriebene Wort letztlich nicht wert schätzte. In der Auseinandersetzung mit den Schwärmern unterstrich er die Bedeutung des geschriebenen Wortes, Vgl. hierzu Oswald Bayer, Was macht die Bibel zur Heiligen Schrift? Luthers Verständnis der Schriftautorität. In: Michael Krug, Ruth Lödel und Johannes Rehm (Hgg.), Beim Wort nehmen. Die Schrift als Zentrum für kirchliches Reden und Gestalten. Friedrich Mildenberger zum 75. Geburtstag, Stuttgart 2004, 24-41, hier: 31-33.

44. Mehr zu Luthers energetischen Vorstellungen im Hinblick auf die Wirkmächtigkeit des Wortes, z. B. das Im Schwange gehen des Wortes, das Wort als Fluidum, das Wort als Klang- und Lichtraum bei Cornelius-Bundschuh, Die Kirche, 188-192.
45. Vgl. zur Ambivalenz der Stimm-Metaphorik auch Mary Lin Hudson und Mary Donovan Turner, Saved from Silence. Finding Women's Voice in Preaching, St. Louis 1999.
46. Thomas Kabel, Liturgische Präsenz. Zur Praktischen Inszenierung des Gottesdienstes, Bd. 1, Gütersloh 2002, insb. 79-109. Vgl. auch Thomas Hirsch-Hüffell, Gottesdienst verstehen und selbst gestalten, Göttingen 2002.
47. Die Überlieferungsgestalt von Luthers Invokavitpredigten von 1522 ist nicht recht sicher. Wir haben nur Nachschriften; wie Luthers Predigtweise sich wirklich angehört hat, darüber kann man kaum etwas sagen. Trotz dieser Einschränkung ist eine Beschäftigung mit den Predigten im Hinblick auf die Rechtfertigungspredigt als Ereignis viel versprechend. Im Hinblick auf die nun folgenden Ausführungen sind wir maßgeblich von Bundschuhs interessanten Interpretationen zu Luthers Invokavitpredigten inspiriert worden.
48. Vgl. zum Folgenden Cornelius-Bundschuh, Die Kirche, 175 ff.

resse gegenüber der *sozialen* Gestalt und dem Lebensvollzug der Gemeinde? Wird durch diese Engführung bereits dem späteren Einfluss der weltlichen Obrigkeit auf die soziale Gestalt des kirchlichen Lebens Tor und Tür geöffnet?

Diese Fragen können ohne einen Blick auf den Inhalt von Luthers Invokavitpredigten nicht beantwortet werden. Luthers Abwendung von Bemühungen, die Reformation mit Mitteln wirksamen Handelns, wenn nötig mit Gewalt durchzusetzen, zeigt keinesfalls seine Bereitschaft, sich mit den Interessen der am status quo orientierten Kräfte zu verbinden. Die Wahrnehmung der Begrenztheit menschlichen Handelns – und sei es die Begrenztheit darin, die christliche Freiheit wirksam umzusetzen – ist vielmehr die realistische und heilsame Folgerung aus der Einsicht in die Macht des gepredigten Wortes Gottes selbst.

Wer Luthers Invokavitpredigten liest, ist fasziniert von der unerhörten Hochschätzung des Wortes, die uns hier begegnet. Es liegt *alles* am Wort, »denn Gottes wort kan nicht ohne Gottes Volck sein, wiederumb Gottes Volck kann nicht on Gottes wort sein.«[49] Wie wird nun in den Invokavitpredigten das gepredigte Wort bestimmt, das den Glauben schafft und die Gemeinde bildet? Luther hat kein besonderes Wort im Sinn, das von alltagssprachlichem Reden gänzlich unterschieden wäre. Nein, die Predigt ist keine besondere heilige Sprache. Es handelt sich um eine allgemeinverständliche, öffentlich vorgetragene, alltagssprachliche Rede. Das Wort *Gottes*, so meint Luther, wird nicht in einem besonderen heiligen Sprechen laut, auch nicht in einem besonders innerlichen, nur für besonders innig glaubende Menschen verstehbaren Wort, sondern in der Gestalt des »äußeren« Wortes, wie Luther das nennt. Gott handelt gegenwärtig durch das »Geschrei« des Evangeliums. Gott handelt durch das Wort der Predigt und gibt seinen Geist nicht ohne dieses äußerliche Wort. Der Heilige Geist zeigt sich nicht in ekstatischen Erlebnissen, in Visionen oder Auditionen, auch nicht in Zungenreden, sondern der Heilige Geist bindet seine Wirksamkeit an das äußere Wort. Damit ist auch etwas über Gott gesagt, der in der Predigt wirklich und gegenwärtig da ist: Gott ist kein geheimnisvoller Ort »dahinter«, der nur durch geheimes Wissen erkannt werden könnte, sondern in der von ihm offenbarten Gestalt, in dem gepredigten Wort ist Gott für die Menschen da, und zwar in erträglicher und heilsamer Weise.

Nur durch das Wort wird ein Christ zum Christen, so meint Luther: nur dadurch, dass er in dieser besonderen Weise des Evangeliums spricht und

---

49. WA 50, 629, 34 f.

hört: »Wenn man die zungen und ohren hinweg thut, so bleibt kein merckliche unterschied zwischen dem Reich Christi und der welt. Denn ein Christ gehet jnn eusserlichem leben daher wie ein ungleubiger, er bawet, ackert, pfluget eben wie andere, nimpt kein sonder thun noch werck fur, weder jnn essen, trinken, erbeiten, schlaffen noch anderm. Allein diese zwey gliedmas machen einen unterscheid unter Christen und unchristen, das ein Christ anders redet und höret.«[50]

Folgende Aspekte im Hinblick auf Luthers Wortverständnis wollen wir genauer herausarbeiten:

1) Die Predigt des Wortes Gottes hat Macht, sie ist mächtiger als jedes andere Handeln.
2) Die Predigt ist eine Handlungsform, die eine Abkehr von der *Gewaltförmigkeit wirksamen Handelns* beinhaltet.
3) Die Wirkung des Wortes kann im Sinne *energetischer* Wirksamkeit begriffen werden.

Zu 1) In manchen Arbeiten zu Luthers Predigtlehre wird seine Betonung des äußerlichen, also des alltagssprachlichen Wortes so verstanden, dass es sich hier um den inhaltlichen Aspekt der begrifflich klaren, richtigen Lehre, um die angemessene Auslegung und verständlichen Weitergabe dessen handele, was zu wissen für einen Christen oder eine Christin nötig ist. Wir bezweifeln hingegen, dass die Macht des Predigtereignisses angemessen verstanden wird, wenn sie exklusiv als ein Akt des intellektuellen Verstehens und der intellektuellen Verständigung begriffen wird.

Die Frage nach der Wirkmächtigkeit des Predigtwortes ist Luthers zentrale Frage in den Invokavitpredigten selbst. »Jch hab allein gottes wort getrieben/ geprediget vnd geschrieben / sonst hab ich nichts gethan.«[51] Das auf diese Weise ›freigesetzte‹ Wort hat selbstmächtig gehandelt, und es hat mehr gegen die Macht des Papstes getan als jede Aktion von Fürsten oder Königen bisher vermocht hat.

Das Predigtwort wirkt in dieser Weise analog zum Schöpfungswort Gottes, ja es wird selbst geradezu zum schöpferischen Wort, durch das Gott alles wirkt. »Verbo creat omnia. Er darff nicht mehr denn ein Wort dazu. Das mag ein herr sein. Wenn der furst von Sachssen etwas heißt, nulli sunt qui faciunt.«[52] Und neben der schöpfungstheologischen findet sich auch eine christologische Bestimmung der *Macht* des Predigtwortes: »ich meyne

---

50. WA 37, 513, 20-26.
51. StA 2, 537, 6-8.
52. WA 31,I, 545, 19-21.

yhe, ich rede itzt deutsch und das meyne wort nicht meyne ßundern Christi sind.« Die Worte haben eine grandiose Macht, die wirksamer ist als jede andere Form des Handelns, weil es durch sie gelingt, das Herz der Menschen zu fangen und sie dadurch zu bewegen. »Wenn ich gottes wort alleyne treybe / predige das Euangelium / vnd sage lieben herrn und pfaffen tret ab von der Messe / es ist nit recht / jr sündiget daran [...],«[53] so verändern sich durch diese Predigt die Herzen der Zuhörerinnen und Zuhörer; »Dawidder hilfft aber keyn waffen, denn das wortt gottis alleyn, das schwerd des geystis.«[54]

Zu 2) Luther sieht in der Predigt die Abkehr von der Gewaltförmigkeit wirksamen Handelns. »Natura enim verbi est audiri.«[55] Die Natur des Wortes ist, hören zu machen, Menschen zum Hören zu bringen, *und sonst nichts*. Mit dieser häufig wiederholten Bestimmung »und sonst nichts« stellt Luther auch eine spezifische *Begrenztheit* des Predigthandelns heraus. Das »Treiben des Wortes«, wie Luther auch häufiger formuliert, ist eine Form wirksamen Handelns, »die ohne Zwang und ohne Gewalt auskommt.«[56] »Summa summarum predigen wil ichs / sagen wil ichs / schreyben wil ichs. Aber zwingen dringen mit der gewalt wil ich nyemants / dann der glaube wil willig vngenoetigt / angetzogen werden.«[57] Damit unterscheidet sich die Form, in der das Wort handelt, von jeder anderen Form wirksamen Handelns, das immer dahin tendiert, gewalttätig zu werden. »wann ich hett woellen mit vngemach fahren / ich wolt Teützsch lanndt in ein groß pluot vergießen gebracht haben.«[58]

Dass Luther auf diese Weise das Predigtwort streng von den gewalttätigen Formen wirksamen Handelns unterscheidet, findet seinen Grund im Vertrauen auf eine Mächtigkeit des Wortes, die *nicht* im *menschlichen* Sprachverhalten begründet ist und für menschliches Sprechen auch nicht verfügbar ist. Diese Einsicht beinhaltet auch eine Möglichkeit, die Begrenztheit und Beschränktheit der eigenen, menschlichen Handlungsmöglichkeiten zu akzeptieren. Luther hat in seinen Tischreden häufig davon erzählt, dass er abends in Ruhe mit seinen Freunden beim Bier sitzen kann, weil es das Wort selbst ist, das »im Schwange geht«, das den Glauben schafft und die Neuordnung der kirchlichen Lebens voranbringt. Die menschliche

---

53. StA 2, 536, 7-9.
54. WA 10, II, 22, 15 f.
55. WA 4, 9, 18 f.
56. Cornelius-Bundschuh, Die Kirche, 181.
57. StA 2, 537, 2-5.
58. StA 2, 537, 12 f.

Kommunikationsbemühung muss nicht grenzenlos und endlos sein, die menschliche Verständigung kann abbrechen und mal Pause machen, weil die Macht des Wortes Gottes nicht vom menschlichen Reden abhängt, weder von der richtigen dogmatischen Formulierung und Erkenntnis noch von einem Gelingen des kommunikativen Handelns.

Die Einsicht in die eigene Begrenztheit ermöglicht auch, eine realistische Perspektive auf die menschliche Handlungsmöglichkeit zurückzugewinnen: »dann das wort hat hymel vnd erd geschaffen / und alle ding / das muoß es thuon / vnd nit wir armen sünder.«[59]

Zu 3) Die Macht des Wortes kann im Sinne energetischer Wirksamkeit begriffen werden: Das Wort Gottes wirkt, ohne dass seine Wirkungen von Menschen letztlich kontrollierbar sind. Dem Wort Gottes kommt eine Mächtigkeit zu, die nach heute vertrauten sprachwissenschaftlichen Modellen nur schwer einzuordnen ist. So wird beispielsweise versucht, sprechakttheoretische Modelle zur Erklärung dieses Wort-Verständnisses heranzuziehen. In diesem Zusammenhang wird auf die Wirkung von performativen Sprechhandlungen verwiesen, also von Sprechhandlungen, die keine außerhalb ihrer liegende Wahrheit aussagen, sondern selbst herstellen, was sie aussprechen. Als Beispiel wird hierfür in der Regel das Versprechen gewählt: Ich verspreche Dir, dass ich dies tun werde: Das Versprechen ist ein Sprechakt, der eine Beziehung begründet und eine Wirklichkeit herstellt, die nicht außerhalb dieses Sprechaktes wirklich ist, sondern vielmehr durch ihn selbst hergestellt wird. Ähnlich verhält es sich mit einer Liebeserklärung.[60]

Aber solche Theoriemodelle können entscheidende Züge am Wort-Verständnis Luthers eben nicht erklären. Gottes Wort bedient sich zwar der menschlichen Sprechhandlungen, aber es wirkt auch dann, wenn diese abbrechen und enden. Luthers Vorstellung, dass das Wort auch dann weiter läuft und wirkt, wenn er bei Bier oder auf der Wartburg sitzt, entkoppelt die Macht des Wortes Gottes von der face-to-face-Kommunikation: Menschliche Rede kann auch abbrechen, Kommunikation kann auch enden oder erfolglos sein, und trotzdem, dies ist Luthers Meinung, wirkt das Wort Gottes mächtig und Heil schaffend weiter.

Am ehesten können wohl Raum-Vorstellungen und Vorstellungen von

---

59. StA 2, 537, 1f.
60. Vgl. zur Bedeutung der Sprechakttheorie für die homiletische Theoriebildung den instruktiven Überblick bei Wilfried Engemann, Einführung in die Homiletik, Tübingen u. a. 2002, 330-344.

einer energetischen Wirksamkeit des Wortes erläutern, wie Luther sich die Macht des Gotteswortes vorstellt.[61] Das ist für heutige Ohren ziemlich schwer erträglich, die Luther gern für eine Begründung einer »modernen« Subjektivität in Anspruch nehmen möchten. Ein solches Wort-Verständnis hat nämlich mit gelingender Kommunikation und Selbstreflexion auch, aber zumindest nicht mehr zu tun als mit sprachmagischen Vorstellungen, die von einem modernen Blick her eher einer gruseligen Vorzeit zugewiesen werden.

Das Wort Gottes schafft einen Raum, in dem Menschen heilvoll leben können. Das ist auch der Grund, warum Luther für die Einrichtung von täglichen Gottesdiensten eintritt, in denen das Wort Gottes durch Lesung und Auslegung laut wird. Es soll sich wie ein Fluss, wie ein Hauch, wie ein Luft-Raum über dem Land verbreiten und einen Raum eröffnen, der Leben schafft.

Für unser Sprach-Verständnis, das in der Regel Verstehen und Verständigung in den Mittelpunkt rückt, ist das eine schwer verständliche Vorstellung. Es geht Luther beim Verbreiten des Wortes jedoch nicht um schwer verständliche, heilige Laute, sondern um alltagssprachliches, nachvollziehbares, öffentlich artikuliertes Sprechen. Aber es geht ihm nicht um die funktionale oder normative Bedeutung der Worte, es geht ihm nicht um den Beitrag der Worte zu einer gelingenden, personalen oder ganzheitlichen Kommunikation. Vielmehr rückt für ihn der spezifische Klangcharakter in den Mittelpunkt: Worte werden laut, sie erfüllen den Raum, sie breiten sich über den Menschen aus. Die Menschen, die in dem Bereich dieses machtvollen Wort-Raumes leben, werden in ihrem ganzen Leben neu, werden von Tod und Teufel befreit, werden von Gott gerechtgesprochen und können unter den Bedingungen der alten Welt ihr Leben als Christinnen und Christen führen. Luther schreibt: Hat Gott »alle seyne guoter vber vns außgeschüttet«, so leben wir nun in einem »glüenden backofen foller liebe / der da reichet vonn der erden biß an den hymel.«[62] In einem Raum also, der von Gott bestimmt ist – und der deshalb auch ein herrschaftsfreier, nämlich von menschlicher Herrschaft freier Raum ist. Ein Raum, in dem der Mensch »in got sich geschwindet«, d.h. sich in ihm verliert und in ihm aufgeht. Das gepredigte Wort breitet sich aus, ergreift immer mehr Menschen und verändert die Wirklichkeit. Damit ein solcher Klangraum entsteht, in dem die Gemeinde leben kann, muss, wie dies in oralen Kulturen

---

61. Vgl. Cornelius-Bundschuh, Die Kirche, 294 ff.
62. STA2, 555, 2 f.

üblich ist, »zuvor das geschray [...] auß geen«. Der Atemstoß, der Hauch, der den Raum erfüllt, ist Träger der Potenz, die im gesprochenen Wort steckt. »Du must aber sinnen und vernunfft bei seit thun und dencken, es sej etwas anders, das einen Christen machet, davon du nichts mehr den das hauchen und sausen horst. Die Stim horestu, der folge und gleube ir [...] Das sind des Heiligen Geistes Stim, sein Sausen und pfeiffen.«[63]

Wenn wir über das Verhältnis von christlichem Glauben und Sprache im Hinblick auf die Predigt als Sprachgeschehen nachdenken, dann sollte beachtet werden, dass das Verständnis von »Wort« im theologischen Sinn, also als »Wort Gottes« verstanden, sich immer nur zum Teil mit dem deckt, was menschliche Kommunikation durch Sprache meint – obwohl beide aufeinander bezogen sind.[64]

Martin Luthers Wort-Theologie bietet einen theologischen Zugang zur Entfaltung der leiblichen Gestalt des Wortes. Wir wollen im Folgenden im homiletischen Interesse auf den energetischen Aspekt der Leib-Gestalt des Wortes und auf die Dimension des Klangraumes weiter eingehen.

---

63. WA 47, 29, 29-31; 30, 36 f.
64. Vgl. in diesem Zusammenhang auch die Interpretation von Bullingers »praedicatio verbi divini est verbum divinum« in Kapitel 1.5, 59.

4.4 Verleiblichung des Wortes in energetischer Hinsicht

Luthers Vorstellungen vom gepredigten Wort als energiegefülltem Raum, in dem der Mensch sich verliert, der voll Liebe glüht wie ein Feuerofen und in dem sich das Wort als heilvolle Energie ausbreiten kann, soll im Folgenden ins Gespräch gebracht werden mit Überlegungen aus der Energie- und Bewegungstheorie, wie sie im Rahmen der Primal Pattern Theorie entwickelt werden.[65] Wir wollen darüber nachdenken, was es bedeutet, von der Verleiblichung der Rechtfertigungspredigt in energetischer Hinsicht zu sprechen.[66] Es geht uns darum zu verstehen, inwiefern die Rechtfertigungshoffnung ein gefühltes Wissen, ein »felt sense« impliziert, der aus dem alltäglichen energetischen Erleben unserer Körper gespeist ist.[67] Das Interesse an der Verleiblichung des Wortes kann eingeordnet werden in die Versuche, die performative Dimension des Predigens zu betonen. Eine performative Homiletik ist darauf bedacht, die Verwobenheit von Form und Inhalt zu reflektieren und somit die Frage nach dem Wie und dem Was zusammenzuhalten.[68] Die Dimensionen, die die Aufführung der Predigt betreffen, sollen nicht einfach nur als technische Hilfsmittel betrachtet werden. Es wird statt dessen gefragt, was es bedeutet, auch den Körper, die Stimme, den Rhythmus, den Klang und die Energie als integrale Bestandteile der aufgeführten Predigt zu verstehen – und zwar in performativer, ästhetischer und in theologischer Perspektive. Die performative Dimension

---

65. Vgl. im Folgenden die herausragende Arbeit von Marcia McFee zum Thema: dies., Primal Patterns: Ritual Dynamics, Ritual Resonance, Polyrhythmic Strategies and the Formation of Christian Disciples, unveröffentlichte Dissertation, Graduate Theological Union, Berkeley 2005. Die Primal Pattern Theory wurde zunächst von Josephine Rathborne, Valerie Hunt und Sally Fitt entwickelt, die Bewegungsabläufe und Energiemuster studieren sowie von Betsy Wetzig, die Lehrerin für Tanz und Improvisation ist.
66. Auf die Primal Pattern Theorie hat Andrea Bieler im Hinblick auf die Entwicklung einer performativen Homiletik Bezug genommen. Vgl. dies., Das bewegte Wort. Auf dem Weg zu einer performativen Homiletik. In: PTh 7 (2006), 268-283.
67. Vgl. zur Frage, inwiefern rituelles Wissen als Körperwissen zu verstehen ist auch Andrea Bieler, Embodied Knowing. Understanding Religious Experience in Ritual. In: Hans Günter Heimbrock und Christopher Scholtz (Hgg.), The Immediacy of Experience and the Mediacy of Empirical Research in Religion, Göttingen 2007, 39-60.
68. Vgl. hierzu bereits unsere Ausführungen in Abschnitt 1.5: Die homiletische Perspektive: Das Verwobensein von Inhalt und Form.

der Rechtfertigungspredigt ist somit Teil des inhaltlich theologischen Fragehorizontes.

Eine performative Homiletik[69] wird also ausführlich die Leiblichkeit des Wortes und somit Themen wie Stimme,[70] Rhythmus,[71] Klang[72] und Energie[73] im Gespräch mit den Performance Studies zu ergründen suchen. Die Frage, was bestimmte energetische Gestalten der Predigt von der Rechtfertigung der »Überflüssigen« im liturgischen Zeit-Raum bewirken, ist Teil der eben beschriebenen Perspektive.

Die Primal Pattern Theorie basiert auf neurophysiologischen und sozialpsychologischen Untersuchungen, die zu belegen versuchen, dass es vier grundlegende Energiemuster gibt, die unsere Körper in neurophysiologischer Hinsicht bewegen.[74] Unsere Körper sind im Alltagsleben, im Gottesdienst und auf der Kanzel in allen vier Energiedimensionen beheimatet. Die vier basalen Energiemuster sind: *Thrust, Shape, Hang* und *Swing*. In diesen Energiemustern, die sich in ständigem fließenden Austausch in unseren Körpern entfalten, bewegen wir uns durch die Welt. Allerdings dominieren bestimmte Energiemuster aufgrund unserer physiologischen Ausstattung,

69. Vgl. hierzu auch Jana Childers' Überlegungen zu einer performativen Homiletik, die auf dramaturgischen und theaterwissenschaftlichen Einsichten beruhen: Performing the Word. Preaching as Theatre, Nashville 1998.
70. Vgl. zum Thema Stimme in theologischer Hinsicht Stephen H. Webb, The Divine Voice. Christian Proclamation and the Theology of Sound, Grand Rapids 2004; in homiletischer Perspektive: Hudson und Turner, Saved from Silence.
71. Eine theologische Reflexion zum Thema Rhythmus bietet Mark L. Taylor, Polyrhythm in Worship: Caribbean Keys to an Effective Word of God. In: Leonora Tubbs Tisdale (Hg.), Making Room at the Table: An Invitation to Multicultural Worship, Louisville 2001. Taylor zitiert Leopold Sedar Senghor zum Thema Wort und Rhythmus: »Only rhythm gives the word its effective fullness; it is the word of God, that is, the rhythmic word, that created the world.« 108.
72. Zum Thema Klang in phänomenologischer Perspektive vgl. Wolf-Eckart Failing und Hans-Günter Heimbrock, Gelebte Religion wahrnehmen. Lebenswelt – Alltagskultur – Religionspraxis, Stuttgart u. a. 1998, 69-90; Hans-Günter Heimbrock, Klang. In: Gotthard Fermor und Harald Schroeter-Wittke (Hgg.), Kirchenmusik als religiöse Praxis – praktisch-theologisches Handbuch zur Kirchenmusik, Leipzig 2005, 37-42. Vgl. weiter Webb, The Divine Voice, 33 ff.
73. Reflexionen zur energetischen Dimension des Predigens bietet Manfred Josuttis, Einführung in das Leben. Pastoraltheologie zwischen Phänomenologie und Spiritualität, Gütersloh 1996, 102-118; ders., The Authority of the Word in the Liturgy: The Legacy of the Reformation. In: SL 22 (1992), 53-67.
74. McFee definiert den Begriff der Energiemuster folgendermaßen (ebd., 14): »›Patterns of energy‹ are recognized when a consistent force is repeated over time and [...] is identified as a ›dynamic‹ (characterized by variation of accent dependent on variation in force).«

aufgrund des Habitus, der mit unserer leiblichen Bewegungs-Präsenz verbunden ist und aufgrund der soziokulturellen Disziplinierung unserer Körper. Diese Energiemuster bewegen unsere Körper: durch ihren spezifischen Charakter bewegen wir uns durch die Welt und nehmen Alltagsszenen in bestimmter Weise wahr. Sie bewirken eine Form von somatischer Integration, in der sich Körperwissen entfalten kann. Sie prägen aber auch unser Gespür für das Heilige, sie formen kinästhetische Gottesbilder und grundieren unsere moralischen Urteile und Optionen, die wir im Alltag entwickeln. Sie prägen unser Erleben im Gottesdienst, z. B. in der katalytischen, vorwärtsdrängenden Thrust-Energie, mit der uns ein Segenslied hinaus in die Welt sendet, oder mit der stark ›formalisierten‹ und strukturierten Geste, die von der Shape-Energie gehalten ist, mit der der Pfarrer das Zeichen des Kreuzes macht, während er die Einsetzungsworte beim Abendmahl spricht und die uns das Gefühl von Tradition vermittelt. Davon zu unterscheiden ist die Swing-Energie, die sich im Raum ausbreitet, wenn die Gemeindeglieder eingeladen sind, den eigenen Platz in der Kirchbank zu verlassen und hin und her durch den Kirchraum schweben, um Fremde und Bekannte zu grüßen. Die Hang-Energie breitet sich im Raum aus, wenn Menschen sich in den Raum des Schweigens und der Stille fallen lassen, oder wenn meditative Chants gesungen werden, die ähnlich einem Mantra von der Wiederholung der Worte und des Rhythmus und dem stetigen Ein- und Ausatmen leben, in die sich die Teilnehmenden in beinah tranceähnlichen Zuständen hineinbegeben können.[75]

Die Primal Pattern bergen ambivalentes Potential, je nachdem, wie sie in bestimmten Kontexten zur Entfaltung kommen. Sie können das Gefühl von Vertrautsein und Heimat im Gottesdienst vermitteln, ebenso aber auch Fremd- und Unwohlsein.

Thrust-Prediger können begeistern, sie können Zuversicht und Vertrauen vermitteln. Der *Thrust*-Prediger fordert die eindeutige Reaktion, die klare und einstimmende Antwort der Gemeinde heraus: Ja, wir leben in der Rechtfertigungswirklichkeit! Wir glauben! In Zeiten der Depression beleben sie die Geister. Es hängt vom jeweiligen Kontext ab, wie die ethischen Implikationen, die mit den *Thrust*-Gottesbildern verbunden sind, aussehen.

Übermäßige *Thrust*-Energie kann aber auch autoritär wirken. Sie lässt keinen Zwischenraum, keinen Widerspruch zu. Dass die Predigt von der Rechtfertigung der »Überflüssigen« zu so vielen Werten, Handlungsmaximen und sozialen Erfahrungen diametral im Widerspruch steht, dieser Dis-

---

75. Vgl. McFee, Primal Patterns, 2 ff.

sonanz wird in der Predigt, die von der *Thrust*-Energie dominiert ist, zu wenig Raum gegeben. In offener und widerspruchsvoller Weise von ambivalenten Verkrümmungserfahrungen erzählen zu können, wird bei zu viel *Thrust*-Energie in Predigt und Gottesdienst nur eingeschränkt möglich sein. Die *Thrust*-Energie wird oft von einer Entweder-Oder-Rhetorik unterstützt, die demagogisch wirken kann. Introvertierte, zweifelnde oder verletzte Menschen fühlen sich schnell überschwemmt von dieser Energie, die wie eine große Welle über sie hereinbricht. Zu viel *Thrust*-Energie wirkt auf sie lähmend, versteinernd, sie verstummen. Predigten, die auf werkegerechten Argumentationsmuster aufbauen oder von einer unrealistischen Sicht menschlicher Handlungsmöglichkeiten ausgehen, sind oftmals von der vorwärtstreibenden Thrust-Energie dominiert.

In der *Hang*-Energie besteht die Möglichkeit, sich der Haltung der responsorischen Rezeptivität zu öffnen. Das Geschenk des Lebens und der Liebe Gottes wahrnehmen zu können, kann in energetischen Räumen erleichtert werden, die nicht auf vorwärts drängende Aktivität setzen, sondern auf die Sensibilisierung für das eigene Da-Sein vor Gott: Gottes Präsenz und Gemeinschaftstreue ist allgegenwärtig und umfängt uns; die *sedaquah* Gottes nimmt Gestalt an, überall um uns herum, es geht im Gottesdienst und in der Predigt darum, dass wir uns hineinziehen lassen in diese Glaubenswirklichkeit, uns öffnen lassen, hineinlauschen, fallen lassen: Der göttliche kreative Prozess ist schon voll im Gange. Die Predigt soll dazu verhelfen, sich diesem Prozess in einer paradoxen Haltung zu öffnen: Es geht darum, aufmerksam zu werden durch Defokussieren.

Menschen, die in der *Hang*-Energie Heimat finden, mögen keine direktive, frontale liturgische Leitung. Im Hinblick auf die Predigt gilt: am besten keine Predigt. Wenn's sein muss, am liebsten poetische, meditative Formen. Hanger haben die Gabe, sich für Ambivalenzen, Bilder, für Mehrsinniges und für Fragezeichen zu öffnen, sie lieben offene Gedanken, keine geschlossenen Systeme.

Aber auch die Hang-Energie ist ein ambivalentes Phänomen. Dominiert sie zu stark im Gottesdienst und in der Predigt, kann es sein, dass sich die Hörerinnen nach einiger Zeit desorientiert fühlen, sie vermissen Klarheit, eindeutige Richtungsorientierung. Die Impulse zur Lebensgestaltung und zur antizipativen Vision, zur prophetischen Rede und zur homiletisch liturgischen Unterbrechung, die mit der Predigt von der Rechtfertigung der »Überflüssigen« einhergehen kann, werden bei einer Dominanz der Hang-Energie vermutlich zu schnell verspielt.

Während in der *Shape*-Energie das Vertrauen auf die Wirkmacht des

Heiligen Geistes verloren gehen kann und die Predigt droht, in Gesetzlichkeit zu erstarren, kann in der Übermacht der Swing-Energie das Gegenteil der Fall sein.

Eine performative Homiletik, die die leibliche Gestalt der Rechfertigungspredigt in performativer Hinsicht zu erforschen sucht, wird danach fragen, inwiefern Menschen Gotteserfahrungen energetisch und kinästhetisch entwickeln und ausdrücken.[76] Sie wird zu verstehen versuchen, welche Bedeutung bestimmte Gottesbilder und Metaphern entfalten, wenn sie nicht nur als Wörter auf Papier begriffen werden, sondern als aufgeführte, energetisch bewegte Wörter wahrgenommen werden, die von *Hang-, Swing-, Thrust-* und *Shape*-Dynamiken bewegt werden. Es geht um die leiblich-energetische Gestalt der Dynamik von Gesetz und Evangelium. Im Hinblick auf die Ausbildung von Predigerinnen muss es darum gehen, dass diese sich in allen Energiedynamiken beheimaten können, denn nur in der energetischen Balance scheint es uns möglich, dass sich die Predigt von der Rechtfertigung der »Überflüssigen« ereignen kann.

---

76. Den energetischen Zugang in der Homiletik ernst zu nehmen ist von fundamentaler Bedeutung für die Weiterentwicklung einer interkulturellen Perspektive. Die Primal Pattern Theory kann für das Wahrnehmen unterschiedlicher energetischer Predigtmilieus hilfreich sein.

4.5 Verleiblichung des Wortes im Sprechakt

Auch wenn wir im Hinblick auf Luthers Verständnis von der Wirkmächtigkeit des Wortes festgestellt haben, dass die Sprechakttheorie nicht ausreicht, um gänzlich zur Sprache zu bringen, worüber hier verhandelt wird, erscheint es uns dennoch hilfreich auch Einsichten der Sprechakttheorie und der Sprachpragmatik heranzuziehen, um über die performative Dimension des Predigens zu reflektieren.[77] Im Zentrum des Interesses steht dabei die Frage, wie Predigtintention und Wirkung in der Vermittlung bestimmter Sprechakte zueinander in Beziehung stehen. Dass es hier oft zu Dissonanzen kommt, haben wir am Beispiel der Theologiestudentin im Einleitungskapitel beschrieben.[78] Der praktische Theologe Frank M. Lütze spricht auf andere Weise eindrücklich über diesen problematischen Sachverhalt: »Am Ende von Predigten, die Gottes Gnade verkündigen, überkommt mich paradoxerweise oft ein schlechtes Gewissen. Es wird von unverdienter Gnade gesprochen, von einem Geschenk und vom Angenommensein, von Rechtfertigung und Überwindung der Werkgerechtigkeit, formuliert in Sätzen von überzeugender theologischer Korrektheit, wie sie in jedem theologischen Lehrbuch stehen könnten. Doch aller semantischen Gnadenfülle zum Trotz bleibt in mir der diffuse Eindruck zurück, dass ohne meinen eigenen Beitrag die Gnade auf der Strecke bliebe [...]. Bald will Christus unter uns Mensch werden, scheint aber von unserer Kooperation abhängig zu sein; bald möchte der Heilige Geist uns verändern – wenn wir ihn nur ließen.«[79]

Die Sprechakttheorie ist am Handlungscharakter von gesprochenen Sätzen interessiert. Das Sprechen von Worten, die zu Sätzen zusammengefügt werden, ist eine Handlung, die etwas bewirkt. Im Hinblick auf die Frage der Performativität des Wortes sind insbesondere die Schriften von

---

77. Vgl. zur Rezeption von Habermas' Theorie des kommunikativen Handelns für eine liturgische Ethnographie, die an der Interpretation ritueller Praxis interessiert ist: Siobhán Garrigan, Beyond Ritual. Sacramental Theology after Habermas, Hampshire u. a. 2004; sowie Henk de Roest, Communication Identity. Habermas' Perspectives of Discourse as a Support for Practical Theology, Kampen 1998.
78. Vgl. Kapitel 1.1: Zu Beginn: Ein Stimmengewirr, 12.
79. Lütze, Absicht, 15.

John L. Austin[80] und seines Schülers John R. Searle[81] und dann die Modifikation der Sprechakttheorie durch Jürgen Habermas[82] für die Homiletik relevant geworden. Seit den achtziger Jahren wird die Sprechakttheorie rezipiert, die zu erklären versucht, inwiefern gesprochene Worte wirksame Handlungen sind.[83] Sie versteht Sprache als Verhaltensform. Eine Predigerin, die das Medium der Sprache benutzt, verhält sich; ihre Worte bewirken etwas, sie tritt durch ihre Predigt in Beziehung zur Gemeinde. Die Sprechakttheorie unterscheidet die Lokution, d. h. die phonetisch realisierte Äußerung eines Sachverhaltes, die auf einen bestimmten Gegenstandsbereich (Proposition) zielt vom illokutionären Akt, in dem der Wortlaut des Gesprochenen von einer bestimmten Absicht begleitet ist. Die Illokution drückt sich im Modus der Äußerung (z. B. als Frage, Bitte, Lob oder Fluch) aber auch im Ton und dem Gebrauch der Stimme aus.[84] John R. Searle unterscheidet dabei fünf Sprechaktklassen, in denen sich illokutionäres Handeln ausdrücken kann: die assertiven, bzw. darstellenden Sprechhandlungen, in denen etwas festgestellt wird: ich behaupte, ich stelle fest, ich gehe davon aus. Die zweite Kategorie umfasst die expressiven Sprechhandlungen, in denen Emotionen ausgedrückt werden: Ich entschuldige mich, ich spreche dir mein Beileid aus. Die dritte Klasse umfasst die Appelle, wie z. B. bitten, fordern, befehlen. Das vierte Genre illokutionären Handelns sind die kommissiven Sprechakte, die von der Androhung, der Ankündigung bis zum Versprechen reichen können. Die letzte Gruppe, die Searle identifiziert, sind öffentliche Deklarationen, die eine gewisse institutionelle Wirklichkeit schaffen: Ich taufe dich im Namen des Vaters, des Sohnes und des Heiligen Geistes, oder auch: Ich schlage dich zum Ritter.

80. Vgl. John L. Austin, Zur Theorie der Sprechakte, dt. Bearb. von Eike von Savigny, Stuttgart, 2. Aufl., bibliogr. erg. Ausg., 2002.
81. Vgl. John R. Searle, Sprechakte. Ein sprachphilosophischer Essay, Frankfurt a. M. 1971.
82. Vgl. Jürgen Habermas, Vorbereitende Bemerkungen zu einer Theorie der kommunikativen Kompetenz. In: Jürgen Habermas und Niklas Luhmann, Theorie der Gesellschaft oder Sozialtechnologie. Was leistet die Systemforschung?, Frankfurt a. M. 1971, 101-141.
83. Vgl. Engemann, Einführung, 330-344.
84. Illokutionen können direkte oder indirekte Sprechakte beinhalten. »Direkte Sprechakte sind solche, die formal – durch handlungsanzeigende Verben durch den Modus der Äußerung (Optativ, Imperativ, Frage usw.) oder entsprechende Partikel (hiermit, hoffentlich, bitte usw.) – anzeigen, was sie intendieren. Indirekte Sprechakte sind solche, die mit dem Angesprochenen etwas anderes ›anstellen‹ als sie von den oben genannten Indikatoren her vorgeben. Sie hören sich an wie ein Rat, sind aber eine Drohung ›Ich rate dir, mich nicht für dumm zu verkaufen.‹« Ebd., 338.

Neben der Proposition und der Illokution wird ein dritter Aspekt, nämlich die Perlokution identifiziert. Sie bezeichnet die Wirkung sprachlicher Äußerungen auf die Kommunikationspartner. In der homiletischen Debatte wurde die Sprechakttheorie für die Predigtanalyse fruchtbar gemacht. Hans-Werner Dannowski hat die Hierarchie von Sprechakten untersucht und herausgefunden, dass in den von ihm analysierten Predigten die Behauptungsrede stark dominiert. Fragen, Hoffen, Klagen, Bekennen als Sprechakte finden hingegen kaum Verwendung.[85]

Darüber hinaus wurde in der Homiletik eine intensive Debatte über missglückte Sprechakte in Predigten geführt, in der die Inkongruenz zwischen Predigtabsicht und Wirkung auf die Hörenden und die damit verbundene Unverständlichkeit mancher Predigten analysiert wurde. Von besonderem Interesse waren dabei die Diskrepanzen, Widersprüche und Spannungen zwischen propositionalen, illokutionären und perlokativen Dimensionen in der Predigt. Die Sprechakttheorie ermöglichte es, Fragen der Gestaltung, des Wahrheitsgehaltes, der Intention und der Wirkung nicht auseinanderzureißen, sondern als konstitutiv für das Verstehen von Sprechhandlungen zu begreifen.[86] Frank M. Lütze hat herausgearbeitet, dass die Sprechakttheorie jedoch im Hinblick auf die Predigtanalyse auch ihre Grenzen hat. Insbesondere in der frühen Sprechakttheorie wurden die so genannten indirekten Sprechakte, die eine andere Sprechhandlung vollziehen als eigentlich gemeint ist, vernachlässigt. So arbeitet er in seinen Predigtanalysen heraus, dass insbesondere in Predigten, in denen Inhalte der Rechtfertigungsbotschaft thematisiert werden, oftmals zwar indikativisch formuliert wird, jedoch ein Appell gemeint ist, etwa im Sinne von: Du darfst Gott vertrauen.[87]

Eine weitere Schwäche der Sprechakttheorie besteht darin, dass sie hauptsächlich die Perspektive der Sprechenden einnimmt und die Sicht der Hörenden unterbelichtet bleibt. Darüber hinaus erfasst sie nur Satzein-

---

85. Vgl. Karl Fritz Daiber, Hans Werner Dannowski u. a., Predigen und Hören. Ergebnisse einer Gottesdienstbefragung, Teil II, München 1983, 124-186, insb. 184.
86. Besonders in den USA ist zu beobachten, dass so manche öffentliche religiös-politische Rede ebenso wie Predigten, die im Gottesdienstkontext gehalten werden, unter das Genre der Hate Speeches gerechnet werden müssen. Das Sprechen von Wörtern kann auch gewalttätig sein, bzw. zur Gewalt animieren. Vgl. hierzu Judith Butler, Hass spricht. Zur Politik des Performativen, Berlin 1998.
87. Vgl. in diesem Zusammenhang auch die Analyse misslungener Predigt-Sprechakte insbesondere in der Verwechslung von Einladung und Forderung: Peter Bukowski, Predigt wahrnehmen. Homiletische Perspektiven, Neukirchen 1990, 72 ff.

heiten. Die Sprechhandlungen, die sich in Predigten vollziehen, sollten aber in größeren Einheiten analysiert werden können, um die Konventionalisierung bestimmter Handlungsmuster herausarbeiten zu können. Lütze legt im Hinblick auf Rechtfertigungspredigten eine hilfreiche Analyse vor, in der er unterbrechende und eröffnende Handlungsmuster herausarbeitet. Diese Muster beziehen sich auf die Weisen, wie über Sünde und Incurvatio gesprochen wird, über appellative Muster im Hinblick auf das Glauben können/müssen/dürfen, über Handlungsmuster des persönlichen und des repräsentativen Bekennens im Hinblick auf das Rechtfertigungsgeschehen, über antizipatorische Muster, in denen der Freiraum der Gnade beschritten wird und über die Entzauberung der Sünde in Rechtfertigungspredigten, durch die Rede von der Sünde neu gerahmt wird (reframing), so dass von ihrer Entmächtigung erzählt werden kann.

4.6 Verleiblichung als Inszenierung und Performativität

In der Homiletik als wissenschaftlicher Reflexion über die Praxis des Predigens steht der Aspekt der Performativität im Zentrum.[88] Es geht um die Predigt, die zur Aufführung gebracht wird. Die Predigt existiert nur im Augenblick ihrer Performance.[89] Sie kann auch nicht jenseits leiblicher Ausdrucksform erfasst werden. Als Text ist sie nur Manuskript. Predigen ist eine verbale, somatische Handlung, in der mittels der Modulierung der Stimme und der Bewegung des Körpers etwas gesagt wird. Im Predigen geschieht also immer Verleiblichung des Wortes. Im leiblichen Sprechen werden Informationen vermittelt. Jedoch nicht nur Informationen, sondern auch Metaphern, Bilder, Poetisches, durch die wir Dinge über Gott und die Welt sagen, die nur so und nicht anders gesagt werden können. Im leiblichen Sprechen werden Informationen und Metaphorisches vermittelt. »Mit der Sprache bzw. in der Sprache aktualisieren wir aus der Fülle des Möglichen jene Ordnung, vollziehen wir jene Ausdifferenzierung und jene komplexe Vernetzung, auf die wir als auf unsere Welt Bezug nehmen.«[90] Johannes Anderegg bietet in diesem Zusammenhang die hilfreiche Unterscheidung zwischen instrumentellem und medialem Sprachgebrauch an.[91] Der instrumentelle Sprachgebrauch im Alltag ist ein Instrument zur Bezeichnung von Gegebenem, er fixiert und beschreibt die verfügbaren Tatbestände, die Welt der »nackten« Tatsachen. Im medialen Sprachgebrauch bewegen wir uns im

---

88. Aus diesem Grunde schlagen wir auch vor, Bausteine für eine performative Homiletik zu entwickeln. Siehe hierzu z. B. Andrea Bieler, Das bewegte Wort.
89. Predigt ist performance. *Par fournir* im Französischen meint ja nichts anderes als etwas vollständig zur Durchführung zu bringen. Dass die Predigt nur im Moment ihrer Performance existiert, hat bereits Henning Luther mithilfe des Begriffs der Inszenierung ausgedrückt. Er insistiert, dass die Predigt »von ihrem *aktualisierenden* Vollzug vor einem – mit dem Prozess der Produktion *gleichanwesenden* Hörerkreis [lebt, die Verf.]. […]. Die Rezeption der Rede ist mit ihrer endgültigen Produktion gleichzeitig.« Henning Luther, Predigt als inszenierter Text. Überlegungen zur Kunst der Predigt, ThPr 18 (1983), 89-100, hier: 94.
90. Johannes Anderegg, Sprache und Verwandlung, Göttingen 1985, 40. Vgl. weiter ders.: Über die Sprache des Alltags und Sprache im religiösen Bezug. In: ZThK 95 (1988), 366-378.
91. Vgl. dazu auch: Rolf Zerfaß, Was heißt: miteinander reden? Homiletik und Rhetorik. In: ders., Grundkurs Predigt, Bd. 1: Spruchpredigt, Düsseldorf 1987, 29-44.

Raum der Klage, der Hoffnungssprache, der Sehnsucht nach dem, was unverfügbar ist oder nur in seiner Potenzialität wahrgenommen werden kann. Predigerinnen ringen in einer Welt, die in öffentlichen Diskursen dem instrumentellen Sprachraum die Vorherrschaft lässt, um den Raum medialer Sprache, sie formen Hoffnungen auf das Kommen Gottes und die Auferstehung des Fleisches in konkrete Erzählungen; sie gießen das Vertrauen in die Rechtfertigung der »Überflüssigen« in narrative und poetische Formen; sie artikulieren die Klage über die unerlöste Kreatur und darin bringen sie auch die Welt der nackten Tatsachen zur Sprache.

Im leiblichen Sprechen wird auch Atmosphärisches freigesetzt durch das Ausbreiten von Gefühlslagen und Stimmungen, durch sinnliche Wahrnehmung wie Riechen, Sehen, Hören und Schmecken hindurch, durch die Entfaltung von Klangräumen und Rhythmen und durch den Fluss von Energieströmen.[92]

Um den Zusammenhang zwischen Text und Predigt im Hinblick auf die Dimension der Performativität besser beschreiben zu können, ist es hilfreich, den Vergleich mit der Aufführung von Musik anzustellen. Im Hinblick auf die Musik beschreibt Alessandro Barrico: »Das ist das Einzigartige und Außergewöhnliche an der Musik: Ihre Überlieferung und ihre Interpretation sind ein und derselbe Vorgang. Bücher und Gemälde kann man in Bibliotheken oder Museen aufbewahren; interpretieren kann man sie natürlich auch, aber das ist ein anderer, separater Vorgang, der nichts mit ihrer bloßen Erhaltung zu tun hat. Bei der Musik ist das anders. Musik ist Klang, sie existiert erst in dem Moment, in dem sie erklingt – und in dem Moment, in dem man sie zum Klingen bringt, interpretiert man sie unweigerlich. Der Prozess ihrer Erhaltung, ihrer Überlieferung, ist immer ›gezeichnet‹ von den unendlich vielen Variationsmöglichkeiten, die das Musizieren mit sich bringt. Dieser Umstand hat dazu geführt, dass die Musikwelt unter einem Schuldkomplex leidet, der den anderen Künsten fremd ist: Es ist die ständige Angst, das Original zu verraten, weil es dadurch verloren gehen könnte. Als verbrenne man ein Buch oder zerstöre eine Kathedrale. Die Entrüstung des Musikfreunds gegenüber einer etwas gewagteren Interpretation, die sich in einem klassischen ›Aber das ist doch nicht Beethoven‹ Luft macht, entspricht der Bestürzung über einen Museumsdiebstahl. Man fühlt sich beraubt.«[93]

92. Dass die klassische Kommunikationswissenschaft als Referenzwissenschaft der Homiletik nur bedingt hilfreich ist, wurde in den letzten zwanzig Jahren aus verschiedenen Perspektiven diskutiert.
93. Alessandro Barrico, Hegels Seele oder die Kühe von Wisconsin, München u. a. 1999,

So wie die Musik erst in dem Moment existiert, in dem sie erklingt, existiert auch die Predigt erst in dem Moment, in dem sie erklingt. So wenig es möglich ist, den originalen Beethoven zu kopieren, ist es uns möglich – und es ist auch gar nicht erstrebenswert – diesen oder jenen biblischen Text möglichst originalgetreu zu kopieren. Es geht also in der Predigt nicht um die Imitation eines fiktiven Originals, sondern um die Performanz eines neuen Textes.

Während Barrico die Angst vor dem Verrat am Original als Impuls versteht, der die Lust an der Interpretation zerstört, möchten wir jedoch an so etwas wie Treue gegenüber den biblischen Texten – auch wenn sie keine »Originale« sind – im Kontext der christlichen Erzählgemeinschaft festhalten.

Der Aspekt der Performativität des Wortes kann in verschiedene Richtungen entfaltet werden: biblisch und systematisch-theologisch und in praktisch-theologischer Hinsicht durch Bezugnahme auf verschiedene Referenztheorien. Wir wollen im Folgenden Einsichten aus den Performance Studies bzw. der Theaterwissenschaft aufnehmen, wenn wir über die performative Qualität des inszenierten Wortes sprechen. Darüber hinaus sind wir aber auch an der energetischen sowie der sprachpragmatischen Dimension der Verleiblichung der Rechtfertigungspredigt interessiert.[94] Wir führen damit in homiletischem Interesse aus, was Luther in seinen Invokavitpredigten zur Wirkung des Wortes theologisch entwickelt hat.

Performative Homiletik geht in theologischer Hinsicht davon aus, dass die Predigt bewegtes Wort ist.[95] Und zwar weil Gott die Wörter, die *wir* aus uns herausstammeln, bewegt. Sie ist begründet in der Verheißung, dass

---

40 f. Siehe hierzu auch Gert Otto, Predigt als Sprache. Eine Zusammenfassung in sechs kommentierten Thesen. In: Wilfried Engemann und Frank M. Lütze (Hgg.), Grundfragen der Predigt. Ein Studienbuch, Leipzig 2006, 259-280, hier: 274 f.

94. Der energetische und der sprachpragmatische Zugang werden in der homiletischen Debatte oftmals getrennt diskutiert. Diese Zugänge beschreiben unseres Erachtens aber unterschiedliche Zugänge zur Performativität des Wortes, die durchaus nebeneinander gestellt werden können und sich so ergänzen.

95. Martin Nicol und Alexander Deeg sprechen von der Predigt als bewegter Bewegung im Hinblick auf den Zusammenhang von biblischem Text und Predigt: »Predigt ist bewegte Bewegung. Die Bewegung des biblischen Wortes setzt sich fort im Move der Predigt. Keine Unterbrechung! Nicht: Explikation – Skopus – Applikation. Nicht: Bewegung – Stopp – Anstoß. Sondern: Der Ball der Texte rollt und stößt den Ball der Predigt an. Spannungen der Vorgabe werden zu Spannungsbögen der Kanzelrede. Das Wort der Bibel gibt seine Energie weiter an den Move der Predigt.« Dies., Im Wechselschritt zur Kanzel. Praxisbuch Dramaturgische Homiletik, Göttingen 2005, 21.

Gott seine Stimme laut werden lässt und zwar in und durch die Stimme der Predigerin – also inmitten der leiblichen Verfasstheit menschlicher Existenz – ohne allerdings darin völlig aufzugehen.

In performativer Perspektive gehen wir davon aus, dass die Predigt inszenierte Rede ist. Sie setzt Worte mittels des Körpers in Szene. Sie ist Teil einer größeren Handlungssequenz, nämlich der Liturgie. David Plüss hat den Inszenierungsbegriff in grundlegender Weise in seiner performativen Ästhetik des Gottesdienstes im Gespräch mit den Theaterwissenschaften entfaltet.[96] Seine Überlegungen sind auch für die Entwicklung einer performativen Homiletik hilfreich. Plüss beginnt mit der handwerklichen Dimension, in der er eine Inszenierung als Produktion beschreibt, in der mittels verschiedener »Darstellungsmedien wie Raum (Struktur, Licht, Materialität, Ausstattung, Farbigkeit), Rollen, Bewegungen, Stimmen, Klänge und Musik«[97] eine Dramaturgie verschiedener Handlungssequenzen entwickelt wird. »Inszenierungen sind absichtsvoll ausgeführte oder eingeleitete sinnliche Prozesse [...] und somit *intentional erzeugte Ereignisse*.«[98] Inszenierungen setzen Sinn- und Präsenzeffekte frei. Die Sinnkultur entfaltet sich in einer Inszenierung durch die Interpretation des Dargestellten von Seiten des Publikums, es geht um die Entzifferung von Bedeutungen des Re-präsientierten. In der Präsenzkultur geht es um Vergegenwärtigung, um Erfahrungen des Getroffenwerdens, um selbstentbergendes Sein jenseits des interpretativen Aktes. Sinn- und Präsenzkultur lassen sich in jeder Inszenierung, also auch im Gottesdienst und in der Predigt finden. Plüss lässt in diesem Zusammenhang Hans Ulrich Gumbrecht zu Wort kommen: »Was ästhetische Erfahrung am Ende entdeckt, sind Situationen der Spannung und des Oszillierens zwischen Wahrnehmung und Sinn, zwischen der Dimension von Präsenz und der von Absenz.«[99] Auch wenn Gumbrecht von Produktion von Präsenz spricht, kommt er zu dem Ergebnis, dass sich diese letztlich nicht zielgerichtet herstellen lässt. Präsenz entsteht in der Begegnung als nicht kontrollierbarer Akt.

Auch das Predigen kann als absichtsvoll eingeleiteter oder geführter sinnlicher Prozess beschrieben werden, in dem ein Bibeltext vor dem Hin-

---

96. Vgl. David Plüss, Gottesdienst als Textinszenierung. Perspektiven einer performativen Ästhetik des Gottesdienstes, Zürich 2007.
97. Ebd., 92.
98. Ebd., 93.
99. Hans Ulrich Gumbrecht, Produktion von Präsenz, durchsetzt mit Absenz. Über Musik, Libretto und Inszenierung. In: Josef Früchtl und Jörg Zimmermann (Hgg.), Ästhetik der Inszenierung, Frankfurt a.M. 2001, 63–76, hier: 76.

tergrund der Erfahrungswelt der »Überflüssigen« in Szene gesetzt wird, so dass sich ein Möglichkeitsraum eröffnen kann, in dem Gottes Gemeinschaftstreue hörbar und fühlbar gemacht wird. Im Hinblick auf die Predigt können wir Präsenzeffekte als diejenigen Momente in der Gemeinde beschreiben, in denen die nachhinkende Erkenntnis von der Gerechtigkeit Gottes mit einem tiefen Ja sozusagen eingeatmet werden kann, eine Erkenntnis, die aufleuchtet und nicht einfach nur das Ergebnis theologischer Argumentation ist.

Der Theatertheoretiker Peter Brook spricht vom Seel- und Geheimnischarakter von Theaterinszenierungen: »Die Bühne ist für ihn der Ort, ›wo das Unsichtbare erscheinen kann.‹«[100] Letztlich soll es in einer Inszenierung nicht darum gehen, dass die Zuschauenden sich erinnern, wie schön die Geste war, mit der der Schauspieler auf den Mond deutete, sondern darum, dass sie den Mond tatsächlich gesehen haben.[101]

Plüss hebt darüber hinaus den Aspekt des Körperlichen im Hinblick auf die Inszenierung hervor: Im Spiel zeigt sich ein Körper anderen leiblich anwesenden Personen; in diesem Zeigen liegt eine basale Form von Kommunikation beschlossen, die eine mimetische Struktur impliziert und die der Sinnkultur und der Verbalität vorgängig ist: »Mimetisches Handeln ist *weder* identische Wiederholung von Vorgegebenem *noch* gänzlich originär. […] Es zeichnet sich dadurch aus, dass es auf Bekanntes und Vertrautes *rekurriert* und dies in der jeweils neuen Situation *adaptiert*. Diese Adaption erfolgt als *situationsadäquate Inszenierung* bzw. *Re-Inszenierung*. Das aktuelle Handeln gleicht dem als Vorlage Fungierenden, ohne damit identisch zu sein.«[102] Mimetisches Handeln ist immer auch körperliches Handeln, das durch physische Form und Wahrnehmung des Körpers und seiner Oberfläche, durch Habitus und Gesten hervorgebracht und von den im Raum Anwesenden interpretiert wird. Wir können den Gang des Predigers zur Kanzel, wie er sich dort angekommen seinen Raum schafft, wie er von dort gestikulierend seinen Oberkörper einsetzt und mit seinen Gesten, dem Augenkontakt sowie dem Klang der Stimme Kontakt zur Gemeinde sucht, als mimetischen Akt beschreiben, in dem für die Anwesenden Vertrautes immer wieder eingespielt und zugleich in gewissem Maße modifiziert wird.

Verlassen Predigerinnen die Kanzel und spazieren sie durchs Kirchenschiff während ihrer Predigt oder sprechen sie von einem Ort im Kirch-

---

100. Plüss, Gottesdienst, 97.
101. Vgl. ebd., 97.
102. Ebd., 167.

raum, an dem sie für die Gemeinde unsichtbar bleiben, wird dies in vielen Gemeindekontexten vermutlich als Störung der Ordnung erfahren. Die Veränderung der Predigt-Dramaturgie führt zu neuen Sinn- und Präsenzeffekten.

Michael Meyer-Blanck führt in hilfreicher Weise den Begriff der Inszenierung des Evangeliums als hermeneutische Kategorie ein, um dem Ineinander von menschlichem Wort und Gotteswort näher auf die Spur zu kommen: »Gottes (katabatisches) Handeln vollzieht sich (anabatisch) als menschliche Kunst. Ist der Gottesdienst dann nur Inszenierung? Nein, nicht *nur*, sondern: Er ist dogmatisch gesehen nicht weniger als die Inszenierung des Evangeliums. Er ist nicht die Inkraftsetzung des Evangeliums – diese hat ein für allemal in der Geschichte Jesu Christi stattgefunden. Er ist die Inszenierung, die Darstellung dieser bereits in Kraft getretenen Wirklichkeit mit den Möglichkeiten der menschlichen Mitteilung und Darstellung. Wer von der Inszenierung redet, weiß von diesem Sachverhalt und kann Gottes Wort und menschliche Kommunikation nicht mehr gegeneinander stellen.«[103]

Die Differenzierung von Inkraftsetzen und Inszenieren ist für uns von zentraler Bedeutung, sie ermöglicht die für die Rechtfertigungspredigt fundamentalen Bewegungen von kritischer Unterscheidung und Bezugnahme.[104] Sie kann als performative Version des entdeckenden Nachvollzugs oder im Sinne von Magdalene Frettlöh als nachhinkende Erkenntnis gelesen werden.[105]

Meyer-Blanck vertieft den Begriff der Inszenierung durch die Kategorien der Dramaturgie und Präsenz.[106] Die Frage nach der Dramaturgie einer Predigt oder eines Gottesdienstes zielt auf die Dimension der praktischen Gestaltung: »Sie fragt nach dem erlebbaren Zusammenhang der einzelnen liturgischen Stücke für den Dialog mit Gott.«[107]

Ebenso wie wir nach der Dramaturgie eines gesamten Gottesdienstes

---

103. Michael Meyer-Blanck, Liturgische Rollen. In: Hans-Christoph Schmidt-Lauber, Michael Meyer-Blanck und Karl-Heinz Bieritz (Hgg.), Handbuch der Liturgie, Göttingen 2003, 778-786, hier: 780.
104. Vgl. hierzu Kapitel 2.3 und 2.5.
105. Vgl. zu dem von Eberhard Jüngel eingeführten Begriff des entdeckenden Nachvollzugs Kapitel 2.2, 74, sowie Frettlöh, Gott Gewicht geben, 15 ff. Den Begriff der nachhinkenden Erkenntnis und der verwunde(r)nden Begegnung entwickelt Frettlöh in Anlehnung an Karl Barths Reflexionen zur theologischen Existenz, die er in seiner Auslegung zum Kampf am Jabboq entwickelt.
106. Diese beiden Aspekte (Dramaturgie und Präsenz) sind auch für Plüss Inszenierungsbegriff von zentraler Bedeutung, wie oben gezeigt wurde.
107. Meyer Blanck, Liturgische Rollen, 780.

fragen können, so können wir auch nach der Dramaturgie einer Predigt fragen.

Neben der Dramaturgie verweist auch Meyer-Blanck auf eine dritte Dimension, die für die Inszenierung des Evangeliums von zentraler Bedeutung ist, und zwar auf die Präsenz: »Präsenz ist die durch das Bewusstsein des Inszenatorischen gebrochene Authentizität. [...] Mit Präsenz wird von Schauspielern das rollenbezogene, rollenbewusste und dennoch kommunikationsbezogene geistig-körperliche Dasein auf der Bühne beschrieben.«[108]

Meyer-Blanck konzentriert den Begriff der Präsenz anders als oben beschrieben auf die Schauspielerinnen, die Prediger und die Liturginnen.[109] Alle sind in der Performance leiblich interagierende Personen, die eine Balance zwischen Rolle und eigener Ich-Persönlichkeit finden müssen. Im Unterschied zum Theater geht es bei der liturgischen Präsenz jedoch um die Partizipation der ganzen Gemeinde, die Aufteilung in Bühne und Zuschauerraum macht im Hinblick auf den Gottesdienstraum mit Blick auf Predigerin und Gemeinde nur bedingt Sinn. Im Hinblick auf die Predigt bedeutet das in rezeptionsästhetischer Hinsicht: Die Aufführung der Predigt kommt erst in der Rezeption der Hörenden und ihren Antworten zu ihrem Höhepunkt.

»Gute Schauspieler und Liturgen sind präsent in ihrer Rolle. Liturgisch gefordert ist eine Präsenz, die Kraft gibt, viele Aufführungen durchzuhalten: Es geht

---

108. Meyer Blanck, Liturgische Rollen, 781. Vgl. auch: Marcus A. Friedrich, Liturgische Körper. Der Beitrag von Schauspieltheorien und -techniken für die Pastoralästhetik, Stuttgart 2001.
109. Die Theaterwissenschaftlerin Erika Fischer-Lichte weitet den Begriff wiederum aus: »Von Präsenz sprechen wir bei Aufführungen vor allem in Bezug auf den besonderen Modus der körperlichen Anwesenheit der Darsteller, zum Teil allerdings auch im Zusammenhang mit Atmosphären. Präsenz meint in diesem Sinne die spezifische Ausstrahlung eines Darstellers, die er durch seine bloße physische Gegenwart im Raum vermittelt; sie ist also nicht auf die dramatische Figur bezogen (im Falle, daß eine solche ins Spiel kommt), sondern geht von dem phänomenalen Leib des Darstellers aus.
Man könnte sie als eine Art Energietransfer vom Darsteller auf die Zuschauer beschreiben, der diesen die Erfahrung einer ungewöhnlichen Intensität ermöglicht. Sie spüren die Kraft, die von dem Darsteller ausgeht, ohne sich von dieser Kraft überwältigt zu fühlen.« Erika Fischer-Lichte, Performativität und Ereignis. In: dies., Christian Horn, Sandra Umathum und Matthias Warstat (Hgg.), Performativität und Ereignis, Tübingen u. a. 2003, 11-37, hier 30. Fischer-Lichte konstatiert, dass die Darstellenden zwar Präsenztechniken einüben können, dass für die Zuschauenden hingegen diese Präsenz eine Widerfahrnis ist, die sie blitzartig und machtvoll ergreift. In diesem Sinne ist Präsenz immer Ereignis, das letztlich nicht kontrollierbar ist.

um eine Zugewandtheit in der Inszenierung. Die Notwendigkeit des Inszenierens lässt sich aber nicht vermeiden zugunsten einer angeblich zu realisierenden wirklichen (›echten‹, ›wahren‹) Authentizität, die dann leicht in eine öffentliche Scheinintimität abgleitet. Gerade dabei würde man lügen, weil man seine eigene Rolle verleugnet, die man für jeden erkennbar tatsächlich spielt.«[110]

Wenn wir unseren Blick nun von den vorgetragenen inszenierungstheoretischen Überlegungen hin zu biblisch theologischen Einsichten wandern lassen, so können wir entdecken, dass uns die biblischen Schriften eine Fülle von Metaphern anbieten, in denen das lebendige Wort in seiner performativen Qualität als Ereignis eine machtvolle leibliche Gestalt annimmt. Dies gilt beispielsweise für biblische Vorstellungen von der Stimme Gottes. Gottes Stimme ist kreative Macht, die auf den Kosmos und die Erde bezogen ist. So lobt die Psalmbeterin: Der Himmel ist durch das Wort Adonajs gemacht, und all sein Heer durch den Hauch seines Mundes […] denn wenn er spricht, so geschieht's, wenn er gebietet, so steht's da (Psalm 33,6.9). Gottes Stimme erschallt über den Wassern, sie donnert, ergeht mit Macht, sie zerbricht Zedern, sie sprüht Feuerflammen, sie lässt die Wüste erbeben, sie lässt Eichen wirbeln und reißt Wälder kahl (Psalm 29). Gottes Stimme ist schöpferisch, indem sie durch Trennung Neues aus den Chaoswassern hervorkommen lässt.[111]

Gottes Stimme ist beziehungsstiftend: Sie verheißt und schafft den Bund mit Israel (1. Mose 17,2). In der Stimme der Engel begegnet die rettende Stimme: in der Wüste hört Hagar die rettende Stimme, und Maria hört eine sie höchst verwirrende Stimme. Die Stimme der Engel lässt die Frauen aufbrechen. Und nach dem Johannesevangelium wird das Wort Fleisch und wohnt unter uns. Jesu Worte (und damit einhergehend seine Berührung) heilen Aussätzige: Sei rein! Und der Aussätzige wird rein (Matthäus 8,1-4).[112] Viele biblische Geschichten bezeugen die Performativität des göttlichen Wortes als leibliche Erfahrung: Es bewirkt, was es sagt: Es rettet und heilt, es zerstört und verwirrt, es lässt Menschen aufbrechen

---

110. Meyer-Blanck, Liturgische Rollen, 782.
111. Catherine Keller formuliert in ihrer Schöpfungstheologie eine radikale Kritik an der Vorstellung von der creatio ex nihilo, der Schöpfung aus dem Nichts, allein durch die Stimme bzw. das Wort Gottes. Sie entwickelt statt dessen eine Theologie von der creatio ex profundis, von der Schöpfung aus der Tiefe der Chaoswasser, die die Interdependenz alles Lebendigen mit Gott betont. Vgl. Catherine Keller, Face of the Deep. A Theology of Becoming, London u. a. 2003.
112. Die Relevanz der Stimme Gottes wird in evangelischer Perspektive im Hinblick auf den Glauben, der aus dem Hören der Predigt entspringt, unterstrichen. Vgl. das fides ex auditu in Römer 10,14-17 und Galater 3,2.

und es gebiert neue Schöpfung. Wenn wir im Predigtprozess mit diesen Gestalten biblischer Tradition in Berührung kommen und in sie eintauchen, dann kann in der Predigt Partizipation an der performativen Qualität des Wortes geschehen.

Zum Beispiel: Die Romaria de Terra

Wir schließen unsere Überlegungen zur Predigt von der Rechtfertigung der »Überflüssigen« mit einem längeren Bericht des brasilianischen Theologen Julio Cézar Adam von der Romaria de Terra,[113] einer besonderen Form der Prozession, in der die »Überflüssigen« Brasiliens die Verwundung der Erde, des Bodens und die eigenen beschädigten Lebenswelten beklagen und im Lob- und Dankgebet der Vorgeschmack der Auferstehung der Leiber gefeiert wird. Wie im Beispiel aus dem Tenderloin in San Francisco wird die Rechtfertigung der »Überflüssigen« hier auf die Füße gestellt, es reicht wohl nicht aus, dass nur ein Einzelner predigt.

Dieses Beispiel soll nicht das Gewicht eines resümierenden Schlusswortes haben. Vielmehr öffnen wir damit ein Fenster in die Welt der globalisierten Ökonomie jenseits des deutschen und des amerikanischen Kontextes, in der die »Überflüssigen« ihre Stimme erheben.

Was ist die Romaria da Terra?

»Die Romaria da Terra ist in den Jahren der brasilianischen Diktatur (1964-85) in der südlichen Region Brasiliens entstanden, unmittelbar verbunden mit der damals noch jungen Befreiungstheologie als Protestbewegung, ausgerichtet gegen die soziale Ungerechtigkeit auf dem Land. Die Unterstützung der Armen des Landes, der Indianer, Landarbeiter, Pächter und Landnutzer, der Kleinbauern, der Landlosen und der vom Bau von Staudämmen und Wasserkraftwerken Betroffenen war die Geburtsstunde der Romaria. Sie war von Anfang an eine Mischung von Elementen der traditionellen religiösen Wallfahrten und der politischen Protestmärsche.

Schon in der Frühphase übernahm die Landespastoralkommission (CPT) der Katholischen Kirche Verantwortung für die zukünftigen Romarias da Terra. Die CPT ist als Dienst der Kirche entstanden und ausgerichtet auf die Organisation des Widerstandes der von ihrem Land vertriebenen Landarbeiter und Pächter. Sie bietet pastorale, theologische, methodische, juristische, politische und soziologische Beratung und Bildung an. Von Anfang an verstanden lokale CPTs

---

113. Julio Cézar Adam, Romaria da Terra. Brasiliens Landkämpfer auf der Suche nach Lebensräumen. Eine empirisch-liturgiewissenschaftliche Untersuchung, Stuttgart 2005.

ihre Arbeit ökumenisch: auch andere Kirchen, andere Religionsgemeinschaften und nicht-kirchliche Organisationen gehören dazu. Die praktische Arbeit der CPT wird grundlegend von Laien (Pastoralarbeitern) geleistet, auch wenn die Pastoral weitgehend durch kirchliche Unterstützung und durch theologische Beratung, getragen von Priestern, Pastoren und Pastorinnen, geprägt ist.

Die liturgische Struktur der Romarias da Terra ist in ganz Brasilien sehr ähnlich. Generell kann man sie in drei große Abschnitte oder liturgische Phasen einteilen: 1. Sammlung und Eröffnung (Begrüßung und Eröffnung, Begrüßung der Muttererde, Empfang des Symbols der Romaria, Prozession mit der Bibel, Prozession mit dem Kreuz der Romaria, Memoria), 2. der eigentliche Pilgerweg/ die Prozession oder der Weg selbst (mit Stationen für Protest, Musik/ Lieder, Rede und Gebet), und 3. das Abschlussfest am Ende des Weges (Fest, Aktion, Segen und Sendung). Der ganze liturgische Vollzug liegt hier in den Händen von Nicht-Theologen, Nicht-Liturgen; sie wird von Teams konzipiert, gestaltet, vorbereitet, geleitet und ausgewertet, die sich aus Laien-Mitarbeitern der Pastoral, einigen Theologen und den Teilnehmenden selbst zusammensetzen.

Die Romarias da Terra ziehen ebenso wie die traditionellen Wallfahrten und Prozessionen eine große Anzahl von Menschen an, die durch die Arbeit der CPT motiviert wurden: Gruppen von Landlosen, Organisationen von Kleinbauern (Pächter, Landarbeiter, familiäre Landwirtschaft oder andere Landwirtschaftsorganisationen, ländliche Gewerkschaften), Indianervölker; ländliche Basisgemeinden, Gruppen von Schwarzen und Frauengruppen; oder einfach Menschen, die sich mit der Kirche der Armen identifizieren, sowie städtische Basisgemeinden, Gruppen der Arbeiterpastoral und der Jugendpastoral, politische Parteien und Nichtregierungsorganisationen, usw. Zusammen sind es 5000-70000 Menschen.

Die Teilnehmenden organisieren sich selbst für die Romaria in Gruppen oder Gemeinden. Viele bereiten sich Monate vorher mit dem von der CPT verteilten Material auf das ausgewählte Thema der geplanten Romaria vor. Das Thema einer Romaria bezieht sich immer auf die Realität der Region, in der die Romaria stattfindet. Thema kann die Agrarreform, die Hilfe zur Entwicklung von Kleinbetrieben, der Mangel an Schulen oder die Vertreibung einer Gruppe von ihrem Land oder die Errichtung eines Staudammes und die nachfolgende Vernichtung des Landes durch Überschwemmung sein.

Die Dauer einer Romaria da Terra ist von Ort zu Ort verschieden. Normalerweise dauert sie einen Tag lang. Aber es gab Orte, an denen sie auch bis zu drei oder sieben Tagen oder sogar drei Wochen gedauert hat.

Den Horizont der Beteiligten an einer Romaria bildet ein klares sozialpolitisches Projekt: ein alternatives Agrarmodell zur kapitalistisch-globalisierten Landwirtschaft. Alternativen haben in diesem Fall viel mehr mit konkreten Erfahrungen in den Agrarorganisationen zu tun als mit einer politischen Ideologie. Im Hintergrund steht zwar ein Modell von Gesellschaft, aber dieses Modell erwächst aus den konkreten Erlebnissen des Alltags. Mystisch-utopische

Elemente gehören auch dazu, sowie eine explizite Theologie des Landes. Beide werden in der Romaria da Terra dargestellt: Das Land gehört dem Schöpfer-Gott und die Konzentration in den Händen weniger stimmt nicht mit seinem Willen überein. Wie im Zeugnis der Bibel – vom Exodus über die Propheten bis hin zu Jesu Christus – ergreift Gott Partei für die Kleinen, identifiziert sich mit ihnen und ist in ihren Geschichten und Kämpfen präsent. Auch in der Romaria macht Gott sich auf den Weg mit dem Volk. Der Bewusstwerdungsprozess als Methode der Organisation angesichts der ungerechten Situation und diese kontextuelle Theologie eines parteilichen Gottes spielen im Kontext der Suche nach Raum eine sehr wichtige Rolle.

[...]

Die Liturgie der Romaria da Terra von Paraná befindet sich in einem ständigen Prozess. Heute kann man die Romaria in drei grundsätzliche Teile strukturieren: 1) die Eröffnung, 2) die *Caminhada* (das Unterwegssein) und 3) die Abschlussfeier.

1) Die Eröffnung: Die Pilger kommen mit Karawanen aus dem ganzen Bundesstaat an. Sie konzentrieren sich auf einem öffentlichen Platz, der eine geschichtliche Bedeutung für das Thema der Romaria hat. Viele frühstücken noch, während man von der mit Lautsprechern eingerichteten Lastwagen-Bühne Musik hören kann. Lieder und Kampfesrufe ertönen. Dann fängt die Feier offiziell an. Priester, Pastoren, Bischöfe, Leiter der CPT, Lokalbehörden und Bewohner der Ortschaft begrüßen die Pilger und die Romaria als ganze. Die Gruppen und Karawanen werden in der Begrüßung genannt, das Motto der Romaria wird zwischendurch im Chor gesprochen, und die Romaria wird im Namen des dreieinigen Gottes eröffnet. Dazwischen wird gebetet und gesungen.

In der Mitte der Menge wird ein Gang geschaffen, in dem die Eröffnungsriten stattfinden. Der erste Ritus ist eine Begrüßung des Landes. Ab der 11. Romaria da Terra ist diese häufig als *Begrüßung der Muttererde* wichtig geworden. M.E. kann man das als ein Schöpfungsritual ansehen, das üblicherweise durch eine Inszenierung von Frauen, Kindern und bei einigen der letzten Romarias da Terra sogar von Babys aufgeführt wird. Dann wird von hinten nach vorne bis zur Lastwagen-Bühne das zentrale Symbol der jeweiligen Romaria, das immer auf das Thema der Romaria bezogen ist, getragen. Das kann ein aus dem Zaunholz eines Großgrundbesitzers aufgebautes Kreuz sein, ein Lastwagen, der als Transportmittel der Tagelöhner (Bóias-Frias) am Alltag benutzt wird, eine Kuh als Metapher für die Überlebenschance von Familien durch die Milchproduktion, ein Ochsen- oder Pferdekarren usw. Dieses Symbol der jeweiligen Romaria hat im Laufe der Jahre immer mehr Raum und Relevanz bekommen. Was am Anfang eine einfache Karte ohne eingezeichnete gemalte Grenzen oder eine Mateteepflanze (3. RdT) war, wandelte sich später in einen großen Zug von ca. 40 Pferdekarren und deren jeweiligen Familien (z.B. in der 14. RdT) [...].

Jede Romaria hat ihr Kreuz, das am Ende am Ort als Wahrzeichen verbleibt. Bis zur 10. Romaria da Terra steht das Kreuz immer in Bezug zum Thema der jeweiligen Romaria. Ein gutes Beispiel dafür ist das Kreuz der 12. Romaria da

Terra. Da diese Romaria in einem Lager der Landlosenbewegung stattfand, bauten die Organisatoren der Romaria ein Kreuz aus Holzteilen des Zauns des von Landlosen besetzten Großgrundbesitzes. Auch die Bibel wird in einer symbolischen Prozession in die Romaria hineingetragen und entgegengenommen, dann wird aus ihr vorgelesen. Manchmal wird die Bibel durch den Gang zusammen mit dem Symbol der Romaria z. B. auf einem Ochsenkarren (12. RdT) getragen.

Zur Kreuzprozession gehört normalerweise ein Moment des Protestes. Hier wird den jeweiligen Klagen und Protesten der Romaria da Terra in Verbindung mit dem Thema im Eröffnungsort Ausdruck verliehen. Der Ort der Eröffnungsphase erhielt im Laufe der Jahre symbolträchtige Bedeutung für die schlechten Erfahrungen in der Geschichte der Armen des Landes. So wurde die 14. Romaria da Terra eröffnet, wo früher der Bahnhof der Stadt Rebouças war. Der Bahnhof wurde in der Romaria da Terra als Erinnerung an den Aufbau der ganzen Eisenbahn verstanden, deren Konstruktion Tausende von Bauern von ihrem Landbesitz vertrieben und den Krieg von *Contestado* provoziert hat. Zwischendurch wird immer wieder gesungen. Die Geschichte des Ortes wird erzählt, es werden Theaterszenen über den Kampf um Land in der Region gespielt. Die Liturgie ist so strukturiert, dass die Pilger wirklich teilnehmen können: durch Lieder, Antworten, Tanz, Gesten, liturgische Antworten, gemeinsames Lesen, usw.

2) Unterwegssein: Das gemeinsame Unterwegssein ist der politisch relevanteste Teil der Romaria. Die Pilger marschieren mit ihren Fahnen, Plakaten, Spruchbändern aus dem Ort der Eröffnungsphase in einen neuen bedeutsamen Ort. Sowohl das Symbol der Romaria als auch die Bibel und das Kreuz werden nach vorne getragen. Der Lastwagen mit den Lautsprechern fährt in der Mitte der Prozession und von ihm aus wird das gemeinsame Marschieren koordiniert und der Gesang angeführt. An verschiedenen Punkten des gemeinsamen Weges hält der Zug an. Die Geschichte des Ortes und Symbole des Protestes werden wie in einem Theater inszeniert. Während des Unterwegsseins der 14. Romaria da Terra wurden an einer Station große Plakate mit den Marken von chemischen Pflanzenschutzmitteln verbrannt. Es ist üblich, dass während des gemeinsamen Unterwegsseins das Kreuz der Romaria in den Boden vor einer Kirche – z.B. vor einer Lutherischen Kirche in der 13. Romaria da Terra –, eingepflanzt wird. Es wird viel gemeinsam gesungen und auch das Vaterunser wird häufig gebetet. Die Menschen des Ortes, die nicht mitmarschieren, kommen auf die Gehsteige, um die Pilger zu begrüßen oder um ihnen Wasser zu bringen. Das Zurücklegen der ca. 4 km langen Wegstrecke dauert ca. 2 Stunden. Die Pilger aller Altersstufen reden und lachen miteinander. Viele müssen ihre persönlichen Sachen und das Mittagessen, die Babys und die Kleinkinder tragen.

3) Abschlussfeier: Nach dem gemeinsamen Unterwegssein ist es Zeit, zu pausieren. Nachdem von der Bühne des Lastwagens aus der Segen für das gemeinsame Mittagessen gesprochen wurde, wird in kleinen Gruppen das mitgebrach-

te Essen geteilt und gegessen. Während des Essens und auch nach der Mahlzeit kommt die Zeit für eine *Offene Bühne*. Alle können die Bühne nutzen, um etwas zu sagen, zu danken oder zu bitten, oder etwas vorzustellen: ein Musikstück, einen Tanz oder ein Theaterstück.

Die Schlussfeier der Romaria wird in vielen Orten Brasiliens durch eine Messe oder einen ökumenischen Gottesdienst gestaltet. In Paraná wird heutzutage diese Feier durch einen besonderen Ritus zur Verteilung des Essens ähnlich einem Agapefest markiert, oder es werden auch eine gute Ernte oder Erfolge eines Agrarprojektes mitgefeiert. Obst, Essen und Gerichte der Region werden hier ausreichend auf Tische in der Mitte der Menge bereitgestellt und danach gegessen. Fast immer werden Essen und Getränke von den Bewohnern des Ortes vorbereitet und aufgetragen.

Ein sehr besonderer Moment ist jener der konkreten Aktion. Manchmal ist die Aktion nichts mehr, als etwas ins Bewusstsein des Kampfes um Land zu rufen. Ein andermal ist es etwas mit konkreten Folgen, wie etwa das Ausbildungsprojekt für Tagelöhner und besonders für Analphabeten-Landnutzer nach der 9. Romaria da Terra in Pinhão. Am Ende dieses Teiles wird der Segen gesprochen und die Teilnehmer werden mit der ausdrücklichen Sendung nach Hause entlassen, an dem weiteren Kampf um Landbesitz oder auf dem Land teilzunehmen. Während des Segens und der Sendung bekommen die Teilnehmer ein Erinnerungsobjekt, das sie mit nach Hause nehmen. Das kann ein Maiskolben oder ein Stück Zuckerrohr sein.

(...)

Während einer Romaria wird nicht nur der politische Kampf um das Land religiös inszeniert und begründet, sondern es wird auch die eigene Erde als Element der Natur vergegenwärtigt, als Produktionsmittel für das Leben gepriesen oder als ein bedeutsamer Ort der Geschichte geheiligt. Durch vielfältige Riten – das Berühren des Landes oder das Knien auf dem Land, einen Tanz als Begrüßung der Mutter Erde, das Ausgeben von Tüten mit Erde als Erinnerung für den Pilger – wird das Land gefeiert. Manchmal hat man den Eindruck, dass der Begriff Land bzw. Erdboden fast mit dem Begriff *Gott* austauschbar wird. Während der Romaria von Paraná ist *Gott* häufig als *Gott des Landes und des Lebens* angerufen und genannt worden. Am Anfang der Feier werden die Pilger und umgehend auch die Mutter Erde gemeinsam begrüßt.

Das Umgehen mit Land, Boden und Elementen der Erde ist immer bedeutsamer in den Feiern der Romaria geworden. Hier ist eine klare Wiederentdeckung der Bedeutung des Landes in der indianischen und schwarzen Religiosität zu spüren. Die CPT hat jahrelang die intime Beziehung von Kleinbauern mit dem Land und die Zyklen der Natur beobachtet. Es scheint, dass gerade jetzt mit den letzten Schöpfungsritualen der feierliche Ausdruck in dieser Beziehung gefunden wurde.

Für die Inkas, Majas, Azteken und Guaranis ist das Land ein heiliger Ort, ein privilegierter Platz für das Treffen zwischen Menschen und Gott. Die gute Mutter Erde (die Pachamama) bringt die Menschen auf die Welt, sorgt und ernährt

ihre Kinder, schenkt die Berge und Flüsse, Boden und festen Grund. Es ist der Ort, an dem die Vorfahren sich ausruhen: die Wurzel der indianischen Wirtschaft, Kultur und Spiritualität (Peuch) [...].
Die Bibel ist als Wort Gottes präsent, in der die Geschichte der Gerechtigkeit Gottes mit den Armen des Landes berichtet wird. Die mit Blumen oder bunten Tüchern geschmückte Bibel wird häufig in einer besonderen Prozession hereingetragen und wird von den Pilgern mit Lob, Liedern, Tanz, Winken und Klatschen aufgenommen. Aus der Bibel werden die Texte über die Schöpfung, den Exodus, den Kampf der Propheten um die Gerechtigkeit, Jesus als Anfang und Beispiel des Reiches Gottes gelesen. Auch die Geschichten von den Wallfahrten des Volkes Gottes werden häufig gelesen oder einfach erzählt als Gründungsgeschichte der Romaria da Terra. Das Buch als solches ist, selbst wenn es noch geschlossen bleibt, schon ein Anlass zu Lobliedern. Als Reflex der katholischen Frömmigkeit wird mit der Bibel in den Armen getanzt, oder sie wird geküsst oder von Hand zu Hand durch die Menge getragen [...].
Es ist schwer, eine genaue Grenze zwischen den liturgischen und den politischen Elementen der Romaria da Terra zu ziehen [...]. Auch die Frage nach den Grenzen zwischen Heiligem und Profanem, Religion und Politik ist sehr bedeutsam und vielschichtig. Man kann wahrscheinlich davon sprechen, dass ein Wechselspiel zwischen religiös-liturgischen und politisch-sozialen Elementen die ganze Feier der Romaria prägt [...]. Eine Romaria stellt gleichzeitig eine große öffentliche Massenmanifestation einer bestimmten Schicht oder Gruppierung der Gesellschaft dar, die draußen auf der Straße oder auf einem Platz stattfindet und auch bewusst als eine Art politische Veranstaltung wahrgenommen wird. Die Fahnen, die Plakate, die Spruchbänder, der kämpferische Ton der Rede, das Gehen, all dies sind Elemente, die stark auf eine Verbindung zu den politischen Demonstrationen von Landlosenbewegung, Gewerkschaften oder sozialen Protestmärschen hinweisen. Wie sich diese Politik der Romaria von der Politik als parteiischem Zivilengagement unterscheidet, wird später gezeigt.
Gleichwohl machen die Leute einen klaren Unterschied zwischen einer Romaria und einer Demonstration: Üblicherweise sieht man in einer politischen Demonstration der Landlosenbewegung viele Parteifahnen der Arbeiterpartei. Obwohl viele dieser Menschen zu einer Romaria kommen, sieht man hier selten eine Fahne der Partei. Auch die Rede eines Politikers wird zeitlich begrenzt und die Verteilung von parteipolitischem Propagandamaterial wird verboten. Andererseits sind die Fahnen, z.B. der Landlosenbewegung, die nicht als geschlossene politische Partei organisiert ist, aber dennoch sehr parteipolitisch orientiert ist, in beiden Veranstaltungen – Romarias und Demonstrationen – anwesend. [...]
Inspiriert durch die traditionellen Wallfahrten und die politischen Demonstrationen wurde die Romaria da Terra um die Erfahrung des Pilgerweges, die Erfahrung des gemeinsamen Gehens herum, entwickelt. Das religiöse Unterwegssein von vielen gemeinsam hat eine enorme symbolische Kraft, und viele wissen

oder erinnern sich daran, dass politische Mächte dadurch erschüttert werden können, wie es z. B. bei den Hungermärschen von Gandhi in seinem pazifistischen Kampf gegen die britische Kolonialmacht der Fall gewesen ist.
Die Pilger der Romaria da Terra haben entweder mit dem religiösen Gehen, d. h. Wallfahrten oder mit den politischen Märschen schon Erfahrungen gemacht. Bekannt sind vor allem die langen Märsche von ca. 300 km, die teils mehr als 15 Tage dauern, die Bauern, Landlose und Indianer von ihren Lebensorten bis zu den jeweiligen Machtsitzen der politischen Institutionen in ihrer Region unternommen haben. Obwohl diese politischen Märsche keinen religiösen Grund oder Anlass haben, sind sie durchzogen mit deutlichen religiösen Elementen: Ein vorneweg getragenes Kreuz; die Fahnen; das Gehen im Schweigen oder barfuß; die Dimension des gemeinsamen Opfers; das pazifistische Element der Gewaltlosigkeit. [...]
Wenn die Erinnerungsarbeit in der Romaria da Terra der Aufwertung der erfahrenen Geschichten und ihrer Verknüpfung mit der vergangenen Geschichte und der Geschichte von Jesus Christus dient, in der Kraft für die Zukunft erhofft wird, ist die besondere Kultur von Fest und Feier, die eine Romaria prägt, eine Form der Vorwegnahme der Zukunft durch die Hoffnung und in Hoffnung. Obwohl das Leben der Angehörigen der CPT oft durch harte Konflikte, durch Armut und Tod geprägt ist, lieben die Menschen und Teilnehmer der Romaria besonders die Elemente von Fest und Feier, weil gerade dadurch die Romaria auf ihr ganzes Leben bezogen wird. [...]
›Hier, in das Herz der Stadt, wo sich das rostige Getriebe der Macht bewegt, tragen wir das Blut, den Schmerz und den Widerstand der Arbeiter und Arbeiterinnen unseres Bundesstaats. Sicherlich wollen die Kabinette der Regierung dieses Leid ignorieren. Unsere kleinen und vergessenen Gemeinden im Landesinneren von Paraná existieren nicht in der Geographie der Macht. Aber wir sind heute hier, um zu sagen, dass wir existieren, widerstehen und auf ein würdiges Leben dringen. Wir sind hier, um über die sozialen Schulden zu klagen [...]. Sie sollen vom Staat und von der Elite der Gesellschaft wegen politischen, ethischen und evangelischen Grundforderungen bezahlt werden, damit es Leben und Auferstehung gibt. Wie ein großer Kreuzweg *(Via Sacra)* zogen wir durch unbekannte Orte. In diesen 14 Jahren feierten wir mit dem Schmerz und dem Sieg der Arbeiter und Arbeiterinnen. Damit diese Romaria eine Auferstehungsstation wird, müssen die Schulden eingelöst werden. Erst wenn es menschliche Würde und Friede gibt, gibt es Leben und Auferstehung. Hier, ins Herz der Stadt, wollen wir die heilige Erde dieser vergessenen Orte tragen. Die Erde ist selbst die Klage der Unterdrückung. Sie ist der Splitter in den Augen der repressiven und tödlichen Macht. [...] Aus dem Land ziehen wir das Leben, den Unterhalt und die Hoffnung. Wer ein Samenkorn pflanzt, glaubt an die Zukunft [...]. Das Land ist die Basis eines Lebensprojektes. Es ist der wirkliche Mörtel/ Zement der neuen Welt. Deswegen sind diese 14 Erdenmuster Erinnerung, Vereinbarung und Hoffnung. Sie sind 14 mal Schreie des Volkes, 14 mal Stöhnen der Angst, 14 Jahre unterwegs [...]

Die Schubkarren symbolisieren den Aufbau der Stadt. Sie sind die Erinnerung an alle Erbauer, an die Männer und Frauen, die aufgebaut haben, aber die hier nicht wohnen können [...].‹
›Ich komm aus der Ferne, ich bin aus dem Sertão. Bin Pedro, bin Paulo, ich bin die Nation. Ich baue die Städte, doch bleibe ich Fremder, fürs Vaterland kämpfe ich und gewann doch nur Knechtschaft. Und jetzt sagt, ihr Leute, ob ich nicht, wie ihr auch, hab Rechte als Bürger, von Gott bin ich geschaffen. Ich bin die Nation und bin doch auch Bruder! Ich bin das Volk Gottes und komm doch zu kurz. Ich kenne nur Hunger und Dürre und Schmerz, für mich bleibt nur Arbeit und doch bin ich nichts wert. Ich baue die Städte, doch wohn ich im Elend. Ich pflanze und ernte, doch essen tun andere. Ich komme vom Lande, doch ist es nicht meines, darf immer nur schuften und gehe doch leer aus.‹
Dieses Lied verband nicht nur das Thema der 15. Romaria da Terra und die Kritik an Curitiba sehr gut, sondern erinnerte auch an die Schöpfung der Menschen aus dem Eröffnungsgebet, in dem im Refrain gefragt wird: ›Und jetzt sagt ihr Leute, ob ich nicht, wie ihr auch, hab Rechte als Bürger, von Gott bin geschaffen.‹
[...]. ›Wir tragen die heilige Erde von Guaíra und erinnern an die 1. Romaria da Terra von Paraná im Jahr 1985. Die Erde der Insulaner, die durch die Wasserkraftwerke von Itaipú überflutet wurde. Diese Erde beklagt die kulturellen und anthropologischen Schulden, unter denen das brasilianische Volk leidet. Die Bewohner der Inseln wurden kulturell gespalten; sie wurden von ihren Orten ausgeschlossen, wo sie ihre Geschichte, Glauben, Symbolik, Mythen, Lieder, Speisen geschaffen hatten. Diese Erde ist der Schrei von allen, dass unsere brasilianische Identität und Kultur respektiert werden soll.‹
[...]
›Wir sind eine Nation, die der International Monetary Fond, die Weltbank und die kapitalistischen Reiche kommandieren. Die Auslandsschuld ist das große Kreuz, das auf dem brasilianischen Volk lastet. Es ist das Kreuz des Hungers, des Schmerzes, des Mangels an Land, an Ausbildung, an Würde. [...]. Deswegen ist das Kreuz der Romaria da Terra von Paraná das Kreuz eines gekreuzigten Landes in der Erwartung der Auferstehung. Es ist das Kreuz des Leids und des Schmerzes eines gestohlenen Landes und eines betrogenen Volkes. Es ist das Kreuz einer mit dem Stacheldraht des Großgrundbesitzes befestigten Fahne ...‹
[...]
›Gott der Massakrierten, der Ausgeschlossenen, der Unterdrückten durch die Auslandsschuld und die sozialen Schulden. Herr des Jubeljahres des Landes und der Gerechtigkeit, nur Du hast das Wort von Leben und Hoffnung. Erlöse uns vom Bösen des Hungers, dem Hass, der Habsucht und Unterwerfung. Denn Dein ist das wahre Reich, Dein ist die Macht, die durch die Hände des Volkes auftaucht und Dein ist das Lob auf ewig, das keinen erhobenen Thron im Zentrum der Macht voraussetzt ...‹
[...]

›Das Gotteswort ist Wort des Lebens. Es ist ein Samenkorn und ein Keim. Wort des Lebens und Wort der Hoffnung. Deswegen haben wir aus dem Landesinneren Paranás Erde mitgebracht. Aus dieser Erde wird die Hoffnung eines gewünschten neuen Projektes von Gesellschaft geboren. Aus dem Land tauchen die Alternativen von Leben und Befreiung des Gottesvolkes auf ... Aus dem Land sprudelt der Widerstand des Volks auf der Suche nach einer Form von Ausbildung für die Menschen, die auf dem Land leben. Eine Ausbildung, die ihre Identität und ihr Leben als Bauern aufnimmt und durch die ihre Erfahrungen bearbeitet werden können. Es wird die Anwesenheit unzähliger alternativer Ausbildungsprojekte auf dem Land gezeigt, wie die APEART, das »Projeto Vida na Roça« (Projekt Leben auf dem Land), die Ausbildungsprojekte in den Lagern der Landlosenbewegung.‹
[...]
Es war eine Explosion von Freude und Fest, als ob der Ort – das Zentrum der Macht – keine Grenzen mehr hätte, um die Masse zu halten. Die sozialen Schulden auf dem Land müssen auf dem Weg durch die Stadt beklagt werden. Das Anzeigen der Erfolge macht die Schulden noch unerträglicher. Die Erfolge wirken auf die Massen wirklich wie eine Auferstehung des Volkes, weil sie die Utopie und die Hoffnung verstärken. Die gute Nachricht von den Alternativen auf dem Land für eine neue Gesellschaft muss auf den Straßen proklamiert werden, und sie müssen gefeiert werden. Das Fest der Auferstehung macht die Auferstehung des Lebens spürbar.«[114]

---

114. Ebd., 14. 63-65. 68 ff. 100-104.

Literatur

Adam, Julio Cézar, Romaria da Terra. Brasiliens Landkämpfer auf der Suche nach Lebensräumen. Eine empirisch-liturgiewissenschaftliche Untersuchung, Stuttgart 2005

Ahrens, Theodor, Gegebenheiten. Missionswissenschaftliche Studien, Frankfurt a. M. 2005

Albrecht, Horst, Arbeiter und Symbol, München 1982

Allen, Ronald J., Theology for Preaching. Authority, Truth and Knowledge of God in a Postmodern Ethos, Nashville 1997

Anderegg, Johannes, Sprache und Verwandlung, Göttingen 1985

Anderegg, Johannes, Über die Sprache des Alltags und Sprache im religiösen Bezug. In: ZThK 95 (1988), 366-378

Arendt, Hannah, Vita activa oder Vom tätigen Leben (1958), München, 8. Aufl., München 1996

Augst, Kristina, Religion in der Lebenswelt junger Frauen aus sozialen Unterschichten, Stuttgart 2000

Austin, John L., Zur Theorie der Sprechakte, dt. bearb. von Eike von Savigny, Stuttgart, 2. Aufl., bibliogr. erg. Ausg., 2002

Bail, Ulrike u. a. (Hgg.), Bibel in gerechter Sprache, Gütersloh, 2. Aufl., 2006

Barié, Helmut, Predigt und Arbeitswelt. Analyse und praktische Anregungen, Stuttgart 1989

Barrico, Alessandro, Hegels Seele oder die Kühe von Wisconsin, München u. a. 1999

Barth, Hans-Martin, Rechtfertigung und Identität. In: PTh 86 (1997), 88-102

Barth, Karl, Das Wort Gottes als Aufgabe der Theologie. In: Das Wort Gottes und die Theologie. Gesammelte Vorträge, Bd. 1, München 1924, 156-178

Barth, Karl, Der Christ als Zeuge, ThEx 12, München 1934, wieder veröffentlicht in: Theologische Fragen und Antworten. Gesammelte Vorträge, Bd. 3, Zürich, 2. Aufl., 1986, 185-196

Barth, Karl, Evangelium und Gesetz. ThExh, München 1935, wieder veröffentlicht in: Ernst Kinder und Klaus Haendler (Hgg.), Gesetz und Evangelium. Beiträge zur gegenwärtigen theologischen Diskussion, Darmstadt 1968

Barth, Karl, Homiletik. Wesen und Vorbereitung der Predigt. Zürich, 3. Aufl., 1986

Barth, Karl, Kirchliche Dogmatik, Bd. I/1, Die Lehre vom Wort Gottes. Prolegomena zur Kirchlichen Dogmatik, Erster Halbband, Zollikon-Zürich, 6. Aufl., 1952

Barth, Karl, Kirchliche Dogmatik, Bd. II/1, Die Lehre von Gott. Erster Halbband, Zollikon-Zürich, 3. Aufl., 1948

Barth, Karl, Kirchliche Dogmatik, Bd. IV/2, Die Lehre von der Versöhnung. Zweiter Teil, Zollikon-Zürich 1955

Barth, Ulrich und Wilhelm Gräb (Hgg.), Gott im Selbstbewusstsein der Moderne. Zum neuzeitlichen Begriff der Religion, Gütersloh 1993

Bataille, George, Das theoretische Werk, Bd. 1: Die Aufhebung der Ökonomie, München 1975

Baumgarten, Otto, Predigt-Probleme. Hauptfragen der heutigen Evangeliumsverkündigung, Tübingen 1905

Bayer, Oswald, Was macht die Bibel zur Heiligen Schrift? Luthers Verständnis der Schriftautorität. In: Michael Krug, Ruth Lödel und Johannes Rehm (Hgg.), Beim Wort nehmen. Die Schrift als Zentrum für kirchliches Reden und Gestalten. Friedrich Mildenberger zum 75. Geburtstag, Stuttgart 2004, 24-41

Beck, Ulrich, Die uneindeutige Sozialstruktur. Was heißt Armut, was heißt Reichtum in der Selbstkultur?. In: ders., und Peter Sopp, Individualisierung und Integration. Neue Konfliktlinien und neuer Integrationsmodus?, Opladen 1997

Beck, Ulrich, Risikogesellschaft. Auf dem Weg in eine andere Moderne, Frankfurt a. M. 1986

Becker-Schmidt, Regina, Identitätslogik und Gewalt. Zum Verhältnis von Kritischer Theorie und Feminismus. In: beiträge zur feministischen theorie und praxis, 12/24 (1989), 51-64

Biehl, Peter, Symbole geben zu lernen. Einführung in die Symboldidaktik anhand der Symbole Hand, Haus, und Weg, Neukirchen 1989

Bieler, Andrea Die Sehnsucht nach dem verlorenen Himmel. Jüdische und christliche Reflexionen zu Gottesdienstreform und Predigtkultur im 19. Jahrhundert, Stuttgart 2003

Bieler, Andrea und Luise Schottroff, Das Abendmahl. Essen, um zu leben, Gütersloh 2007

Bieler, Andrea, »Wenn der ganze Haufen miteinander betet.« Über die Brüchigkeit und die Unverzichtbarkeit des liturgischen Wir. In: ZGP 3 (2001), 11-12

Bieler, Andrea, Das bewegte Wort. Auf dem Weg zu einer performativen Homiletik. In: PTh 7 (2006), 268-283

Bieler, Andrea, Das Denken der Zweigeschlechtlichkeit in der Praktischen Theologie. In: PTh 7 (1999), 274-288

Bieler, Andrea, Embodied Knowing. Understanding Religious Experience in Ritual. In: Hans Günter Heimbrock und Christopher Scholtz (Hgg.), The Immediacy of Experience and the Mediacy of Empirical Research in Religion, Göttingen 2007, 39-60

Bieler, Andrea, Gottesdienst interkulturell. Predigen und Gottesdienst feiern im Zwischenraum, Stuttgart 2008

Bieler, Andrea, Ich habe Angst – Die Predigt vom Kreuz im narzißtischen Zeitalter. In: Benita Joswig und Claudia Janssen (Hgg.), Aufstehen und Erinnern. Antworten auf Kreuzestheologien, Mainz 2000, 132-149

Bieler, Andrea, This is my Body – This is my Blood: Inventing Authority in Liturgical Discourse and Practice. In: Yearbook of the European Society of Women in Theological Research, Leuven 2005, 143-154

Bizer, Christoph, Die Schule hier – die Bibel dort. Gestaltpädagogische Elemente in der Religionspädagogik. In: ders., Kirchgänge im Religionsunterricht und anderswo. Zur Gestaltwerdung von Religion, Göttingen 1995, 31-49

Bizer, Christoph, Liturgie und Didaktik. In: JRP 5 (1988), Neukirchen-Vluyn 1989, 83-115
Bizer, Christoph, Verheißung als religionspädagogische Kategorie. In: WPKG 68/ 9 (1979), 347-358
Böhme, Gernot, Atmosphäre. Essays zur neuen Ästhetik, Frankfurt a. M. 1995
Bohren, Rudolf, Daß Gott schön werde. Praktische Theologie als theologische Ästhetik, München 1975
Bohren, Rudolf, Predigtlehre, Gütersloh, 6. Aufl., 1993
Bornkamm, Karin und Gerhard Ebeling (Hgg.), Martin Luther – Ausgewählte Schriften, Bd. 1, Frankfurt a. M. 1982
Boulton, Matthew, Forsaking God: a theological argument for Christian lamentation. In: Scottish Journal of Theology 55/1 (2002), 58-78
Brecht, Bertolt, Ballade über die Frage: Wovon lebt der Mensch?, In: ders., Die Dreigroschenoper, Frankfurt a. M., 40. Aufl., 1968
Breckner, Ingrid und Andrea Kirchmair (Hgg.), Innovative Handlungsansätze im Wohnbereich – Informationen über Projekte, Träger und Initiativen, Dortmund 1995
Brown, Malcolm und Peter Sedgwick (Hgg.), Putting Theology to Work: A Theological Symposium on Unemployment and the Future of Work, London 1998
Bukowski, Peter, Predigt wahrnehmen. Homiletische Perspektiven, Neukirchen 1990
Butler, Judith, Hass spricht. Zur Politik des Performativen, Berlin 1998
Butler, Judith, Kontingente Grundlagen: Der Feminismus und die Frage der ›Postmoderne‹. In: Seyla Benhabib, Judith Butler, Drucilla Cornell, Nancy Fraser: Der Streit um die Differenz. Feminismus und Postmoderne in der Gegenwart, Frankfurt a. M. 1993
Capps, Donald, The Depleted Self. Sin in a Narcissistic Age, Minneapolis 1993
Childers, Jana, Birthing the Sermon: Women Preachers on the Creative Process, St. Louis 2001
Childers, Jana, Performing the Word. Preaching as Theatre, Nashville 1998
Cornehl, Peter und Wolfgang Grünberg, »Plädoyer für den Normalfall« – Chancen der Ortsgemeinde. Überlegungen im Anschluss an Ernst Lange. In: Sönke Abeldt und Walter Bauer (Hgg.), »... was es bedeutet, verletzbarer Mensch zu sein«. Erziehungswissenschaft im Gespräch mit Theologie, Philosophie und Gesellschaftstheorie. Helmut Peukert zum 65. Geburtstag, Mainz 2000, 119-134
Cornehl, Peter, Der Evangelische Gottesdienst. Biblische Konturen und neuzeitliche Wirklichkeit, Bd. 1, Stuttgart u. a. 2006
Cornelius-Bundschuh, Jochen, Die Kirche des Wortes. Zum evangelischen Predigt- und Gemeindeverständnis, Göttingen 2001
Couture, Pamela, Blessed are the Poor? Women's Poverty, Family Policy and Practical Theology, Washington 1991
Couture, Pamela, Seeing Children, seeing God: A Practical Theology of Children and Poverty, Nashville 2000

Craddock, Fred B., As One without Authority. Revised and with New Sermons, St. Louis, 4. Aufl., 2001

Cremer, August Hermann, Die christliche Lehre von den Eigenschaften Gottes, Gütersloh 1897

Crüsemann, Frank, Gottes Fürsorge und menschliche Arbeit. Ökonomie und soziale Gerechtigkeit in biblischer Sicht, In: Rainer Kessler und Eva Loos (Hgg.), Eigentum: Freiheit und Fluch. Ökonomische und biblische Einwürfe, Gütersloh 2000, 43-63

Csikszentmihalyi, Mihaly, Flow. Studies of Enjoyment, Chicago 1974

Daiber, Karl Fritz und Hans Werner Dannowski u. a., Predigen und Hören. Ergebnisse einer Gottesdienstbefragung, Teil II, München 1983, 124-186

Deeg, Alexander, Predigt und Derascha. Homiletische Textlektüre im Dialog mit dem Judentum, Göttingen 2006

Der Große Katechismus deutsch. In: Bekenntnisschriften der evangelisch-lutherischen Kirche, Göttingen, 12. Aufl., 1998

Die Bekenntnisschriften der evangelisch–lutherischen Kirche, Göttingen, 12. Aufl., 1998

die tageszeitung (taz) vom 22. September 1997

DIE ZEIT vom 12. August 2004

Dierken, Jörg, Selbstbewusstsein individueller Freiheit. Religionstheoretische Erkundungen in protestantischer Perspektive, Tübingen 2005

Dinkel, Christoph, Freiheitssphären – Vertrauensräume. Predigten, Stuttgart 2005

Drews, Paul, Die Predigt im 19. Jahrhundert, Gießen 1903

Dribbusch, Barbara, Wenn Kellnern nicht für die Familie langt. In: taz vom 28. August 2007

Ebach, Jürgen, Biblisch-ethische Überlegungen zur Armut. In: Ders., … und behutsam mitgehen mit deinem Gott, Bochum 1995

Ebeling, Gerhard, Die Bedeutung der historisch-kritischen Methode für die protestantische Theologie und Kirche. In: ZThK 47 (1950), 1-46

Engemann, Wilfried, Einführung in die Homiletik, Tübingen u. a. 2002

Engemann, Wilfried, On Man's Re-Entry into his Future: The Sermon as a Creative Act. In: Gerrit Immink und Ciska Stark (Hgg.), Preaching: Creating Perspective, Utrecht 2002, 25-49.

Engemann, Wilfried, Predigen und Zeichen setzen. In: Uta Pohl-Patalong und Frank Muchlinsky (Hgg.), Predigen im Plural, Hamburg 2001, 7-24

Failing, Wolf Eckart und Hans-Günter Heimbrock, Gelebte Religion wahrnehmen. Lebenswelt – Alltagskultur – Religionspraxis, Stuttgart u. a. 1998, 69-90

Fichte, Johann Gottlieb, Die Wissenschaftslehre. Zweite Vorlesung im Jahr 1804, Philosophische Bibliothek, Bd. 284, Hamburg 1986

Fichte, Johann Gottlieb, Über den Grund des Glaubens an eine göttliche Weltregierung. 1798. In: I. H. Fichte (Hg.), Johann Gottlieb Fichte Werke, Berlin 1845/6 Bd., 5, (Nachdruck Berlin 1971)

Fischer-Lichte, Erika, Performativität und Ereignis. In: dies., Christian Horn, San-

dra Umathum und Matthias Warstat (Hgg.), Performativität und Ereignis, Tübingen u.a. 2003, 11-37
Foucault, Michel, Von der Subversion des Wissens, Frankfurt a.M. 1987
Fowler, James W., Becoming Adult, Becoming Christian. Adult Development and Christian Faith, San Francisco 1984
Frettlöh, Magdalene, Gott Gewicht geben. Bausteine einer geschlechtergerechten Gotteslehre, Neukirchen 2006
Freud, Sigmund, Der Traum. In: Ders., Vorlesungen zur Einführung in die Psychoanalyse (1916/17), Frankfurt a.M. 1980
Freud, Sigmund, Kulturtheoretische Schriften, Frankfurt a.M. 1974
Friedrich, Marcus A., Liturgische Körper. Der Beitrag von Schauspieltheorien und -techniken für die Pastoralästhetik, Stuttgart 2001
Garrigan, Siobhán, Beyond Ritual. Sacramental Theology after Habermas, Hampshire u.a. 2004
Geest, Hans van der, Das Wort geschieht. Wege zur seelsorglichen Predigt, Zürich 1991
Geest, Hans van der, Von Himmel und Erde. Glaube an Gott aus einer individuellen Sicht, o.O., o.J., unveröffentlichter Text
Glatzer, Wolfgang und Werner Hübinger, Lebenslagen und Armut. In: Diether Döring u.a. (Hgg.), Armut im Wohlstand, Frankfurt a.M. 1990
Gräb, Wilhelm, Predigt als Mitteilung des Glaubens. Studien zu einer prinzipiellen Homiletik in praktischer Absicht, Gütersloh 1988
Gräb, Wilhelm, Religion als Deutung des Lebens. Perspektiven einer Praktischen Theologie gelebter Religion, Gütersloh 2006
Gräb-Schmidt, Elisabeth, »Die Kirche ist kein Unternehmen!« Die Rede vom ›Unternehmen Kirche‹ in ekklesiologischer Sicht. In: Joachim Fetzer u.a. (Hgg.), Kirche in der Marktgesellschaft, Gütersloh 1999
Grau, Marion, Of Divine Economy. Refinancing Redemption, New York u.a. 2004
Grözinger, Albrecht, Toleranz und Leidenschaft. Über das Predigen in einer pluralistischen Gesellschaft, Gütersloh 2004
Groh-Samberg, Olaf und Matthias Grundmann, Soziale Ungleichheit im Kindes- und Jugendalter. Bundeszentrale für politische Bildung. In: APuZ 26 (2006)
Grünberg, Wolfgang, Die Sprache der Stadt. Skizzen zur Großstadtkirche, Leipzig 2004
Grünberg, Wolfgang, Die Stadt – Laboratorium der Zukunft. In: Barbara Deml-Groth u.a. (Hgg.), Ernst Lange weiterdenken. Impulse für die Kirche des 21. Jahrhunderts. Berlin 2007, 9-73
Gumbrecht, Hans Ulrich, Produktion von Präsenz, durchsetzt mit Absenz. Über Musik, Libretto und Inszenierung. In: Josef Früchtl und Jörg Zimmermann (Hgg.), Ästhetik der Inszenierung, Frankfurt a.M. 2001, 63-76
Gutmann, Hans-Martin, Und erlöse uns von dem Bösen. Die Chance der Seelsorge in Zeiten der Krise, Gütersloh 2005
Gutmann, Hans-Martin, Art. Kreuz, In: Wilhelm Gräb und Birgit Weyel (Hgg.), Handbuch Praktische Theologie, Gütersloh 2007, 322-333

Gutmann, Hans-Martin, Art. Symbol. In: Friedrich Wilhelm Horn und Friederike Nüssel (Hgg.), Taschenlexikon Religion und Theologie, Göttingen, 5. Aufl. 2008, 1139-1144

Gutmann, Hans-Martin, Der gute und der schlechte Tausch. Das Heilige und das Geld – gegensätzliche ökonomische Beziehungen? In: Jürgen Ebach u. a. (Hgg.), »Leget Anmut in das Geben«. Zum Verhältnis von Theologie und Ökonomie, Jabboq, Bd. 1, Gütersloh 2001, 162-225

Gutmann, Hans-Martin, Die Wahrnehmung der Gegenwart. In: ders. u. a. (Hgg.), Theologisches geschenkt. Festschrift für Manfred Josuttis, Bovenden 1996, 94-107

Gutmann, Hans-Martin, Ich bin's nicht. Die Praktische Theologie vor der Frage nach dem Subjekt des Glaubens, Neukirchen-Vluyn u. a. 1999

Gutmann, Hans-Martin, Praktische Theologie im neuen Jahrhundert – nichts Neues? In: Eberhard Hauschildt und Ulrich Schwab (Hgg.), Praktische Theologie für das 21. Jahrhundert, Stuttgart 2002, 67-78

Gutmann, Hans-Martin, Symbole zwischen Macht und Spiel, Göttingen 1996

Gutmann, Hans-Martin, Über Liebe und Herrschaft. Luthers Verständnis von Intimität und Autorität im Kontext des Zivilisationsprozesses, Göttingen 1991

Gutmann, Hans-Martin, Warum leben? – Keine Frage! Bemerkungen aus theologischer Besorgnis. In: Regula Venske (Hg.), Warum leben?, Bern u. a. 2001, 34-44

Habermas, Jürgen, Vorbereitende Bemerkungen zu einer Theorie der kommunikativen Kompetenz. In: Jürgen Habermas und Niklas Luhmann, Theorie der Gesellschaft oder Sozialtechnologie. Was leistet die Systemforschung?, Frankfurt a. M. 1971, 101-141.

Härle, Wilfried, Menschsein in Beziehungen. Studien zur Rechtfertigungslehre und Anthropologie, Tübingen 2005

Hauschildt, Eberhard, »Gesetz« und »Evangelium« – eine homiletische Kategorie? Überlegungen zur wechselvollen Geschichte eines lutherischen Schemas der Predigtlehre. In: PTh 80 (1991), 262-287

Heimbrock, Hans-Günter, Klang. In: Gotthard Fermor und Harald Schroeter-Wittke (Hgg.), Kirchenmusik als religiöse Praxis – praktisch-theologisches Handbuch zur Kirchenmusik, Leipzig 2005, 37-42

Heimbrock, Hans-Günter, Spuren Gottes wahrnehmen. Phänomenologisch inspirierte Predigten und Texte zum Gottesdienst, Stuttgart 2003

Heitmeyer, Wilhelm und Sandra Hüpping, Auf dem Weg in eine inhumane Gesellschaft. In: Die ZEIT vom 21./22. Oktober 2006

Herrmann, Ulrike, Sein und Haben. Die deutsche Wirtschaft boomt, doch die große Mehrheit der Bevölkerung profitiert nicht mehr von ihren Wachstumsgewinnen. In: taz vom 3. Mai 2007

Hilkert, Mary Catherine, Naming Grace. Preaching and the Sacramental Imagination, New York 1997

Hirsch, Emanuel, Gottes Offenbarung in Gesetz und Evangelium. In: Ders., Christliche Freiheit und politische Bindung, Göttingen 1934

Hirsch-Hüffell, Thomas, Gottesdienst verstehen und selbst gestalten, Göttingen 2002

Hohl, Joachim, Zum Symptomwandel neurotischer Störungen: Sozialhistorische und sozialpsychologische Aspekte. In: Heiner Keupp und Helga Bilden (Hgg.), Verunsicherungen. Das Subjekt im gesellschaftlichen Wandel, Münchener Beiträge zur Sozialpsychologie, Münchener Universitätsschriften. Psychologie und Pädagogik, Göttingen u. a. 1989, 103-124

Hope, Glenda und River Sims, Tenderloin Way of the Cross, San Francisco 2006, unveröffentlichte Liturgie

Huber, Wolfgang, Johannes Friedrich und Peter Steinacker (Hgg.), Kirche in der Vielfalt der Lebensbezüge. Die vierte EKD-Erhebung über Kirchenmitgliedschaft, Gütersloh 2006

Hudson, Mary Lin und Mary Donovan Turner, Saved from Silence. Finding Women's Voice in Preaching, St. Louis 1999

Huster, Ernst-Ulrich, Neuer Reichtum und alte Armut, Düsseldorf 1993

Iser, Wolfgang, Der Akt des Lesens. Theorie ästhetischer Wirkung, München, 4. Aufl., 1994

Joest, Wilfried, Ontologie der Person bei Luther, Göttingen 1963

Joest, Wilfried, Dogmatik Bd. 2. Der Weg Gottes mit den Menschen, Göttingen 1986

Josuttis, Manfred, Der Prediger in der Predigt – sündiger Mensch oder mündiger Zeuge? In: ders., Praxis des Evangeliums zwischen Politik und Religion, Grundprobleme der Praktischen Theologie, München, 3. Aufl., 1983, 70-94

Josuttis, Manfred, Die Bibel als Basis der Predigt. In: Andreas Baudis u.a. (Hgg.), Richte unsere Füße auf den Weg des Friedens, Helmut Gollwitzer zum 70. Geburtstag, München 1978, 385-393

Josuttis, Manfred, Die Predigt des Evangeliums nach Luther. In: ders., Gesetz und Evangelium in der Predigtarbeit. Homiletische Studien, Bd. 2, Gütersloh 1995, 42-65

Josuttis, Manfred, Einführung in das Leben. Pastoraltheologie zwischen Phänomenologie und Spiritualität, Gütersloh 1996

Josuttis, Manfred, Offene Geheimnisse. Ein homiletischer Essay. In: ders., Offene Geheimnisse. Predigten, Gütersloh 1999, 7-15

Josuttis, Manfred, Seelsorge im energetischen Netzwerk der Ortsgemeinde. In: ders. u. a. (Hgg.), Auf dem Weg zu einer seelsorgerlichen Kirche. Theologische Bausteine, Göttingen 2000, 117-126

Josuttis, Manfred, Seelsorge in der Gemeinde. In: PTh 90 (2001), 400-408

Josuttis, Manfred, Segenskräfte. Potentiale einer energetischen Seelsorge, Gütersloh 2000

Josuttis, Manfred, The Authority of the Word in the Liturgy: The Legacy of the Reformation. In: SL 22 (1992), 53-67

Josuttis, Manfred, Über den Predigteinfall (1970). In: ders., Rhetorik und Theologie in der Predigtarbeit. Homiletische Studien, München 1985, 70-86

Josuttis, Manfred, Von der Identität zur Konversion. In: ders., Segenskräfte. Potentiale einer energetischen Seelsorge, Gütersloh 2000, 65-78

Jüngel, Eberhard, Das Evangelium von der Rechtfertigung des Gottlosen als Zentrum des christlichen Glaubens, Tübingen, 4. verbesserte Aufl., 2004

Jüngel, Eberhard, Metaphorische Wahrheit. Erwägungen zur theologischen Relevanz der Metapher als Beitrag zur Hermeneutik einer narrativen Theologie. In: ders. und Paul Ricoeur (Hgg.), Metapher. Zur Hermeneutik religiöser Sprache, München 1974, 71-122

Kabel, Thomas, Liturgische Präsenz. Zur Praktischen Inszenierung des Gottesdienstes, Bd. 1, Gütersloh 2002

Karle, Isolde, ›Da ist nicht mehr Mann noch Frau ...‹ Theologie jenseits der Geschlechterdifferenz, Gütersloh 2006

Kautzsch, Emil, Die Apokryphen und Pseudepigraphen des Alten Testaments, Bd. 2, Tübingen 1900

Keller, Catherine, Face of the Deep. A Theology of Becoming, London u. a. 2003

Kempin, Susanna, Leben ohne Arbeit? Wege der Bewältigung im pastoralpsychologischen und theologischen Deutungshorizont, Münster 2001

Kessler, Rainer, Armut, Eigentum und Freiheit. Die Frage des Grundeigentums in der Endgestalt der Prophetenbücher. In: ders und Eva Loos (Hgg.), Eigentum: Freiheit und Fluch. Ökonomische und biblische Entwürfe, Gütersloh 2000, 64-88

Keupp, Heiner, Auf der Suche nach der verlorenen Identität. In: ders., Riskante Chancen. Das Subjekt zwischen Psychokultur und Selbstorganisation. Sozialpsychologische Studien, Heidelberg 1988, 131-151

Klie, Thomas, Wort – Ereignis – Raum. Kirchenpädagogische Überlegungen zur Predigt. In: PrTh 35 (2000), 251-263

Kohlberg, Lawrence, Zur kognitiven Entwicklung des Kindes, Frankfurt a. M. 1974

Koll, Julia, Körper beten. Religiöse Praxis und Körpererleben, Stuttgart 2007

Körtner, Ulrich H. J., Theologie des Wortes Gottes. Positionen – Probleme – Perspektiven, Göttingen 2001, 72-93

Kuhlmann, Helga, Abschied von der Perfektion. Überlegungen zu einer »frauengerechten« Rechtfertigungstheologie. In: Irene Dingel (Hg.), Feministische Theologie und Gender-Forschung: Bilanz, Perspektiven, Akzente, Leipzig 2003, 97-122

Kuhlmann, Helga, Leib-Leben theologisch denken. Reflexionen zur theologischen Anthropologie, Münster 2004

Lacan, Jacques, Schriften, Bd. 1 (1966), Weinheim u. a. 1973

Landau, Elisabeth, Psychologie der Kreativität, München u. a. 1969

Lange, Ernst, Die verbesserliche Welt. Möglichkeiten christlicher Rede erprobt an der Geschichte des Propheten Jona, Stuttgart u. a. 1968

Lange, Ernst, Zur Theorie und Praxis der Predigtarbeit. In: ders., Predigen als Beruf, Stuttgart u. a. 1976

Lasch, Christopher, Das Zeitalter des Narzißmus, München 1995

Lauster, Jörg, Gott und das Glück. Das Schicksal des guten Lebens im Christentum, Gütersloh 2004

Leonhard, Silke, Leiblich lernen und lehren. Ein religionsdidaktischer Diskurs, Stuttgart 2006

Lepenies, Wolf u.a. (Hgg.); Soziologie und Anthropologie, Bd. 2, Frankfurt a.M. u.a. 1978
Lessing, Gotthold Ephraim, Über den Beweis des Geistes und der Kraft. In: ders., Werke, Bd. 8, hg. von Herbert G. Göpfert, München 1979, 9-14
Leutzsch, Martin, Das biblische Zinsverbot. In: Rainer Kessler u.a. (Hgg.), Eigentum: Freiheit und Fluch. Ökonomische und biblische Einwürfe, Gütersloh 2000, 107-144
Levinas, Emmanuel, Vier Talmud-Lesungen, (Paris 1968), Frankfurt a.M. 2003
Lorenzer, Alfred, Das Konzil der Buchhalter. Die Zerstörung der Sinnlichkeit. Eine Religionskritik, Frankfurt a.M. 1988
Löw, Martina, Raumsoziologie, Frankfurt a.M. 2001
Luther, Hennig, Ich ist ein Anderer. Zur Subjektfrage in der Praktischen Theologie. In: ders., Religion und Alltag, Stuttgart 1992, 62-87
Luther, Henning, Identität und Fragment. Praktisch-theologische Überlegungen zur Unabschließbarkeit von Bildungsprozessen. In: ders., Religion und Alltag, Stuttgart 1992, 160-182
Luther, Henning, Predigt als inszenierter Text. Überlegungen zur Kunst der Predigt, ThPr 18 (1983), 89-100
Luther, Henning, Religion und Alltag. Bausteine zu einer Praktischen Theologie des Subjekts, Stuttgart 1992
Luther, Henning, Umstrittene Identität. Zum Leitbild der Bildung. In: ders., Religion und Alltag, Stuttgart, 150-159
Luther, Martin: zit. nach: D. Martin Luthers Werke. Kritische Gesamtausgabe. Weimar 1883 ff. (= WA).; sowie: Ders., Studienausgabe. Hg. von Hans-Ulrich Delius, Berlin 1979 ff. (= StA)
Lütze, Frank, M., Absicht und Wirkung der Predigt. Eine Untersuchung zur homiletischen Pragmatik, Leipzig 2006
Martin, Gerhard Marcel, Predigt als ›offenes Kunstwerk‹. In: EvTh 44 (1984), 46-58
Martin, Gerhard Marcel, Sachbuch Bibliodrama. Praxis und Theorie, Stuttgart 1995
McFee, Marcia, Primal Patterns: Ritual Dynamics, Ritual Resonance, Polyrhythmic Strategies and the Formation of Christian Disciples, unveröffentlichte Dissertation, Graduate Theological Union, Berkeley 2005
Mechiltha. Ein tannaitischer Midrasch zu Exodus. Erstmalig ins Deutsche übersetzt und erläutert von Jakob Winter und August Wünsche, Leipzig 1909
Meeks, William A., The Image of the Androgyne. Some Uses of a Symbol in Earliest Christianity. In: History of Religions 13 (1974), 165-208
Mette, Norbert und Hermann Steinkamp (Hgg.), Anstiftung zur Solidarität. Praktische Beispiele der Sozialpastoral, Mainz 1997
Mette, Norbert, Anstiftung zur Solidarität – zur not-wendenden Aufgabe der christlichen Gemeinde heute. In: ders., Praktisch-theologische Erkundungen, Bd. 2, Berlin 2007, 325-336
Meyer-Blanck, Michael, Die Predigt in Raum und Ritual. In: PrTh 34 (1999), 163-173
Meyer-Blanck, Michael, Liturgische Rollen. In: Hans-Christoph Schmidt-Lauber,

Michael Meyer-Blanck und Karl-Heinz Bieritz (Hgg.), Handbuch der Liturgie, Göttingen 2003, 778-786

Mickle, Marvin Andrew, Where have all the Prophets Gone? Reclaiming Prophetic Preaching in America, Cleveland 2006

Moxter, Michael, Kultur als Lebenswelt. Studien zum Problem einer Kulturtheologie, Tübingen 2000

Moxter, Michael, Rechtfertigung und Anerkennung. Zur kulturellen Bedeutung der Unterscheidung zwischen Person und Werk. In: Hans Martin Dober und Dagmar Mensink (Hgg.), Die Lehre von der Rechtfertigung des Gottlosen im kulturellen Kontext der Gegenwart. Beiträge im Horizont des christlich-jüdischen Gesprächs, Stuttgart 2002, 20-42

Müller, Hans-Martin, Homiletik. Eine evangelische Predigtlehre, Berlin u. a. 1996

Neumann, Ingrid, Gestalttherapie und Predigtarbeit. In: Franz Kamphaus und Rolf Zerfaß (Hgg.), Ethische Predigt und Alltagsverhalten, München 1986, 118-128

Nicol, Martin und Alexander Deeg, Im Wechselschritt zur Kanzel. Praxisbuch Dramaturgische Homiletik, Göttingen 2005

Nicol, Martin, Einander ins Bild setzen. Dramaturgische Homiletik, Göttingen 2002

Nicol, Martin, To Make Things Happen. Homiletische Praxisimpulse aus den USA. In: Uta Pohl-Patalong und Frank Muchlinsky (Hgg.), Predigen im Plural. Homiletische Perspektiven, Hamburg 2001, 46-54

Niebergall, Friedrich, Die moderne Predigt, Tübingen 1929

Niebergall, Friedrich, Wie predigen wir dem modernen Menschen?, 3 Teile, Tübingen 1905-1921

Okeke, Ossai, The Message to the Poor, unveröffentlichte Predigt

Otto, Gert, Predigt als Rede. Über die Wechselwirkungen von Homiletik und Rhetorik, Stuttgart 1976

Otto, Gert, Predigt als Sprache. Eine Zusammenfassung in sechs kommentierten Thesen. In: Wilfried Engemann und Frank M. Lütze (Hgg.), Grundfragen der Predigt. Ein Studienbuch, Leipzig 2006, 259-280

Ouaknin, Marc-Alain, Das verbrannte Buch. Den Talmud lesen, Weinheim u. a. 1990

Petersen, Silke, Brot, Licht und Weinstock. Intertextuelle Analysen johanneischer Ich-bin-Worte, Habilitationsschrift Hamburg 2005 (unveröffentlicht)

Plüss, David, Gottesdienst als Textinszenierung. Perspektiven einer performativen Ästhetik des Gottesdienstes, Zürich 2007

Pohl-Patalong, Uta, Bibliolog. Gemeinsam die Bibel entdecken im Gottesdienst – in der Gemeinde – in der Schule, Stuttgart 2005

Pohl-Patalong, Uta, Das schwarze Feuer achten, das weiße Feuer schüren. Inspirationen und Reflexionen zu einem Predigen mit der ganzen Gemeinde. In: Michael Krug, Ruth Lödel und Johannes Rehm (Hgg.), Beim Wort nehmen – die Schrift als Zentrum für kirchliches Reden und Gestalten. Friedrich Mildenberger zum 75. Geburtstag, Stuttgart 2004, 354-364

Pohl-Patalong, Uta, Ortsgemeinde und übergemeindliche Arbeit im Konflikt. Eine Analyse der Argumentationen und ein alternatives Modell, Göttingen 2003

Raguse, Hartmut, Der Raum des Textes. Elemente einer transdisziplinären theologischen Hermeneutik, Stuttgart u. a. 1994
Resner, André (Hg.), Just Preaching: Prophetic Voices for Economic Justice, St. Louis 2003
Roest, Henk de, Communication Identity. Habermas' Perspectives of Discourse as a Support for Practical Theology, Kampen 1998
Roth, Michael, Homo incurvatus in se ipsum – Der sich selbst verachtende Mensch. Narzissmustheorie und theologische Harmartiologie. In: PrTh 33 (1998), 14-33
Rothschildt, Bertholdt, Der neue Narzißmus – Theorie oder Ideologie?. In: Psychoanalytisches Seminar Zürich (Hg.), Die neuen Narzißmustheorien: Zurück ins Paradies?, Frankfurt a. M. 1993, 31-68
Rudolph, Enno, Metapher oder Symbol. Zum Streit um die schönste Form der Wahrheit. Anmerkungen zu einem möglichen Dialog zwischen Hans Blumenberg und Ernst Cassirer. In: Reinhold Bernhardt und Ulrike Link-Wieczorek, (Hgg.), Metapher und Wirklichkeit. Die Logik der Bildhaftigkeit im Reden von Gott, Mensch und Natur, FS Dietrich Ritschl, Göttingen 1999, 320–328
Ruster, Thomas, Artikel »Geld«. In: Norbert Mette u. a. (Hgg.), Lexikon der Religionspädagogik, Neukirchen 2001, 670-675
Schibilsky, Michael, Alltagswelt und Sonntagskirche. Sozialethisch orientierte Gemeindearbeit im Industriegebiet, München 1983
Schleiermacher, Friedrich D. E., Die praktische Theologie nach den Grundsätzen der evangelischen Kirche im Zusammenhange dargestellt ..., hg. von J. Frerichs, in: Schleiermachers sämmtliche Werke, 1. Abt., Bd. 13, Berlin 1850
Schmid, Wilhelm, Schönes Leben? Eine Einführung in die Lebenskunst, Frankfurt a. M. 2000
Schmitz, Hermann, System der Philosophie, Bd. 1: Die Gegenwart, Bonn 1964
Schneiders, Sandra, The Revelatory Text: Interpreting the New Testament as Sacred Scripture, Collegeville 1999
Schoberth, Ingrid, Aufmerksamkeit für die Spur des Anderen: zum Alltag der Seelsorge. In: Heinz-Dieter Neef, Theologie und Gemeinde: Beiträge zu Bibel, Gottesdienst, Predigt und Seelsorge, Stuttgart 2006, 264-274
Schottroff, Luise, Die Gleichnisse Jesu, Gütersloh 2005
Schottroff, Luise, Die Schreckensherrschaft der Sünde und die Befreiung durch Christus nach dem Römerbrief des Paulus. In: dies., Befreiungserfahrungen. Studien zur Sozialgeschichte des Neuen Testaments, Gütersloh 1990, 57-72
Schramm, Tim, Die Bibel ins Leben ziehen. Bewährte »alte« und faszinierende »neue« Methoden lebendiger Bibelarbeit, Stuttgart 2003
Schramm, Tim, Schwarzes und weißes Feuer. In: Friedemann Green u. a. (Hgg.), Um der Hoffnung willen. Praktische Theologie mit Leidenschaft, FS für Wolfgang Grünberg, Hamburg 2000, 231-239
Schroeter-Wittke, Harald, Übergang statt Untergang. Victor Turners Bedeutung für eine kulturtheologische Praxistheorie. In: ThLZ 128 (2003), 575-588
Schroeter-Wittke, Harald, Unterhaltung. Praktisch-theologische Exkursionen zum

homiletischen und kulturellen Bibelgebrauch im 19. und 20. Jahrhundert anhand der Figur Elia, Frankfurt a. M. 2000

Schweizer, Alexander, Homiletik der evangelisch-protestantischen Kirche systematisch dargestellt, Leipzig 1848

Searle, John R., Sprechakte. Ein sprachphilosophischer Essay, Frankfurt a. M. 1971

Sennett, Richard, Verfall und Ende des öffentlichen Lebens. Die Tyrannei der Intimität, Frankfurt a. M. 1998

Seters, Arthur van, To What Do Preachers Appeal? In: ders., Preaching and Ethics, St. Louis 2004, 99-118

Sidorow, Waldemar, Gemeinden geben Raum für andere am Beispiel von Aids-Betroffenen in Hamburg und Obdachlosen in Berlin, Schenefeld 2005

Sölle, Dorothee, Mystik und Widerstand. »Du stilles Geschrei«, Hamburg, 5. Aufl., 1999

Steffensky, Fulbert, Der alltägliche Charme des Glaubens, Würzburg 2002

Steffensky, Fulbert, Schwarzbrot-Spiritualität, Stuttgart 2005

Stegemann, Eckehard W. und Wolfgang Stegemann, Urchristliche Sozialgeschichte, Stuttgart u. a. 1997

Suchocki, Marjorie Hewitt, In God's Presence: Theological Reflections on Prayer, St. Louis 1996

Tamez, Elsa, Gegen die Verurteilung zum Tod: Paulus oder die Rechtfertigung durch den Glauben aus der Perspektive der Unterdrückten und Ausgeschlossenen, Luzern 1998

Taylor, Mark L., Polyrhythm in Worship: Caribbean Keys to an Effective Word of God. In: Leonora Tubbs Tisdale (Hg.), Making Room at the Table: An Invitation to Multicultural Worship, Louisville 2001

Thurneysen, Eduard, Die Aufgabe der Predigt (1921), In: Gerd Hummel (Hg.), Aufgabe der Predigt, Darmstadt 1971, 105-119

Tietz, Christiane, Freiheit zu sich selbst. Entfaltung eines christlichen Begriffs der Selbstannahme, Göttingen 2005

Tillich, Paul, Das religiöse Symbol (1928), Gesammelte Werke, Bd. 5, Stuttgart 1959

Tobler, Sybille, Arbeitslose beraten unter Perspektiven der Hoffnung. Lösungsorientierte Kurzberatung in beruflichen Übergangsprozessen, Stuttgart 2004

Tolbert, Mary Ann, Reading the Bible with Authority: Feminist Interrogation of the Canon. In: Harold C. Washington, Susan Lochrie Graham, and Pamela Thimmes (Hgg.), Escaping Eden: New Feminist Perspectives on the Bible, Sheffield 1998, 141-162

Türcke, Christoph, Kassensturz. Zur Lage der Theologie, Frankfurt a. M. 1992

Turner, Mary Donovan, Disrupting a Ruptured World. In: Jana Childers (Hg.), Purposes of Preaching, St. Louis 2004, 131-140

Turner, Victor, Vom Ritual zum Theater. Der Ernst des menschlichen Spiels (1982) Frankfurt a. M. u. a. 1989

Ulanov, Ann Beldford, Finding Space: Winnicott, God, and Psychic Reality, Louisville 2001

Van Seters, Arthur, To What Do Preachers Appeal? In: ders., Preaching and Ethics, St. Louis 2004
Volkmann, Evelina, »Gesetz« und »Evangelium« in der Predigt. In: Hans Martin Dober und Dagmar Mensink (Hgg.), Die Lehre von der Rechtfertigung des Gottlosen im kulturellen Kontext der Gegenwart. Beiträge im Horizont des christlich-jüdischen Gesprächs, Stuttgart 2002, 106-123
Walther-Sollich, Tilman, Festpraxis und Alltagserfahrung. Sozialpsychologische Predigtanalysen zum Bedeutungswandel des Osterfestes im 20. Jahrhundert, Stuttgart u. a. 1996
Webb, Stephen H., The Divine Voice. Christian Proclamation and the Theology of Sound, Grand Rapids 2004
Wengst, Klaus, Pax Romana. Anspruch und Wirklichkeit: Erfahrungen und Wahrnehmungen des Friedens bei Jesus und im Urchristentum, München 1986
Wenz, Gunther, Einführung in die evangelische Sakramentenlehre, Darmstadt 1988
Wheelwright, Philip, Semantik und Ontologie. In: Anselm Haverkamp, (Hg.), Theorie der Metapher, Darmstadt, 2. Aufl., 1996, 106–119
Winnicott, Donald W., Reifungsprozesse und fördernde Umwelt. Studien zur Theorie der emotionalen Entwicklung (1965), Frankfurt a. M. 1993
Winnicott, Donald W., Vom Spiel zur Kreativität, Stuttgart, 9. Aufl., 1997
Wintzer, Friedrich, Die Homiletik seit Schleiermacher bis in die Anfänge der ›dialektischen Theologie‹ in Grundzügen, Göttingen 1968
Wohlgemuth, Joseph, Beiträge zu einer jüdischen Homiletik. In: Jahresbericht des Rabbiner-Seminars zu Berlin für 1903/1904 (5664), Berlin o. J., 1-107
Wolf-Withöft, Susanne, Predigen lernen. Homiletische Konturen einer praktisch-theologischen Spieltheorie, Stuttgart 2002
Woydack, Tobias, Der räumliche Gott. Was sind Kirchengebäude theologisch?, Hamburg 2005
Zerfaß, Rolf, Grundkurs Predigt, Bd. 1: Spruchpredigt, Düsseldorf, 2. Aufl., 1989
Zerfaß, Rolf, Grundkurs Predigt, Bd. 2, Düsseldorf 1992

Register

Namen

Adam, Julio César 230
Ahrens, Theodor 132
Albrecht, Horst 35, 38
Allen, Ronald J. 142
Anderegg, Johannes 222
Aquin von, Thomas 21
Arendt, Hannah 95
Augst, Kristina 38
Austin, John L. 219

Bail, Ulrike 85
Barié, Helmut 38
Barrenstein, Peter 40
Barrico, Alessandro 223-224
Barth, Hans-Martin 78
Barth, Karl 59, 68-72, 112, 114, 133-135, 192, 227
Barth, Ulrich 195
Bataille, George 127 f.
Baumgarten, Otto 113
Bayer, Oswald 206
Beck, Ulrich 53, 79 f.
Becker-Schmidt, Regina 97
Bertram, Hans 29
Biehl, Peter 189
Bieler, Andrea 9 f., 76, 84, 99, 109, 126, 142, 145, 156, 159, 175, 181 f., 213, 222
Bizer, Christoph 119, 148, 154
Böhme, Gernot 172
Bohren, Rudolf 10, 116, 138, 143
Bornkamm, Karin 18
Boulton, Matthew 111
Brecht, Bertolt 34
Breckner, Ingrid 44
Brown, Malcolm 38
Bukowski, Peter 220
Bullinger, Heinrich 59
Bultmann, Rudolf 153
Butler, Judith 97, 220

Capps, Donald 82
Childers, Jana 163, 214
Cornehl, Peter 42, 107, 138
Cornelius-Bundschuh, Jochen 120, 206, 209, 211
Couture, Pamela 39
Craddock, Fred B. 194
Cremer, August Hermann 68
Crüsemann, Frank 179
Csikszentmihalyi, Mihaly 93

Daiber, Karl Fritz 220
Dannowski, Hans Werner 220
Deeg, Alexander 138, 156, 224
Deml-Groth, Barbara 176
Dierken, Jörg 195
Dinkel, Christoph 74
Drews, Paul 113
Dribbusch, Barbara 27

Ebach, Jürgen 34, 127, 146
Ebeling, Gerhard 18, 151-153
Eco, Umberto 63
Engemann, Wilfried 63, 163, 210, 219, 224

Failing, Wolf Eckart 214
Fichte, Johann Gottlieb 197
Fischer-Lichte, Erika 228
Fitt, Sally 213
Foucault, Michel 77
Fowler, James W. 198
Frettlöh, Magdalene 68, 70, 227
Freud, Sigmund 77, 187, 197-199
Friedrich, Johannes 39
Friedrich, Marcus A. 228

Garrigan, Siobhán 218
Geest, Hans van der 9, 139, 141
Gendlin, Eugene 160

Glatzer, Wolfgang 30
Gorbatschov, Michael 128
Gräb, Wilhelm 142, 186, 195
Gräb-Schmidt, Elisabeth 41
Grau, Marion 145
Groh-Samberg, Olaf 29
Grünberg, Wolfgang 42, 44 f., 156, 176
Grundmann, Matthias 29
Gumbrecht, Hans Ulrich 225
Gutmann, Hans Martin 9 f., 35, 57, 98, 120, 127, 144, 160, 167, 186, 189, 202

Habermas, Jürgen 218 f.
Härle, Wilfried 17-19
Harms, Claus 113
Harnack, Theodosius 113
Hauschildt, Eberhard 132, 202
Heimbrock, Hans-Günter 157 f., 213 f.
Heitmeyer, Wilhelm 25
Herrmann, Ulrike 26
Hilkert, Mary Catherine 94
Hillgers, Heinz 27
Hirsch, Emanuel 133 f., 142
Hirsch-Hüffel, Thomas 206
Hohl, Joachim 80 f.
Hope, Glenda 9, 105
Huber, Wolfgang 39
Hübinger, Werner 30
Hudson, Mary Lin 206, 214
Hunt, Valerie 213
Hüpping, Sandra 25
Hurrelmann, Klaus 28
Huster, Ernst-Ulrich 29, 31, 33

Iser, Wolfgang 175 f.

Joest, Wilfried 22, 76
Josuttis, Manfred 45, 62, 65, 71 f., 115, 120, 138, 141-144, 163-165, 191-194, 196, 201, 214
Jüngel, Eberhard 19, 74, 95, 186, 227

Kabel, Thomas 206
Karle, Isolde 80
Kautzsch, Emil 182
Keller, Catherine 229
Kempin, Susanna 38, 50-55, 95

Kessler, Rainer 178 f.
Keupp, Heiner 81, 97
Kirchmair, Andrea 44
Klie, Thomas 172
Kohlberg, Lawrence 198
Koll, Julia 158
Körtner, Ulrich H. J. 205
Kubitza, Ellen 158
Kuhlmann, Helga 103, 119

Lacan, Jacques 198
Laeuchli, Samuel 158
Landau, Elisabeth 163-165
Lange, Ernst 42, 115, 142 f., 176 f.
Langer, Heidemarie 158
Lasch, Christopher 79, 81
Lauster, Jörg 88-91
Leonhard, Silke 119, 160 f.
Lepenies, Wolf 126
Lessing, Gotthold Ephraim 151
Leutzsch, Martin 178
Levinas, Emmanuel 102, 147, 199
Lorenzer, Alfred 187 f.
Löw, Martina 173
Luther, Henning 195, 199 f., 222
Luther, Martin 17 f., 20-23, 57, 71-75, 86, 102, 118, 120-127, 130 f., 134, 145, 149, 205-213, 218, 224
Lütze, Frank M. 20, 84, 218, 220 f., 224

Martin, Gerhard Marcel 62 f., 158
Mauss, Marcel 126
McFee, Marcia 213-215
Meeks, William A. 99
Mette, Norbert 39, 42, 131
Meyer-Blanck, Michael 172, 227-229
Mickle, Marvin Andrew 38
Moxter, Michael 19, 87, 96 f.
Müller, Hans-Martin 59

Neumann, Ingrid 155
Nicol, Martin 64, 138, 224
Niebergall, Friedrich 113

Okeke, Ossai 9, 35, 37 f.
Otto, Gert 61, 224
Ouaknin, Marc-Alain 157

Petersen, Silke 186
Plüss, David 225-227
Pohl-Patalong, Uta 42, 63 f.

Raguse, Hartmut 174 f.
Rathborne, Josephine 213
Resner, André 38
Roest, Henk de 218
Roth, Michael 78
Rothschildt, Bertholdt 78
Rudolph, Enno 185 f.
Ruster, Thomas 131

Schibilsky, Michael 38
Schleiermacher, Friedrich D. E. 112 f.
Schmid, Wilhelm 89 f.
Schmitz, Hermann 120, 158, 172
Schneiders, Sandra 155
Schoberth, Ingrid 102
Schottroff, Luise 76, 99, 126, 145, 159, 181-183
Schramm, Tim 156, 158
Schroeter-Wittke, Harald 93, 138, 214
Schweizer, Alexander 113
Searle, John R. 219
Sedgwick, Peter 38
Sennett, Richard 82
Sidorow, Waldemar 47 f.
Sims, River 9, 105
Sölle, Dorothee 205
Spielberg, Stephen 128
Steffensky, Fulbert 43 f., 116, 166 f., 201, 203 f.
Stegemann, Eckehard W. 180 f.
Stegemann, Wolfgang 180 f.
Steinacker, Peter 39

Steinkamp, Hermann 39, 42
Suchocki, Marjorie Hewitt 108

Tamez, Elsa 14 f., 24, 34
Taylor, Mark, L. 214
Thurneysen, Eduard 64 f., 114
Tietz, Christiane 78
Tillich, Paul 189 f.
Tobler, Sybille 38
Tolbert, Mary Ann 141
Trillhaas, Wolfgang 143
Türcke, Christoph 12, 14
Turner, Mary Donovan 93 f., 206, 214

Ulanov, Ann B. 174

Van Seters, Arthur 142
Volkmann, Evelina 132

Walther-Sollich, Tilman 82 f.
Warns, Natalie 158
Webb, Stephen H. 214
Weber, Max 141
Wengst, Klaus 76
Wenz, Gunther 98
Wetzig, Betsy 213
Wheelwright, Philip 185
Wichern, Johann Hinrich 113, 184
Winnicott, Donald W. 86, 174, 187
Wintzer, Friedrich 113
Wittgenstein, Ludwig J. J. 160
Wohlgemuth, Joseph 156 f.
Wolf-Withöft, Susanne 138
Woydack, Tobias 173

Zerfaß, Rolf 92, 99 f., 155, 194 f., 222

Sachen

Animation 72
Aufklärung 77, 151

Befreiungstheologie 230
Bibliodrama 158 f., 161, 163

communicatio idiomatum 124

Empowerment 44, 46

Felt Sense 160 f., 213
Focusing 160 f.
Freiheitssphären 74 f.

Gebot 122, 149, 177

Gemeinde St. Gregory of Nyssa 109
Gender 103

Interaktionsräume 44 f.

Körper-Text-Dialog 160 f.
Krise 13, 51, 80, 160, 194

Mammon 125, 128-130, 145
Meditation 204
Metapher 121 f., 124 f., 185 f., 188, 196, 232

Patchwork-Identität 54
Pietismus 42, 184
Primal Pattern Theorie 213-215, 217

Raum-Zeit 157, 202

Schöpfung 110, 119 f., 129, 200, 229 f., 235, 237
sedaquah 18 f., 99, 183, 216
Selbstentfremdung 97, 157
Sinnhorizonte 55, 57, 80
Spiritualität 44, 116, 155, 166 f., 169, 201, 203, 214, 235

Überfluss 16, 23, 56, 65 f., 69, 111, 178

Verheißung 35, 41, 45, 59, 65 f., 74, 111, 122 f., 132, 134 f., 148, 154, 177, 184, 190 f., 196, 224

Wille 77, 109
working poor 16, 23, 26, 105

Zwang 76 f., 79 f., 90, 98, 209

Bibelstellen

1. Mose
9,9 ff.	131
17,2	229

2. Mose
15	146
21,1-23,19	178
22,24	179
22,25 f.	179
23,10 f.	179
25,6 f.	179

3. Mose
19,9 f.	179
19,18	149
23,22	179
25,35-38	179

5. Mose
23,20 f.	179
24,6.10-13.17	179
24,19-22	179
28	179

Jesaja
43,1	74
58	167
61,1 f.	179
61,4 f.	179

Jona
1-4	176

Psalmen
8, 2	147
29	229
33,6.9	229
119,105	99
127,2	92

Matthäus
5,3	183
5,11 f.	106
6,5	202
6,16 f.	170
6,19-26	128
6,19 f.	127
8,1-4	229
13,44-46	130

25	182
25,33 ff.	102
25,40	190

Markus

6,10-13	180
6,30-44	181
11,12-25	181
11,13	182
14,3-9	129
10,17-22	180

Lukas

1,51-53	181
4,18 f.	180
7,36-50	101
12,13-21	183

Johannes

12,8	178
15,5	186
20	161

Römer

1,16	24
1,17	17, 21
3,10-18	85
4,5	22
7,15 ff.	77
7,17.20	76
7,24	76
8	166
8,16	166

1. Korinther

1,18-30	188
1,30	21

1. Thessalonicher

5,5	74

1. Johannes

3,2	96